KB187453

제국의 식민지 역사 지리 연구

-조선 총독부 편찬 〈歷史〉·〈地理〉교과서를 중심으로-

제국의 식민지 역사 지리 연구
-조선 총독부 편찬 〈歷史〉·〈地理〉교과서를 중심으로-

초 판 인 쇄	2017년 3월 20일
초 판 발 행	2017년 3월 27일

저 　 자	김순전·박경수·사희영·박제홍·장미경
발 행 인	윤석현
발 행 처	제이앤씨
책 임 편 집	차수연
등 록 번 호	제7-220호

우 편 주 소	서울시 도봉구 우이천로 353 성주빌딩 3층
대 표 전 화	02) 992 / 3253
전 　 송	02) 991 / 1285
홈 페 이 지	http://www.jncbms.co.kr
전 자 우 편	jncbook@hanmail.net

ⓒ 김순전 외, 2017. Printed in KOREA

ISBN 979-11-5917-055-3　93910　　　　　　　　정가 27,000원

제국의 식민지 역사 지리 연구

-조선 총독부 편찬 〈歷史〉 · 〈地理〉 교과서를 중심으로-

김순전

박경수 사희영

박제홍 장미경

共著

제이앤씨

Publishing Company

1. 『제국의 식민지 역사 · 지리 연구』 발간 의의

본 연구서는 일제강점기 조선총독부에 의해 편찬된 관공립 초등학교용 〈歷史〉·〈地理〉교과서를 심층적으로 연구 분석하여 왜곡된 한국 근대교육의 실태를 재조명하고, 이에 대한 대응논리를 구축함에 목적을 두고 있다.

교과서는 국민교육의 정수(精髓)로, 한 나라의 역사진행과 불가분의 관계성을 지니고 있기에 그 시대 교과서 입안자의 의도는 물론이려니와 그 교과서로 교육받은 세대(世代)가 어떠한 비전을 가지고 새 역사를 만들어가려 하였는지를 알아낼 수 있다.

주지하다시피 한국의 근대는 일제강점을 전후한 시기와 중첩되어 있었는데, 그 관계가 '국가 對 국가'이기보다는 '식민자 對 식민지'라는 일종의 수직적 관계였기에 정치, 경제, 사회, 문화, 교육에 이르기까지 일제의 영향을 배제하고는 생각하기 어렵다.

이는 교육부문에서 두드러진 현상으로 나타난다. 근대 한국의 교육은 채 뿌리를 내리기도 전에 일본의 교육시스템을 받아들이지 않을 수 없게 되었고, 이후 해방을 맞기까지 모든 교육정책과 공교육을 위한 교과서까지도 일제가 주도한 교육법령에 의해 강제 시행되게 되었다. 그런 까닭에 일제강점기 공교육의 기반이 되었던 교과서를 일일이 찾아내어 원문구축과 번역에 이어 이를 심도있게 연구하는 일은 '敎育은 百年之大系'라는 생각으로 공교육을 계획하는 국가 교육적 측면에서도 매우 중차대한 일일 것이다.

본 연구서 발간의 필연성은 여타 교과서와는 또 다른 교육적 효과를 추구하는 〈歷史〉·〈地理〉교과서이기에 그 의의를 더한다. 〈歷史〉부문에서는 만세일계 천황중심의 구성을 취하고 있어, 역사적 사실의 중요성보다는 자국중심적 역사관이 우선시되고 있었으며, 〈地理〉부문에서도 통계나 실측에 의한 자연지리나 인문지리보다는 지정학 중심의 조국지리(肇國地理)적 측면으로 일변하는 교육전략을 구사하고 있었기 때문이다.

지금까지 우리는 "일본이 조선에서 어떻게 했다"는 개괄적인 것은 수없이 들어왔으나, "일본이 조선에서 이렇게 했다"는 실제를 보여준 적은 지극히 드물었다. 이는 '먼 곳에 서서 숲만 보여주었을 뿐, 정작 보아야 할 숲의 실체는 보여주지 못했다.' 는 비유와도 상통한다. 때문에 본 집필진은 이미 수년전부터 한국역사상 교육적 식민지 기간이었던 일제강점기 초등교육을 위한 교과서의 발굴과 이의 복원 및 연구에 진력해 왔다. 가장 먼저 한일 〈修身〉교과서 58권(J:30권, K:28권) 전권에 대한 원문서와 번역서를 출간하였고, 〈國語(일본어)〉교과서 72권 전권에 대한 원문서와 번역서의 출간을 지속적으로 진행하고 있는 중에 있다. 〈唱歌〉교과서의 경우도 19권 전권을 원문과 번역문을 함께 살펴볼 수 있도록 대조번역서로서 출간한바 있다. 뿐만 아니라 이들 교과서에 대한 집중연구의 결과는 이미 연구서로 출간된(修身2권, 國語1권, 唱歌1권) 상태이다. 본 연구서는 이러한 작업의 일환에서 진행된 또 하나의 성과이다.

한국이 일본에 강제 병합된 지 어언 100년이 지나버린 오늘날, 그 시대를 살아온 선인들이 유명을 달리하게 됨에 따라 과거 민족의 뼈아팠던 기억은 갈수록 희미해져 가고 있다. 국가의 밝은 미래를 그려보기 위해서는 힘들고 어려웠던 지난날의 고빗길을 하나하나 되짚어 보는 작업이 선행되어야 하지만, 현실은 급변하는 세계정세를 따르는데 급급하여 이러한 작업은 부차적인 문제로 취급되고 있는 실정이다. 과거를 부정하는 미래를 생각할 수 없기에 이러한 작업이 무엇보다도 우선시되어야 할 필연성을 절감한다.

일제강점기 교과서의 체계적인 연구가 이루어지지 않는 한, 그 시대에 대한 객관적 평가는 불가능하다고 본다. 이는 과거의 뼈아픈 역사의 재음미라기보다는 아직까지도 제대로 정리되거나 연구되지 않은 기초학문분야에 대한 정리와, 일본 국수주의자들의 식민지발전론과 같은 논리를 불식시키는 이론적 토대의 확립과, 그 내용의 허구성을 바로잡을 수 있는 충분한 토양이 되기 때문이다.

이상과 같은 문제의식에 기초하여 일제강점기 조선총독부에 의해 편찬된 관공립 초등학교용 〈歷史〉교과서 전 12권과 〈地理〉교과서 전 12권을 중심으로 진행한 그간의 연구 결과물을 한 권의 연구서로 출판하게 된 것이다.

최근 일본 정치권의 일각에서는 제국시절 만연했던 국가주의를 애국심으로 환원하여 갖가지 정치적 전략을 구사하고 있다. 현 일본 정치권의 이같은 자세에 대해 더더욱 실증적인 자료 제시의 필요성을 느낀다. 본 연구서는 일제강점기 국가의 유용성에 따른 조선인의 황국신민화를 위한 〈歷史〉·〈地理〉교과서의 전개방식과 내용, 이를 바탕으로 내면화된 한국인의 역사관과 사회관, 그리고 아직도 미해결 난제로 남아있는 갖가지 문제에 대한 해결점 모색을 위한 실증적인 토대를 마련하였다는 데 의미를 부여할 수 있을 것이다.

2. 일제강점기 〈歷史〉·〈地理〉교육의 전개와 교과서

한국 근대교육의 교과목에 공식적으로 〈歷史〉와 〈地理〉교과서의가 편제된 것은 1906년 8월 공포된 〈普通學校令〉 제6조의 "普通學校 教科目은 修身, 國語 및 漢文, 日語, 算術, 地理, 歷史, 理科, 圖畵, 體操로 한다. 여자에게는 手藝를 가한다."(勅令 제44호)는 조항에 의한다. 그러나 〈普通學校規則〉 제8조의 5항을 보면 "地理歷史는 特別흔時間을定치 아니ᄒ고國語讀本及日語讀本에所載한바로敎授ᄒᄂ니故로讀本中此等敎授敎材에關교ᄒ야는特히反復丁寧히設明ᄒ야學徒의記憶을明確히흠을務.흠이라."고 되어있어, 별도의 시수 배정이나 교과서 편찬은 하지 않고 國語(일본어) 과목에 포함시켜 교육하고 있었다.

이러한 시스템은 일제강점 초기까지 그대로 이어졌다. 한국을 강제병합한 일본은 제국주의 식민지정책 기관으로 '朝鮮總督府'를 설치하여 조선인의 교화에 착수하였다. 초대총독으로 임명된 데라우치 마사타케(寺内正毅)는 즉각 조선인교육에 관한 근본방침을 〈朝鮮敎育令〉 全文 三十條에 담아 공포(1911.8)하였는데, 그 요지는 '일본인 자제에게는 학술, 기예의 교육을 받게 하여 국가융성의 주체가 되게 하고, 조선인 자제에게는 덕성의 함양과 근검을 훈육하여 충량한 국민으로 양성해 나가는 것'으로 요약되며, 이러한 방침에 따라 교과서의 편찬도 시도되게 되었다.

2.1 식민지 〈歷史〉·〈地理〉교육의 전개

강점초기 〈歷史〉·〈地理〉과목은 교과목 편제조차 되어있지 않았다. 당시 보통학교 학제가 4년제였기에 5, 6학년에 배정된 〈歷史〉·〈地理〉과목을 설치할 수 없다는 표면적인 이유도 있었지만, 그보다는 당시 조선인 교육, 즉 '덕성의 함양과 근검을 훈육하여 충량한 국민으로 양성'해 가는데 필수불가결한 교과목이 아니었던 까닭이다. 때문에 심화된 〈歷史〉·〈地理〉교육을 위한 교과서를 발간하기 보다는 국시에 따른 개괄적인 사항이나 일반상식적인 내용은 〈國語(일본어)〉교과서에 부과하여 학습하도록 규정하고 있었다.

① 식민지 〈歷史〉교육의 전개

일제강점기 초등교육과정에서 독립된 교과목과 교과서에 의한 본격적인 〈歷史〉교육은 〈3·1운동〉 이후 문화정치로 선회하면서부터 시작되었다. 보통학교 학제를 내지(일본)와 동일한 6년제를 적용하면서 비로소 5, 6학년과정에 주당 2시간씩 배정 시행하게 된 것이다. 이러한 사항은 1922년 〈제2차 교육령〉 공포에 의하여 법적 근거가 마련되게 되었다. 이후의 〈歷史〉교육은 식민지교육정책 변화, 즉 교육법령의 개정에 따라 변화된 교수 요지에 의한다.

〈표 1〉 교육령 시기별 〈歷史〉과 교수 요지

시 기	법적근거	내 용
2차 교육령 (1922. 2. 4)	보통학교 규정 13조 조선총독부령 제8호 (동년2.20)	- 日本歷史는 國體의 대요를 알도록 하며, 그와 함께 국민으로서의 지조를 기르는 것을 요지로 한다. - 日本歷史는 我國의 初期부터 現在까지 이르기까지 중요한 事歷을 가르치며, 朝鮮의 變遷에 관한 중요한 史蹟의 대요도 알도록 해야 한다. - 日本歷史를 가르칠 때는 될 수 있는 대로 그림, 지도, 표본 등을 보여주어서 아동이 당시의 실상을 상상하기 쉽도록 한다. 특히 「修身」의 교수사항과 서로 연계되도록 해야 한다.

3차 교육령 (1938. 3. 3)	소학교규정 20조 조선총독부령 제24호 (동년 3.15)	- 國史는 肇國의 유래와 國運進就의 대요를 가르쳐서 國體가 존엄한 까닭을 알도록 하며, 황국신민으로서의 정신을 함양하는 것을 요지로 한다. - 심상소학교에서는 조국의 체제, 황통의 무궁함, 역대 천황의 성업, 국민의 충성, 현재의 사적, 문화의 진전, 외국과의 관계 등을 가르침으로써 國初부터 現在에 이르기까지 國史를 일관하는 국민정신에 대한 사실을 알도록 해야 한다. - 고등소학교에서는 전 항의 趣旨를 넓혀서 특히 근세사에 중점을 두어 이를 가르치고, 세계 속에서 我國의 지위를 알도록 해야 한다. - 舊史를 가르칠 때는 헛되이 사실의 나열에 흐르는 것 없이 항상 그 정신을 중시해야 한다. 또한 가능한 한 그림, 지도, 표본 등을 제시하고 위인들의 언행 등을 인용하여 아동이 깊은 감명을 받도록 하며, 특히 「修身」의 교수사항과 서로 연계되도록 해야 한다.
국민학교령 (1941. 3)과 4차교육령 (1943. 3. 8)	국민학교 규정 6조 조선총독부령 제90호	- 國民科의 國史는 我國의 역사에 대해 그 대요를 이해시키도록 하며, 국체가 존엄한 바를 體認하도록 하고, 황국의 역사적 사명감을 자각시키는 것으로 한다. - 초등과는 조국의 宏遠, 황통의 無窮, 역대 천황의 성덕, 국민의 충성, 거국봉공의 史實 등에 대해서 황국발전의 발자취를 알도록 하며, 국운의 隆昌, 문화의 발전이 조국의 정신을 구현하는 바를 이해시키도록 해야 한다. 또한 여러 외국과의 역사적 관계를 분명하게 하고 동아시아 및 세계에 있어서 황국의 사명을 자각하도록 해야 한다. - 고등과는 그 정도를 높여서 이를 부과해야 한다.. - 헛되이 사실의 나열에 치우치지 말고 國史의시대적 양상에 유의하여 일관된 조국의 정신을 구체적으로 感得・파악하도록 해야 한다. - 內鮮一體에서유래하는 史實은 특히 유의하여 이를 가르쳐야 한다. - 연표, 지도, 표본, 회화, 영화 등은 힘써 이를 이용하여 구체적・직관적으로 습득할 수 있도록 해야 한다.

위의 교육령 시기별 교수 요지의 중점사항을 살펴보면, 〈2차 교육령〉 시기는 역사교육 본연의 목적인 "일본의 事歷과 朝鮮의 變遷에 관한 중요한 史蹟의 대요"와 함께 "국세의 대요 이해"에, 〈3차 교육령〉 시기에는 이에 더하여 "肇國의 유래와 國運進就의 대요로서 國體의 존엄성과, 황국신민으로서의 정신을 함양"에 중점을 두었다. 그리고 공히 「修身」과목과의 연계성을 강조하였다. 한편 태평양전쟁을 앞두고 전시체제를 정비하기 위해 〈국민학교령〉을 공포한 이후부터는 〈修身〉〈國語〉〈地理〉과목과 함께 「國民科」에 포함되어 "조국의 宏遠, 황통의

無窮, 역대 천황의 성덕 등 황국의 발자취에 대한 이해", "황국의 역사적 사명감의 자각"에 역점을 두었으며, "內鮮一體에서 유래하는 史實에 대해서는 특히 유의할 것"이라는 사항이 부과되어 〈4차 교육령〉 시기까지 이어졌다.

② 식민지 〈地理〉교육의 전개

일제강점기 본격적인 〈地理〉교육 역시 〈歷史〉와 마찬가지로 〈3·1운동〉 이후 문화정치로 선회하면서부터 시작되었다. 보통학교 학제를 내지(일본)와 동일하게 6년제로 적용하게 되면서 비로소 5, 6학년과정에 주당 2시간씩 배정 시행되게 되었기 때문이다. 이 역시 〈歷史〉과목과 마찬가지로 〈제2차 교육령〉 공포(1922)에 의하여 법적 근거가 마련되게 되었고, 식민지교육정책 변화, 즉 교육법령의 개정에 따라 변화된 교수 요지에 의하여 전개되었다.

〈표 2〉 교육령 시기별 〈地理〉과 교수 요지

시 기	법적근거	내 용
2차 교육령 (1922. 2. 4)	보통학교 규정 14조 조선총독부령 제8호 (동년 2.20)	- 지리는 지구의 표면 및 인류생활의 상태에 관한 지식 일반을 가르치며, 또한 우리나라(일본) 국세의 대요를 이해하도록 하여 애국심을 기르는데 기여하는 것을 요지로 한다. - 지리는 우리나라(일본)의 지세, 기후, 구획, 도회(都會), 산물, 교통 등과 함께 지구의 형상, 운동 등을 가르치도록 한다. 또한 조선에 관한 사항을 상세하게 하도록 하며, 만주지리의 대요를 가르치고, 동시에 우리나라(일본)와의 관계에서 중요한 여러 국가들의 지리에 대해 간단한 지식을 가르치도록 한다. - 지리를 가르칠 때는 도리 수 있는 한 실제 지세의 관찰에 기초하며, 또한 지구본, 지도, 표본, 사진 등을 제시하여 확실한 지식을 가지도록 한다. 특히 역사 및 이과의 교수사항과 서로 연계할 수 있도록 한다.

3차 교육령 (1938. 3. 3)	소학교규정 21조 조선총독부령 제24호 (동년 3.15)	- 지리는 자연 및 인류생활의 정태에 대해서 개략적으로 가르쳐서 우리 국세의 대요와 여러 외국의 상태 일반을 알게 하야 우리나라의 지위를 이해시킨다, 이를 통해서 애국심을 양성하고 국민의 진위 발전의 지조와 기상을 기르는 데에도 기여하도록 한다. - 심상소학교에서는 향토의 실세로부터 시작하여 우리나라의 지세, 기후, 구획, 도회, 산물, 교통 등과 함께 지구의 형상, 운동 등의 대요를 가르친다, 또한 만주 및 중국 지리의 대요를 알게 하며, 동시에 우리나라와 밀접한 관계를 유지하는 여러 외국에 관한 간단한 지식을 가르치고 이를 우리나라(일본)와 비교하도록 한다. - 고등소학교에서는 각 대주(大洲)의 지세, 기후, 구획, 교통 등의 개략에서 나아가 우리나라와 밀접한 관계를 가지는 여러 외국의 지리 대요 및 우리나라의 정치 경제적인 상태, 그리고 외국에 대한 지위 등의 대요를 알게 한다, 또한 지리학 일반에 대해서도 가르쳐야 한다. - 지리를 가르칠 때는 항상 교재의 이동에 유의하여 적절한 지식을 제공하고, 또한 재외 거주 동포들의 활동상황을 알게 해서 해외발 전을 위한 정신을 양성하도록 해야 한다, - 지리를 가르칠 때는 될 수 있는 대로 실지의 관찰에 기초하며, 또한 지구의, 지도, 표본, 사진 등을 제시하여 확실한 지식을 가지도록 한다. 특히 역사 및 이과의 교구사항과 서로 연계할 수 있도록 한다.
국민학교령 (1941. 3)과 4차교육령 (1943. 3. 8)	국민학교 규정 7조 조선총독부령 제90호	- 국민과의 지리는 우리국토, 국세 및 여러 외국의 정세에 대해 이해 시키도록 하며, 국토애호의 정신을 기르고 동아시아 및 세계 속에서 황국의 사명을 자각시키는 것으로 한다. - 초등과는 생활환경에 대한 지리적 관찰에서 시작하여 우리 국토 및 동아시아를 중심으로 하는 지리대요를 가르치며, 우리 국토를 올바르게 인식시키고 다시 세계지리 및 우리 국세의 대요를 가르쳐 야 한다. - 자연과 생활과의 관계를 구체적으로 고찰하도록 하며, 특히 우리 국민생활의 특질을 분명하게 밝히도록 한다. - 대륙전진기지로서 조선의 지위와 사명을 확인시켜야 한다. - 재외국민의 활동상황을 알도록 해서 세계웅비의 정신을 함양하는 데 힘써야 한다. - 간이한 지형도, 모형 제작 등 적당한 지리적 작업을 부과해야 한다. - 지도, 모형, 도표, 표본, 사진, 회화, 영화 등은 힘써 이를 이용하여 구체적, 직관적으로 습득할 수 있도록 해야 한다. - 항상 독도력의 향상에 힘써 소풍, 여행 기타 적당한 기회에 이에 대한 실지 지도를 해야 한다.

교육령 시기별 〈地理〉과 교수 요지의 중점사항을 살펴보면, 〈2차 교육령〉 시기는 지리교육 본연의 목적인 "지구의 표면 및 인류생활의 상태에 관한 지식 일반"과 함께 "국세의 대요 이해"와 "애국심 앙양"에, 〈3차 교육령〉 시기에는 이에 더하여 "국민의 진위발전의 지조와 기상

육성", "해외발전을 위한 정신양성"에 중점을 두었다. 그리고 태평양
전쟁을 앞두고 전시체제를 정비하기 위해 〈국민학교령〉을 공포 이후
부터는 〈修身〉 〈國語〉 〈歷史〉과목과 함께 「國民科」에 포함되어 "국토애
호정신의 함양", "황국의 사명 자각, 즉 대륙전진기지로서 조선의 지
위와 사명의 확인"이라는 사항이 추가로 부과되어 〈4차 교육령〉 시기
까지 이어진다. 식민지 〈地理〉교육은 각 시기별 교육법령 하에서 이러
한 중점사항을 중심으로 전개되었다.

2.2 식민지 〈歷史〉·〈地理〉교과서와 수업시수

① 식민지 〈歷史〉교과서

〈3·1 운동〉이후 일재는 조선통치의 방향을 기존의 강압적 통치에
서 회유적 통치, 이른바 문화정치로 선회하였다. 조선총독으로 임명된
사이토 마코토(齋藤實)는 먼저 내지 일본과 동일하게 학제를 개편하는
것을 골자로 하는 〈조선교육령〉 개정에 착수였다. 이에 따라 5, 6학년
과정에 〈歷史〉과목이 개설되었고, 교재는 급한 대로 문부성 발간 『尋常
小學國史』上·下를 주교과서로, 그리고 조선사와 관련된 사항은 『尋
常小學國史補充敎材』卷一 卷二를 보완 사용케 하였다. 이후의 〈歷史〉
교과서 발간사항은 〈표 3〉에 의한다.

〈표 3〉 일제강점기 사용된 초등학교 〈歷史〉교과서

순	교과서명	발행년도	분량	사용시기	비고
1	尋常小學國史 上·下			1920~1922	문부성 교재에 조선 관련사항은 보충교재로 사용.
	尋常小學國史補充敎材 卷一	1920	38 (各王朝歷代表 8, 年表 4)	(1차	
2	尋常小學國史補充敎材 卷二	1921	42 (李氏朝鮮歷代表 2, 年表 8)	교육령기)	
3	普通學校國史 兒童用 上	1922	179 (御歷代表4, 本文171, 年表4)	1931~1936	문부성 교재와 절충하여 새로 발간
	普通學校國史 兒童用 下	1922	175 (御歷代表4, 本文163, 年表8)	(2차	
4	普通學校國史 卷一	1932	169 (御歷代表4, 本文 161, 年表4)	교육령기)	1927년 개정된 〈보통학교규정〉 반영
	普通學校國史 卷二	1933	148 (御歷代表8, 本文 136, 年表8)		

5	初等國史 卷一	1937	187 (御曆代表4, 삽화1. 本文178, 年表4)	1937~1939 (과도기)	부분개정
	初等國史 卷二	1938	228 (御曆代表 4, 本文 208, 年表16)		
6	初等國史 第五學年	1940	227 (萬世一系(皇室御系圖)6, 삽화1 , 本文 204, み代のすがた 16)	1940~1941 (3차 교육령반영)	전면개편
	初等國史 第六學年	1941	254 (萬世一系(皇室御系圖)6, 삽화4, 本文 228, み代のすがた 16)		
7	初等國史 第五學年	1944	251 (萬世一系(皇室御系圖)6, 삽화3, 本文 226, み代のすがた 16)	1944~1945 (국민학교령, 4차 교육령 반영)	부분개정
	初等國史 第六學年	1944	318 (萬世一系(皇室御系圖)6, 삽화4, 本文 288, み代のすがた 20)		

1922년 2월 〈제2차 조선교육령〉이 제정되고 〈보통학교시행규칙〉이 새로 공포되자 총독부는 1923년도 신학기에 사용할 역사교과서로『普通學校國史 兒童用 上卷』,『普通學校國史 兒童用 下卷』을 동시 발간 (1922.12.25)하였다. 이의 구성 및 기술방식은 일본중심의『尋常小學國史』에 조선부분을 기술한『尋常小學國史補充敎材』를 시대에 맞게 적절히 배열한 한일 대비방식이다.

이후 세계경제대공황에 따른 농촌의 궁핍화, 사회주의 사상의 유행, 민족주의 고조 등에 의한 조선학생들의 동맹휴교 등 사회적 문제가 잇따르게 되자 총독부는 1928년 8월 '臨時敎科書調査委員會'를 소집하여 〈歷史〉교과서 개정에 관해서는 다음과 같은 방침을 제시하였다.

一、우리 국체와 국가 관념을 명징하는 자료에 대해서는 특히 유의할 것.

二、우리 건국에서 현대에 이르기까지 중요한 事歷을 모아 적을 것.

三、조선에 관한 사적을 증가하고 특히 내선융화에 필요한 자료의 선택에 유의할 것.

四、한일병합의 大綱을 터득하기에 필요한 事歷은 점차 상세하게 이것을 기술 할 것.

五、국사의 대요를 깨달아 알게 하기에 필요한 제 외국의 事歷을 적당하게 넣을 것.[1]

이러한 방침에 의하여 편찬된 교과서가 『普通學校國史 卷一』(1932), 『普通學校國史 卷二』(1933)이다. 1930년대 중반에 접어들면서 일본 문부성에서는 국제관계속에서 봉착되어 있는 갖가지 난제를 극복하기 위한 방안으로 국체의 강조가 대두되게 된다. 침략전쟁으로 나가기 위해 초국가주의 교육을 강요하게 된 것이다. 이에 따라 조선총독부에서도 1935년 2월 '朝鮮總督府臨時歷史敎科用圖書調查委員會'를 설치하고, 정무총감 이마이다 기요노리(今井田淸德)를 위원장으로 〈歷史〉 교과서 내용에 대한 신중한 검토 및 심의가 있었다. 이에 따라 부분 개정된 것이 『初等國史 卷一』(1937)과 『初等國史 卷二』(1938)이다.

여타의 교과목과 교과서에서 보아왔듯이 식민지 〈歷史〉교육 방향의 획기적인 분기점은 조선인의 황민화교육이 강화되면서 개정된 〈3차 교육령〉에 있다. 당시 『初等國史編纂趣意書』는 〈歷史〉교과서 개정 이유를 다음과 같이 밝히고 있다.

『初等國史』를 새로 편찬하는 까닭은 1938년 3월 개정 공포한 〈조선교육령〉 및 이에 수반한 모든 규정의 취지를 철저히 하고자 함에 있다. (중략) 또한 본서는 근래에 있어 일반교육사조의 발전과 國史學 연구의 進步에 기초하는 國史교육에 대한 새로운 요구에 부응하여, 이것이 쇄신을 단행하는 것도 목표로 하고 있다. (중략) 신시대의 국민교육은 무

1 現行普通學校國史ヲ改訂するに就いては、先づ以て臨時敎科書調查委員會を開催して改訂の綱領を審議し、之に基づいて編纂に着手した。而して昭和七年度から卷一を刊行して之を使用せしめることとした。(中略) 普通學校用歷史敎科書編纂ニ関スル方針一、我国体ト國家觀念トヲ明徵ナラシムベキ資料ニ就イテハ特ニ留意スルコト。二、我建國ヨリ現代ニ至ル迄ノ重要ナル事歷ヲ輯錄スルコト。三、朝鮮ニ関スル事歷ヲ增加シ特ニ內鮮融和ニ必要ナル資料ノ選擇ニ留意スルコト。四、日韓併合ノ大旨ヲ会得セシムルニ必要ナル事歷ハ稍稍詳細ニ之ヲ記述スルコト。五、國史ノ大要ヲ知得セシムルニ必要ナル諸外國ノ事歷ヲ適當ニ加フルコト。(朝鮮總督府(1932)『普通學校國史 卷一編纂趣意書』朝鮮總督府、pp.1-4)

엇보다도 먼저 興亞의 대정신에 불타는 것이 아니고는 안된다. 國史교
육 또한 크게 새로운 지도정신으로의 연계를 긴밀하게 해야한다.[2]

위와 같은 목적에 의한 8가지 기본방침은 ⓐ국체관념의 명징(國體
觀念の明徵), ⓑ국민정신 일관성 강조(國民精神一貫性の强調), ⓒ엄정
온건한 비판력 함양(嚴正穩健なる批判力の啓培), ⓓ신시대로의 즉응
(新時代への卽應), ⓔ대외관계교재의 중시(對外關係敎材の重視), ⓕ교
재배열의 쇄신(敎材排列の刷新), ⓖ삽화 및 도표류의 쇄신(揷畵及び圖
表類の刷新), ⓗ문장의 평이와 간명(文章の平易簡明)으로 제시되었다.
이로써 〈歷史〉교과서는 구성에서부터 기술방식에 이르기까지 전면
개편되기에 이른다. 1940년 발간된 『初等國史』 이후부터는 권두에
「만세일계 황실계보도」를, 권말에는 「역대천황의 치적(み代のすがた)」
를 수록하였을 뿐만 아니라 만세일계 천황가 중심의 구성방식과 천황
가에 대한 숭경을 본의로 하는 이른바 '國家神道'의 이념을 교과서에
그대로 적용하기에 이른 것이다.

② 식민지 〈地理〉교과서

식민지 〈地理〉과목 역시 동 시기인 1920년대부터 시행되었다. 처음
〈地理〉교과서로는 일본 문부성에서 발간한 『尋常小學地理』卷一·卷二
에 조선의 실정을 감안하여 『尋常小學地理補充敎材』(1920)와 『普通學

---

2 『初等國史』新編贊の行はれたる所以は、昭和十三年三月の公布にかゝる改正「朝鮮
　　敎育令」及びこれに伴なふ諸規定の趣意を徹底せしむるにある。(중략) 更に本書は、
　　近時に於ける一般敎育思潮の發展と國史學硏究の進步とに基づいて起りつゝある國史
　　敎育に對する新しき要望に應へて、これが刷新を斷行することも目指してゐる。(중략)
　　新時代の國民敎育は、何よりも、先づ興亞の大精神に燃えるものでなくてはならぬ。
　　國史の敎育も亦、大いにこの新しき指導精神に連繫を緊密にしなければならない。(朝
　　鮮總督府(1940)『初等國史第五學年編纂趣意書』朝鮮總督府、pp.2-20)

校地理補充敎材』(1923)가 사용되었다. 이후 근로애호, 홍업치산의 정신이 강조되면서 1927년 〈보통학교규정〉이 개정되고, 아울러 식민지 조선의 실정에 입각한 보통학교용 지리교과서 개발의 필요성이 제기됨에 따라 새롭게 『初等地理書』卷一·卷二(1932~33)를 편찬 하였는데, 이는 〈歷史〉교과서보다 10여년 늦게 발행한 셈이다. 이후의 〈地理〉교과서 발간사항은 다음과 같다.

〈표 4〉 일제강점기 사용된 초등학교 〈地理〉교과서

순	교 과 서 명	발행년도	분량	사용시기	비 고
1	尋常小學地理 上 下			1920~1922 (1차 교육령기)	일본 문부성 편찬『尋常 小學地理』上·下를 주교재로 하고, 조선관련사항은 보충교재로 사용함.
	尋常小學地理補充敎材	1920	44		
2	尋常小學地理 上 下			1923~1931 (2차 교육령기)	
	普通學校地理補充敎材 全	1923	32		
3	初等地理書 卷一	1932	134	1931~1936 (2차 교육령기)	조선총독부 발간 처음 지리교과서(2차 교육령의 보통학교규정 반영)
	初等地理書 卷二	1933	190		
4	初等地理 卷一	1937	143	1937~1939 (과도기)	부분개정
	初等地理 卷二	1937	196		
5	初等地理 卷一	1940	151	1940~1942 (3차 교육령기)	〃 (3차 교육령 반영)
	初等地理 卷二	1941	219		
6	初等地理 卷一	1942	151	1942~1943 (국민학교령)	〃 (국민학교령 반영)
	初等地理 卷二	1943	152		
7	初等地理 第五學年	1944	158	1944~1945 (국민학교령)	전면개편(4차 교육령 반영)
	初等地理 第六學年	1944	159		

『初等地理書』卷一·卷二는 당시 학문으로서의 과학성보다는 교양으로서 실용성을 우위에 두었던 일본 지리교육계의 보편적 현상에 따라 일차적으로 지방을 구분한 후, 자연 및 인문의 항목 순으로 기술하는 정태(情態)적 구성방식을 취하였고, 내용면에서는 당시의 식민지 교육목적을 반영하였다.

이후의 〈地理〉교과서는 1930년대 중반 중국본토 침탈을 위한 전쟁을 도모하면서 세계정세의 변화, 국내 산업발전과 함께 〈地理〉교과서

에 대한 검토 및 심의 결과를 반영하게 되었는데, 이에 따라 부분개정
된 것이 『初等國史 卷一』(1937)과 『初等國史 卷二』(1938)이다.

일제는 〈중일전쟁〉을 앞두고 육군대장 출신 미나미 지로(南次郎)를
제7대 조선총독으로 임명하여, 조선과 조선인의 전시동원을 목적으로
강력한 황민화정책을 시행코자, 이의 법적장치로 '국체명징(國體明
徵)', '내선일체', '인고단련(忍苦鍛鍊)' 등을 3대 강령으로 하는 〈제3차
조선교육령〉을 공포(1938)하기에 이른다.

이러한 취지가 『初等地理』卷一, 二(1940~41)에 그대로 반영되었다.
구성면에서 국내지리는 종전의 방식을 이어간 반면 세계지리의 구성
이 대폭 조정되었으며, 내용면에서는 당시의 지리교육목적인 '대륙전
진기지로서의 조선의 지위와 사명을 자각시키는 것'에 중점을 둔 기술
방식으로의 전환었다.

〈중일전쟁〉이 갈수록 확장되고, 유럽에서는 독일의 인근국가 침략
으로 시작된 동구권의 전쟁에 영국과 프랑스가 개입하면서 〈2차 세계
대전〉으로 확대되어갈 조짐이 보이자 일제는 급변하는 세계정세의 흐
름에 대처하기 위한 식민지교육 방안으로 교육체제 전면개편을 결정
하고, 이를 〈國民學校令〉(1941.3)으로 공포하였다. 이에 따라 기존의
'小學校'를 전쟁에 참여할 국민양성을 목적한 '國民學校'로 개칭하였
고, 교과목 체제도 합본적 성격의 「國民科」「理數科」「體鍊科」「藝能科」
「實業科」 등 5개과로 전면 개편되었다. 〈修身〉〈國語〉〈國史〉와 함께 〈地
理〉과목이 속해 있는 「國民科」의 경우 "교육칙어의 취지를 받들어 皇
國의 道를 수련(修練)하게 하고 國體에 대한 信念을 깊게 함"(국민학교
령시행규칙 제1조)은 물론 "國體의 精華를 분명히 하여 國民精神을 함
양하고, 皇國의 使命을 자각하게 하는 것"(동 규칙 제2조)을 요지로 하
고 있으며, 이의 수업목표는 동 규칙 제3조에 다음과 같이 제시하였다.

國民科는 我國의 도덕, 언어, 역사, 국사, 국토, 國勢 등을 습득하도록 하며, 특히 國體의 淨化를 明白하게 하고 國民精神을 涵養하여 皇國의 使命을 自覺하도록 하여 忠君愛國의 志氣를 養成하는 것을 요지로 한다. 皇國에 태어남 것을 기쁘게 느끼고 敬神, 奉公의 眞意를 체득시키도록 할 것. 我國의 歷史, 國土가 우수한 국민성을 육성시키는 理致임을 알게 하고 我國文化의 特質을 明白하게 하여 그것의 創造와 發展에 힘쓰는 정신을 양성할 것. 타 교과와 서로 연결하여 정치, 경제, 국방, 해양 등에 관한 사항의 敎授에 유의 할 것."[3]

이 시기 개정 발간된 『初等地理』卷一·二(1943-43)는 교과서의 전면 개편과정 중에 소폭 개정한 임시방편의 교과서로, 종전의 방식을 유지하는 가운데 이러한 취지와 국세의 변화사항을 반영하고 있어 과도기적 교과서라 할 수 있다.

태평양전쟁이 고조되고 전세가 점점 불리하게 전개됨에 따라 모든 교육제도와 교육과정의 전시체제 강화를 절감하고 〈4차 조선교육령〉을 공포되기에 이른다. 그 취지는 말할 것도 없이 '전시적응을 위한 국민연성(國民練成)'이었으며, 당시 총독 고이소 구니아키가 밝혔듯이 "國家의 決戰體制下에서 특히 徵兵制 及 義務敎育制度를 앞두고 劃期的인 刷新을 도모할 必要"[4]에 의한 것이었다.

조선아동의 전시적응을 위한 〈地理〉교과서의 대대적인 개편은 이 시기에 이루어졌다. 『初等地理』五·六學年用(1944)의 구성 및 기술방식은 기존의 정태적 방식과는 전혀 다른 획기적인 방식이었다. 가장 큰 변화로 꼽을 수 있는 것은 첫째, 구성면에서 지리구를 도쿄(東京)를

3 〈國民學校規正〉제3조, 1941.3.31
4 朝鮮總督府(1943) 「官報」 제4852호(1943.4.7)

출발하는 간선철도에 따른 대(帶) 즉, 존(Zone)으로 구분한 점. 둘째,
내용기술면에서는 각각의 지역성과 지방색에 따른 테마를 항목으로
선정하여 기술한 점. 셋째, 표기와 표현 면에서는 대화와 동작을 유도
하는 기술방식을 취한 점 등을 들 수 있다.

③〈歷史〉·〈地理〉과목의 수업시수

앞서 언급하였듯이 식민지초등교육과정에서〈歷史〉〈地理〉과목은
1920년대 이후 5, 6학년 과정에 공히 2시간씩 배정 시행되었다.

〈표 3〉 각 교육령 시기별 주당 교수시수

시기	〈제2차 조선교육령〉		〈제3차 조선교육령〉		〈國民學校令〉과〈제4차 조선교육령〉		
과목/학년	5학년	6학년	5학년	6학년	4학년	5학년	6학년
歷史	2	2	2	2	1	2	2
地理	2	2	2	2	1	2	2

여기서〈4차 교육령〉시기 4학년 과정에 별도의 교과서도 없이 수업
시수가〈歷史〉〈地理〉공히 1시간씩 배정되어 있음을 주목해볼 필요가
있다. 이는 당시 조선총독 고이소 구니아키(小磯国昭)의 교육령 개정
의 중점이 "人才의 國家的 急需에 응하기 위한 受業年限 단축"5에 있었
다. 그리고 그것이〈교육에 관한 전시비상조치령〉(1943) 이후 각종 요
강 및 규칙6을 연달아 발포하여 초등학생의 결전태세를 강화하는 조
치로 이어졌으며, 마침내 학교수업을 1년간 정지시키고 학도대에 편

5 朝鮮總督府(1943)「官報」제4852호(1943.4.7)
6 〈전시학도 체육훈련 실시요강〉(1943.4),〈학도전시동원체제확립요강〉(1943.6),
 〈해군특별지원병령〉(1943.7),〈교육에 관한 전시비상조치방책〉(1943.10),〈학도
 군사교육요강 및 학도동원 비상조치요강〉(1944.3),〈학도동원체제정비에 관한
 훈령〉(1944.4),〈학도동원본부규정〉(1944.4),〈학도근로령〉(1944.8),〈학도근로령
 시행규칙〉(1944.10),〈긴급학도근로동원방책요강〉(1945.1),〈학도군사교육강화
 요강〉(1945.2),〈결전비상조치요강에 근거한 학도동원실시요강〉(1945.3),〈결전
 교육조치요강〉(1945. 3) 등.

입시키기는 등의 현상으로도 나타나기도 하였다. 4학년 과정에 〈地理〉
과의 수업시수를 배정하여 필수적 사항만을 습득하게 한 것은 이러한
까닭으로 여겨진다.

　학습해야 할 분량의 변화도 간과할 수 없다.

　처음 〈歷史〉교과서라 할 수 있는 『普通學校國史』(1922)는 분량이 354
면(179/175)이었는데 『普通學校國史』(1932~33)에 와서 317면(169/148)
으로 감소되었다가, 『初等國史』(1937~38)에서는 416면(187/227)으로
대폭 증가하였다. 그리고 〈3차 교육령〉이 반영되면서 대폭 개편된 『初等
國史』(1940~41)는 481면(227/254), 마지막 차수에 발간된 『初等國史』
(1944)은 569면(251/318)으로 급증하였다.

　그러나 〈地理〉교과서의 경우는 조금 다르다. 처음 교과서인 『初等地理
書』(1932~33)의 분량이 324면(卷一134/卷二190)이었던 것이 1937년
『初等地理』는 339면(143/196)으로, 1940년 『初等地理』에 이르면 377면
(158/219)으로 〈3차 교육령〉이 반영된 교과서까지는 개정 때마다 증가추
세를 보여주고 있다. 이는 급변하는 세계정세에 따른 필수적 사항을 추
가 반영하였던 까닭에 증가세를 드러낸 듯하다. 그러나 1942~43년 발
간 『初等地理』가 303면(151/152)으로 급격히 감소되었고, 1944년 발
간 『初等地理』 역시 317면(158/159)으로 비슷한 추세에 머물러 있었던
것은 〈國民學校令〉(1941) 이후 시간당 수업시한이 40분으로 감축[7]된데
다, 그나마 전시총동원 체제에 따른 물자부족이나 5, 6학년 아동의 학
습 외의 전시동원에 따른 필수적 활동 등을 고려한 까닭이다. 그럼에
도 불구하고 동 시기 〈歷史〉교과서의 분량이 급증한 것은 만세일계 천

7　〈소학교령〉시기까지 초등학교의 시간당 수업시한은 45분이었는데, 〈國民學校令〉
　시기에 이르러 40분으로 단축되었다. 〈地理〉과목이 5, 6학년과정에 주당 2시간씩
　배정되었음을 반영한다면, 주당 10분, 월 40~45분이 감소하며, 1년간 총 수업일
　수를 40주로 본다면 연간 400분(약 10시간정도)이 감소한 셈이다.

황가를 중심구도로 기술한 〈歷史〉교과서를 통하여 국체의식과 황국사
관의 내면화를 보다 강력히 추진하였다는 의미일 것이다.

3. 본서의 특징 및 성과

본 연구진이 심혈을 기울여 출간한 연구서 『제국의 식민지 역사·
지리 연구』는 일제강점기 조선아동에게 교육된 〈歷史〉·〈地理〉교과서
를 대상으로 다음과 같은 주제성을 가지고 접근하였다.

(1) 조선총독부의 교육정책과 〈歷史〉·〈地理〉교과서를 전체적으로 파악
   하고 조선교육령에 따른 교과서 편찬의도를 유기적으로 고찰함으
   로써 일제가 제시하는 식민지 교육정책을 심층적으로 고찰하였다.

(2) 식민지 神道政策과 신사에 안치된 祭神의 의미를 만세일계 천황가
   를 중심으로 기술된 〈歷史〉교과서와 연계하여 황민화를 위한 이데
   올로기 강화 측면을 살펴보았다.

(3) 幕府 末期의 역사서술을 통하여 전근대 일본인의 對外觀을 살펴보
   고, 이의 식민지교육 측면에 밀착하여 조선인의 황민화교육의 의미
   에 연계하여 살펴보았다.

(4) 朝鮮總督府의 개정된 교육법령에 따른 각 시기별 〈歷史〉교과서를
   다각적으로 분석함으로써 개정 편찬의 의미와 역사왜곡을 통한 우
   민화 교육의 실태를 심도 있게 고찰해보았다.

(5) 제국주의 지리학의 지정학적 측면에서 일본의 제국지리의 운용 및
   국토의 활용에 접근해보았다.

(6) 교과서에 실린 각종 이미지자료, 즉 삽화, 그래프, 도표, 사진 등에

접근하여 교육정책 입안자의 교육목적에 따른 의도를 심층적으로
파악하였다.

(7) 한반도 주요 신사(神社)의 건립 목적과 이의 시각적 공간적 상징적
의미에 더하여 곳곳에 세워진 신사의 네트워크화 과정에까지 접근
하여 일제의 식민지경영에 대한 전략을 파악하였다.

(8) 각 시기별 〈地理〉교과서의 도해기능과 서술 변화의 구조를 읽어냄
으로써 일제의 식민지 교육목적을 심층적으로 파악하였다.

(9) 〈地理〉교과서에 기술된 내용 중, 물산지리적 측면과 쇼와초기 특히
주력했던 산업에 집중하여 이의 전략적 의미를 고찰하였다.

본 집필진은 일제의 조선에 대한 완전한 식민지화를 위하여 치밀하
게 기획하고 발간하였던 〈歷史〉·〈地理〉교과서를 통하여 위와 같은 다
각적인 연구 성과를 도출해 내었다. 이 연구의 결과물을 집대성한 본
연구서의 특징 및 성과는 다음 각 항으로 정리하였다.

(1) 본 연구서는 그동안 한국근대사에서 배제되어 온 일제강점기 초등
학교용 〈歷史〉·〈地理〉교과서를 다층적, 종합적으로 파악하여 식민
지교육과 관련된 연구의 이정표를 제시하였다.

(2) 일제강점기 〈歷史〉·〈地理〉교육의 실상은 물론이려니와, 그것이 식민
지인에게는 어떻게 왜곡되어 교육되었는지를 체계적으로 정리하였다.

(3) 본 연구서는 일제강점기 식민지 교과서의 흐름과 변용 과정을 파악
함으로써, 일제에 의해 기획되고 추진되었던 근대 한국 공교육의 실
태와 지배국 중심적 논리에 대한 실증적인 자료로 제시할 수 있다.

(4) 본 연구서는 한국 근대의 실상에 학제적으로 접근함으로써 단절과
왜곡을 거듭하였던 한국 근대사 일부를 복원하고 재정립할 수 있는

계기를 마련할 수 있을 뿐만 아니라, 한일 근대사에 대한 연구방법론을 구축할 수 있다.

(5) 일제강점기 조선총독부에 의해 편찬된 〈歷史〉·〈地理〉교과서는 전체가 일본어로 기술되어 있는 관계로 국내 연구자들의 접근을 어렵게 하였다. 본 연구서의 출간은 연구자들의 연구영역에 대한 외연을 확장하는데 일조할 수 있는 典範을 제시할 수 있을 것이다.

(6) 본 연구서는 한국 근대교육의 실상과 식민지 〈歷史〉·〈地理〉교육의 실체는 물론, 단절과 왜곡을 거듭하였던 한국근대사를 재정립할 수 있는 계기를 마련함으로써 다각적인 학제적 접근을 용이하게 할 것이다.

(7) 본 연구서는 그간 한국사회가 지녀왔던 문화적 한계의 극복과, 나아가 한국학 연구의 지평을 넓히는데 일조할 것이며, 일제강점기 한국 초등교육의 거세된 정체성을 재건하는데 기여할 수 있을 것이다.

본서는 개화기 통감부기 일제강점기로 이어지는 역사의 흐름 속에서 한국 근대교육의 실태는 물론이려니와, 일제에 의해 왜곡된 갖가지 논리에 대응하는 실증적인 자료를 제공함으로써 연구자들의 연구기반을 구축하였다고 자부하는 바이다. 이로써 그간 단절과 왜곡을 거듭하였던 한국근대사의 일부를 복원·재정립할 수 있는 논증적 자료로서의 가치창출과, 일제에 의해 강제된 근대 한국의 음악교육 실상을 재조명할 수 있음은 물론, 한국학의 지평을 확장하는데 크게 기여할 수 있으리라고 본다.

아울러 이러한 일련의 작업은 반일(反日)을 하자는 것도 아니며, 친일(親日)을 하자는 것은 더더욱 아니다. 실체적 진실을 구명(究明)하여 한일관계의 개선을 추구하려 하였으나, 이제까지 한국에서 받은 교육의 영향으로, 한국인 시선의 〈同化論〉으로 판독되었을 경향이 강했으

리라 사료된다. 여기에 일본인의 시선으로 판독된 〈文明論〉과 접목하
여, 선린 우호적 한일관계로 개선되기를 희망한다. 완전하지는 않지
만, 이 작업을 토대로 하여, 다음 사람들은 이 토대 위에서 작업할 수
있을 뿐만 아니라, 다른 여러 학문분야로 그 외연이 확장되고, 이와 연
관된 연구가 좀 더 활성화될 수 있으리라 기대해본다.

2017년 3월

전남대학교 일어일문학과

교수 김순전

차 례

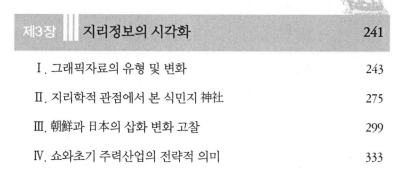

재구성된 만세일계 천황가

제국의 식민지 역사 지리 연구

Ⅰ. 식민지 神道政策과 祭神[*]

▌박경수 · 김순전

1. 이념화된 식민지 〈歷史〉교육

일본은 예로부터 '八百万の神の国'라 일컬어질 만큼 神이 많은 나라로 알려져 있다. 이는 고대로부터 자연(산, 강 등)이나 자연물(식물, 동물 등) 자연현상(불, 비, 바람, 천둥, 해일 등) 등을 비롯하여 고대인의 생활 속 모든 것에서 이를 주관하는 초월적인 神의 의지를 감지하였던 까닭일 것이다. 이러한 관념이 현세의 은혜를 구하는 마음으로 숭배하

* 이 글은 2016년 8월 일본어문학회 『日本語文學』(ISSN: 1226-9301) 제74집, pp.289-310에 실렸던 논문 「식민지 神道政策과 祭神의 의미 - 조선총독부 편찬 〈歷史〉 교과서를 중심으로 -」를 수정 보완한 것임.

고 제사하는 과정에서 의례·의식화되고 또 그것이 정치권력의 중앙
집권화 과정에서 '일본고유의 道', 즉 '神道'[1]로서 발전하였다는 것은
주지의 사실일 것이다.

神道가 고대일본의 정치권력 내지는 황실과 밀접한 관련성을 지니
고 발전한 근거는 8세기 초에 공표된 〈다이호율령〉에서, 국정운영 조
직의 중심부에 태정관(太政官, 행정의 최고기관)과 함께 국가의 제사
를 관장하는 신기관(神祇官)을 두고 있었다는 점에서 찾을 수 있다. 그
러나 당시의 神道는 외래 종교인 불교에 가려져 사상이나 의례에 있어
서도 독자적인 발전을 하지 못하고, 불교와의 조화 공존을 추구하는
신불습합 현상으로 나타났는데, 이러한 현상은 메이지 신정부 출현 이
전까지[2] 지속되고 있었다.

메이지유신 이후 신정부는 강력한 중앙집권적 국민국가의 확립과
이의 존속을 위해 〈神佛判然令〉을 발포(1868)한 후, 태정관으로 하여
금 즉각 진무창업(神武創業)에 기초하여 신기관을 재흥케 하고, '전국
의 모든 신사와 신직을 신기관에 부속시킨다'는 신기제도(神祇制度)

---

1 神道라는 용어의 어원은 『日本書紀』(720)의 用明天皇(32대)條에 기록된 '天皇神
   佛法尊神道'라는 문헌과 孝德天皇(36대)條에 기록된 '尊仏教軽神道'에서 유래된
   것으로, 당시 불교를 위시한 외래사상에 대해 '일본 고유의 道'(天皇崇拜 혹은 祖
   先崇拜를 핵심으로 하는 일본 토착神에 대한 신앙과 이에 대한 제사의식)를 말한
   다. 당초 神道라는 용어 외에 本教·神習·神教·大道 등으로도 쓰였으나, 시대
   가 흐름에 따라 '神道'로 남게 되었다.
2 일본 고유의 토착종교로서 神道의 재조명은 중세의 신직(神職)이나 근세 국학파
   학자들에 의하여 재조명돼바 있다. 가마쿠라 말기 이세신궁 외궁의 神職들 사이
   에서 반불교적인 이세신도(伊勢神道, 度會氏가 제창하였다 하여 '度會神道'라고
   도 함)가 제창되기도 하였으나 사상적 열세와 천황권의 약화로 민간신앙의 차원
   을 넘어서지는 못했다. 또 17세기 유학이 발달하면서 度會神道에 新儒教的 해석
   을 가하여 神道의 신비적 경건성과 함께 천황숭배사상이 부각되기도 하였고, 뒤
   이어 18세기경 모토오리 노리나가(本居宣長), 히라타 아쓰타네(平田篤胤)등에 의
   해 國學이 대두되면서 고전을 연구하고 복고신도를 제창함에 따라 神道가 재조명
   되기도 하였다. 그러나 이 시기도 국가적 차원의 신앙으로 확장되지는 못했다.

의 부활과 개혁을 단행하였다. 또 천황가를 종사(宗祀)로 하는 사격제도(社格制度)를 마련하여 신사의 공적지위를 확립하였고, 황실의 조상신을 제사하는 이세신궁(伊勢神宮)을 모든 신사의 본종(本宗)으로 하는 제정일치(祭政一致)를 선포(1871)한 후, 〈帝國憲法〉(1899)과 〈敎育勅語〉(1890)로서 '國家神道의 敎義'³를 법제화함으로써 神道의 국교화(國敎化)를 이루어나갔다.

이로써 신정부 최대의 과제였던 '국민통합'의 중심이념에 대한 법적근거를 확보하여 자국민의 정신을 제압해나갔다. 그리고 그것을 대외팽창과정에서 획득한 식민지에까지 적용하여 원활한 식민지경영을 위한 사상적 同化의 불가결한 이념 요건으로 삼았다.

여기서 간과할 수 없는 것은 그들이 주요 신사에 봉재(奉齋)하여 신으로 숭경해 마지않는 祭神을 식민지 〈歷史〉교육의 코드에 놓고 있다는 점이다.

황실의 조상신을 祭神으로 하여 만세일계 천황가에 대한 숭경을 본의로 하는 '國家神道'⁴의 이념, 즉 일본의 정치이념을 식민지교육에 그대로 적용하였는데, 그러한 이념이 특히 「國民科」로 통합된 교과목(修

---

3 일본의 '國體'는 "大日本帝國은 皇祖 天照大神에서 시작되어 그 신예(神裔)인 萬世一系의 天皇이 통치하는 나라로, 現 天皇도 皇祖의 자손인 神(現人神)이기에 萬邦無比요, 萬古不易이다."는 것이며, 따라서 국민된 본의는 億兆一心으로 現人神인 천황의 聖旨를 받들어 천황에 忠을 다하는 것에 있다"는 것이다. (東京辯護士會 編(1976)『靖國神社法案의 問題點』東京辯護士會, pp.24-25 참조)

4 '國家神道'의 개념은 "수많은 씨족으로 형성된 일본인의 각각의 조상신인 우지가미(氏神)의 大宗家는 황실이다. 황실의 시조 아마테라스 오미카미로 비롯되는 역대의 천황은 인간의 모습을 한 神이다. 그러므로 현재의 천황도 神(現人神)이다. 그런고로 신성불가침이다. 만세일계의 천황이 祖神의 御意를 받들어 통치권을 총람(總攬)하신다. 일본의 국체는 萬邦無比이며, 萬古不易이다. 따라서 일본은 神主不滅, 絶對不敗의 나라이다. 이 존엄하기 이를데없는 국체에 입각하여 그르침이 없는 도가 바로 惟神의 大道이며, 이의 존귀한 형상이 바로 神社이다."는 것이다. (岩下傳四郞 編(1944)『神社本義』神祇院, pp.1-3 참조)

身, 國語, 歷史, 地理)의 현저한 변화를 초래하게 된다. 그 중에서도 특히 〈歷史〉교과서가 주목되는 것은 역사시대 이전의 가공된 신화까지도 역사적 史實化함으로써 식민지 아동의 정신개조와 천황(국가)에 대한 충성심을 요구하는 측면이 부각되기 때문이다.

이를 감안한다면 식민지 신도정책과 祭神에 대한 정치적 의미와 식민지 〈歷史〉교육을 연계한 다각적인 연구는 필연적이라 할 것이다. 그럼에도 지금까지의 연구5는 식민지 신사와 신도정책에만 치중되어 있을 뿐, 이를 식민지 〈歷史〉교과서6와 연계한 직접적인 연구는 전무한 것으로 파악되었다. 이에 본 연구는 식민지 〈歷史〉교육 차원에서 거론된 祭神, 특히 한반도에 건립된 대표적 신사에 택정(擇定)·봉재(奉齋)된 祭神에 중점을 두고 이의 정치적 의미와 교육적 의미를 고찰해보려고 하는 것이다.

---

5 金承台(1987)「日本 神道의 침투와 1910·1920년대의 神社問題」『韓國史論』16 ; 孫禎睦(1987)「朝鮮總督府의 神社普及·神社參拜强要政策 硏究」『韓國史硏九』 제58집, 한국사연구회 ; 孫禎睦(1987)「日帝下 扶餘神宮 造營과 소위 扶餘神道建 設」『韓國學報』49, 일지사 ; 山口公一(1998)「戰時期(1937~1945) 조선총독부의 神社政策」『韓日關係史硏究』(8), 한일관계사학회 등.
6 본고의 텍스트는 조선총독부 편찬 초등학교 〈歷史〉교과서로 하며 이를 인용할 경우 서지사항은 인용문 말미에 〈교과서명-(권)-「과-단원명」, 쪽수〉로 표기하며, 교과서명은 좌란의 번호로 대신하기로 한다. (ex) ④의 卷二 47과의 경우 〈④ -(2)-「47-단원명」, 쪽수〉로 함)

순	교 과 서 명	발행년도	사용시기	비 고
①	尋常小學國史補充敎材	1920	1920~1921	문부성 발간 『尋常小學國史』上·下에 조선관련
②	尋常小學國史補充敎材	1921		부분은 좌란의 보충교재로 사용함.
③	普通學校國史 兒童用 上	1922	1921~1923	문부성 교재와 절충하여 새로 발간
	普通學校國史 兒童用 下	1922		
④	普通學校國史 卷一	1932	1932~1936	1927년 개정된 〈보통학교규정〉 반영함
	普通學校國史 卷二	1933		
⑤	初等國史 卷一	1937	1937~1939	부분개정
	初等國史 卷二	1938		
⑥	初等國史 第五學年	1940	1940~1943	〈3차 교육령〉 반영하여 전면개편
	初等國史 第六學年	1941		
⑦	初等國史 第五學年	1944	1944~1945	〈국민학교령〉 〈4차 교육령〉 반영하여 재편성 및
	初等國史 第六學年	1944		부분개정

2. 식민지 神道政策의 展開와 祭神

식민지 신도정책의 거점은 개항 이후 속속 건립되기 시작한 거류민 신사에서 비롯된다. 거류민신사는 대부분 개항 이후 눈에 띠게 증가한 재조거류민7의 청원에 의해 개항지 혹은 〈청일·러일전쟁〉 점령지를 중심으로 건립되기 시작하였는데, 이를 통하여 고래 일본인의 정신생활과 밀착된 국수적 토착종교이자 메이지 이후 국교로서 부상한 신사신도(神社神道)8가 본격적으로 유입되게 되었다. 재조거류민에 의해 강점 이전까지 건립된 신사 및 요배소는 17개소9로 집계되었는데, 이들 신사는 당초부터 재조거류민의 '敬神觀念 涵養'과 '내적단결 도모'에 목적을 두고 있었기에 각 지역 거류민의 숭경의 대상으로만 존재하고 있었을 뿐 식민지 교화에 이르지는 못했다. 이들 신사가 본격적으

---

7 통계에 의하면 일본인거류민은 1881년 3,417명이었던 것이 1906년에는 83,015명으로, 1910년에는 171,543명으로, 1912년에는 243,729명으로 급격한 증가세를 나타낸다.

8 神道는 내용에 따라 神社神道·敎派神道·國家神道·궁정신도·학파신도 등으로 분류된다. 그 중 神社神道는 신사를 중심으로 하여 그 제사의례를 포함한 신앙조직적인 것을 말한다. 神社神道는 국가의 종사(宗祀)로서 내무성 신사국에 속했으며, 1945년까지 국가의 보장 및 지원을 받아왔다. 이런 점에서 國家神道와의 구별이 필요하다고 여겨지는데, 1945년 12월 GHQ에서 발표한 신도지령에 의하면 神社神道는 민간적·개인적·일반종교적인 것을, 國家神道는 정부에서 보장·지원·보전·감독한 國敎적인 것, 즉 국민을 통합하기 위한 敎學으로, 국민에게 강요한 것을 가리키고 있다. 한편 敎派神道는 메이지 이후 교리·교법을 세워 교단을 조직한 신도교파를 총칭하는 것으로, 종교로 취급되어 국가의 보장이나 지원을 받지 않았고, 불교·그리스도교 등과 마찬가지로 문부성 종교국의 감독을 받았다.

9 강점 이전 한반도에 건립된 신사의 수에 관해서는 연구자에 따라 다르다. 이를테면 小山文雄(1934)의 저서 『神社と朝鮮』에는 12개소(pp.120-126 참조), 荒井秀夫(2005)가 새로 펴낸 『大陸神社大觀』에서는 13개소(pp.38-46)로 되어 있으며, 靑井哲人(2005) 『植民地神社と帝國日本』에서는 17개소(pp.38-46)로 집계되어 있는데, 본고는 가장 최근 연구자인 靑井哲人(あおい あきひと)의 조사에 신빙성을 두고 이를 따르기로 하였다.

로 식민지 교화의 장치로 전환된 것은 합병직후 조선총독부의 식민지
동화정책에 의해서이다.

식민지 조선에서의 신사신도정책 방향은 크게 두 가지로 추진되었
다. 새로이 官・國幣神社[10]를 창설하는 방향과 기존의 민간신사를 관
공립화 하여 제도권 안으로 끌어들인다는 방향이 그것이다. 전자의 대
표적인 것이 한반도를 총진수할 조선신사(朝鮮神社) 조영계획이었으
며, 후자의 경우 새로이 신사에 관한 법령을 마련하는 일이었다. 그 첫
번째 법령이 '모든 신사의 창립과 존폐는 반드시 총독의 허가를 받도
록 할 것'과, '강점이전에 건립된 신사도 모두 총독의 인가를 받도록
할 것'을 주 내용으로 하는 〈神社寺院規則〉(1915.8.16, 〈總督府令〉 제82)
이었다. 그리고 이듬해 3월「神祀に関する件」(1917.3.22, 〈총독부령〉제
28호)[11]을 공표하여 신사로 공인받지 못한 小社[12]라도 총독의 허가를
받도록 규제를 강화함으로써 조선 내 모든 神社 및 神祠까지도 총독부
관리체제하에 두고자 하였다. 강점 초기 식민지 신도정책은 이렇게 포
섭되고 정리된 신사를 거점으로 진행되어갔다. 그 허가사항을 〈표〉로
정리하였다.

10 官幣社, 國幣社의 구별은 춘추예제일에 드리는 신찬폐백료(神饌幣帛料)가 황실
    에서 지출되는가 국고에서 지출되는가의 구별이다. 메이지 신정부의 내무성에
    神社局이 설치된 이후 전국의 신사는 크게 官幣社, 國幣社 및 諸社로 구분하였다.
    신사의 규모나 신도의 수나 재산의 정도에 따라, 또 황실 또는 정부가 특히 대우
    하느냐 않느냐에 따라 사격의 등급이 매겨져 官幣大社, 國幣大社・官幣中社, 國
    幣中社・官幣小社, 國幣小社, 別格官幣社로 구분되었는대, 이 구분에 들어가지
    않는 것은 諸社로 분류된다. (千葉正士(1970)「東亞支配イデオロギーとしての神社
    政策」『仁井田博士追悼論文集』第三卷 彙文堂, pp.304-306 참조)
11 조선총독부(1917)『관보』제1387호, 1917.3.22일자.
12 神社는 崇敬者 30인 이상이라야 창립허가를 낼 수 있는데 비해 神祀는 '公衆에 參拜
    케 하기 위하여 神祇를 奉祀하는 것'으로 10인 이상이면 설립 허가를 얻을 수 있
    도록 규정하고 있었다.

〈표 1〉〈神社寺院規則〉에 따라 인가된 神社와 祭神13(음영부분은 강점이전)

구분	지역	진좌년월	진좌지	당초 사호	허가일	허가사호	제 신
신사	경남	1678	釜山府	金刀比羅神祠	1917. 7. 10	龍頭山神社	天照大神, 大物主神, 素盞嗚尊, 表筒男命, 中筒男命, 底筒男命, 神功皇后, 應神天皇, 豊臣秀吉公, 菅原道眞功, 宗義智公
	함남	1882. 5. 23	元山府	元山大神宮	1916. 12. 26	元山神社	天照大神
	경기	1890. 10. 10	仁川府	仁川大神宮	1916. 4. 24	仁川神社	天照大神, 明治天皇
		1898. 11. 3	京城府	南山大神宮	1916. 5. 22	京城神社	天照大神, 國魂大神, 大己貴神, 小彦名神
	평남	1900	鎭南浦府	-	1916. 9. 19	鎭南浦神社	天照大神
	전북	1902	群山府	金刀比羅社	1916. 12. 19	群山神社	天照大神
	평북	1905. 10.	龍川君 龍岩浦	-	1916. 7. 18	龍川神社	天照大神
	함북	1905.	淸津府	金刀比羅社(?)	1917. 5. 14	淸津神社	金刀比羅神
		1909. 5. 26	城津郡 鶴城面	城津神社	1917. 5. 14	城津神社	天照大神, 大物主命, 崇德天皇, 譽田別命
		1909.	鏡城郡 羅南面	金刀比羅社(?)	1921. 9. 27	羅南神社	金刀比羅神
	충남	1907	大田府	大田大神宮	1917. 6. 11	大田神社	天照大神, 明治天皇, 昭憲皇太后
		1907	燕岐郡 鳥致院	大神宮	1921. 4. 14	燕岐神社	天照大神
		1908. 5	論山郡 江景邑	江景神社	1917. 6. 12	江景神社	天照大神
	경남	1909. 10. 15	馬山府	馬山神社	1919. 6. 23	馬山神社	天照大神
	전남	1910. 4. 11	木浦府	松島神社	1916. 5. 3	松島神社	天照大神
	충남	1910	公州郡 公州邑	公州大神宮	1916. 11. 6	公州神社	天照大神
	충북	1911	淸州郡 淸州面	大神宮	1922. 6. 22	淸州神社	天照大神
	평북	1911. 7. 1	新義州府	平安神社	1917. 5. 7	平安神社	天照大神, 天之子八根命, 品陀別命
	전북	1912. 12. 15	益山郡 春浦面	-	1917. 10. 29	大場神社	天照大神, 事代主命, 應神天皇, 建磐龍命, 素盞嗚尊, 菅原道眞命, 大國主命, 細川藤孝命
		1913. 10. 5	益山郡 益山面	裡里神社(?)	1917. 10. 29	裡里神社	天照大神
	평남	1913. 1. 1	平壤府	平壤神宮	1916. 5. 4	平壤神社	天照大神

13　〈표 1〉은 靑井哲人(2005)『植民地神社と帝國日本』吉田弘文館、pp.150-151 ; 박경수 (2016)「일제의 식민지 지배전략과 神社 -특히 지리학적 관점에서-」『日本語文學』第72輯 일본어문학회, p.505를 참고하여 필자가 작성하였다.

요배소	강원	1913.	春川郡春川面	大神宮	1918. 3. 11	春川神社	天照大神, 明治天皇, 國魂大神, 素盞鳴大神
	충남	1915.	天安郡天安面	-	1928. 10. 12	天安神社	天照大神
	황해	? (大正初)	黃州郡兼二脯	稻荷神祠(?)	1923. 8. 16	兼二脯神社	天照大神
	경북	1906. 11. 3	大邱府	皇祖遙拜所	1916. 4. 22	大邱神社	天照大神, 國魂大神
	경남	1907. 11.15	密陽郡下東面	皇祖遙拜所	1917. 6. 12	三浪津神社	天照大神
	전북	1910.	全州郡雨林面	遙拜所	1916. 9. 29	全州神社	天照大神, 明治天皇, 國魂大神
	전남	1910.	長城郡長城面	遙拜所	1917. 5. 18	東山神社	明治天皇, 昭憲皇太后
		1912. 8.	光州郡光州面	神宮遙拜殿	1916. 5. 3	光州神社	天照大神, 國魂大神
	경남	1915. 6.	密陽郡府內面	遙拜所	1916. 9. 12	密陽神社	天照大神, 譽田別命, 比賣神, 長帶姬命

〈표 1〉의 우측에 제시된 대로 이들 신사의 祭神은, 그 대부분이 천황가의 시조신 아마테라스 오미카미(天照大神)를 主祭神으로 하는 가운데, 신사의 성격에 따라 오모노누시노카미(大物主神), 스사노오노미코토(素盞鳴尊), 진구황후(神功皇后), 오진천황(應神天皇), 도요토미 히데요시(豊臣秀吉), 스가와라노미치자네(菅原道眞)에 이어 메이지천황(明治天皇)과 쇼켄황태후(昭憲皇太后) 등이 합사되어 있음을 알 수 있다. 이후 건립된 대다수의 신사도 만세일계 시조신인 아마테라스 오미카미를 主祭神으로 하는 가운데, 메이지천황의 업적이 중시되어 메이지천황과 함께 2位를 主祭神으로 하거나, 간혹 메이지천황만을 祭神으로 하는 별도의 신사 건립도 추진되게 되었다. 이러한 현상은 식민지 신도정책이 급격히 강화되기 직전인 1934년까지 새로이 건립되거나 포섭된 각 지역의 神社와 神祠에까지까지도 보편화된 현상[14]으로 나

14 1934년까지 집계된 총 51개의 神社 중, ①아마테라스 오미카미(天照大神)를 主祭神으로 하고 있는 곳이 48개소, ②메이지천황을 主祭神으로 하는 곳이 2개소, ③쓰쿠요미노미코토(月讀命)을 主祭神으로 하는 신사가 1개소였으며, 당시 공인된

타났으며, 신도정책이 정점에 다다른 1940년대 초의 경우[15]도 별반 다르지 않았다.

살펴본바 총독부로부터 공인된 神社 및 神祠의 主祭神은 아마테라스 오미카미가 압도적인 가운데, 그 다음으로 한국강점을 단행한 메이지천황이 뒤를 잇고 있었다. 이는 천황가를 신격화 한 '國家神道' 안에서 국가적 정체성 확보는 물론, 원활한 식민지경영을 위한 식민지인의 정신교화를 위한 장치로 삼고자 근대국민국가에서 유례없는 제정일치(祭政一致)를 추구하는 일본만의 정치이념을 확보한 것이라 하겠다.

3. 國家神道와 祭神 選定의 변용

일본에서 신사는 농경생활과 밀착한 원시종교 주술의 장, 즉 봄에는 풍년을 기원하고 가을에는 풍양(豊穰)을 감사하여 제를 올리는 장이었으며, 또한 외부로부터 마을을 지켜주는 진호(鎭護)의 장이었다. 때

233개 神祠의 경우를 보더라도 ①아마테라스 오미카미(天照大神)를 主祭神으로 하는 곳이 213개소, ②오진천황(應神天皇)을 主祭神으로 하는 곳이 8개소, ③오모노누시노카미(大物主命)를 主祭神으로 하는 곳이 6개소, ④그밖에 우카노미타마노미코토(倉稻魂命), 스토쿠천황(崇德天皇), 오야마쓰미노미코토(大山祇命), 오야마쓰미노미코토(大山祇命), 스가와라노미치자네(菅原道眞), 가토 기요마사(加藤淸正)를 主祭神으로 하는 곳이 각각 1개소로 집계되고 있었다.(小山文雄(1934) 『神社と朝鮮』朝鮮佛敎社. pp.139-140 참조)

15 1941년 1월 현재 전조선내 61개의 神社가운데 ①아마테라스 오미카미만을 祭神으로 한 곳이 33개소, ②天照大神을 主神으로 하고 그 밖의 건국신(建國神)을 합사한 곳이 13개소, ③아마테라스 오미카미를 神으로 하고 메이지천황(同 皇后)을 합사한 곳이 9개소, ④아마테라스 오미카미를 主神으로 하고 기타 건국신과 메이지천황을 합사한 곳이 2개소, ⑤메이지천황(同 皇后)만을 祭神으로 한 곳이 2개소, ⑥建國神만을 祭神으로 한 곳이 1개소, ⑦기타 天皇·皇后를 祭神으로 한 곳이 1개소로 집계되었으며, 이러한 추세는 당시 602개소나 되는 神祠에서도 동일하게 나타났다.(荒井秀夫 編(2005) 『大陸神社大觀』まゆに書房、 p.51 참조)

문에 각 촌락마다 크고 작은 신사가 있어 그들이 神이라 여기는 영험
한 존재를 추앙하는 장으로 계승되어왔다. 이렇게 발달되어 토착화된
민속신앙 차원에서의 '神道'가 천황숭배 혹은 조상숭배를 핵심으로 하
는 일본 토착신에 대한 제사의식으로 승화되면서 사상통합을 위한 일
종의 이념으로 자리 잡게 되었다. 여기서 무엇보다 중요한 것은 그 이
념의 중심, 즉 신사에 봉재할 '祭神'일 것이다.

원시 민속종교로 여겨지던 시절에는 농경이나 수렵생활의 편의 혹
은 크고 작은 촌락이나 소국가의 진호를 위해 영험하다고 여긴 각각의
神을 祭神으로 하여 성스러운 장소(祠堂 또는 神祠)에 모셔놓고 제례
를 올렸는데, 그 祭神은 대부분 신격을 지닌 인물이나 우지카미(氏神)
였다. 이들 祭神은 고래로부터 한반도에 유입되어 祠堂 등에 봉재되기
도 하였는데, 그 중에서도 농업과 관련된 神으로 오도시카미(大年神)
를 비롯 미도시카미(御歳神), 또 스사노오노미코토(素盞命尊)와 아들
이타루노미코토(五十猛命)가 있었으며, 이와는 성격이 다른 神으로 스
미요시오카미(住吉大神), 겐고쿠노카미(建邦神), 고토비라카미(金刀比
羅神), 이나리카미(稻荷神) 등이 거론되기도 하였다.

그밖에 생산신(生産神)으로서 신체의 중요한 부분을 祭神으로 한 神
社도 상당수 있었으며, 동물을 祭神으로 하는 신사도 각 지역에 분포
되어 있었다. 나고야 부근의 다가타신사(田縣神社)[16]나 오아가다신사

---

16 다가타신사(田縣神社) : 아이치현(愛知縣) 고마키시(小牧市)에 소재한 神社. 창건연
   대는 알 수 없으며 매우 오래된 神社로, 토착신앙에 근거 자식과 농업의 신앙을
   결합한 신사이기도하다. 祭神은 御歳神과 玉姬神으로 오곡과 자식의 신이다. 社
   伝에 의하면 이곳이 大荒田命의 저택의 일부로, 저택에서 五穀豊穰의 神인 御歳
   神를 모셨는데, 大荒田命의 딸 玉姬가 남편이 죽은 후 친정에 돌아와 아버지를 도
   와 현지를 개척했기 때문에 그 공을 기려 神으로 모셔지게 되었다고 한다. 경내
   에는 남근을 본뜬 돌 등이 다수 모셔져있다. (http://www.yahoo.co.jp/ 참조 검색
   일 : 2015.8.1)

(大縣神社)17의 경우 性의 상징인 男根이나 女陰을 祭神으로 하고 있었으며, 또 이나리신사(稲荷神社)의 경우는 여우(狐)를 祭神으로 하고 있었는데, 이들 神社는 사격도 대단히 높아, 이나리신사의 총본산인 교토 소재 후시미이나리신사(伏見稲荷神社)의 경우 官幣大社로, 또 女陰을 祭神으로 하는 오아가다신사(大縣神社)의 경우도 官幣小社에 해당될 정도였다. 이 역시 한반도에 유입되어 제사되고 있었다는 사실은 여우를 祭神으로 하는 이나리신사만 해도 광복이전에 서울(남산), 인천, 목포, 부산, 진해, 진남포, 신의주, 용천, 성진 등 각지에 존재하고 있었다.18는 기록이 있어 민간신앙의 전파 및 교류 측면을 유추하게 하기도 한다.

이러한 민간적 차원에서의 祭神이 메이지유신 이후 정치적으로 이용되면서 祭神의 선정이나 봉재·안치에 있어서도 사뭇 변용된 측면을 드러내게 된다. 국민의 사상과 이념을 천황가를 중심으로 통합하기 위한 방편으로 맨 먼저 전국에 산재에 있는 크고 작은 신사를 재정비하기 위해 이에 대한 대장(臺帳)을 만들게 하였으며, 뒤이어 천황가 이외의 국가유공자, 즉 일본역사에 이름을 남긴 황족, 황실에 충절이 두드러진 武士나 文臣, 국가에 공훈을 세운 사람, 그리고 군인이나 군속으로 전사하거나 전병사(戰病死)한 장병들을 神으로 숭상하기 위한 별격관폐사(別格官幣社)의 건립하게 하였다. 그리하여 만세일계 천황가

17　오아가다신사(大縣神社) : 아이치현(愛知縣) 이누야마시(犬山市)에 소재한 神社로, 祭神은 大縣大神(おおあがたのおおかみ)이다. 大縣大神은 国狹槌尊이라는 설, 天津彦根命(大縣主의祖神)이라는 설, 少彦名命라는 설, 大荒田命(日本武尊의 三世孫)이라는 設、武惠賀前命(神八井耳命의孫)이라는 설이 있으나 확실치 않다. 境內에는 여러 境內社가 있는데, 그 중 하나인 摂社의 姫の宮에 玉姫命가 모셔져있으며, 女陰을 본뜬 돌 등이 봉납되어 있는데, 이것은 고마키시(小牧市) 田縣神社의 男根에 대응하는 것이다. (http://www.yahoo.co.jp/ 참조 검색일 : 2015.8.1)

18　孫禎睦(1987) 앞의 논문, p.109

의 인물로 祭神를 정비하는 한편, 중세의 무장 구스노키 마사시게(楠
木正成)를 祭神으로 하는 미나토가와신사(湊川神社)와 시조나와테신
사(四條畷神社), 닛타 요시사다(新田義定, 源義貞와 동일인물)를 祭神
으로 하는 후지시마신사(藤島神社), 기타바타케 지카후사(北畠親房)
와 아키이에(顯家) 부자를 祭神으로 하는 아베노신사(安部野神社)와
료젠신사(靈山神社), 오다 노부나가(織田信長)를 祭神으로 하는 다케
이사오신사(建勳神社), 도요토미 히데요시(豊臣秀吉)을 祭神으로 하는
도요쿠니신사(豊國神社) 등을 새로이 건립하여 별격관폐사로 지정하
고, 또 〈청일·러일전쟁〉 당시 군인 군속으로 전사하거나 전병사(戰病
死)한 장병들을 추앙하기 위해 건립하게 한 쇼콘샤(招魂社) 가운데 구
단자카(九段坂)에 위치한 쇼콘샤를 야스쿠니신사(靖國神社)로 개명하
여 별격관폐사에 포함[19]시키는 등 정치적 목적 달성을 위한 기반을 다
져나갔다.

神道가 이렇듯 국교화되고 그것이 정치적으로 이용되자, 근대국가
의 종교자유원칙에 위배된다 하여 그 종교성 대한 논쟁이 끊이지 않았
다. '神道를 종교로 볼 것인가 종교의 권외에 둘 것인가'에 대하여 고심
을 하던 메이지정부는 마침내 神道를 '국가의 祭祀'로 규정하고 '제사
·종교의 분리조치'를 취함으로써(1882) 오히려 교파신도(敎派神道)
나 불교, 기독교 등 일반종교 위에 군림하게 하는 국가신도성(國家神
道性)을 확립[20]하여 '종교자유원칙'과 '政敎의 분리론'에 의한 비판까
지도 일거에 봉쇄해버렸다.

그러나 사에키 쇼이치(佐伯彰一)가 이같은 國家神道에 대하여 "명
확한 교의(敎義)라는 것이 없고 잘 짜여진 신학(神學)도 없으며, 지켜

19 朝鮮總督府(1940)『初等國史』第五學年、pp.184-185 참조.
20 東京辯護士會 編(1976) 앞의 책、p.23 참조.

야 할 계율(戒律)도 없는 것이나 다름없는데다가 종교투쟁, 이상(理想)
이데올로기투쟁의 체험적 축적 또한 결여되어있다."[21]하여 종교적 가
치를 전면 부인하였듯이, '國家神道'는 실로 황권강화와 국민통합, 나
아가 국민교화를 위한 일종의 정치적 이념에 지나지 않았다. 그럼에도
불구하고 이를 국교로서 강제하고, 자국민은 물론 식민지나 조차지,
위임통치지 등 일본의 시정권(施政權)이 행사되는 모든 지역의 국민,
나아가 八紘一宇라는 미명하에 전 세계에까지 포교하려 하였던 것은
이를 광신(狂信)한 일본정부와 군부의 대동아공영권 구축에 이어 세
계를 제국 일본의 정치권 아래 두기 위한 일차적 모색이 아니었을까
여겨지는 것이다.

4. 祭神의 의미와 식민지 〈歷史〉교육

메이지유신 이후 각종 제도와 법령을 통해 근대국민국가의 기틀을
마련한 일본은 보다 확장된 '국민통합'과 '부국강병'을 달성하기 위해
외부와의 전쟁을 획책하였다. 이 과정에서 '國家神道'를 교육적 장치
로 활용하였던 것은 통제와 강요보다는 정신적 지배력을 확보하는 것
이 지배의 영속화에 유리하다는 생각에서였다. 그리하여 국가차원에
서 성역화 한 신사의 祭神은 국민 모두가 경외하고 신앙할만한 상징적
인물로 봉재하였고, 그것이 〈청일·러일전쟁〉을 전후한 시기 '국민통
합'과 '애국심'을 이끌어내는데 큰 성과로 나타났음은 주지의 사실일
것이다.

그러나 이러한 통치전략은 동일한 문화권에 있는 일본인사이에서

21 佐伯彰一(1987)「日本人を支えるもの」『文藝春秋』(1987.2)、p.106

이룩된 성과였기에, 문화코드가 전혀 다른 조선인의 사상을 지배하기에는 보다 치밀한 전략이 요구되었다. 그 전략의 하나가 초등교육, 이른바 초등교과서에서 나타나게 되는데, 〈歷史〉교과서 왜곡은 그 대표적인 케이스라 하겠다. 본 장은 이를 토대로 식민지 조선의 대표적 신사에 봉재된 祭神의 필연성과 식민지 초등학교 〈歷史〉교육에 대한 의미에 집중해보려고 한다.

4.1 萬世一界, 정복자의 神聖化 – 朝鮮神宮

일본인과 일본역사가들이 크게 자랑했던 것은 건국신화의 주역인 아마테라스 오미카미의 후예가 진무천황(神武天皇)이었고, 이 초대천황으로부터 만세일계의 계보가 이어져 황기(皇記)를 이어가고 있다는 소위 '만세일계의 국체'라는 것이었다. 때문에 메이지 근대국가 성립 이후 국가가 관리하는 자국 내의 신사도 그렇지만, 식민지나 조차지 혹은 위임통치지에 새로이 건립되는 신사의 대다수는 아마테라스 오미카미를 主祭神으로 하거나, 간혹 현인신인 메이지천황을 합사하기도 하여 만세일계의 황통이 지속되고 있음을 표명하였다. 그러다가 점차 자국 근대화를 성공시키고 외부로까지 세력을 크게 확장한 메이지 천황을 동격의 主祭神으로 봉재함으로써 만세일계의 황통과 함께 해외정복을 이루어낸 정복신을 부각하는 방향으로 선회하였다. 조선 내 모든 신사를 총괄 진수하고, 전 조선인의 교화를 목적으로 한 '朝鮮神社'(1925년 '朝鮮神宮'으로 개칭, 이하 '朝鮮神宮'으로 함)의 건립계획은 그 대표적인 사례이다.

강점초기부터 거론되었던 朝鮮神宮의 건립은 1918년 11월 조선총독 하세가와 요시미치(長谷川好道)가 내각총리대신에게 보낸 「請議書」(內秘 제424호)로 구체화되었다.

그러나 아직도 朝鮮全土의 民衆一般이 尊崇할 神社가 없어 民心의 歸一
을 도모하고 忠君愛國의 念을 깊게 한다는 점에서 遺憾인 바 없지 아니
하다. ……이에 皇統의 始祖이신 天照大神과 그 鴻德偉業이 前古 未曾有
할 뿐 아니라 朝鮮民衆에 대하여도 또한 비할 데 없는 仁惠를 내려주신
明治天皇의 二神을 奉祀하고자 社殿造營費를 大正7년부터 동 10년도까
지의 豫算에 計上하였아오니 社地를 별도 圖面과 같이 京畿道 京城府 南
山에 정하고, ……社의 稱號를 朝鮮神社로 정하고 社格을 官幣大社로 列
하게 되게끔 協議하시어 決定해주시기 바랍니다.[22]

그리고 여기에 "조선인의 오늘이 있음은 필시 우리 황조인 天照大神
의 위광에 의한 것이니 조선인들이 마땅히 이를 숭경해야 하고, 또한
明治天皇의 聖德鴻恩을 입지 않은 자는 全朝鮮에 단 한사람도 없다"[23]
는 내용의 「理由書」를 첨부함으로써 이 2位가 朝鮮神宮의 祭神으로 적
격임을 재차 주장하였다.

그러나 아오이 아키히토(靑井哲人)가 "일본의 식민지는 엄밀히 말
하면, ……일본 내지와는 다른 정부를 지니며 다른 법이 통용되는 별
도의 국가 즉, 독립국가가 아닌 지배국의 총독에 의해 관리되는 별도
의 국가"[24]로 본 것처럼, 당시 일본의 일부 신직(神職)들과 담당자(職
者)들 간에는 조선을 상징할 특정인을 祭神으로 합사하자는 이견도 있
었다. 조선의 시조인 단군(檀君)을 합사(合祀)하자는 주장과, 단군으로
특정하지 말고 조선역사상 각 건국시조 및 건국 유공자를 '조선지령신
(朝鮮地靈神)'으로 하여 합사하자는 의견이 그것이다. 그런데 대다수

22 朝鮮總督府 編(1927)『朝鮮神宮造營誌』朝鮮總督府、p.9
23 孫禎睦(1987)「朝鮮總督府의 神社普及·神社參拜强要政策 硏究」앞의 논문, p.114
    에서 재인용.
24 靑井哲人(2005) 앞의 책、p.70 참조.

의 의견이 "단군은 전설적 존재에 불과하다" "아마테라스 오미카미·
메이지천황과 단군, 혹은 조선지령신을 합사하면 조선민족이 朝鮮神
宮을 경시하게 되는 결과를 초래한다."는 이유로 반대 입장을 표명하
였다. 여러 해 계속된 이 논쟁은 결국 "아마테라스 오미카미·메이지
천황과 견줄만한 神은 劣等한 조선민족에게 존재하지 않는다."[25]는 방
향으로 결론이 났다.

그렇다면 이 朝鮮神宮을 비롯하여 한반도에 새로이 건립된 대부분
의 신사가 어떠한 점에서 이 2位를 主祭神으로 선정하였는지, 그리고
〈歷史〉교과서는 이들 祭神에 대한 당위성을 어떻게 설명하고 있는지를
구체적으로 살펴볼 필요가 있을 것이다.

일본역사가 만세일계로 이어지는 천황의 계보나 치적에 대한 역사
라는 것과, 그것을 식민지교육의 근간으로 삼고 있음을 말해주는 예는
〈歷史〉교과서에 명백히 드러나 있다. 〈歷史〉교과서 전권의 목차 바로
다음 면에 4페이지 분량의 '역대표(御歷代表)'와, 각권 말미에 '천황가
의 연표(年表)'를 수록하였으며, 그것도 모자라 1940년 이후의 교과서
에는, 첫 면에 「만세일계 황실계보도」를, 맨 뒷면에 17~20페이지 분량
의 「역대천황의 치적(み代のすがた)」까지 수록하였는데, 이는 말할 것
도 없이 일본역사가 만세일계의 황통, 즉 國家神道를 근간으로 하고
있음을 말해준다 하겠다.

한반도를 총괄하는 朝鮮神宮의 主祭神을 아마테라스 오미카미와 메
이지천황 2位로 선정한 까닭은 단연 만세일계의 황통으로 이어지는
일본역사에 대한 당위성일 것이다. 이같은 의미에서 '國家神道'의 시
조신으로서 아마테라스 오미카미를 선정한 일은 지극히 당연한 일일

25 中濃敎篤(1968)『近代日本の宗敎と政治』アポロン社、pp.167-169 참조.

것이다. 더욱이 그 성격이 모든 만물과 만민에게 공히 은혜를 베푸는 태양신이라는 점은 그 의미를 더한다 할 것이다. 태양신이란 동서양을 막론하고 모든 神의 으뜸으로 추앙되었을 만큼 인간에게 필수불가결한 神이기 때문이다.

> 아마테라스 오미카미는 천황폐하의 조상이십니다. 오미카미는 덕이 높으신 분이며, 태양과도 같이 모든 만물을 사랑하십니다. 벼·보리 등을 논밭에 심게 하시고, 누에를 키우게 하시는 등 만민에게 은혜를 베푸십니다.[26] 〈④-5-1-「天照大神」, p.1〉 (번역 필자, 이하 동)

농경사회였던 고대일본에서 태양신이란 만민의 생존권과 직결되는 매우 중요한 神이었기에, "태양과도 같이 모든 만물을 사랑하신다"는 내용으로 그 높으신 성덕을 칭송하며 국가신도체제하의 모든 신사의 主祭神이 되어야 하는 당위성을 강조하고 있다.

이후 천황가의 계보에서 祭神으로 부각된 인물은 단연 정복신이다. 그 시조는 아마테라스 오미카미 5대 후손이자 일본 초대천황으로 일컬어지는 진무천황(神武天皇)인데, 규슈의 휴가(日向)에서 시작된 동정(東征)의 역사가 오늘날 일본국토의 출발점이 된 까닭일 것이다. 그 정복의 역사가 야마토다케루노미코토(日本武尊)로 이어지면서 혼슈의 상당부분까지 진출하게 되었다는 가공의 역사는 아래 삽화에서 이미지화된다.

---

26 天照大神は天皇陛下の御先祖でいらせられます。大神は御德の高いお方で、太陽のやうにすべての物をおいつくしみあそばされ、稻・麥などを田畑にうゑさせたり、蠶をかはせたりして、すべての人々をおめぐみなさいました。

〈図 1〉 神武天皇 東征圖
(출처;④-5-2「神武天皇」, p.10)

〈図 2〉 日本武尊 東征圖
(출처;④-5-4「日本武尊」, p.18)

〈図 1〉은 진무천황의 휴가에서 야마토(大和)까지의 동정, 〈図 2〉는 야마토다케루노미코토가 야마토에서부터 계속 북동진해 가는 상황을 설명하고 있는 지도이다. 야마토다케루노미코토가 활약한 시기는 〈図 3〉'천황가계보도'에서 보듯 13대 세이무천황(成務天皇) 재위기간이다. 진무창업 이래 이 시기에 이르러 가장 광대한 동정의 역사가 진행되었음을 설명함과 아울러 오늘날 일본 국토형성의 기반이 여기에 있었음을 말하고자 함일 것이다.

그러나 '國家神道' 차원에서 재정비되거나 혹은 새로이 건립된 신사의 경우 국토형성과정에서의 정복신보다는 근대국가 일본의 입지를 굳건히 세우고, '국민통합'과 '부국강병'을 위한 갖가지 근대화정책을 감행하여 국외로 세력을 크게 확장한 정복신으로서 국가의 위상을 세계만방에 떨친 메이지천황이 훨씬 부각되고 있다. 홋카이도 개척과 타이완(臺灣), 사할린(樺太)에 이어, 대륙진출을 위해 300여 년 전부터 시도하였던 한반도의 식민지화라는 숙명적 과제를 완성함으로써(〈図 4〉 참조) 지구의 동쪽 끝 섬나라 일

〈図 3〉 천황가의 계보도

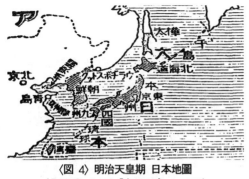

〈図 4〉 明治天皇期 日本地圖
(출처; ⑤-6-49 「大正天皇」, p.172)

본을 명실 공히 제국의 반열에 오르게 한 치적은 역대천황에서 찾아볼 수 없는 진무창업이래 가장 위대한 업적으로 평가되었던 까닭일 것이다.

때문에 한반도 일본지배의 총수호신이며 일본인만이 아니라 식민지 조선인의 정신, 신앙심까지 교화할 목적으로 기획된 朝鮮神宮의 祭神은 식민지인의 동화차원에서도 만세일계 천황가의 인물이어야 한다는 생각이었던 것이다. 이러한 사정은 朝鮮神宮에 그치지 않고 여타의 식민지나 조차지 및 위임통치지에서도 동일하게 적용되었다.

그리하여 대만에도 가라후토에도 조선에도 신을 제사하는 풍습을 확산시켰으며, 그 중에서도 조선에는 조선신궁에 아마테라스 오미카미와 메이지천황을 (중략) 나아가 만주나 중국 각지에도 지속적으로 신사를 건립하고… 〈⑥-5-24-「國體のかゞやき」, pp.184-185〉

각 권역을 대표하는 관폐대사급의 신사, 즉 대만의 타이완신궁(臺灣神宮, 1900), 사할린의 사할린신사(樺太神社, 1910)에 이어 관동주의 간토신궁(關東神宮)(1938), 남양군도 바라오의 난요신사(南洋神社)(1940) 등을 비롯하여 권역 내의 모든 신사에도 만세일계이자 정복신인 아마테라스 오미카미와 메이지천황을 祭神으로 봉재함으로써 식민지인과 현지 일본인에게 만세일계의 역사관과 침략의 정당성을 심어주었던 것이다.

'國家神道'에 있어 祭神의 의미가 세계에 유례없는 국수주의적 관점을 고수하는 일본 정치권과 불가분의 관계성을 지닌다는 점은 바로 이러한 점에서라 할 것이다.

4.2 交流·救援의 역사관 고착화 - 扶餘神宮

식민지 신도정책의 전개과정에서 빼놓을 수 없는 것은 일본건국 2,600년, 즉 진무천황 원년으로부터 계수되는 '紀元 2,600년이 되는 해'의 기념사업의 하나로 기획된 扶餘神宮 조영계획이다. 紀元 2,600년에 해당되는 1940년은 특히 '식민지 施政 30년이 되는 해'이기도 하여 1년 내내 기념행사[27]가 이어졌다. 이의 중심에 '내선이 일체가 되는 온전한 황민화'를 위한 '國家神道'가 있었음은 말할 나위도 없다. 扶餘神宮 조영계획은 그 사업의 일환으로 "내선일체 강화와 철저의 정신적 전당"을 마련을 위하여 이에 앞서 선행된 것이다. 그 구체적인 사항은 1939년 3월 8일 총독부의 창립목적에서 살필 수 있다.

> 歷史를 考慮하건대 上古時代의 我國과 三韓諸國과의 관계는 대단히 깊고 그중에서도 특히 百濟와는 彼此의 往來가 빈번하여 政治, 經濟 乃至 文化面에서도 相互間의 교섭은 실로 骨肉間보다도 더한 것이 있었으니 그간 6代王 120여년의 王都인 夫餘 땅은 실로 아름다운 內鮮一體가 具顯되고 結實된 一大 由綠의 땅이다. (중략) 이에 총독부에서는 紀元

---

27 그 대표적인 것으로 '紀元2,600년 奉讚展覽會'(2.8), '施政 30주년 기념박람회'(9.1~9.20), '紀元 2,600년 奉祝式典'(11.10)등을 들 수 있는데, 특히 1940년 11월 10일부터 시행된 紀元2,600년 奉祝式典은 일본본토는 물론 한반도를 위시한 각 식민지 전역에서 「기원 2,600년의 노래」를 부르면서 낮에는 일장기행렬, 밤에는 提燈行列을 하는 등 거창한 행사로 진행되었다.

2,600년을 맞이함에 있어 昭和14년(1939)부터 5개년간 繼續事業으로 당시의 日本과 百濟·新羅·高麗와의 관계에 있어 특히 교섭이 깊었던 應神天皇 齊明天皇 天智天皇 神功皇后 등 4位의 神을 勸請하여 夫餘땅에 官幣社의 創立을 仰出하여 報本反始의 齊場으로 하고, 또 한편으로는 內鮮一體 强化와 徹底의 精神的 殿堂으로 삼으려는 것이다.[28]

이 계획으로 '식민지 조선 내에 두 관폐대사(朝鮮神宮과 扶餘神宮)를 두고, 그 아래 각 도에 국폐사(國幣社), 그 아래 각 지역에 일반적인 신사(神社), 그리고 그 저변에서 민중과 부단히 접촉하는 신사(神祠)'라는 식민지 신도체계 질서[29]가 확립되게 되었다.

관폐대사급 扶餘神宮의 조영지가 백제의 고도 부여(扶餘)로 책정된 만큼 祭神도 고대 한일 교류에 힘쓴 3位의 천황과 진구황후(神功皇后)로 결정되었다. 다만 진구황후의 경우 1938년 12월 내무성(內務省) 신사국(神社局) 주관으로 개최된 '扶餘神宮創立審査委員會'에서 한 위원으로부터 "神功皇后를 넣는 것은 온당치 않다."는 의견이 제시[30]되긴 하였지만, 비록 허구일지라도 한반도 3국의 복속관계를 고려하여 별다른 논쟁 없이 통과되었다.

扶餘神宮 조영계획은 이로부터 3개월 후인 6월 15일 중앙정부로부터 官幣大社로서 정식승인(〈拓務省告示〉 제2호)이 나고, 6월 19일 조선총독 미나미 지로(南次郎)에 의해 〈總督府告示〉 제503호로 '謹話'로서 (이 고시가 '談話'가 아닌 '謹話'로 발표되었던 것은 미나미총독이 당시 너무나 감격스럽고 황공하여 감히 '담화'라는 용어를 사용하지 못

---

28 總督府文書科(1939) 「夫餘に官幣社創立」, 『朝鮮』 1939. 5, pp.12-17
29 〈拓務省告示〉 제2호(1939.6.15)와 〈總督府告示〉 제503호(1939.6.19)
30 鹿島 昇(1988) 『日本ユダヤ王朝の謎—天皇家の真相』, 新国民社 (孫禎睦(1987) 「日帝下 扶餘神宮 造營과 소위 扶餘神道建設」 앞의 논문, p.134 재인용)

했다고 한다.) 공표되었다. 그 중에서 오진천황 등 4位의 祭神이 선정
된 부분만을 옮기면 다음과 같다.

삼가 史乘을 徵하건대 內鮮一體의 素因은 멀리 悠久한 古代에 發하여
황송하옵게도 皇祖列聖은 항상 叡廬를 海外 半島의 地에 미치게 하시어
일찍이 任那에 府를 두고 大陸經營의 기틀로 삼았으며, 高麗(필자 주,
고구려) 百濟 新羅 삼국이 서로 勢를 競함에 當하여서는 正을 돕고 위태
로움을 求함으로써 언제나 半島의 平和를 유지하고 共存共榮의 實을 거
둘 것을 期하였으므로 三國도 또한 각각(歷代天皇)의 聖恩이 넓고 두터
움에 感激하여 交親을 게을리하지 않고 貢使歲時로서 往來하고 지극한
誠款을 다하여 온 것인데 그중에서도 더욱이 말씀을 사뢰기도 황공하옵
게 扶餘神宮의 祭神으로 결정되오신 應神天皇 齊明天皇 天智天皇 神功皇
后의 時代에 在해서는 彼此의 文化는 交流하고 民族은 融合하여 相互 敦
睦함으로써 一家의 和親을 이루고 一視同仁의 聖化와 內鮮一體의 綠由
와 東亞共榮의 大義를 萬代에 걸쳐 昭示해 온 것이었으며, 따라서 그 높
으신 聖德의 정도는 萬民이 함께 追慕 敬仰해 마지않는 바입니다.[31]

당시 조선총독부가 "그 높으신 聖德의 정도는 萬民이 함께 追慕 敬
仰"해야 한다고 까지 표현한 이들 4位가 扶餘神宮 祭神으로 봉재되어
야 하는 필연성은 무엇이었을까? 식민지 〈歷史〉교과서는 "그 높으신 聖
德의 정도"를 어떻게 묘사하고 있는지 시대순에 따라 진구황후부터 살
펴보겠다.

진구황후 신라정벌 기사는 『古事記』에서는 「仲哀紀」에, 『日本書紀』

31 岩下傳四郎(1942) 『大陸神社大觀』 大陸神道聯盟、pp.58-60 (孫禎睦(1987) 「日帝下
扶餘神宮 造營과 소위 扶餘神道建設」 앞의 논문, p.131에서 재인용)

에서는 「仲哀紀」와 「神功皇后紀」에 실려 있다. 이를 원전으로 진구황후
의 정벌담은 초·중등 역사교과서에 꾸준히 등장[32]하고 있는데, 그 중
扶餘神宮의 祭神으로 거론된 시점에서 기술된 내용을 인용해보겠다.

ⓐ 고구려 백제 신라를 합하여 삼국이라 부르고, 또는 삼한이라고도 한
다. 또 백제와 신라 사이에는 임나국이 있다. 그래서 조정은 일찍부
터 임나를 거느리게 되었고 백제와 신라와도 자주 왕래가 있었다. 따
라서 호공처럼 신라에 건너가서 크게 입지를 세우고 중용된 사람이
있는가 하면, 신라왕자 아메노히보코처럼 조정을 사모하여 오는 사
람들도 많았다. 히보코의 자손은 대대로 조정에 종사하여 충의를 다
했다. 진구황후의 어머니도 그의 자손 중 한 사람이다.[33]

〈⑤-5-4-「神功皇后」, pp.22-23〉

ⓑ 황후는 해군을 이끌고 대마도에 건너갔다. 그리고 신라로 향하여 진
군했다. 군선은 바다를 가득 메우고 그 위세가 매우 당당하였기 때문
에 신라왕은 매우 두려워하여 곧 항복을 하고 결코 매년 공물바치기
를 게을리 하지 않겠다고 굳게 맹세했다. 이윽고 황후는 개선하였다.

---

32 진구황후를 소개하고 있는 조선의 초등교과서는 ①1906년(隆熙2) 學部編纂 『普通學
校 學徒用 國語讀本』(第6券) ②1923년 조선총독부 『보통학교 국사』(상권), ③1932
년 조선총독부 『보통학교 국사』(권1), ④1937년 조선총독부 『초등국사』(권1), ⑤
1938년 조선총독부 4년제 소학교용 『국사지리』(상권), ⑥1940년 조선총독부 『초
등국사 제5학년용』(개정판), ⑦1941년 조선총독부 『초등국사 제6학년용』(개정
판), ⑧1944년 조선총독부 『초등국사』(재개정판) 제5학년, ⑨1944년 조선총독부
『초등국사』(재개정판) 제6학년으로 모두 9종이며, 그 밖에 중등역사 교과서에서
도 거의 빠짐없이 소개되어 있다.
33 高麗·百濟·新羅をあはせて三國と呼ばれ、また三韓ともいはれる。また百濟·新羅の
間には、任那の國があった。そうして朝廷は、はやくから任那をお從へになってゐたの
で、百濟や新羅との間にも、しきりに往來があった。従って大そう出形を立てて、重く
用ひられた人もあてば、新羅の王子天日槍のやうに、朝廷をしたって来る人々も多
かった。天日槍の子孫は、代々朝廷につかへて忠義をつくした。神功皇后の御母
も、その子孫の御一人である。

그 후 백제 고구려 두 나라도 조정에 복종하였다.34

⟨⑤-5-4-「神功皇后」, pp.23-24⟩

인용문 ⓐ는 일본조정을 사모하여 스스로 귀화한 아메노히보코(天日槍)가 진구황후 모계의 조상임을 강조함으로써 고대로부터 이어져 온 양국의 교류를 실증하고자 한 내용이며, 인용문 ⓑ는 「진구황후가 주아이천황(仲哀天皇)의 구마소(熊襲) 정벌에 따라갔다가 "구마소를 정벌하기보다는 바다건너 金銀彩色이 풍부한 新羅를 정복하라"는 신탁(神託)을 받는다. 거기서 천황의 급사(急死)를 당하게 된다. 당시 임신중이었던 진구황후는 친히 남장을 하고 신라땅으로 쳐들어간다. 황후의 군병을 신병이라 여기고 新羅王이 공순(恭順)의 뜻을 표하여 전쟁 없이 개선한다.」는 식의 일본역사상 하나의 통설처럼 되어 온 진구황후의 삼한정벌설이다. ⓐ가 수평적 교류라면 ⓑ는 수직적 교류, 즉 그 교류를 주종관계로 묘사하고 있는데 키포인트가 있다 할 것이다.

이어서 진구황후의 아들로 기록되어 있는 제15대 오진천황(應神天皇) 부분이다. 재위시절 양국 교류에 힘쓴 점이 부각되어 扶餘神宮 祭神으로 상정된 것으로 보인다.

이즈음 조선지방에는 중국의 선진 학문과 산업이 전해졌습니다. 오진천황은 그것을 우리나라에도 도입하고 싶다고 생각하셨습니다. 조선에서 학자를 초빙하여 중국 학문을 전하게 하시고, 중국과 조선으로부터 솜씨좋은 베짜기(縫女)와 대장장이(刀工)를 불러들이셨습니다. 조선이

---

34 皇后は、舟軍をひきゐて、對馬にお渡りになり、それから、新羅へ向ってお進みになった。軍船は海にみちみちて、その御勢が大そう盛であったから、新羅王は非常に恐れて、たゞちに降參し、決して毎年の貢を怠らないことを、かたく御ちかひ申しあげた。やがて皇后は、御凱旋になったが、その後、百濟・高麗の二国も、また朝廷に從った。

나 중국에서 건너온 사람들은 차별을 두지 않고 아끼시며 일에 힘쓰게
하셨다.35   〈⑥-5-6-「世のすゝみ」, pp.32-33〉

　인용문은 경서에 해박한 왕인(王仁)박사의 학문전파와, 장인의 산
업 기술전파를 유치한 점을 부각한 내용이다. 모후시대에 복속시켰던
조선인들을 조정에 등용하거나 내선교류를 원활하게 하는 선정을 베
푼 오진천황을 상정한 것은 반일감정을 무마시키고, 그래서 양국이 일
체가 되어야 하는 필연성을 제시하고 있는 것이다. 여기에 모후시대부
터 조공을 바쳐온 백제 사신의 원활한 왕래를 위하여 임나(任那)땅의
다사성(多沙城, 현재 경남 하동 부근)을 하사하여 교류의 인프라를 제
공하였다는 기록은 선진문명 수용 이면의 복속적인 측면을 드러냄으
로써 우월성을 드러내기도 한다. 어쨌든 현재 식민지라 할지라도 과거
한 때 문명을 전해주었고, 또 이를 수용하였던 오진천황의 신위를 봉
재하는 것이야말로 내선간의 교류, 나아가 내선일체의 명분을 삼기에
충분하다 여겨진 까닭으로 보인다.
　다음으로 거론된 2位의 祭神은 그로부터 300여년 후인 제37대 사이
메이천황(齊明天皇)과 제38대 덴지천황(天智天皇)이다. 이 두 천황은
황자시절부터 백제의 재흥을 위해 원병을 보내거나 마침내 백제가 멸
망하자 유민을 받아들여 안주할 땅을 주어 길이 그 자손들을 일본 땅
에서 번영케 한 천황으로 기록되어 있다.

35　この頃、朝鮮地方には、支那の進んだ學問や産業が傳はつてゐました。應神天皇はこ
　　れをわが国にもおとり入れになりたいと、おぼしめされました。朝鮮から學者を召しよせ
　　て、支那の學問をお傳へさせになつたり、支那や朝鮮から機織や鍛冶似たくみなもの
　　をお招きになつたりなさいました。支那や朝鮮から渡つて来た人々は、わけへだてない
　　御いつくしみをいたゞいて、仕事にはげみました。

고토쿠천황(孝德天皇)이 사망하자 고교쿠천황(皇極天皇)이 다시 즉위
하게 되었다. 제37대 사이메이천황(齊明天皇)이다. 나카노오에황자(中
大兄皇子)³⁶는 황태자로서 계속 정치에 관여하였다. 이에 앞서 조선지
방에서는 고구려가 도읍을 평양에 정하고 번번이 백제를 공격하였기
때문에 백제는 (일본)조정의 도움에 의해 지금의 공주로 도읍을 옮기
고, 얼마 되지 않아 부여로 천도하였지만, 그 세력은 날로 쇠약해져 갈
뿐이었다. 〈中略〉 신라는 전부터 중국을 따르고 있었던 터라 당(唐)은
바로 대군을 보내어 신라를 도와서 백제를 공격했다. 백제는 전투에서
무참히 참패하고 있었기에 조정에 구원을 요청해왔다. 그래서 천황은
황태자와 함께 규슈로 나섰는데, 행궁 중에 사망하였기 때문에 황태자
가 바로 즉위하게 되었다. 제38대 덴지천황(天智天皇)이다.³⁷

〈⑤-5-8-「天智天皇と藤原鎌足」, pp.38-40〉

사이메이천황 시절 국운이 쇠약해질대로 쇠약해진 백제의 구원 요
청을 받은 천황이 친히 황자를 대동하고 북규슈의 쓰쿠시(筑紫)까지
나가 군사활동을 지휘하다가 行宮 3개월 만에 사망하게 된다는 내용
이다. 그럼에도 곧바로 즉위한 나카노오에황자, 즉 덴지천황(天智天
皇)이 그 뜻을 이어받아 백제를 구원하려 하였다는 점을 부각하고자

---

36 나카노오에황자(中大兄皇子) : 조메이천황(舒明天皇)의 제2황자로 다이카개신(大
化の改新)의 주역이며, 훗날 제38대 덴지천황(天智天皇)이 된다.
37 孝德天皇がおかくれになると、皇極天皇がふたゝび御位にお卽きになった。第三十七代
齊明天皇と申しあげる。中大兄皇子は、皇太子として、引きつゞいて政治にあづかっ
ておいでになった。これよりさき、朝鮮地方では、高麗が都を平壤にさだめて、たびた
び百濟に攻めこんだので、百濟は朝廷のおたすけによって、今の公州に都をうつし、
やがて夫餘にうつったが、その勢はおとろへて行くばかりであった。〈略〉新羅は、前か
ら支那に從ってゐたので、唐は、すぐに大軍を出し、新羅をたすけて百濟を攻めた。
百濟はさんざんに戰にまけたので、朝廷にすくっていただきたいと願って來た。そこ
で、天皇は、皇太子と御一しょに九州に行幸をなさったが、行宮でおかくれのなった
から、皇太子が御位にお卽きになった。第三十八代天智天皇と申しあげる。

하여 다음과 같은 내용으로 이어진다.

> 천황은 국왕을 대신하여 조정에 와있던 백제왕자 풍장(豊璋)을 돌려보
> 내고, 군대를 내어 백제를 구해주려 하였다. 그런데 그 보람도 없이 백
> 제는 완전히 멸망해버렸다. 천황은 국내 정치로 분주하였기에 군대를
> 거두어들이셨다.[38]　　　　　〈⑤-5-8-「天智天皇と藤原鎌足」, p.40〉

덴지천황의 내선교류에 관련된 내용은 이처럼 간략하게 서술되어
있지만, 백제 왕자 풍장(豊璋)을 왕위에 오르게 하고, 신라를 정벌하기
위한 군대를 파병하는 등 사이메이(齊明)・덴지(天智)시대의 혈맹에
가까운 양국관계를 강조하고 있다.

그러나 천황이 군사 활동을 지휘하던 중 사망하였다거나 멸망해가
는 백제에 자국 군대의 파병을 감행하였음에도 지도자의 실정과 중신
들의 내분으로 그 세력을 펴지 못하고 백촌강(白村江)전투에서 대패
(大敗)하였다는 점을 들어 백제의 무능력을 지적하고 있으며, 이후 일
본으로 건너온 백제유민들에게 안주할 토지를 내주고 그 자손들을 길
이 일본 땅에서 번성케 하였다는 점은 일본의 우월성과 형제국으로서
의 의리를 부각시키려 한 흔적이 역력하다. 사이메이・덴지천황의 이
러한 치적이야말로 내선일체의 정신적 전당으로 삼고자 계획된 扶餘
神宮의 祭神으로 합당하다는 것을 표명하는 부분이라 하겠다.

그러나 여러 학자들에 의해 『古事記』와 『日本書紀』의 역사성에 대
한 신빙성이 논의되었듯이 이를 실제 역사로 보기에는 상당한 문제가

38　天皇は、國王の身代りとして朝廷に使へてゐた百濟の王子豊璋を送りかへし、軍を出して
　　百濟をおすくはせになった。ところが、そのかひもなく、百濟はすっかりほろぼされてし
　　まった。天皇は、國內の政治においそがしかったので、軍をお引上げさせになった。

있다. 일본 연구자 이노우에 히데오(井上秀雄)는 진구황후의 침략설화에 대하여 "이 침략설화는 신과 국왕만의 전쟁이었다. 전쟁의 이유와 의의도 불명이며, 장군도 군대도 戰場도 나와 있지 않은 허공의 전쟁으로서 신화적 · 종교적 침략설화이다."[39]라고 규정하면서, 소위 진구황후의 삼한정벌설이나 오진천황의 70세 즉위하여 110세 사망하기까지 재위설 등은 허구와 전설의 범주를 벗어나지 않는다는 것[40]으로 보았으며, 가시마 노보루(鹿島 昇)의 경우 "일본 천황가가 제49, 50대 천황인 고닌(光人) · 간무(桓武)(770~805)시대부터 시작된바 그 조상인 초대 진무(神武)에서 38대 덴지(天智)까지는 거의가 百濟王이었다"는 설과 함께, "백촌강전투에서 패배한 백제왕족이 일본을 건국했다는 것이며, 따라서 진무 덴지의 가계는 것은 백제왕계를 그대로 옮겨놓았다"[41]고 보고 있기도 하다. 김정학(金廷學)의 경우도 4세기말 일본열도에 통일된 야마토(大和)국가가 형성된 이후부터 역사시대로 보았기에, "『고지키』나 『니혼쇼키』에 실린 역대의 기사는 대부분 구전에 의한 전승이거나 혹은 撰者들의 조작에 의한 것으로 여기고, 진구황후에 관한 기사도 『百濟記』 등의 기록에 의거하여 연대를 소급하여 진구황후의 연대에 맞추었을 것"[42]이라면서 오진천황 이전의 천황가는 가공된 조작임을 밝히고 있다.

이러한 조작설에 대한 증거자료는 텍스트 서두의 역대표에서도 찾아볼 수 있다. 15대 오진천황의 즉위년도가 紀元 860년이고, 16대 닌토

39 林建彦(1982), 『近い国ほどゆがんで見える』、サイマル出版者、p.22
40 井上秀雄(1972) 『古代朝鮮』 日本放送協會、pp.87-90
41 鹿島 昇(1988) 『日本ユダヤ王朝の謎―天皇家の真相』、新国民社 (孫禎睦(1987) 「日帝下 扶餘神宮 造營과 소위 扶餘神道建設」『韓國學報』, p.135 재인용)
42 金廷學(1982) 「神功皇后 新羅征伐設의 虛構」『신라문화제학술발표회논문집』 제3집, 신라문화선양회, p.124 참조.

쿠(仁德)천황이 즉위년도가 紀元 973년으로 되어 있어, 오진천황이 장장 110여년을 재위한 것으로 되어 있음이 그것이다. 紀元 860년 구마소 정벌중이던 14대 주아이천황(仲哀天皇)이 급사함에 따라, 당시 진구황후의 태중에 있던 오진천황이 등극한 것으로 되어 있긴 하나, 태중에 등극한 것도 그렇고, 더욱이 진구황후 섭정기간 70년을 제한다 하여도 70세 이후 40년을 더 재위하였다는 것은 당시의 수명으로 보아 불가능에 가깝기 때문이다. 이러한 짜맞추기식의 역사와 그 안에 포함된 천황가의 치적을 식민지 〈歷史〉교과서에 수록하여 한일교류와 일본의 한국에 대한 수직적 원조 및 구원의 역사관을 심어주려 하였던 것이다.

그러나 〈태평양전쟁〉의 심화로 扶餘神宮을 위시한 신도(神都)건설 계획이 방치된 상태에서 발간된 ⑥과 ⑦에는 이들 祭神의 내선교류보다는 당대의 치적만을 기술하고 있어,43 이러한 비약된 역사관의 주입보다 당장의 정치적 목적에 의한 식민지 교육이 급선무였음을 짐작케 한다. 실로 1943년 10월 완공계획이었던 扶餘神宮 조영공사는 1945년이 되도록 겨우 기초공사(礎臺石工事)만을 마무리 한 상태에서 미군의 포격을 받아 중심부 대부분이 파괴되는 상황에 이르는데, 그 급박한 상황이 조선에 대한 '수직적 원조 및 구원의 역사관'마저 무의미하게 하였던 것으로 여겨지는 것이다.

4.3 祭神에의 비전 제시 – 護國神社

1930년대 중반은 중국과의 일전을 준비하기 위하여 조선 식민지정

---

43 진구황후는 〈⑥-5-6-「世のすゝみ」, p.31〉에서 황후의 신라정벌 내용이 '신의 가호' 측면에서 짧게 언급하고 있었지만, 그나마 ⑦에서는 아예 삭제되어 있었다. 덴지 천황의 경우도 '다이카개신(大化改新)'에 대한 업적만을 〈⑥-5-8-「改新のまつりこと」, p.41〉〈⑦-5-8-「改新のまつりこと」, pp.45-46〉에서 간략하게 언급한 정도였다.

책이 강경 일변도로 전환되던 시기이다. 이즈음 식민지 신도정책의 대대적인 개혁이 이루어진 것도 중일전쟁의 원활한 수행을 위한 인적 물적 자원의 확보 차원에서 '전 조선인의 완전한 황민화'가 무엇보다도 급선무였다는데서 기인한다.

식민지 신도정책은 제6대 조선총독 우가키 가쓰시게(宇垣一成, 재임기간; 1931.6.17~1936.8.4) 재임 말기인 1935년부터 급격히 강화되었다. 그것이 신도정책의 개혁, 이른바 '一道一列格社'[44]와 '神社‧神祠에 대한 신찬폐백료 공진제도'[45]로 나타났다. 이듬해 1월 이마이타(今井田) 정무총감이 각도지사에게 발송한 통첩(1936.1.30)의 요지는 '國體觀念의明徵', '敬神崇祖의 思想 및 信仰心의 涵養' '報恩‧感謝‧自立정신의 養成'을 목적으로 한 '심전개발운동(心田開發運動)'이었다. 그것이 제7대 조선총독 미나미 지로의 강력한 식민지정책에 의하여 교육정책의 일대전환, 즉 국가가 수행하고 있는 전쟁에 전 국민의

44 一道一列格社라 함은 각 도마다 그 중심이 되는 신사에 국폐사의 사격을 부여함으로써 명실공히 全관민의 崇敬의 중심이 되게 한다는 것이었다. 이같은 방침에 따라 1936년 8월 1일자 총독부 고시 제434호로 부산의 龍頭山神社와 京城神社를 (官報 號外, 1936.8.1), 1937년 5월 15일자 고시 제316호로 대구신사, 평양신사를 (官報 號外, 1937.5.15) 1941년 10월 1일자 고시 제1565호로 광주신사, 강원신사를(官報 제4407호, 1941.10.1) 1944년 5월 2일자 고시 제674호로 함흥신사, 전주신사를(官報 제5169호, 1944.5.1) 각각 國幣小社로 列格하였다.

45 신찬폐백료라 함은 각 신사에서 新年祭, 神嘗祭, 例祭를 올릴 때마다 官‧國幣社는 국고에서 그 祭需를 지출하고 그밖의 신사는 도 부 읍 면에서 일정액의 祭需를 지출하여 祭日에 供進使가 직접 가서 幣帛하는 것을 의무화하는 조치였다. 그런데 각 神社‧神祠마다 우지코(氏子)라는 것이 있어 신사의 창립 때, 社殿의 확장 또는 개조 때, 祭日 때 또는 일반 참배할 때마다 헌금을 하고 경내 청소 등 봉사를 하는 것이 관례였다. 이처럼 우지코의 헌금에 정부 또는 지방 공공단체가 제사 때마다 일정에의 제수를 정기적으로 제공하게 되면 신사 유지나 관리가 확고하게 안정되게 된다. 이전까지는 도 부 읍 면의 任意供進이었던 것을 1936년 8월 「조선에 있어서의 官‧國幣社 이외의 신사의 신찬폐백료 공진에 관한 건」(칙령 제253호, 1936.8.1)과, 같은 날 「官‧國幣社 이외의 신사에 공진할 신찬폐백료의 금액」(총독부령 제78호)에 의하여 일정액의 공진이 의무화(官報 제253호, 1936.8.1)되었다.

참여와 실천을 위한 '국체명징' '내선일체' '인고단련'을 모토로 대폭 개정된 〈제3차 조선교육령〉의 반포(1938.3)로 나타났다. 이에 따른 교과서의 개편은 1940년대 초 특히 「國民科」 교과목을 중심으로 전면개편이 이루어졌다. 그 중에서도 〈歷史〉교과서 개편이 타 교과서에 비해 신속히 이루어졌던 것은, '歷史'란 사실성을 근거로 한다는 점에서 설득력을 배가할 수 있다는 장점을 살려 자국중심의 역사인식을 반영하고자 함이었을 것이다.

앞서 언급하였듯이 호국신사의 祭神에 대한 비전은 國家神道, 즉 만세일계 천황가의 역사인식과 함께 했을 때 그 시너지는 배가된다 할 것이다. 때문에 총독부는 일차적으로 그 옛날 〈청일·러일전쟁〉때 전사한 병사들에게 국가가 마련한 호국신사에 안치하여 천황이 직접 그 영혼을 위로하고 제사한다는 등의 국가적 차원의 예우에 대한 전례를 교과서에 수록하였다.

> 메이지천황은 도쿄로 이동하셔서 곧 구단자카(九段坂) 위에 쇼콘샤(招魂社)를 짓게 하시고 국가 일신(一新)의 토대를 구축하기 위하여 목숨을 바친 사람들의 영혼을 제사하셨습니다. 후에 社名을 야스쿠니신사(靖國神社)라 개명하시고, 별격관폐사에 포함시키셨습니다. <u>청국과 러시아와의 전쟁 등 국가적인 대사에 목숨을 바친 사람들은 모두 이곳에 祭神으로 모시게 하고 수시로 대제를 올리셨습니다. 국민으로서 더할 나위 없는 명예입니다.</u>[46] 〈⑦-5-19-「一新のまつりこと(一)」, pp.179-180〉

---

46 明治天皇は、東京の都におうつりになると、間もなく、九段坂上に招魂社をお建てになつて、一新のもとゐをきづくための命をささげた人人のみ魂を、まつりになりました。のちに、名まへを靖國神社と改めて、別格官幣社にお加へになりました。清やロシヤとの戰など、み國の大事に身命をささげたものは、みな神としてここにおまつりになり、たびたび大祭におのぞみになりました。國民にとつて、この上もないほまれであります。

메이지천황의 수많은 치적 중에서도 국가를 위해서 전쟁터에서 싸
우다 목숨을 바친 영령과 유족들의 명예를 위한 장치로서 호국신사를
마련하고, 그 대표격인 신사를 야스쿠니신사(靖國神社)로 개명하여 별
격관폐사에 포함시킨 일은 전쟁터에서 전사함으로써 획득할 수 있는
'국민'된 명예에 대한 품격을 높이기 위한 하나의 장치요, 〈중일전쟁〉
과 〈태평양전쟁〉으로 이어지는 절박한 시기 그것이 식민지인에게도
해당될 수 있음을 숙지시키기 위한 적확한 카드였을 것이다. 당시 국
력상 비교가 안 되는 강대국이었던 미국과 영국을 상대로 전쟁을 감행
하면서 식민지인을 전쟁의 희생 제물로 동원할 수 있었던 것은 말할
것도 없이 야스쿠니신사로 대표되는 호국신사의 祭神이 될 수 있다는
비전, 즉 '신도적 내세관'이었다.

> 쇼와대에 이르러 천황은 만주사변과 중일전쟁으로부터 태평양전쟁에
> 걸쳐 용감하게 전사한 사람들을 잇달아 야스쿠니신사에 안치하게 하시
> 고, 황송하게도 친히 제사 올리기를 원하시고 신전에 다마구시를 바치
> 셨습니다. 그 고마운 뜻을 받들어 국민은 황국을 위해 목숨을 바칠 각
> 오를 굳건히 하고 있습니다.[47] 〈⑦-5-19-「一新のまつりこと(一)」, p.181〉

〈만주사변〉과 〈중일전쟁〉 그리고 현재 진행중인 〈태평양전쟁〉에서
싸우다 전사한 병사들을 야스쿠니신사에 안치하고 천황이 친히 제사
한다는 내용이나, 여기에 쇼와천황의 야스쿠니신사 참배에 나서는 사
진을 곁들인 것은 전사한 이후의 영광스러움에 대한 비전을 배가한다

---

47 昭和の大み代になつて、天皇陛下は、滿洲事變や支那事變から大東亞戰爭にわたつ
て、勇ましい戰死をとけた人人を、つぎつぎに靖國神社におまつりのなり、かしこくも、
したしく大祭におのぞみのなつて、神前に玉串をささげられました。有りがたいおぼしめ
しを拜して、國民は、君國のための身命をささげる覺悟を、いよいよかたくしてゐます。

하겠다. 이야말로 "국가 일신의 토대를 구축"하기 위한 국가적인 대사에 어떤 형태로든 전 국민이 참여해야 한다는 것이며, 쇼와기이 이르러 국가가 수행하는 어떠한 전쟁이라도 이제는 황국민으로 편입된 식민지 조선인이 전적으로 감당해야 한다는 메시지를 담은 내용이라 하겠다.

실로 扶餘神宮 조영계획이 공표되고 3개월 후인 1939년 6월 일본에서 '호국신사 관계법령'을 확립함에 따라 조선에서도 총독부 고시 제503호 (1939.6.19)로 조선군사령부와 제20사단이 있던 경성(京城)과 제19사단이 있던 라남(羅南) 두 곳에 호국신사 창립이 결정[48]되었다. 이른바 전쟁에 출전하여 장렬히 전사한 식민지 조선인 전사자의 영령을 수용하기 위한 신사 건립이었으며, 이들을 호국신사의 祭神으로 안치하다는 법령이었다.

〈図 5〉 昭和天皇의 靖國神社行幸
(출처; ㉗-6-24 「國體のかゞやき(一)」, p.172)

이러한 법적장치를 마련해놓고 일제의 식민지 교육정책은 날로 강화되어 갔으며, 그 강도가 교육의 참된 목적을 벗어나 극으로 치달아가고 있었음은 〈歷史〉교과서에서도 적나라하게 드러난다. 지난날의 史實에 근거하여 기술해야하는 〈歷史〉교과서의 기술방식을 무시하고 현재의 상태나 미래의 각오를 기술하고 있음이 그것이다.

대동아전쟁이 시작되고부터 국민은 언제나 천황의 말씀을 받들어 "공

---

48 朝鮮總督府 編(1940)『施政三十年史』朝鮮總督府、pp.777-778

격해야 한다"는 천황의 마음을 봉체(奉體)하여 모두들 필승의 신념을 굳게 다지고 있습니다. 황군장병은 불타오르는 견적필살(見敵必殺)의 정신으로 출진하여, 추위나 더위도 꺼리지 않고, 악성 유행병도 두려워하지 않고, 태평양 거친 파도를 넘어, 열대 밀림을 참아내며, 한대 눈보라를 무릅쓰고, 비바람을 뚫고, 구름 사이를 헤쳐 나가며 용감하게 싸움을 계속하고 있습니다. 일억 국민은 많은 용사들을 전선에 보내고, 수많은 영령들을 후방으로 맞아들였습니다만, 야스쿠니신사 앞에 조아리며, 호국신사 앞에 엎드려 절하며, 진심어린 감사의 마음을 바치면서 남녀노소가 한마음으로 모두 제각각 전투태세를 가다듬었습니다.[49]

〈⑦-6-28-「共營のよろこび一必勝のかまへ」, pp.285~286〉

마치 '보고문'을 보는 듯한 이러한 내용은 당시 「國民科」계통의 여타교과서와 전혀 다를 바 없는 내용이다. 어쨌든 위에 열거된 갖가지 난관을 무릅쓰고 "불타오르는 견적필살(見敵必殺)의 정신으로" 죽기를 각오하고 출전한다는 것이나, 일억 국민 모두가 "야스쿠니신사 앞에 조아리며, 호국신사 앞에 엎드려 절하며, 진심어린 감사의 마음을 바치면서 남녀노소가 한마음으로 모두 제각각 전투태세를 가다듬는다."는 내용은 역사적 사실(史實)과는 전혀 무관한, 〈歷史〉교과서의 차별성을 무시한 내용이다. 이는 모두 황민화정책의 이념적 근거인, 종

49 大東亞戦争がはじまつてから、国民は、つねに天皇の御製を拜し、「撃ちてしやまん」の大み心を奉體して、みな必勝の信念をかためてゐます。皇軍の将兵は、見敵必殺の精神にもえて出陣し、寒暑をいとはず、悪疫をおそれず、太平洋の荒波を乗りきり、熱帯の密林をしのぎ、寒帯の吹雪ををかし、雨風をついて雲間をかい、くぐり、勇ましく戦ひつづけてゐます。一億の国民は、多くの勇士を前線に送り、数数の英霊を銃後にむかへましたが、靖国の社頭(しやとう)にぬかづき、護国の社前(しやぜん)にふしをがんで、感謝のまごころをささげながら、老いも若きも、心を一つに、男も女も、みなそれぞれに戦闘のかまへをととのへました。

교 아닌 종교 신도(神道)에 대한 철저한 교육과 일상화에 의한 '신도적 내세관'에 있다 할 것이다.

실로 천황을 위해 기꺼이 목숨을 바칠 진정한 '國民'에게는 호국신사의 총 본산인 도쿄 야스쿠니 신사에 祭神으로 모셔질 것을 제시한 예는 신문, 잡지, 방송 등 각종 매체나 각 장르의 문예물, 뿐만 아니라 교과서에 이르기까지 얼마나 많이 보아왔는지 상상을 초월한다. 이 모든 것이 식민지인의 정신적 제압을 위한 교육적 장치로 변용된 '國家神道'와 이에 따른 철저한 신도교육의 결과라 할 것이다. 식민지인도 호국신사의 祭神이 되어 천황을 비롯한 모든 국민의 제사를 받을 수 있다는 '신도적 내세관'까지 내세운 '國家神道'가 교육적 장치를 통하여 지속적으로 포섭되고 세뇌되었던 까닭에 전쟁터에서 싸우다 죽기를 두려워하지 않는 '국민'의 양성이 가능하지 않았나 싶은 것이다.

4. 맺음말

메이지유신 이후 일본정부가 '國家神道'를 모든 종교의 우위에 두었던 것은 자국민의 통합과 천황중심의 지배체제 구축이라는 국가적 목적 달성을 위함이었다. 그것이 천황제 국민국가의 존속을 위한 이념으로서 성공을 거두게 되자 식민지 지배이념으로까지 확장 시행됨에 따라 그 이념의 중심이었던 祭神도, 이의 형상으로서의 神社도 황권강화와 자국민통합에서 식민지 조선인의 교화를 위한 정치적 장치로 변용 시행되었다.

그것이 시기에 따라 '동화(1910년대)→내선융합(1920년대)→내선일체, 황민화'(1930~40년대)로 나타났지만, 그 근본이념이 '신도국교

화정책'에 의한 '國家神道'의 목적을 벗어났던 적은 없었다. 본 연구에
서는 식민지 조선에 적용된 교육적 장치로서의 '國家神道'의 祭神을
크게 셋으로 분류하여 살펴보고 다음과 같은 결론을 얻었다.

그 첫째는, '만세일계와 정복자의 신성화'에서는 한반도를 총 진수
할 목적으로 건립된 조선신궁 祭神의 택정은 만세일계 황통을 중시하
는 가운데 정복신을 부각하는데 있었음이 파악되었다. 천황가의 시조
아마테라스 오미카미와 한국병합을 단행한 메이지천황을 택정 봉재하
였다는 것은 한반도 각 지역에 산재해 있는 신사의 통합과 아울러 식민
지 동화정책의 이념적 근간을 마련함에 있었다고 여겨지는 것이다.

둘째는, 1930년대 후반 '내선일체'와 황민화정책'이 급격히 강화되
던 시기 이의 전당으로서 계획된 扶餘神宮의 祭神에서는 식민지 아동
에게 내선교류 및 구원의 역사관 고착화를 위한 장치로 삼고자하였음
이 파악되었다. 이의 祭神이 역대 천황 가운데 내선교류에 힘쓴 오진
천황과, 백제의 구원에 참여한 사이메이천황, 덴지천황을, 그리고 삼
국을 복속시켰다고 전해지는 진구황후로 택정되었다는 점에서이다.
그러나 이들 祭神의 존재나 치적이 역사적 사실이기보다는 『古事記』
나 『日本書紀』에 수록된 신화에 의존하였다는 점에서 '가공된 조작설'
또는 '(歷史)교과서 왜곡'이라는 논란의 여지를 지니고 있음도 간과할
수 없는 문제일 것이다.

마지막으로 호국신사의 건립목적과 이의 총본산인 야스쿠니신사의
활용적 측면에서 시대와 정치적 목적에 따른 國家神道의 변화를 살펴
본바 식민지인도 호국신사의 祭神이 되어 천황을 비롯한 모든 국민의
제사를 받을 수 있다는 '신도적 내세관'으로 확장된 측면이 파악되었
다. 이러한 '신도적 내세관'이 교육적 장치를 통하여 지속적으로 포섭
되고 세뇌되었기에 전쟁터에서 싸우다 죽기를 두려워하지 않는 이른바

'국민'을 자처하는 식민지인의 양성이 가능하지 않았나 싶은 것이다.

일본의 國家神道는 천황중심주의와 그것을 옹호하기위한 정치력을 중심으로 하여 조직되었기 때문에 천황제와 군국주의를 강하게 결부시켜 제국주의적 침략정책 및 식민지 지배에 크게 이용되었다. 이미 청일전쟁과 러일전쟁 시기에 군국주의와 결탁하여 효용성이 확증되었던바 태평양전쟁 종전 직전까지 군국주의와 결탁한 國家神道로서 절정을 이루었다. 그러나 그것도 1945년 8월 15일 천황의 항복선언과 함께 國家神道의 전당이었던 신사는 식민지사회에서 무위의 것이 되어, 마침내 전면 철거조치 당하게 되었다. 곳곳에 남아 있는 그 터가 종교 아닌 종교였던 國家神道의 이념에 세뇌되었던 지난 식민지 시절의 뼈아픈 역사를 대변하고 있다 하겠다.

제국의 식민지 역사 지리 연구

Ⅱ. 일제의 우민화 교육과 〈歷史〉교과서[*]

Ⅱ. 일제의 우민화 교육과 〈歷史〉교과서 [*]

▌박제홍 · 김순전

1. 서론

일본의 대표적 극우 정치인중의 한사람인 이시하라 신타로(石原愼太郎) 일본유신회 공동대표는 도쿄에서 진행된 외국특파원 협회 기자 회견에서 "한국 사람들 입장에서 보면 병합통치 받은 것이 굴욕이겠지만 당시 아시아 상황을 보면 일본은 자위를 위해 할 수밖에 없었다."[1]고, 자국 방어를 위해서 어쩔 수 없었다는 식으로, 일제의 조선 강점을

---

* 이 글은 2016년 12월 한국일본어교육학회 『日本語教育』(ISSN : 2005-7016) 제 78집, pp.183-196)에 실렸던 논문 「일제의 우민화 교육과 역사교과서 – 〈제1차 조선교육령〉 시기 조선총독부 편찬 보통학교용 교과서를 중심으로 –」를 수정 보완한 것임.
1 도쿄 연합뉴스 조준형 특파원(2014, 3, 26일자 보도)

정당화하고 있다. 이와 같은 견해를 가지고 있는 일본의 일부 정치 지도자들의 역사인식이, 최근 악화일로에 있는 한일관계의 주된 원인중의 하나이기도 하다.

이러한 역사인식에는 일본제국주의시대에 그들이 배운 역사교육[2]에 근본적인 원인이 있다. 더구나 조선 아동을 일본인으로 동화시키기 위해 일제는 조선의 역사를 부정하고 일본의 역사를 가르쳤다. 특히 강점 초기의 역사과목은 아동의 역사의식을 형성하는 매우 중요한 과목이라는 점에서 연구의 필요성이 요구된다.

관련 선행연구로 문동석은 「일제시대 초등학교 역사교육과정의 변천과 교과서 - 『보통학교국사』와 『초등국사』를 중심으로」(2004, 사회과교육)와 김보림의 『일제강점기 초등 '국사' 교과서에 수록된 삽화의 현황과 특징』(2011, 역사교육)을 들 수 있다. 전자는 제2차 조선교육령) 이후에 편찬된 『普通學校國史』上, 下의 한국관계 기술 내용과 〈제3차 조선교육령〉 이후에 편찬된 『初等國史』卷一, 二의 내용에서 일제의 황국신민화가 점차로 강화되고 있는 점에 초점을 맞추고 있었으며, 후자는 한국관련 삽화내용을 각 시기별로 분류하여 삽화의 기능이 '동화', '내선일체', '황국신민화'라는 일제의 교육목적에 활용되었음을 강조하고 있다.

이처럼 대부분의 연구는 본격적인 역사교과서에 의한 역사교육이 시행되기 시작한 1920년대 이후에 집중되어 있어, 일제의 전반적인 역사교육을 파악하기 위해서는 역사교육의 시작점인 통감부기와 일제강점 초기의 연구가 반드시 필요하다.

따라서 본 연구는 통감부기로부터 〈제1차 조선교육령〉 시기까지의

---

2 일본에서 문부성편찬 국정교과서는 Ⅰ기 『小學日本歷史』一, 二 (1903), Ⅱ기 『尋常小學日本歷史』卷一, 卷二(1909), Ⅲ기 『尋常小學國史』上, 下(1920), Ⅳ기 『尋常小學國史』上, 下(1936) Ⅴ기 『初等科國史』上, 下 5기로 나누어 편찬되었다. (原田種雄·德山正人編(1988) 『小学校にみる戦前·戦後の教科書比較』 ぎょうせい、p.109 참조)

조선총독부 편찬 보통학교용 교과서의 내용에서 조선아동의 우민화 교육 부분을 중점적으로 살펴보고자 한다. 이를 통해 일본의 끊임없는 과거역사의 부정과 왜곡의 원인을 도출해낼 수 있는 단초가 될 것으로 사료된다.

2. 통감부기 보통학교 역사교육과 교과서

1906년 8월 27일 칙령 제 44호로 발포된 〈보통학교령〉 제 6조에는 "보통학교의 교과목은 수신, 국어 및 한문, 일어, 산술, 지리역사, 이과, 도화, 체조로 한다. 여자에게는 수예를 가한다."[3]라고 하여 지리역사가 교과 과목에 편제되었다. 그러나 아래의 1909년 학부령 제6호로 제정된 〈보통학교령시행규칙〉 부칙의 「보통학교 교과과정 및 교수 시수표」와 같이 지리와 역사과목은 수업시수에서 누락시켰다.

〈표 1〉 統監府期 보통학교 수업시수 (1908)

과목 / 학년	수신	국어한문	일어	산술	지리역사	이과	도화	체조	수예	계
1학년	1	10(남) 9(여)	6	6			2	3	2(여)	28(남) 29(여)
2학년	1	10(남) 9(여)	6	5			2	3	2(여)	28(남) 29(여)
3학년	1	10(남) 9(여)	6	4		2	2(남) 여(1)	3	3(여)	30(남) 31(여)
4학년	1	10(남) 9(여)	6	4		2	2(남) 여(1)	3	3(여)	30(남) 31(여)
계	4	40(남) 36(여)	24	19		4	4(남) 여(2)	12	10	

3 普通學校ノ敎科目ハ修身、國語及漢文、日語、算術、地理歷史、理科、図畵、體操トシ、女子ノ爲ニ手藝ヲ加フ. (金泰勳(1996) 『近代日韓敎育關係史硏究序說』 雄山閣出版、 p.260)

위의 도표에서 보듯이 3,4학년에는 이과를 2시간씩 배정하였다. 여학생에게는 수예를 1,2학년에 2시간 3,4학년에 3시간 배정하여서 종합적인 주간 시수에서는 여학생이 1시간 씩 더 많이 배정되어 있다. 이처럼 통감부 시기 학부에서는 지리와 역사 시간을 배정하지 않고 다른 교과에서 가르칠 것을 아래의 〈보통학교령시행규칙〉에 다음과 같이 규정하고 있다.

지리역사는 특별한 시간을 정하지 않고 국어독본 및 일어독본의 내용으로서 이를 교수하고 이에 관한 독본의 교재에 대해서는 반복 정중하게 설명해서 학도의 기억을 명확하게 할 것에 힘쓸 것[4]

학부는 지리 역사를 『國語讀本』과 『日語讀本』에서 가르치도록 지시하고 있다. 아래의 도표와 같이 실제로 이들 교과서에서 어떻게 기술되어 있는가를 조사해보는 것은 일제의 역사교육의도를 파악할 수 있는 척도가 될 것이다.

〈표 2〉 統監府期 보통학교용 교과서의 역사관계 단원명 (1909)

학년	학기	修身書(한글)	日語讀本(일본어)	國語讀本(한글)	계
1	1(권1)	8 華盛頓(一)			2
	2(권2)	9 華盛頓(二)			
2	1(권3)	13 尊德 一 14 尊德 二		3 英祖大王仁德 18 開國紀念節	7
	2(권4)			13 文德大勝 16 乾元節 22 金德齡의 歎息	

---

4 地理歷史ハ特別ノ時間ヲ定メス國語讀本及日語讀本ノ內容トシテ之ヲ敎授シ之ニ關スル讀本ノ敎材ニ就テハ反復說明シテ學徒ノ記憶ヲ明確ニセンコトヲ務ムベシ。〈普通學校令施行規則〉제8조 5항 (金泰勳(1996) 앞의 책, p.264에서 재인용)

3	1(권5)	5 흐란그린 8 관대(呂蒙正)		1 古代朝鮮 7 三韓 12 三國의 始起 22 支那의 關係	10
	2(권6)			1 明君의 英斷 2 三國과 日本 10 儒敎와 佛敎 17 隋唐의 來侵	
4	1(권7)	6 皇室 9 公私의 區別(張鎭國) 10 博愛(나이팅게일) 11 動物待遇(나이팅게일) 12 赤十字社(나이팅게일)	3 日本 4 朝鮮と日本との交通		15
	2(권8)		3 天津條約 4 日淸戰爭 5 隣國 15 日露戰爭	1 美術工藝의 發達 3 淸國 13 高麗가 ㅆ홈 17 統監府	
계		11	6	17	34

위의 도표에서 알 수 있듯이 『修身書』와 『日語讀本』에 비해서 『國語讀本』에 많은 양의 역사와 관계된 내용이 들어 있다. 그런 까닭은 보통학교 학생의 입학연령이 만8세에서 14세까지로 연령대가 높았고, 대부분의 학생이 서당교육을 사전에 받았기에 한문과 한글에 익숙해 있었다. 반면 처음으로 배우는 『日語讀本』 시간에 조선의 역사를 가르치는 것이 부적당하고, 소재를 구하기가 어려워서 주로 『國語讀本』에서 집중적으로 가르쳤다고 여겨진다. 그 중에서 『國語讀本』 권3의 7과 「三韓」에서 일본과 삼한의 풍속이 서로 비슷하다고 기술되어 있다.

三韓은其國境이日本과近接홈으로써人民의交通이頻繁ᄒ얏슨즉彼此에互相歸化ᄒᆞᆫ者-不少ᄒ얏스리로다.日本의古史를遡閱ᄒᆞᆫ즉辰韓의王子日槍이王位를其弟에게讓授ᄒ고日本에歸化ᄒ얏ᄂᆞ듸.其時에玉과鏡과刀와槍等을携去ᄒ얏다云ᄒ얏스니人智가임의發達홈을足히推知ᄒ겟더라.
古昔의風俗을比較ᄒ건듸三韓과日本은相似ᄒ바-甚多ᄒ니墳墓의周圍에土器를羅列ᄒᆞ며珠玉을衣髮에包裏ᄒ아頸部에懸置ᄒᆞᆫ等事-其一例니라.[5]

신라의 아메노히보코(天日槍)가 일본에 귀화하여 조선과 일본이 오
래전부터 서로 왕래가 자주 있고 사이가 좋은 것으로 기술하고 있다.
반면 중국과는 옛날부터 주종의 관계이며 사이가 좋지 않은 부정적인
관계로 부각시키고 있다.

> 三國이다支那의侵害를닙어或은封冊을밧으며或은納貢을언약ᄒ얏슴으
> 로屬國과ᄀᆞᆺ은關係가잇셧스나其後에踐約홈이無幾ᄒ니其實은獨立의態
> 度를支持ᄒ故로支那와抗爭이屢起ᄒ니라.[6]

이처럼 한반도 삼국이 모두 중국에 조공을 바치는 속국관계에 있었
으나, 점차 독립하려는 태도를 취하여 중국에 반기를 든 것처럼 묘사
하고 있다. 반면 일본과의 관계는 일본이 예로부터 조선에게 많은 도
움을 준 것처럼 기술되어 있다.

> 日本史記에云ᄒ되昔者弁韓의地에伽倻라稱ᄒᄂᆞ小國이잇ᄂᆞᆫ지라.三國이
> 並起ᄒ後未幾에伽倻王이使者를日本에보닉여鎭將이되기를請ᄒ거늘.日
> 本이其所請을依ᄒ야鎭將의卿을보닉고伽倻에因居케ᄒ며坐國名을任那
> 라改稱ᄒ얏다云ᄒ니라.
> 其後에任那ᄂᆞ屢次新羅의侵略을當ᄒ야救援을日本에請ᄒ되.日本의神功
> 皇后가大軍을率來ᄒ야新羅와相戰ᄒ다.新羅王이可히抵當치못홀줄을알
> 고和約을締結ᄒ얏ᄂᆞᆫ지라.適其時에百濟도亦是日本과通好結約ᄒ다.[7]

5 學府(1909)『國語讀本』卷五 7「三韓」、pp.16-17
6 學府(1909)『國語讀本』卷五 22「支那의關係」、p.57
7 學府(1909)『國語讀本』卷六 2「三國과日本」、pp.4-5

이와 같이 일제는 『니혼쇼키(日本書紀)』를 인용하여 가야의 임나일
본부설을 사실인양 가르쳤다. 또한 일제는 강점 이전에부터 이미 역사
교육을 통해서 식민지배를 정당화시키기 위하여 자신들에게 유리한
역사서를 인용하여 조선 아동들에게 교육시켰다.

『日語讀本』에서도 제3과 「日本」에서는 일본의 지도를 설명하면서
청일전쟁과 러일전쟁의 경과를 언급하여 그 정당성을 기술하고 있다.
또한 4과 「朝鮮と日本との交通」에서도 왕인(王仁)을 등장시켜 오래전
부터 일본과 교류하고 있다는 것을 설명하면서 나라(奈良)에 가면 조
선인들이 만든 훌륭한 조형들이 있다고 아래와 같이 소개하고 있다.

> 한국은 예로부터 청나라의 속국처럼 되어 있었지만 지금으로부터 30
> 여년정도 전에 일본이 처음으로 '한국은 독립국이다' 라고 말했습니다.
> 그래서 세계 각국에서도 모두 그렇게 생각하게 되었는데 청나라에서는
> 옛날대로 생각하고 있었습니다. 한쪽에서는 독립국이라고 생각하고 있
> 는데 다른 한쪽에서는 속국처럼 하고 있기 때문에 일본과 청나라는 서
> 로 좋지 않게 생각하게 되었습니다. 8

일본과 청나라가 사이가 좋지 않은 이유는 조선을 속국으로 취급하
는 청나라에 반해 일본은 독립국으로 인정해 주었다고 기술하여, 일본
에 대한 환심과 청나라에 대한 적개심을 동시에 인식시켜주고 있다.
제4과 「日淸戰爭」에서도 청나라가 조선에 군대를 파견하면서 "속국

---

8 韓國ワ昔カラ、淸國ノ屬國ノヨウニナツテイマシタガ、今カラ三十年バカリ前ニ、日本ガ
  始メテ、「韓國ワ獨立國ダ」ト言イダシマシタ。ソレデ、世界ノ国々デモ、皆、ソウ思ウ
  ヨウニナツタノニ、淸國デワヤハリ、昔ノ通リニ思ツテイマシタ。一方デワ獨立國ダト思
  ツテイルノニ、一方デワ屬國ノヨウニシテイマスカラ、日本ト淸國ワ互ニ、ヨク思ワナイエ
  ヨウニナリマシタ。(學部(1908)『日語讀本』卷八 3-「天津條約」、p.10)

내 난폭한 자들이 발생되어서 군대를 보낸다."라는 것에, 일본은 "한국은 독립국이어서 청나라의 속국이 아니다. 그러함에도 나라가 제멋대로 군대를 보내면 일본도 군대를 보내서 한국에 거주하는 일본인을 보호해야 한다."는 명분으로 청일전쟁이 발발했다. 일본이 승리한 후에 청나라는 강화조약에서 "한국은 속국이 아니다. 독립국임을 승인하였다"고 기술하고 있다. 5과 「隣國」과 15과 「日露戰爭」에서도 일본의 승리를 홍보하면서 자연스럽게 일본의 역사를 가르치고 있다.

하지만 학부편찬 『修身書』에 등장하는 일본 역사 관련 내용은 니노미야 손토쿠(二宮尊德)뿐이고 서양인과 중국인이 많이 등장하고 있다. 이는 학부편찬 『修身書』가 당시 일본 문부성 편찬 제 I 기 『尋常小學修身書』(1904)의 내용과 편제를 모방하였기에 몇몇의 조선과 중국의 관련을 약간 추가하였을 뿐 일본역사에 관한 것은 그다지 기술되어 있지 않은 이유이다.

3. 〈제1차 조선교육령〉기 보통학교 역사교육과 교과서

1910년 8월 일제는 조선을 강제 합병하였으나 식민지 조선에서 사용할 보통학교용교과서는 바로 편찬 할 수 없었다. 따라서 기존의 학부 편찬 교과서를 자구수정하고 청나라나 조선관계된 것 내용을 삭제하여 임시방편으로 정정본(訂正本)을 발행하여 한정적으로 사용하였다. 일제강점 이후 조선총독부내에서는 조선교육 방침의 기조를 무엇으로 할 것인지 의견이 분분했다. 한쪽에서는 일본의 심상소학교처럼 〈교육칙어(敎育勅語)〉를 교육의 기본방침으로 하자고 주장하였지만 다른 쪽에서는 이에 반대하였다. 조선총독부에 건의한 '교화 의견서'

에서 조선인에게 〈교육칙어〉의 취지인 충군애국 교육을 적용하여 실시하는 것은 적절치 않고, 개인생활에 필요한 성실·근검·규율·청결 등의 덕목을 가르쳐 순량한 제국신민을 양성하는 것이 바람직하다는 의견을 제시하였다. 데라우치 마사타케(寺內正毅) 총독도 1911년 2월 「敎育時論」 제 92호에서 총독부의 교육방침은 "〈교육칙어(敎育勅語)〉는 본토(일본)에서처럼 다루지 않고 오히려 〈무신조서(戊申詔書)〉9와 같이 수신을 역설하고 다소 유교주의를 가미할 것"이라고 피력했다. 이때까지만 해도 조선총독부는 〈교육칙어〉의 도입을 전혀 고려하지 않았고, 〈무신조서〉의 덕목에 중점을 두고 유교주의를 가미할 생각이 었다. 이처럼 조선총독부 내부에서는 〈무신조서〉를 중시하는 경향이 우세했지만, 일본의 교육계에서는 〈교육칙어〉의 취지에 따른 덕육교육을 기본방침으로 하는 것이 좋다는 의견이 우세하였다. 일제는 1911년 8월 〈교육칙어〉와 〈무신조서〉를 절충한 〈제1차 조선교육령〉을 발포해서 조선교육의 기본방침으로 확정했고, 〈제1차 조선교육령〉의 취지에 따라 새로운 교과서 편찬 작업에 착수했다. 그러나 지리 역사과목은 통감부기와 달리 〈제1차 조선교육령〉에 이어 같은 해 10월 20일에 제정된 〈보통학교시행규칙〉 제 6조에서도 교과목으로 지정되지 못했다.

　통감부기에는 지리역사 교과서는 편찬되지 않았으나 교과목에는 배정되었다. 그러나 강점 이후 〈보통학교 시행규칙〉에는 지리역사 과목을 누락시켰다. 〈제1차 조선교육령〉시기의 보통학교 교과목 수업시수를 표로 정리해보면 아래와 같다.

9　1908년 10월 4일 明治天皇이 발포한 詔書로 러일전쟁 후 사회적 혼란 등을 시정하고 장차 국가발전에 필요한 도덕을 길러주어 국민의 단결과 근검절약을 강조하였다.

〈표 3〉〈제1차 조선교육령〉시기 보통학교 교과목 수업시수

과목 / 학년	수신	국어 (일어)	조선어 및 한문	산술	이과	도화	체조 창가	수공	계
1학년	1	10	6	6			3		26
2학년	1	10	6	6			3		26
3학년	1	10	5	6	2		3		27
4학년	1	10	5	6	2		3		27
계	4	40	22	24	4		12		106

위의 도표에서 알 수 있듯이 일제강점 이후 보통학교 수업시간은 통
감부기보다 2시간에서 4시간까지 줄어드는 경향을 알 수 있다. 대신
외국어인 '日語'에서 자국어인 '國語'로 바뀐『國語讀本』이 6시간에서
10시간으로 늘어난 반면『朝鮮語及漢文』10시간에서 5,6시간으로 대
폭 줄어들었다. 이처럼 일제가 지리역사교과서를 편제는 물론 교과서
까지 편찬을 하지 않은 것에 대해 일부에서 비판하자, 교과서 편찬 관
계자는『國語讀本』,『朝鮮語及漢文』,『修身書』에서 보충하도록 했으니
별 문제가 없을 것이라고 언급하고 있다. 역사와 관련된 사항이 포함
된 단원을 구체적으로 어떤 단원이 들어 있는가를 구체적으로 제시한
것이 아래의〈표 4〉이다.

〈표 4〉〈제1차 조선교육령〉시기 타교과서의 역사 관련 단원명

학년	학기	修身書	國語讀本	朝鮮語 及 漢文	계
1 卷 一	1 (권1)			38 '天皇陛下는 在東京之' (漢)	4
	2 (권2)		18 シンネン 19 日ノマルノハタ 20 テンノウヘイカ		
2 卷 二	1 (권3)		20 めいぢでんのう 22 テンチョウセツ	1 식목 60 나카에 도주(中江藤樹) (漢)	13
	2 (권4)	23 祝日·大祭日 24 明治天皇	7 皇大神宮 14 すさのおのみこと 16 朝鮮 18 神武天皇 22 卵から生れた王 24 巴提便		

卷	권	修身書	國語讀本	朝鮮語及漢文	계
3 卷三	1 (권5)	1 今上天皇陛下 2 皇后陛下 3 二宮尊憲(一) 孝行 4 二宮尊憲(二) 勤勞	4 日本武尊 11 應神天皇 20 今上天皇陛下 23 仁德天皇	1 今上天皇陛下와 皇后陛下 5 아라이 하쿠세키(新井白石) 9 詔勸農蠶(漢) 23 甘藷先生 (漢) 26 乃木大將及東鄕大將(漢) 37 瓜生岩	21
	2 (권6)	5 二宮尊憲(三) 修學 6 二宮尊憲(四) 貯蓄 7 二宮尊憲(五) 公益 13 中江藤樹(一) 德行 14 中江藤樹(二) 主人卜召使 24 我ガ國體	3 明治天皇 21 明治三十七八年 戰役(一) 22 明治三十七八年 戰役(二) 27 明治三十七八年 戰役(一) 28 明治三十七八年 戰役(二) 29 朝鮮總督府		
4 卷四	1 (권7)	1 大日本帝國 2 明治天皇 3 昭憲皇太后 4 能久親王 24 教育勅語(一) 25 教育勅語(二) 26教育勅語(三)	9 奈良ノ大佛卜恩津彌勒佛	2 寒夜脱御衣 (漢) 4 노나가젠산(野中兼山) (漢) 39 나카에 도주(中江藤樹) (漢)	18
	2 (권7)		1 皇室 3 天日槍 16 日本海ノ海戰 20 塙保己一 29 菅原道長	53 다기가구다이(瀧鶴臺) 의妻 56 菅公忠愛(漢) 57 모리무라이지사에몬 (森村市左衛門)翁	
계		14	27	15	56

위의 표는 지리에 관계된 것은 빼고 역사에 관계된 부분만 포함시킨 것임에도 불구하고 『國語讀本』은 매 학년 27차례, 『朝鮮語及漢文』이 매 학년 15차례, 그리고 『修身書』가 14차례 역사관련 내용이 나오고 있다. 또한 등장인물은 천황이 가장 많고 농정가로는 니노미아 손토쿠, 유학자로는 나카에 도주(中江藤樹), 학자로는 스가와라노미치자네(菅原道眞), 군인으로는 노기(乃木)대장 도고(東鄕)대장 등 다양한 계층의 인물이 등장하고 있다. 그러나 한국인 역사인물이나 역사적인 사건은 전혀 가르치지 않았다는 것은 일제가 강점초기부터 철저히 조선아동을 일본인으로 동화시키려는 의도가 숨어있다고 볼 수 있다. 〈표 4〉 중에서 제일 많이 등장하는 메이지천황(明治天皇)이 어떻게 기술되어 있는가를 살펴보도록 하겠다.

메이지천황은 현 천황(다이쇼)폐하의 아버지이십니다. 46년 동안 천황

지위에 계시며 우리나라를 지금처럼 번성하게 하셨습니다. 우리들 국
민은 그 은혜를 참으로 감사히 생각하고 있습니다. 그러나 메이지 45년
(1912) 7월에 중병에 걸리셨습니다. 국민은 매우 걱정하여 빨리 나으시
도록 열심히 기도하였습니다. 그렇지만 그 보람이 없이 같은 달 30일에
마침내 돌아가셔서 국민은 모두 부모를 여읜 것처럼 슬퍼하셨습니다.
(중략) 우리들은 메이지천황의 은혜를 언제까지나 잊어서는 안 됩니다.[10]
메이지천황은 정말로 훌륭하신 분으로 재위 46년간의 긴 세월동안 나
라를 위해 백성을 위해 오로지 정치에 힘쓰셨습니다. 그 덕분에 천황의
치세 중에 우리나라는 모든 것이 진보하여 세계 일등국의 하나가 되었
습니다. 메이지43(1910)년에는 조선의 백성에 대하여 조세의 일부를
면제하시고, 또 대사면을 명하셨습니다. (중략) 게다가 1,700여 만 원의
돈을 하사하시고 이를 온 조선의 각 부군(府郡)에 분배하시어 산업을
장려하고 교육을 진작시켜 흉년에 대비할 수 있도록 하셨기 때문에 조
선 사람들은 영원히 은혜를 입고 있습니다.[11]

---

10   明治天皇は今上天皇陛下の御父君でございます。四十六年の間、御位にあらせられまし
　　て、我が國を今のように盛んになさいました。われら国民は、その御恩をまことにありが
　　たく思っています。ところが明治四十五年の七月に、重い御病気におかかりになりまし
　　た。国民はたいそうしんぱいいたしまして、早くおなおりになるようにねっしんにいのりま
　　した。けれどもそのかいがなくて、同じ月の三十日に、とうとうおかくれになりましたの
　　で、国民は皆父母をなくしたようにかなしみました。(中略)われらは明治天皇の御恩
　　を、いつまでも、わすれてはなりません。(朝鮮總督府(1913)『普通學校國語讀本』卷
　　三 20-「めいぢでんのう」、pp.73-76)
11   明治天皇ハマコトニスグレタオ方デイラセラレマシテ、御在位四十六年ノ長イ間、國ノタ
　　メ、人民ノタメニ、ヒタスラ政治ニ御勵ミアソバサレマシタ。其ノオカゲデ、天皇ノ御治
　　世中ニ、我ガ國ハ何事モ進歩シテ、世界ノ一等國ノ一ツトナリマシタ。明治四十三年
　　ニハ、朝鮮ノ人民ニ対シテ、租税ノ一部ヲオユルシニナリ、又、大赦ヲ仰セ出サレマ
　　シタ。(中略)其ノ上、金一千七百餘萬圓ヲ御下賜ニナリ、之ヲ朝鮮中ノ各府郡ニ分配
　　シテ、産業ヲ勵マシ、教育ヲ進メ、凶年ニ備エルヨウニサセラレマシタカラ、朝鮮ノ
　　人々ハ、永遠ニ、此ノオ惠ヲ蒙ルノデアリマス。(朝鮮總督府(1914)『普通學校國語讀
　　本』卷六 3-「明治天皇」、pp.11-12)

이와 같이 2학년 1학기 과정에서는 메이지천황의 은혜, 특히 조선인에게 많은 은혜를 베풀었으니 조선아동은 메이지천황의 은혜에 보답할 것을 요구하고 있다. 한편 『修身書』에서는 2학년용 교과서 권2 24과 「明治天皇」과 4학년용 교과서 권8 2과 「明治天皇」에 다음과 같이 기술되어 있다.

> 메이지천황은 46년간 우리 일본국을 다스리시며 깊이 국민을 어여삐 여기셨습니다. 항상 정치에 힘쓰셨고 더운 여름에도 아주 추운 겨울날에도 쉰 적이 없습니다. 메이지 43년(1910)에는 조선에 많은 돈을 주셔서 인민은 크게 그 은혜를 받고 있습니다. 우리는 언제까지나 메이지천황의 은혜를 잊어서는 안 됩니다. [12]
>
> 메이지천황은 매일 여러 가지 정무를 처리하시느라 밤늦게까지 잠도 못 주무시는 날도 있으셨습니다. 또 중요한 회의가 있으면 참석하시여 여러분의 의견을 경청하셨습니다. 천재지변이 일어났을 때는 친히 시종을 보내 신민의 어려운 상황을 조사하여, 수중에 있는 돈으로 직접 도우신 적도 여러 번 있었습니다. 또 교육에 깊은 관심을 가지시고 메이지 23년(1890) 10월 30일 칙어를 내리시어 신민을 소중히 여기는 마음을 보여주셨습니다. 이것은 즉 교육에 관한 칙어입니다. [13]

12 明治天皇ハ、四十六年ノ間、我ガ日本国ヲオ治メアソバサレマシテ、深ク國民ヲオンアワレミクダサイマシタ。ツネニ政治ニオンハゲミ アソバサレマシテ、夏ノゴク暑イ時ニモ、冬ノゴク寒イ時ニモ、オヤスミニナッタコトハアリマセンデシタ。明治四十三年ニハ、朝鮮ニ沢山ナ金ヲクダサイマシテ、人民ハ大ソウソノオメグミニアズカッテイマス。我我ハイツマデモ、明治天皇ノ御恩惠ヲワスレテハナリマセン。(朝鮮總督府編纂(1913)『普通學校修身書』卷二 24-「明治天皇」、pp.28-29)

13 明治天皇ハ、毎日、種々ノ政務ヲオサバキアソバサレ、夜オソクマデ、オヤスミニナラヌコトモゴザイマシタ。又、大切ナ会議ガアリマスト、オ出マシニナリ、御耳ヲ傾ケテ、オ聽キアソバサレマシタ。天災地變ナドノアッタ時ハ、侍從ヲオ遣ワシニナッテ、人民ノ難儀シテ居ル様子ヲシラベサセラレ、御手許金ヲオ下ゲニナッタコトモ、タビタビゴザイマシタ。又深ク教育ノコトニ大御心ヲ用イニナリ、明治二十三年十月三十日勅語ヲオ下シ

『修身書』卷2의 24과 「明治天皇」에서는 메이지천황의 자상함과 근면함을 부각시키고 조선인에게 돈을 하사하셔서 은혜를 베푸셨기에, 은혜에 보답해야 한다는 당위성을 강조하고 있다. 반면『修身書』는 2학년 교재이고 1주일에 1시간 배정되었기에『國語讀本』처럼 길게 서술할 수 없었으므로 짧은 문장으로 國語讀本을 요약하는 형태로 기술되어 있다.『修身書』권8의 2과 「明治天皇」에서는 〈교육칙어〉의 하사에 초점을 맞추어 기술하고 있는 점은 修身書만의 특징 중 하나이다.

> 今上天皇陛下께옵서는明治天皇의皇子이옵시니,神武天皇으로부터第百二十二代의 天皇이옵시니라. 明治十二年八月三十一日에 誕降하옵시고, 大正元年七月三十日 寶齡三十四年에 踐祚하옵셧나니라.
> 陛下께옵서는 孝心이 至極하사, 明治天皇과 昭憲皇太后의 崩御하옵신 時에, 深히 哀慟하옵시고, 御大葬時에도 凡事에 極히 惱神하옵셧나니라. (중략) 皇后陛下께옵서는, 幼時로부터 甚히 仁慈하옵시며, 小毫도 奢侈를 嗜好치아니하옵시고, 또每年에 親히 養蠶하옵셔서, 國富增進의 道를 一般人民에게 示하옵시나니라.
> 私等日本國民은. 恒常兩陛下의 聖恩을 惶感히思하며, 君國을 爲하야, 盡忠竭力할지니라.[14]

다이쇼(大正)천황은 34살에 황위를 이어받았다. 효심이 지극하였으므로 메이지천황과 쇼켄황태후(昭憲皇太后)가 돌아가실 때 매우 슬퍼하였고, 황후도 인자하고 검소하였기에 나라가 부흥하는 길을 국민에

ニナッテ、臣民ニ大切ナ心得ヲオボシニナリマシタ。コレガ卽チ敎育ニ關スル勅語デゴザイマス。(朝鮮總督府(1913)『普通學校修身書』卷四 2-「明治天皇」、pp.4-6)
14   朝鮮總督府(1917)『普通學校朝鮮語及漢文讀本』卷三 1-「今上天皇陛下와 皇后陛下」朝鮮總督府、pp.1-4

게 알려주었으므로 우리들은 항상 양 폐하를 황송하고 감사하게 생각
하고 천황과 나라를 위해 충성을 다할 것을 강조하고 있다.

4. 〈제1차 조선교육령〉의 부분개정 이후
보통학교 역사교육과 교과서

3.1운동이 일어나자 일제는 강점이후 헌병과 경찰을 중심으로 한 무
단정치를 포기하고 소위 문화정치로 전환하였다. 특히 새로 부임한 사
이토(齋藤) 총독은 1920년 11월 〈제1차 조선교육령〉을 부분적으로 개
정하였다. 일부 개정된 〈조선교육령〉과 〈보통학교규칙〉은 이듬해 4월
신학기부터 적용되었다. 지금까지 보통학교가 4년제로 운영되었던 것
을 일본의 심상소학교와 동일하게 6년제로 바뀌었고, 역사과목은 5, 6
학년 과정에 새롭게 편제 되었다. 그러나 갑작스런 편제로 공식적인
역사교과서를 미처 준비하지 못했던 조선총독부는 급한 대로『尋常小
學國史補充教材』卷一, 卷二를 편찬하여 문부성 발행 기존의 교과서인
『尋常小學國史』와 함께 사용하도록 하였다. 『尋常小學國史補充教材』
는『尋常小學國史』의 사이에 연대순에 맞게 삽입하여 교수하도록 구
성되어 있다.

〈표 5〉『尋常小學國史補充教材』아동용 권1(1920) 목차와 내용

단 원 명		내 용
一 上古の朝鮮半島	(第三「日本武尊」のつぎ)	기자조선
二 三韓	(第三「日本武尊」のつぎ)	임나설치
三 文學·佛敎·工藝	(第四「神功皇后」のつぎ)	고흥과 왕인 일본에 왔다.
四 日本府 其の一	(第5「仁德天皇」のつぎ)	3국이 조공
五 日本府 其の二	(第六「聖德太子」のつぎ)	신라일본속국

六 百濟·高句麗の滅亡 (第八「天智天皇과 藤原鎌足(のつぎ)」のつぎ)	일본의 백제 지원
七 新羅一統 (第十三「菅原道真」のつぎ)	일본 및 당 복속
八 高麗 其の一 (第二十七「後鳥羽上皇」のつぎ)	거란의 속국
九 高麗 其の二 (第二十七「後鳥羽上皇」のつぎ)	몽고의 복속
十 高麗 其の三 (第二十七「足利氏の僭上」のつぎ)	공민왕 迷信성행
十一 高麗 其の四 (第二十「足利氏の僭上」のつぎ)	신라변방의 왜구 출몰
附錄 1 各王朝歷代表	삼국의 왕, 고려왕
2 年表	일본천황

일본 문부성 편찬 『尋常小學國史』 上卷의 단원명이 대부분 인명으로 되어 있는 것에 반해, 보충교과서에서는 국명으로 나오고 있다. 교과서 기술 중에 1과 「上古の朝鮮半島」에서는 중국에서 건너온 기자(箕子)가 조선의 시조로 기술 되어있다.

옛날 반도의 북부를 조선이라 하고 支那에서 기자가 와서 이 지역의 왕이 되었다고 한다. 그 후 위만이라는 자가 이 지방에 들어와서 기자의 후손인 준(準)을 추방하고 나라를 빼앗았다.[15]

일제는 조선이 옛날부터 중국의 속국이었음을 부각시킴으로써 조선의 자주성을 없애려 하고 있다. 또 5과 「日本府 其の (二)」에서는 신라는 원래 일본의 속국이었고, 고려도 한 때 거란의 속국이었다는 점을 강조하고 있다. 7과 「新羅一統」에서는 일본 및 당나라에 복속이 되었다고 아래와 같이 기술하고 있다.

15 昔、半島の北部を朝鮮といひ、支那より箕子來りて其の地に王となれりといふ。其の後、衛滿といふ もの此の地方に入り、箕子の後なる準を逐ひて国を奪へり。(朝鮮總督府(1920)『尋常小學國史補充教材』卷一、p.1)

통일신라 이전은 이웃나라와 싸움이 거의 끊이지 않았으나 이 시대에 들어와서 태평이 계속되어 당과의 교통이 성행해서 문물도 현저하게 발달되었다. 이 시대에도 또 신라는 항상 일본에 조공을 소홀히 하지 않았다. 16

4과 「日本府 其の(一)」에서 고구려, 백제, 신라의 3국이 일본에 조공을 바쳤다는 기술에 이어 통일신라 때에도 여전이 일본에 조공을 바쳤다고 역사를 왜곡하여 기술하고 있다. 10과 「高麗 其の(三)」에서는 조선에서 미신이 성행하게 된 원인을 고려 말 신돈이 나라를 어지럽히던 공민왕 시기처럼 사실을 확대 과장되게 기술하고 있다. 또 11과 「高麗 其の(四)」에서는 왜구의 실체가 일본이 아니라 신라의 변방에 있던 자들이 도적질을 한 것으로 아래와 같이 묘사하고 있다.

통일신라시대의 중기 무렵 신라의 변민들이 출몰하여 일본의 해안을 노략질 하는 것이 적지 않았다. 그런데도 공민왕이 설립할 무렵 일본에는 소란이 계속되어 국내전쟁이 끊어지지 않았다. 여기에서 변민은 제멋대로 출몰하여 지나 및 조선의 연안을 황폐하게 했다. 지나·조선의 백성은 이를 두려워 왜구라 했다. 고려는 자주 사신을 일본에 보내서 이것을 금지해 주기를 청했지만 쉽게 그치지 않았다. 17

16 新羅一統時代以前は隣国との争ほとんど絶ゆることなかりしが、此の時代に入りてより太平うつつづき、唐との交通盛んにして、文物著しく發達せり。此の時代においても亦新羅は常に日本への朝貢を怠たらざりき。(『尋常小學國史補充敎材卷一』(1920) 七「新羅統一」、p.15)
17 新羅一統時代の中頃より、新羅の邊民出でて日本の海岸を荒せしたこと少なからず。しかるに恭愍王の立ちし頃、日本にては騷亂うちつづき、国内戦争たゆることなかりき。ここにおいて邊民ほしいままに出でて、支那並に朝鮮の沿岸を荒せり。支那·朝鮮の民之を畏れて倭寇といふ。高麗はしばしば使を日本に送りて之を禁ぜんことを請ひたれども、容易にやまざりき。(朝鮮總督府(1920) 『尋常小學國史補充敎材』卷一「十一 高麗その四」、pp.23-24)

일제는 왜구의 실체를 신라 변방에 있는 자들로 규정함으로써 일본
과 관계가 없다는 것을 확인시키고 있다. 조선시대부터 시작되는 「尋
常小學國史補充教材』 卷二의 목차와 내용을 살펴보면 다음과 같다.

〈표 6〉『尋常小學國史補充教材』 卷2(1920) 목차와 내용

단 원 명	내 용
一 朝鮮の太祖 (第三十三「織田信長」のつぎ)	明이 조선의 국호 정해 줌
二 太宗及び世宗 (第三十三「織田信長」のつぎ)	쓰시마와 수교
三 世祖 (第三十三「織田信長」のつぎ)	세조의 치적
四 朝鮮の文化 (第三十三「織田信長」のつぎ)	조선의 문화를 소개
五 士禍及び朋黨 (第三十三「織田信長」のつぎ)	사와 붕당의 폐해
六 壬辰の亂 (第三十四「豊臣秀吉」のつぎ)	명의 속국
七 丙子の亂 (第三十八「德川家光」のつぎ)	청나라 속국
八 英祖及び正祖 (第四十八「攘夷と開港(のつぎ)」のつぎ)	영조·정조이후 개혁 실패
九 大院君の執政 (第五十一「明治天皇一明治維新」のつぎ)	일본의 수호 권유에 불응
十 江華島事件と壬午の政變 (第五十一「明治天皇二西南の役」のつぎ)	강화도사건의 발발 원인
十一 甲申の政變と甲午の革新 (第五十一「明治天皇四明治二十七八年戰役」のつぎ)	청이 조선을 독립국 인정
十二 大韓 (第五十一「明治天皇五條約改正」のつぎ)	일본에 의해 문명시설정비
十三 統監府の設置 (第五十一「明治天皇五 明治三十七八年戰役」のつぎ)	동양평화를 위해서 설치
十四 日韓併合 (第五十一「明治天皇七 韓國併合」のつぎ)	병합의 정당성
十五 總督政治 (第五十一「今上天皇二 歐洲の大戰」のつぎ)	외국의 억압 없이 잘살게 됨
附錄 1 李氏朝鮮歷代表	조선시대 왕
2 年表	일본천황

「尋常小學國史補充教材』 卷一의 11과 「高麗 其の四」에서의 왜구의
출몰과 협상이 『尋常小學國史補充教材』 卷二의 2과 「太宗と世宗」에서
아래와 같이 기술되어 있다.

왜구는 조선시대에 들어서도 계속 이어졌다. 곤혹스러워서 태조 및 세
종은 쓰시마를 공격하려고 병사를 출병했지만 성과를 얻지 못했다. 세

종 때 마침내 제포(진해)·부산포·염포(울산) 지역에 한해서 쓰시마인
에게 무역 및 어업을 하도록 허가하자 왜구의 피해도 점차로 줄어들어
島主와 조약을 맺기에 이르렀다.[18]

조선시대에 들어와서도 왜구의 출몰이 계속되었고, 태조와 세종이
쓰시마를 공격했다는 것은 쓰시마가 왜구의 소굴이었다는 것을 의미
한다. 즉 쓰시마가 신라의 변민들이 사는 지역이라는 뜻으로 해석될
수 있다. 한편 4과 「朝鮮の文化」에서는 세종대왕의 한글창제를 언급하
면서 "세종은 친히 언문을 제작하고 정인지 등에 명령하여 훈민정음
을 편찬하게하고 이것을 모든 나라 전체 행해서 커다란 편익을 주었
다"고 한글을 언문이라 칭하여 비하하는가 하면, 5과 「士禍と朋黨」에
서는 "이들 중 노·소·남·북의 네 개의 파를 四色이라고 칭하고 지금도
서로 결혼도 하지 않는다."는 식으로 기술함으로써 조선역사의 부정
적 측면을 강조하고 있다. 또 6과 「壬辰の亂」에서는 "선조는 사신을 에
도막부로 보냈다. 이후 장군이 바뀔 때마다 조선에서는 반드시 경축사
절을 보내는 것이 관례가 되었다."는 식의 기술로 일본에 대한 사대주
의 성향을 강조하고 있다. 조선이 중국의 속국이라는 주장과는 부합되
는 이와 같은 논리는 조선에 통감부를 설치한 당위성을 기술한 13과 「
統監府の設置」에 잘 나타나 있다.

원래 일본과 조선의 관계는 불과 一衣帶水와 같이 가까이 있고 서로 이

---

18 倭寇は朝鮮時代となりても未だ止むに至らず。困って太祖及び世宗は對馬島を攻めしめ
んとて兵を出せしが、功を奏せざりき。世宗の時、遂に薺浦・釜山浦・鹽浦の地に限り、
對馬島人の来りて貿易及び漁業をなすことを許し、倭寇の害是より漸く止み、次いで島
主と條約を結ぶに至れり。(朝鮮總督府(1920)『尋常小學國史補充敎材』卷二 2-「太祖
及び世宗」、p.4)

해를 같이하고 脣齒의 관계를 이루고 있다. 게다가 고래 두 나라는 친
하거나 멀어졌다. 특히 근세에 이르러서는 조선의 국력이 약하여 항상
외교상 실정을 초래하여 나아가서는 일본의 불이익을 초래했고 동양의
평화 깨는 것이 자주 있었다. 따라서 일본은 1905년(광무9) 러시아와
강화한 후 더욱 더 일한 양국의 관계를 긴밀하게 하여서 양국의 안녕을
꾀해서 동양의 평화를 확실히 하기를 원해서 새로이 한국과 협약을 맺
었다.[19]

조선과 일본은 오래전부터 지역적으로 가까울 뿐만 아니고 서로 친
해서 뗄 레야 뗄 수 없는 사이였으나 근세에 들어 조선의 실정이 일본
에 불이익을 주었다는 것과, 이로 인해 동양의 평화가 깨질 것을 우려
하여 한일양국의 안녕과 동양평화를 위하여 러일전쟁을 감행하고 보
호조약을 체결한 것으로 기술되어 있으며, 이후 조선은 꾸준히 발전을
거듭하여 오늘에 이르렀다고 일제강점을 합리화 시키고 있다.

5. 결론

일제강점기 식민지조선의 보통학교에서 역사교육이 본격적으로 시
작된 것은 〈제2차 조선교육령〉(1922)기 이후부터라는 것이 통설이어서

---

19 元來日本と朝鮮とは僅かに一衣帶水を隔つるのみにして、互に利害を同じうし、脣齒の關
係をなす。然るに古来二國或は親しみ、或は離れ、殊に近世に至りては朝鮮の國力
足らず、常に 外交上失敗を招き、延いて 日本の不利益を來し、東洋の平和を破るこ
と屢々なり。因って日本は明治三十八年(光武九年)露國と和を講　ぜし後、益益日韓
兩國の關係密にし、以て兩國の安寧を図り、東洋の平和を確實にせんと欲し、更に韓
國と 協約を結ぶ。(朝鮮總督府(1920)『尋常小學國史補充敎材』卷二 13-「統監府の
設置」、pp.39-40)

대부분의 연구자들은 이 시기를 출발점으로 역사교과서를 연구하는 경향이 많다. 그러나 본 연구를 통해서 일제는 이미 통감부기로부터 『修身書』, 『國語讀本(조선어)』, 『日語讀本』을 통해서 교묘하게 일본의 역사를 가르치고 있었다. 한국사에 관해서도 오히려 주체적이지 못하고 소극적인 기술되어 있었는가 하면, 『日語讀本』卷七의 3과 「日本」, 4과 「朝鮮と日本との交通」, 卷八의 3과 「天津條約」, 4과 「日淸戰爭」, 5과 「隣國」, 15과 「日露戰爭」을 통해서 일제가 원하는 형식으로 역사를 기술하고 있었다.

1910년 강점이후에는 지리역사교과서가 교과과목에서도 제외되었으나 실제적으로는 적극적으로 『國語讀本(일본어)』, 『朝鮮語及漢文』, 『修身書』를 통해서 조선이 식민지가 될 수 밖에 없는 당위성 등 조선의 부정적인 시각으로 초점이 맞추어져 있었다. 그리고 중국에 관해서도 조선을 괴롭히는 부정적인 나라로 시선을 고정한 반면 일본에 대해서는 고대부터 친한 관계, 일본의 도움을 많이 받았기에 은혜에 보답할 것을 강요하고 있었다.

3.1운동이 일어난 후 다음 해, 조선총독부에서는 보통학교 학년이 4년에서 6년으로 2년 연장됨에 따라 부분적으로 〈조선교육령〉이 개정되어 5, 6학년용 역사교과서로서 『尋常小學國史補充敎材』卷一, 卷二를 편찬하였다. 그러나 역사왜곡과 조선인의 부정적적인 시각, 천황의 시혜와 은혜에 대한 감사 등을 오히려 노골적으로 기술하고 있었다. 작금의 문제가 되는 일본 일부 우익들의 역사인식이 제국시대 일본의 그릇되고 편향된 역사교과서의 기술내용과 상당히 일치하고 있음을 본 연구를 통해 알 수 있었다.

제국의 식민지 역사 지리 연구

Ⅲ. 幕末 '對外觀'의 교육적 의미[*]

■ 박경수 · 김순전

1. 머리말

본 연구는 일본역사상 가장 큰 전환기였던 에도막부 말기(幕末, 이하 '막말'로 칭하기로 함) '개국(開國)'이라는 문제에 직면하여 대단히 크게 화두가 되었던 일본 정치권의 대외관(對外觀)과, 이로 인한 일본적 내셔널리즘의 발흥 양상을 통하여 근대 국민교육의 의미를 고찰함에 있다.

* 이 글은 2016년 12월 한국일본어문학회『日本語文學』(ISSN : 1226-0576) 제71집, pp.223-245에 실렸던 논문「幕末 '對外觀'의 교육적 의미 – 내셔널리즘 발흥을 중심으로 –」를 수정 보완한 것임.

일반적으로 비서구 국가에 있어 '개국'이라는 의미는 "자국을 '국제 사회'에 드러냄과 동시에 이러한 '국제질서'에서 자국을 통일된 국가 로서 인정받는다."[1]는 양면성이 내포되어있다. 일본의 경우 19세기 초 중반 서구세력으로부터 개국통상을 강요받게 되자 비로소 이러한 국 제사회를 인식하게 되었고, 이른바 통일적 개념의 내셔널리즘이 생성 되기 시작하였다. 그것이 이후의 정국에 반영되어 국가체제 및 제도상 개혁이 이루어지기까지 숱한 대립과 반목의 역사로 이어졌는데, 그 양 상은 대체로 쇄국 → 양이 → 양이와 개국의 대립 → 부분개항(화친) → 개국 → 대정봉환(大政奉還)의 수순으로 나타난다.

이 과정에서 발흥된 일본내셔널리즘이 주목되는 것은 서양과는 매 우 다른 일본만의 특수성을 지닌 까닭이다. 그것이 메이지 신정부의 근대국민국가 건설을 위한 국민교육에 고스란히 반영되었고, 제국시 절 한국을 위시한 식민지교육에도 즉각 시행되었다는 것은 주지의 사 실일 것이다.

그 주도면밀했던 국민교육의 여파가 현재까지도 존속되고 있음을 고려할 때 일본내셔널리즘 발흥과정에서의 대외관과 이후의 국민교 육을 연계한 심층적인 연구는 필연적이라 할 것이다. 그러나 지금까지 의 관련 선행연구는 이러한 막말(幕末)의 역사가 정치사 혹은 사상사 의 흐름에서 부분적으로만 다루어지고 있을 뿐[2] 국민교육적 차원에서

---

1 여기서 '국제사회'라 함은 기독교적 유럽문화권을 전제로 한 역사적 범주이다. 동양은 고래로부터 인도, 이슬람, 중국 등 문화권이 병존하였고, 이들 사이의 우 연한 교섭과 접촉은 있었지만, 19세기 말까지는 유럽과 같은 단일종교적 전통이 나 통일적인 아시아문화는 존재하지 않았기 때문이다.(丸山眞男(1992) 『忠誠と反 逆 : 轉形期日本の精神史的位相』, 筑摩書房、p.126 참조)

2 南相虎(1999) 「日本 開國期의 開國論과 攘夷論 -大久保利通의 대외관을 중심으 로-」『日本學報』제43집, 韓國日本學會 ; 嚴起貞(2001) 「日本 近代化過程의 내셔 널리즘에 관한 硏究」 서강대 석사논문 ; 장인성(1998) 「토포스와 아이덴티티-개 국기 한일 지식인의 국제정치적 사유」 『國際政治論叢』, 韓國國際政治學會 ; 김영

의 연구는 전무한 실정이다.

　이에 본고는 당시의 직관적 자료로서 근대 일본의 제국주의적 역사 교육의 실상을 가장 적확하게 살펴볼 수 있는 초등학교 〈歷史〉교과서를 중심으로 막말 '대외관'에 대한 국민교육적 의미를 고찰해보고자 하는 것이다. 본고의 텍스트를 조선총독부 편찬 초등학교 〈歷史〉교과서[3]로 한 것은, 이와 더불어 그것이 식민지 조선인 교화에 부여된 의미까지 확장하여 보고자 함이다.

2. 幕末의 정세와 對外觀

2.1 鎖國에서 開國까지

　도쿠가와 이에야스(德川家康)가 에도에 막부를 설립하고, 제3대 쇼군 이에미쓰(家光)가 〈쇄국령〉(1639)을 공표한 이래, 공식적인 개항이

작(1989)『한말 내셔널리즘 연구-사상과 현실』청계연구소출판국, pp.60-71 등.
3　본고의 텍스트는 조선총독부 편찬 초등학교 〈歷史〉교과서로 하며 이를 인용할 경우 서지사항은 인용문 말미에 〈교과서명-(권)-「과-단원명」, 쪽수〉로 표기하며, 교과서명은 좌란의 번호로 대신하기로 한다. (ex) ④의 卷二 47과의 경우 〈④ -(2)-「47-단원명」, 쪽수〉로 함)

순	교 과 서 명	발행년도	사용시기	비 고
①	尋常小學國史補充敎材	1920	1920~1921	문부성 발간『尋常小學國史』上·下에 조선관련 부분은 좌란의 보충교재로 사용함.
②	尋常小學國史補充敎材	1921		
③	普通學校國史 兒童用 上	1922	1921~1931	문부성 교재와 절충하여 새로 발간
	普通學校國史 兒童用 下	1922		
④	普通學校國史 卷一	1932	1932~1936	1927년 개정된 〈보통학교규정〉 반영함
	普通學校國史 卷二	1933		
⑤	初等國史 卷一	1937	1937~1939	부분개정
	初等國史 卷二	1938		
⑥	初等國史 第五學年	1940	1940~1943	〈3차 교육령〉 반영하여 전면개편
	初等國史 第六學年	1941		
⑦	初等國史 第五學年	1944	1944~1945	〈국민학교령〉 〈4차 교육령〉 반영하여 재편성 및 부분개정
	初等國史 第六學年	1944		

이루어지기까지 막부의 대외관계는 중국과 네덜란드 2개국과의 소규모통상을 유지해 온 것 이외에는 쇄국의 입장을 고수하고 있었다. 그런 만큼 막부는 국내생산성 향상을 위한 갖가지 장려정책으로 국내경제 및 교통 발전의 비약적인 성과를 거두었으나, 상대적으로 소외된 농업부문에서는 갖가지 불만이 표출되어 농민봉기로 이어졌다. 게다가 농업에 주요소득원을 두고 있었던 다이묘와 무사들이 어려움을 겪게 되면서, 하급무사들의 소요까지 잇따르게 되어 정치권을 궁지로 몰았다. 이러한 시기에 러시아 함대가 들어와 통상을 요구하는가 하면 (1780~90), 러시아의 남하정책을 저지하던 영국도 통상을 빌미로 일본근해에 빈번하게 출몰하여 '국제사회'로의 합류를 강요하였다. 이때까지도 쇄국의 입장만을 고수하던 막부는 〈이국선격퇴령(無二念打佛令)〉(1825)을 발호하는 등 강경책으로 일관하였다.

그런 막부가 외부세계를 의식하게 된 계기는, 통상을 요구하는 외국선박의 출몰이 더욱 잦아진 것과, 또 이를 거절당했을 때의 반동적 행위가 날로 심해진 것에 있었다. 때마침 거대 중국이 〈아편전쟁〉[4]에서 패하여 영국에 굴욕적인 개항을 당했다는 소식은 외국의 동향에 촉각을 세우던 막부관료와 일부 학자들을 충격에 빠뜨렸다. 이에 막부는 황급히 외국선에 연료와 식수 등의 편의를 제공하는 〈신수급여령(薪水給与令)〉(1842)을 공표하는 등 완화책을 강구하였으나, 그 정도의 완화책이 일본을 세계자본시장에 강제 편입시키고자 끈질기게 통상을 요구하는 서양세력의 욕구를 해소시키기에는 역부족이었다.

---

4 〈아편전쟁〉은 제1차(1840~1842), 제2차(1856~1860) 2차례에 걸쳐 일어났는데, 여기서의 〈아편전쟁〉은 동인도회사 설립 후 동아시아와 태평양으로의 진출을 동시에 추진하던 영국과, 부당한 아편거래에 대항하는 淸國과의 전쟁으로, 영국이 패배한 淸으로부터 광주, 복주, 이문, 영파, 상해 등 5항구를 개방하고, 홍콩을 영국에 할양하겠다는 〈난징(南京)조약〉(1842)을 받아낸 〈제1차 아편전쟁〉을 말한다.

그런 가운데 페리제독이 이끌고 온 미국함대 구로후네(黑船)의 내
항(1853)은 엄청난 충격으로 다가왔다. 에도(江戶) 바로 앞쪽 우라가
만(浦賀灣)까지 들어와 공포탄을 쏘아대며 통상을 요구하다가 "1년 후
에 다시 올 것이다"는 말을 남기고 돌아간 것이다.

너무도 중대한 사안
이라 여긴 막부는 이제
까지의 관행을 깨고 조
정(朝廷)에 보고한 후, 각
지방 다이묘들에게도 의
견을 물었다. 그러나 조
정에서는 묵묵부답이었

〈그림 1〉 미국 페리함대의 內港

고 다이묘들 간에는 논쟁만 격화되어갔다. 그런 상태에서 새해(1854, 安政
元年)를 맞게 되었고, 페리제독은 공언했던 대로 함대 10척에 1,600여
명 병력을 이끌고 다시 내항하였고, 마침내 〈미일화친조약〉(1854)[5]을
얻어냈다. 실로 군사적 압력에 눌려 어쩔 수 없이 체결한 조약이었던
만큼, 미국의 압력을 최소화 할 필요조건만을 수용한, 그야말로 화친
조약이었다. 그러나 통상조약에 못 미치는 수준의 이 조약은 조약개정
이라는 불씨를 안고 있었기에, 이에 대한 대처방안을 시급히 강구하지
않으면 안 되었다.

막부가 외국과의 통상문제를 다시 토의 대상으로 삼게 된 것은 1856

---

5 미일화친조약 : 1854년 3월 31일(嘉永7년 3월 3일)에 에도막부와 미국이 체결한
조약으로, 가나가와조약(神奈川条約)이라고도 한다. 일본측 전권특사로 하야시
후쿠사이(林復斎)와 미국측 전권특사로 동인도함대 사령관 매튜 페리가 맺은 조
약으로, '①하코다테(函館)를 개항하고, ②미국 영사를 시모다(下田)에 주재시키
며, ③필요에 따라 미국선박에 연료와 물을 공급한다.'는 내용이다. 이 조약에 의
해 일본의 쇄국체제는 막을 내렸다.

년 7월 영국이 통상사절을 파견하겠다고 예고해 오면서부터였다. 당시 막부의 정치를 총괄하던 다이로(大老) 이이 나오스케(井伊直弼, 1815~1860)는 '交易互市의 利益으로써 富國强兵의 기본으로 삼는 편이 현재의 時勢'라는 판단 하에 교역방법을 검토하기로 하였다. 그리고 이에 관한 대외관계 일체를 로추(老中) 홋타 마사요시(堀田正睦)에게 일임6하였다.

당시 막부의 통상조약체결에 관한 입장은 두 가지였는데, 그 하나는 우선 그들의 뜻에 따라 주면서 그 사이에 무비를 갖추자는 '소극적개국론'이었으며, 다른 하나는 서양열강의 무례 방자함과 굴욕감에서 오는 '외국거절론(外邦拒絶論)'이었다. 홋타는 청(淸)의 전례에 위기의식을 느끼고, '소극적개국론'에 보다 적극적인 의미를 부여한 다음과 같은 전략을 취하기로 하였다.

"널리 萬國에 항해하며 貿易을 통하여 그들의 장점을 취하고, 우리의 부족을 보충하여 國力을 양성하고 武備를 강하게 하면 점차 전 세계가 우리의 德과 위엄에 복종하게 되는 國勢가 되어, (중략) 마침내 세계만방에 大盟主로 추앙받아, 我國의 政敎를 받들고 我國의 裁判을 받아들이게 된다."7

홋타의 대외관이 이렇듯 적극적일 수 있었던 것은, 난학(蘭學) 계통의 선각자 혼다 도시아키(本多利明, 1743~1821)와 사토 노부히로(佐藤信淵, 1769~1850)의 사상과 이론에 있었다. 도시아키의 '유럽을 모

---

6 南相虎(1999) 「日本 開國期의 開國論과 攘夷論 -大久保利通의 대외관을 중심으로-」『日本學報』제43집 韓國日本學會, p.527 참조.
7 岩波書店 編(1976) 「堀田正睦意見書」『幕末政治論集』(日本思想大系 56) 岩波書店, pp.67-71(南相虎(1999) 위의 논문, p.528에서 재인용)

방한 중상주의 개혁론'과 노부히로의 '해외무역을 통한 적극적 방위체제의 확보'가 그것이다. 이를 기반으로 홋타는 개국통상을 통하여 '일본이 세계만방의 大盟主가 되는 길'을 도모하고 있었던 것이다.

이윽고 미국의 총영사 해리스(T·Harris)가 시모다(下田)에 와서 쇼군 이에사다(家定)에게 국제사회의 대세를 설명하고 나서 통상을 열어 줄 것을 권유하자, 막부는 일단 이에 동의한 후 통상조약 체결에 대한 천황의 칙허(勅許)를 구하는 청원을 조정에 상신하였다. 그러나 천황은 국론이 정해지지 않은 점을 우려하여 이를 기각하였다. 궁지에 몰린 막부는 더 이상의 지체는 전쟁을 초래할 우려가 있다는 판단 하에 독단적으로 〈미일수호통상조약〉(1858)[8]체결을 강행하였다.

미국과의 통상조약 체결의 여파는 그동안 끊임없이 통상을 요구하였던 다른 서양열강에게 미치게 되어, 이후 네덜란드, 러시아, 영국, 프랑스 등 4개국과의 통상조약 체결로 이어졌다. 이로써 본격적인 개국의 시대가 도래하게 되었고, 일본은 급기야 서양제국이 조성한 국제사회에의 편입이 불가피하게 되었다.

2.2 攘夷派와 開國派, 그 대립과 반목

유교문화권에 속한 동양권의 국가 중 통상이라는 미명아래 국제사회로의 편입을 요구하는 서구세력을 접했을 때 공통적으로 나타나는 현상은 사상적·정치적 대립과 그로 인한 반목현상이었다. 일본 역시

---

8 미일수호통상조약 : 1858년 7월 29일(安政5년6월19일)에 에도막부가 미국과 맺은 통상조약으로, 시모다, 하코다테 외에도 가나가와(神奈川), 나가사키(長崎), 니가타(新潟), 효고(兵庫) 등 4개 항을 무역의 장으로 사용할 것을 주 내용으로 한 조약이다. 조정의 칙허 없이 맺은 조약이라 하여 〈안세이 가조약(安政の假條約)〉이라고도 한다. 때문에 조약비준서에는 14대 쇼군 도쿠가와 이에모치(德川家茂)와 미국 타운젠드 해리스(T·Harris)의 서명으로 되어 있다.

전통사상을 중심으로 한 '국학파(國學派)'와 근대 서구사상을 중심으로 한 '개화파(開化派)'의 대립을 피해갈 수 없었으며, 내부권력집단의 정치적 대립과 반목 또한 만만치 않았다.

러시아로부터 처음 통상이라는 명분의 외압이 시작된 이래, 서양열 강의 끊임없는 통상요구에 직면했을 때 보였던 막부의 반응은 줄곧 쇄 국적 입장을 고수한 단호한 거절, 즉 '오랑캐는 즉각 물리쳐야 한다.' 는 양이(攘夷)적 입장이 주도적이었다. 그런 막부가 미국 페리함대의 강력한 통상압력에 직면하여 개국(開國)의 입장으로 선회하였던 것은, 淸과의 통상을 유리하게 이끌어가기 위하여 〈아편전쟁〉까지 일으킨 영국의 전례를 고려하였던 까닭이었다. 그러나 이유야 어쨌건 조정(朝 廷)의 칙허(勅許)를 얻지 못하고 통상조약을 체결해 버린 막부의 행위 는 천황과 조정으로부터 비난을 피할 수 없었다. 급기야 고메이천황은 자신의 반대에도 불구하고 개항을 실행하고 나서야 조정의 허락을 구 하는 막부에 맞서 마침내 단호한 의지를 표명하였고, 이에 조정에서도 허락 없이 조약체결을 강행한 이이 나오스케(井伊直弼)를 비난하며 파 약양이(破約攘夷)를 주장하기에 이르렀다.

궁지에 몰린 막부는 이에 대한 정당성을 제안하는 한편, 조정과의 융화책으로 '공무합체(公武合體)'의 노선9을 추진하였다. 전자는 대외 개방과 대외진출이 오히려 부국강병의 계기가 될 것이라는 개국의 이 점을 부각하는 '개국통상론'이었으며, 후자는 융화책의 일환으로 당 시 고메이(孝明)천황의 이복 여동생(和宮)을 14대 쇼군 도쿠가와 이에

---

9 당시 막부는 '公武合體' 노선을 추진하는 과정에서 "이러한 조약에 대하여 7~10 년 내에 교섭을 하거나, 혹은 무력으로라도 조약을 파기할 것"이라는 약속을 하 였다. 이에 대해 존왕파 지사들 간에는 막부가 통상조약의 칙허를 얻어내고자 천 황 여동생을 인질로 삼았고, 이를 이루지 못할 경우 천황의 폐위까지 획책하고 있다는 소문이 나돌기도 하여 급진적 양이열풍은 좀처럼 가라앉지 않았다.

모치(德川家茂)의 부인으로 맞아들
인다는 것이었다.

　그러나 '파약양이'의 여론은 일
본 정국을 뒤흔들었다. 각지의 다이
묘들 역시 이에 합세하였는데, 특히
미토번(水戶藩)의 번주 도쿠가와 나
리아키(德川斎昭, 1800~1860)가 가
장 강력하게 파약양이를 주장하였
던 것은 이에 더하여 쇼군 후계문
제[10]에까지 깊이 관여하고 있었기
때문이었다. 요시다 쇼인(吉田松陰,
1830~1859)을 비롯한 수많은 지사
들도 이에 합세하게 되어 양이파의
세력은 급진적으로 강해졌고, 나오
스케는 이를 진압하기 위해 마침내

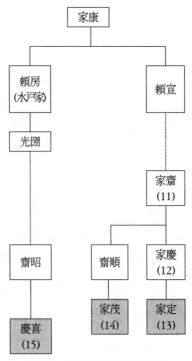

〈그림 2〉 江戸幕府 將軍의 系譜

〈안세이노다이고쿠(安政の大獄)〉(1858)라는 대참사 사건을 야기하였다.

　　이에 나오스케는 막부에 반대하는 사람들을 진압하려고, 나리아키, 요
　　시노부 등에게 쳐들어가 지사 수십 명을 잡아들여 유배하거나 참수하
　　였다. 세상에서는 이를 '안세이노다이고쿠(安政の大獄)'라고 한다. (중
　　략) 지사의 한 사람으로 요시다 쇼인이 있다. 쇼인은 나가토번사로서

10　당시 자식이 없었던 13대 쇼군 이에사다의 후계로 미토가문(水戶家)에서는 현명하
　　다고 알려진 도쿠가와 나리아키의 아들 요시노부(慶喜)를 14대 쇼군 후계 물망
　　에 두고 있었는데, 나오스케가 기이가문(紀伊家)의 이에모치(家茂)를 후계로 내
　　세운 것이다. 나오스케로서는 쇼군 이에사다의 뜻을 받들어 결정한 것이었지만,
　　결국 이에모치가 14대 쇼군으로 결정되자 미토가문(水戶家)을 위시한 양이파 지
　　사들의 비난이 극으로 치닫게 되었다.

'松下村塾'를 열어 인재를 양성했다. 또 항상 국사(國事)를 염려하여 일찍이 외국의 사정을 탐색하기 위해, 몰래 미국에 건너가려다가 처벌받기도 하였는데, 이번에 다시 잡혀서 에도에서 사형에 처해졌다. 이외에도 장렬한 수많은 지사가 참혹한 최후를 맞았다.[11]

〈③-(2)-「46-攘夷と開港(つづき)」, p.94〉(번역・밑줄 필자, 이하 동)

수많은 양이파 지사들을 참수하였던 〈안세이노다이고쿠〉는 이로부터 2년 후 나오스케의 극단적인 처사에 분개한 미토번 낭인들의 보복 살해사건으로 이어졌다. 이른바 나오스케가 등성(登城)하는 가마를 습격한 〈사쿠라다몬가이노헨(櫻田門外の變)〉(1860.3)이다.

〈그림 3〉 井伊直弼의 登城 場面

나오스케의 엄중한 처분에 격분한 사람들이 점점 많아지고, 마침내 미토번의 낭인들이 서로 도모하여 1860년 3월 24일(萬延元年三月三日) 때마침 내리는 눈을 기회로 나오스케의 등성(登城)을 사쿠라몬 밖에서 잠복하고 있다가 그 가마를 불의에 습격하여 나오스케를 찔러 죽였다. 세상에서는 이를 '사쿠라다몬가이노헨(櫻田門外の變)'이라 한다.[12]

〈③-(2)-「46-攘夷と開港(つづき)」, p.96〉

---

11 よりて直弼は、幕府に反対せる人々をおさへんとし、斎昭・慶喜等をおしこめ、志士数十人を捕へて或は流し或は斬れり。世に之を安政の大獄といふ。〈略〉志士の一人に吉田松陰あり。松陰は長戸藩士にて、松下村塾を開きて人才を養成し、又常に国事を憂へ、かつて外国の事情をさぐらん為、ひそかにアメリカに渡らんとして罰せられしが、今また捕はれて、江戸にて死刑に処せられたり。此の他壮烈なる志士多くむざんの最期をとげたりき。

12 直弼のきびしき処分を憤るものいよいよ多く、遂に水戸の浪士等相謀りて、萬延元年三月三日、をりから降りしきる雪を幸に、直弼の登城を櫻田門外に待ちぶせし、不意に其の乗物を襲ひて、直弼をさし殺せり。世に之を櫻田門外の變といふ。

이 일이 있은 이후로도 급진적인 양이파 지사들은 통상조약과 관련된 개국론자에 대하여 테러 및 암살을 자행하였고, 개항 이후 국내에 들어온 외국인에 대한 살상(殺傷)과 외국공관의 방화사건도 줄을 이었다.[13] 이처럼 '개국(開國)'을 전후한 시기의 정국은 양이파와 개국파로 양분되어 팽팽한 대립과 반목으로 이어졌고 이에 따른 숱한 참사를 초래하기도 하였다.

그러나 당시 양이파의 양이론에 접근해보면, '개국관'에 있어서만큼은 상당부분 개국파와 동일한 관념을 드러내고 있었던 것을 알 수 있다. 대개의 양이론자가 반대했던 것은 외국인이나 외국문물(특히 기독교)을 들여오는 것이었지, 외부로 진출한다는 의미에서의 '개국'은 오히려 긍정하는 측면이 강했던 까닭이다. 서양세력에 대한 경계심과, 유럽식 자본주의 유입이 초래할 봉건지배체제의 와해에 대한 초조함에서 기인한 것으로 볼 수도 있을 것이다.

어쨌든 막말의 정국이 '개국'이라는 미증유의 역사적사건을 놓고 이처럼 극단적인 대립과 반목현상으로 양분되었던 것도 어찌 보면 내셔널리즘 생성에서의 필연적 과정이 아닐까 싶다. 그것이 서양의 동양 진출이 한창이던 19세기 중반 '국제사회'에 대한 다양한 인식과 함께, 근대국민국가의 사상적 기반이라 할 수 있는 일본내셔널리즘 발흥의 계기가 된 것이 분명하기 때문이다.

---

13 대표적인 사례로, 1862년 1월에 에도막부 최고위 각료인 로추(老中) 안도 마사노부를 습격하였고, 7월에는 조약칙허, 쇼군 계승문제, 천황 여동생의 쇼군과의 혼인문제 등에서 막부에 협력적이었던 關白 구조 히사타다(九條尙忠)의 가신이 참수당했으며, 12월에는 개국론자 요코이 쇼난(橫井小南)이 양이파 자객의 습격을 받았다. 또 11월에는 조슈번(長州藩)의 구사카 겐즈이(久坂玄瑞) 등은 시나가와(品川)에 신축중이던 영국공사관을 폭파 방화하는 사건을 일으켰다.(芝原拓自(1977)『開國』(日本の歷史 23) 小學館、pp.212-254 참조)

3. 내셔널리즘의 발흥과 그 추이

3.1 자주국방의 중요성과 '海防論'

해국(海國) 일본에서 자주국방과 관련하여 해방론(海防論)이 생성되기 시작한 것은, 18세기 후반 나가사키(長崎) 상관(商館)을 통하여 미미하게나마 외부세계의 동향을 감지하고 있던 난학자(蘭学者)들에 의해서이다. 당시 서구세력의 동양판매시장 개척을 위한 기민한 움직임은 일본적 내셔널리즘 생성의 장치를 제공하였다. 그 첫 번째 계기가 된 자주국방론, 즉 해방론(海防論)은 하야시 시헤이(林子平)의 『가이코쿠헤이단(海國兵談)』(1787~1791)에서 비롯된다.

평소 국토지리(國土地理)에 관심이 많았던 시헤이는 홋카이도에서부터 나가사키에 이르기까지 전국을 돌아다니며 실지(實地)를 조사하던 중, 네덜란드상인으로부터 외국의 동향을 들은 후, 위기의식을 느끼고 4년여에 걸쳐 『가이코쿠헤이단』을 저술하였다. 그 요지는 물론 서양제국의 동양잠식에 대한 계몽과 경계, 그에 대한 군비(武備) 확충이었다.

"우리나라는 사면이 모두 바다로서, 에도 니혼바시에서 유럽주까지 수로로 연결되어 있다. 그들이 쳐들어오려고 하면 어디로든 들어올 수 있을 것이다. 그 대비를 게을리 해서는 안 된다."고 하였습니다.[14]

〈④-(2)-「46-攘夷と開港」, p.56〉

---

14 「わが國は四面みな海であつて、江戸の日本橋からヨーロッパ洲まで水路がつづいてゐる。彼が攻めて来ようとすれば、何処へでも来られるであらう。その備を怠つてはならない。」と述べました。

시헤이의 『가이코쿠헤이단』이 특히 주목되는 것은 그 시점이 정치권은커녕 민중에게도 전혀 도달하지 못할 가능성이 다분한 쇄국의 시기에 이러한 주장을 하였다는 점에서 일본내셔널리즘 발흥에 대한 단초가 되었음은 분명하다. 이러한 자주국방이라는 명제 하에 일본 내셔널리즘 발흥에 도화선이 된 사람은 오하라 고킨고(大原小金吾, 1810~1761)였다. 그는 『호쿠치키겐(北地危言)』(1797, 寬政9)에 해방에 대한 자신의 주장을 담아냈는데, 그 핵심은 "외국 오랑캐는 天下의 원수이지 一國의 적은 아니다.(外寇は天下の仇一國限の寇にあらず。)"는 것으로 집약된다. 여기서 '天下'란 일본전체를, '一國'이란 하나의 번(藩)을 의미하는 것[15]으로, 서구열강에 효과적으로 대응하기 위해서는 지역성은 물론 신분의 격차까지도 타파하는 거국적인 것이라야 한다는 내셔널리즘적 사고를 드러내고 있었다.

이처럼 내셔널리즘적 사고는 정치권보다는 오히려 난학(蘭学)을 접한 식자층에서 제창되고 있었다. 그리고 그것이 국내생산력과 교통의 발달에 따라 어느 정도는 확장될 가능성도 있었다. 그러나 오랫동안 고립의 안락함을 누려온 막부가 이를 받아들이기는 쉽지 않았고, 또 막번체제라는 다원적인 정치력을 하나로 통합하는 일도 만만치 않았기에 이러한 의견은 묵살되기 일쑤였고, 혹은 세상을 미혹한 죄목으로 처벌당하기도 하였다.

정치권에서 내셔널리즘의 발흥은 시헤이가 처벌되고 얼마 되지 않은 1792년(寬政4) 러시아함대가 홋카이도의 네무로(根室)항에 들어와서 통상을 요청한 것을 필두로, 영국을 위시한 서양제국 함대의 계속되는 통상요구에 대한 방비책을 논의하면서 시작되었다.

---

15 嚴起貞(2001) 앞의 논문, p.9 참조.

당시 심각한 사회문제를 떠안고 로추(老中)라는 직책을 맡았던 마쓰다이라 사다노부(松平定信, 1759~1829)는 총체적 난국을 타개하고자 〈간세이(寬政)개혁〉(1787~1793)을 실시하여 내부적 결속을 다지는 한편, 수시로 이즈(伊豆), 사가미(相模) 등 해안을 직접 순시하였다. 그의 자주국방에 대한 강한 의지는 스스로 그린 외국군함 그림과, 그 안에 써 넣은 와카(和歌)에서도 알 수 있다.

〈그림 4〉 松平定信가 해안을 순시하는 모습

이 배 항해하는 것을 꿈에서도 잊지 말아야 함은, 세상의 보배 되리라.[16]

〈③-(2)-44-「松平定信」, p.69〉〈④-(2)-43-「松平定信」, p.44〉

"이 배"라 함은 말할 것도 없이 호시탐탐 통상을 빌미로 내항하는 외국 군함을 말한다. 그 군함 옆에 써 넣은 위 와카로서 자신은 물론 가신들에게도 자주국방의 중요성을 스스로 다짐하게 하였다.

미토번(水戶藩)의 번주(藩主)였던 도쿠가와 나리아키(德川齋昭) 또한 자주국방과 관련하여 빼놓을 수 없는 인물이다. 일찍부터 스스로를 연마하여 문무를 겸비하였고, 또 대를 이어 미토번주가 된 이후에는 본격적으로 국방대책을 실천하였다는 점에서이다.

나리아키는 4, 5세 때 이미 중국서적을 읽고 와카를 지었으며, 9세부터 철포를 배우기 시작하여 각종 무술에 이르렀고, 성장하면서는 주군의

16　この船のよろてふことを、夢の間も わすれぬは世の 寶なりけり。

신하들과 경주하며 신체를 단련하여 하루에 200여리를 달려도 피곤해
하는 모습을 보이지 않았다고 한다. 가문을 이어 번주가 되자 고도칸
(弘道館)이라는 학교를 세워 文武의 業에 크게 힘썼고, 또 대포를 주조
하여 해상방위에 대비하였는데, 훗날 대포 74문을 막부에 헌납하여 세
상 사람들의 이목을 놀라게 하였다.[17]

〈③-(2)-47-「攘夷と開港」, pp.85~86〉

미토번은 비교적 일찍부터 외부세계의 동향을 인식하고 이를 정책
에 반영하여 번(藩)의 재정을 부유하게 하였으며, 천황에 대한 충의를
기반으로 내부결속까지 이룬 번이었다. 인용문에서 보듯 이러한 선대
의 진취적인 사고를 이어받은 나리아키 역시 훗날에 대비하여 먼저 심
신을 단련하였고, 번주가 된 이후에는 인재양성과 자주국방을 실천하
였음을 알 수 있다.

이시기 해방론이라 함은 통상을 빌미로 일본에 진출한 서양함대의
위협에 대한 대비책을 강구하는 단계로 볼 수 있겠다. 텍스트는 민간
에서의 대책으로 서구열강에 대응할 수 있는 군비강화에 대한 방안제
시를, 정치권에서의 대책을 해안의 순찰 내지는 재정이 튼실한 일부
지역의 대비책 정도로 기술하고 있는데, 이러한 국방대책이 지방적
(藩)이해가 아닌 전 일본적 차원에서의 것이었다는 점에서 내셔널리
즘의 발흥 요소가 다분하다 하겠다. 그럼에도 현실적인 재정상태로 군
비강화는 대단히 무리였으므로, 막부에서는 우선 국내경제의 안정을

---

17 斎昭は四五歳の時既に漢書を読み和歌を作り、九歳より鉄砲を習ひはじめて種々の武術
   に及び、やゝ長じては近臣と競走を試みなどして身體をきたひ、一日に二十餘里を走り
   ても、さらに疲れたる様子も見えざりしといふ。家をつぎて藩主となるに及び、弘道館と
   いふ学校を建てて大いに文武の業を励まし、又さかんに大砲を鋳て海防に備へたりし
   が、後大砲七十四門を幕府に献じて世人の耳目を驚かせり。

도모한 후 국방을 충실하게 하자는 '先경제 後국방'이라는 다소 소극
적인 국방대책으로 선회하게 된다.

3.2 개국통상의 강조와 '富國强兵論'

앞서 살핀바 오랫동안 쇄국의 안락함에 빠져있던 막부가 처음 서양
세력을 대했을 때 취한 행동은 강력한 양이적 입장이었다. 그러나 비
교적 해외사정에 식견이 있었던 난학계통의 학자들의 생각은 달랐다.
일찍부터 서양문물을 접했기에 서구세력의 위협을 강하게 의식하고
있었던 그들은 세계적 대세를 따르려 하지 않고 〈이국선격퇴령〉으로
만 대처하는 막부의 맹목적인 양이적 입장을 대단히 위험한 것으로 보
고 어떻게든 개항의 필연성을 계몽하고자 하였다.

이시기 와타나베 가잔(渡辺華山, 1793~1841)과 다카노 조에이(高野
長英, 1804~1850)가 주목되는 것은 막부의 체제와 정책에 문제점을 제
기하고, 세계적인 대세를 계몽하였던 점에 있다.

1837년 미국상선 모리슨호가 일본인 표류민 7명을 송환하려고 에
도만(江戸灣)에 입항하려 하는 것에 대한 막부의 격퇴 방침이 정해지
자, 와타나베 가잔은 무턱대고 외국선을 격침하는 것을 반대하는 내용
의 문서 「신키론(慎機論)」(1837)을 올렸으며, 다카노 조에이는『유메
모노가타리(夢物語)』(1838)를 저술하여 모리슨호 사건에 대하여 막부
의 정책을 비판하였다. 텍스트는 이러한 사정을 다음과 같이 기술하고
있다.

일반에게 양이론이 크게 일어나고 있는 사이에 양학을 습득한 사람 중
에는 대략 외국사정에 정통하여 개항의 의견을 가진 사람들이 있었다.
그 중에도 와타나베 노보루(호 : 가잔)와 다카노 조에이가 유명하다. 노

보루는 미카와(三河) 사람으로, 젊은 시절부터 화가로서 유명했는데, 양학을 배워 세계의 대세를 알고 있어서, 무턱대고 외국선을 물리치는 것은 오히려 우리나라를 위해서도 안 되는 것임을 설명하며 세인을 훈계했다. 또 조에이는 리쿠추(陸中)사람으로, 일찍부터 양학과 의술을 배워서 『유메모노가타리(夢物語)』라는 책을 저술하여, 넌지시 양이의 좋지 않은 점을 언급했다.18 〈⑤-(2)-42-「攘夷と開港(つゞき)」, pp.79~80〉

외국함대에 대한 막부의 맹목적인 격퇴정책이 대내적으로는 백성을 힘들게 하고, 대외적으로도 명분을 잃어 不義의 국가로 전락하여 종국에는 나라에 악영향을 끼칠 것을 우려하였던 이들은 나름의 방식대로 닫힌사회에서 발효하는 자기중심적인 독선과, 대외적 공포심이 혼재해 있는 막부관료들의 의식을 타파하고자 하였다. 그러나 이들의 주장은 이론화체계가 수립되어 있지 못한 까닭에 정치 및 제도의 개혁에까지 미치지 못했다. 때문에 막부는 이러한 양학자들을 인심을 미혹하였다 하여 처벌하였다. 이른바 에도시대 언론탄압사건으로 유명한 〈반샤노고쿠(蛮社の獄)〉라 하겠다.

이후 국방대책과 제도적 개혁을 일관화하려는 시도는 혼다 도시아키(本多利明, 1743~1821)와 사토 노부히로(佐藤信淵, 1769~1850)의 사상과 이론에서 엿볼 수 있다. 도시아키의 문제의식은 ‘유럽의 우월의식의 원인과, 동양이 서양에 뒤쳐진 원인은 무엇인가?’에 있었다. 그

18　一般に攘夷論が盛に行はれる間に、洋学を修めたものの中には、ひととほり外國の事情に通じて、開港の意見をもつてゐるものがあつた。中でも、渡辺登(號を華山といつた)や高野長英が名高い。登は三河の人で、若い時から畵工として有名であつたが、また洋學を修めて世界の大勢を知り、外國船をうち攘うのは、わが國の爲にならないことを設いて、世人を戒めた。また長英は陸中の人で、はやくから洋學や醫術を學んで、夢物語といふ書物をあらはし、それとなく攘夷のよくないことを述べた。

리고 이에 대한 해답을 해외무역과 식민지의 효율적인 경영에 둔 서양
제국의 정치력에서 찾았다.

> 국가를 다스리는 근본은 해외운송과 교역이다. 이 도리를 가지고 다스
> 릴 때는 자연스럽게 하늘에 응하게 되는 것이며 천하의 산물이 서로 융
> 통하여 만민의 부자유스러움이 없어진다. 이 제도를 실시한 이후 어떤
> 흉년이 들어도 서민이 굶어죽는 일은 없다. 이것은 영구불변의 善政으
> 로서 自然治道의 제도이다.[19]

도시아키는 이처럼 부국강병과 결합한 형태의 정치개혁론을 제시
하는 가운데, 세계의식과 일본의식의 상호보완을 강조하였다.

사토 노부히로 역시 적극적인 해외무역을 통하여 국가발전을 도모
해야 함을 적극적으로 주장하였다. 국내자원을 효과적으로 관리하고
공업과 상업을 국가의 식산흥업으로 하여 국내경제력을 확보한 후 서
양제국처럼 해외 미개척지를 경략하여야 비로소 일본이 세계강국이
될 수 있다는 것이다.

실로 이들의 국방론이란 막부가 취하고 있는 쇄국이나 양이 같은 소
극적인 방위체제에서 탈피한 보다 적극적인 방위체제의 구상이자 부
국강병책이었다. 그리고 이를 위해서 정치력의 일원화를 주장하였는
데, 그 사상의 근저에 천황·천황가를 중심으로 하는 중앙집권적 관념
이 강하게 존재하고 있었다는 사실에서 정치권의 혁신까지 염두에 두
고 있었던 것이다.

이러한 국방사상이 다소나마 국정에 반영되었다고 여겨지는 것은

---

19 丸山眞男(1949)『丸山眞男講義錄第』第二冊, 東京大学出版会、pp.76-77 참조.

에치젠번주(越前藩主) 마쓰다이라 요시나가(松平慶永, 1828~1890)의 정
치참모로 막말 정국에 깊이 관여하였던 요코이 쇼난(橫井小楠, 1809~1869)
과 무기기술로 막부에 중용되었던 에토 신페이(江藤新平, 1834~1874)의 사
상과 이론에서 살펴볼 수 있다.

일찍이 무기기술을 습득하여 막부의 서양식 포술 무역 관계의 직책을 맡
게 된 에토 신페이는 그가 집필한 『도카이사쿠(圖海策)』(1856)에 "서양
제국과 조약을 맺어 무역을 번성하게 하고 세계적인 인재를 초빙하여
정치 경제 기술 학문 등을 발전시켜야 한다."는 이론을 전개하는 가운
데, '해군의 정비'와 '북방의 경략'을 현세의 가장 바람직한 정책방안
으로 내놓았다. 그런가하면 요코이 쇼난은 1850년대 중반 "官府가 부
유해야 民에게 누를 끼치지 않고 대포나 군함을 조달하기 위한 막대한
비용을 충당할 수 있다."거나 "藩이 서양의 기술을 과감히 도입하여
광산업을 진흥시켜야 한다."[20]는 논리로 유럽의 중상주의를 표방한 개
국론을 주장하였다.

국제사회의 추이를 비교적 일찍 받아들였던 난학계통 사상가들이
그토록 주장하였던 개국통상론은 뒤늦게나마 이렇게 막말의 정치권
에 국난타개책의 일환으로 적용되고 있었다. 그러나 양이파의 거센 양
이운동으로 막부가 조정의 양이실행을 받아들여야 하는 입장이 되자,
쇼난은 다시 개항조약을 파기하고 서양과의 전쟁을 준비해야 한다는
내용의 〈양이3책(攘夷三策)〉을 내놓기도 하였다.

---

20 히고번(肥後藩)에서 학문의 기초를 닦은 쇼난은 원래 民部를 우선시하는 주자학자
   로, 저서 『지무사쿠(時務策)』(1843)에서 히고번의 전매제도의 예를 들어 '부(國
   富)를 우선시하는 정책을 폐지하고, 영내 士民에게 이익이 되는 民富의 길'을 제
   안하며 영주의 전매정책을 격렬히 비판하던 유학자였다. 그런데 페리함대의 내
   항 이후 막부의 개국에 관한 관념이 통상 쪽으로 기울자 國富 우선으로 논리전환
   을 한 것이다.

이처럼 막말의 정책이 갈수록 변화의 주기가 짧아지고 있었던 것은 막부의 퇴조와 더불어 황권이 회복되어가고 있음을 말해준다. 이는 대외적 위기에 직면하여 국방력을 충실히 하기 위해 정치력을 최대한 일원화하는 일을 급선무로 여겼던 선각자들의 논리에 조정의 양이세력이 가세하게 된 것으로, 이른바 내셔널리즘적 차원에서의 존왕양이(尊王攘夷)가 실현되기 위한 과도기적 현상이라 할 수 있겠다.

3.3 국체관념의 확립과 '尊王攘夷論'

내셔널리즘 발흥과정에서 최종단계라 할 수 있는 '존왕양이론(尊王攘夷論)'은 개국통상의 거절로 표출된 '양이론(攘夷論)'에 천황 중심으로 대외적 위기를 극복하려는 '존왕론(尊王論)'이 결부되어 하나의 사상으로 대두되게 된 사상이다. 이를 막말의 대외관과 연계하여 이해하기 위해서는 간략하게나마 존왕론의 근본이념을 추적해볼 필요가 있을 것이다.

'존왕론'의 근본이념은 말할 것도 없이 에도 중기 다시 부흥되기 시작한 국학(國學)에 있었다. 이시기 국학의 부흥은, 게이추(契沖, 1640~1701)에게서 비롯되어 가모노 마부치(賀茂真淵1697~ ?), 모토오리 노리나가(本居宣長, 1730~1801)로 이어지는 국학(国語·国文)연구자들에 의해 융성하게 되었다. 이시기의 국학은 고래로부터 이어져 온 신국관념(神國觀念)을 기반으로 '천황 지배의 道'를 절대시하는 국체관념(國體觀念)의 확립에 있었다.

> 에도막부의 외국과의 관계가 시작되고, 해안방어론(海防論)이 왕성해질 무렵 일본 내에서 학문의 진보에 따라 尊王論이 크게 일어났습니다. 종래 학문이라고 하면 대개 한학(漢學)이었는데, 게이추(契沖)가 나와

서 国語·国文의 연구를 하고부터 국학이 비로소 일어났습니다. 그 후
국학은 점차 융성해지고 가모노 마부치와 모토오리 노리나가와 같은
학자가 출현하였습니다. 노리나가는 지금까지 한학자들 사이에 무조건
중국을 존중하는 풍조가 있었음을 한탄하며, 수많은 책을 저술하여 우
리 국체(國體)가 만국(萬國)에 뛰어난 것임을 명확히 하였습니다.[21]

〈④-(2)-45-「國學と尊王」, pp.51~52〉

노리나가 사상의 핵심은 언제나 천황이었다. 이러한 이념은 전국에
산재해 있는 수백 명의 제자들을 통하여 전파되면서 존왕론자가 속출
하게 되었고, 이후 더욱 왕성해진 존왕론이 양이론과 결부되어 '존황
양이론'으로 발전 확산하게 된 것이다.

본 텍스트에서 존왕양이론의 생성과 연관하여 살펴볼 수 있는 것은
이러한 역사적 사실이나 국학자들의 이론보다는 실천적 행위를 중시
하고 있다는 점이다. 노리나가와 그의 제자들에 의해 국학이 크게 융
성하던 시기 존왕론자로 유명했던 다카야마 히코쿠로(高山彦九郎)와
가모 군페이(蒲生君平)의 마음가짐과 언행을 모범으로 제시하고 있음
이 그것이다.

다카야마 히코쿠로는 타고난 호탕한 사람으로, 효심이 깊어, 소년시절
낮에는 농업에 힘쓰고, 해질녘부터 스승이 계신 먼 곳까지 다니며 열심

---

21 江戸幕府と外国との関係がはじまつて、海防論が盛になりかけた頃、内には学問の進む
にしたがつて、尊王論が大いに起りました。従来学問といへばたいてい漢学であつた
が、僧契沖(けいちゆう)が出て、国語・国文の研究をしてから、国学が始めて起りまし
た。その後、国学は次第に盛になり、賀茂真淵(かもまぶち)や本居宣長(もとをりのぶ
なが)のやうな学者が出ました。宣長は、これまでの漢学者の中にはみだりに、支那を
尊ぶ風のあるのをなげき、多くの書物を著して、わが国體が萬国にすぐれてゐることを
明かにしました。

히 학문을 익혔습니다. 13세 때, 『다이헤이키(太平記)』를 읽고, 구스노키 마사시게, 닛타 요시사다 등의 충의에 크게 감복했습니다. 히코구로는 성장함에 따라 점점 충의의 의지가 깊어졌습니다. 한때 황궁에 화재가 났을 때 멀리서 이 소식을 듣고 걱정한 나머지 주야로 달려 교토에 상경하였습니다. 또한 무예를 익히고 전국을 돌면서 학문과 덕행이 뛰어난 사람들과 친교를 맺고, 늘 尊王의 대의를 설파했습니다. 그리고 교토(京都)를 지나갈 때는 반드시 황궁 문전에 꿇어앉아 경배함으로써 삼가 황실의 존귀함을 숭앙하였습니다. (중략) 가모 군페이는 어릴 때부터 학문을 좋아했습니다. (중략) 군페이는 학문이 성장하면서 조정의 위광이 쇄락해진 것을 슬퍼했습니다. 특히 역대의 황릉(皇陵)이 황폐해져 있는 것을 한탄하여, 각지를 돌면서 숱한 어려움을 무릅쓰고, 진무천황을 시작으로 역대 천황의 능을 조사한 『산료시(山陵志)』를 저술하고, 이것을 조정과 막부에 바쳤습니다. 이 책이 나왔기 때문에, 지금까지 세상에 알려지지 않았던 능이 밝혀졌고, 훗날 황폐해 있던 능도 수습할 수 있게 되었습니다.[22] 〈④-(2)-45-「国学と尊王」, pp.52~54〉

22 高山彦九郎は生れつき豪気で且孝心が深く、少年の頃、昼間は農業に励み、暮方から遠方の師のもとに通つて熱心に学問を習ひました。十三歳の頃、太平記(たいへいき)を読んで、楠木正成・新田義貞などの忠義に大層感心しました。彦九郎は長ずるにしたがつて、ますます忠義の志が深くなりました。かつて皇居の火災にかゝつた時、遥にこれを聞いて心配のあまり、夜を日についで京都に馳せのぼりました。また武者修行(むしやしゆぎやう)にならつて、廣く全国をめぐり、学問・徳行のすぐれた人々と交を結んで、常に尊王の大義を説きました。さうして京都を通る時は、必ず御所の門前に跪(ひざまづ)いてこれを拜し、謹んで皇室の尊さをあふぎました。(略) 蒲生君平は幼い時から学問を好みました。(略) 君平は学問の進むにつれて、朝廷の御威光の衰へたのを悲しみました。殊に御歴代の御陵の荒れてゐるのをなげいて、諸国をめぐり、多くの難儀をしのいで、神武天皇をはじめ、御代々の天皇の御陵を取調べ、山陵志を著して、これを朝廷及び幕府にたてまつりました。この書が出たために、今まで世に知られなかつた御陵が明かになり、荒れてゐるものも、後に修められるやうになりました。

이러한 점은 도쿠가와 나리아키(德川齋昭)의 충의와 이의 실천적
행위에서 더 크게 부각되고 있다. 미토번의 번주이자 양이파의 선두주
자였던 나리아키의 천황가에 대한 존숭관념이야말로 국민교육의 모
범이자 식민지 조선인에게는 황민화교육의 모범이 될 수 있기 때문일
것이다.

> 나리아키(齋昭)는 기상이 뛰어난 사람으로, (중략) ①미쓰쿠니의 뜻을
> 이어받아 황실을 공경하여, 매년 설날은 말할 것도 없고, 선제의 기일
> 에는 몸을 깨끗이 하고 교토의 황궁에 요배(遥拜)하였으며, 가신들에게
> 도 항상 황실을 공경할 것을 훈계하였습니다. ②이 나리아키가 스스로
> 양이를 주창하여 세상의 인심을 이끌고, 국위를 손상치 않으려고 노력
> 했기에, 이후부터 존왕양이론이 크게 인심을 움직였습니다.[23]
>
> 〈④-(2)-46-「攘夷と開港」, pp.58~59〉

여기서 ①은 천황가에 나리아키의 마음가짐이며, ②는 천황가에 대
한 숭경심이 나리아키의 정치적 입지를 세워주었다는 내용이라 하겠
다. 이는 나리아키가 정치인의 최상의 조건인 민심을 얻어낼 수 있었
던 것이나, 이를 바탕으로 하는 정치적 이론이 마침내 대정봉환을 성
사시킨 밑거름이 되었음을 강조하고 있음을 알 수 있다.

실로 국체관념의 이론을 확립한 노리나가, 투철한 존왕관념으로 충
의를 실천한 히코쿠로와 군페이, 또 양이파의 선두주자로서 양이를 강
력히 주창하면서도 천황중심의 국체관념 확립을 먼저 생각하는 나리

---

23 斎昭は気象のすぐれた人で (略) 光圀の志をついで、皇室を尊び、毎年元日はもとより、
先帝の御忌日には、身を清めて京都を遥拝し、常に家臣を戒めて、皇室を敬ひたて
まつらしめました。この斎昭が進んで攘夷を唱へ、天下の人心をひきたてて国威をきず
つけぬようにつとめたので、これから尊王攘夷の論が大いに人心を動かしました。

아키의 심성과 행적이 주는 시사점은 상당하다 하겠다. 그것이 이후 메이지 근대국가 성립의 내적기반인 천황제 국가관의 근본이념이 되었음은 물론이려니와, 이후 국민교육의 모범적 인물이 되었고, 본 텍스트로 보아 식민지교육으로까지 확장 적용되고 있었던 까닭이다.

그러나 존왕양이운동에 의한 일본내셔널리즘은 국민과는 유리된 지배층의 사상이었다는 점에서, 또 그 과정이 순수한 봉건적 다원적 통합의 계승을 용납하지 않았다는 점에서 서양 내셔널리즘과 사뭇 다른 면을 드러낸다. 이후 출현한 정치형태 역시 국민으로부터 성장하지 못한 웅번(雄藩)의 연합이었다는 점에서 동일한 맥락이라 할 것이다. 그것이 당시 국제사회에서 유례없었던 일본 특유의 국민성에 의한 일본적 내셔널리즘의 특징이 아닐까 싶다.

4. 幕末 對外觀의 교육적 의미

이상으로 막말 '개국(開國)'이라는 문제에 직면하여 생성되었던 대외관과, 이로 인한 일본적 내셔널리즘의 발흥 양상을 통하여 당시의 국민적 정신의 집중적 표현이라 할 수 있는 내셔널리즘의 발흥과정을 추적하고, 식민지 〈歷史〉교육과 연계하여 고찰해보았다.

실로 증가하는 외국세력의 위협에 직면하여 극단적인 대립과 반목으로 치달았던 막말의 정국은 '국제사회'에 대한 다양한 인식과 함께 '해방론' '부국강병론' '존왕양이론'을 생성하였다. 이러한 이론은 말할 나위도 없이 근대국민국가의 사상적 기반이라 할 수 있는 일본내셔널리즘의 발흥을 촉진하였다. 그러나 그것이 완성단계에 이르지 못하고 당시의 대외적 위기를 국민적 관심사 수준에만 머물렀던 것은 국민

과는 유리된 지배층의 사상이었다는 점에서, 또 그 과정이 순수한 봉
건적 다원적 통합의 계승을 용납하지 않았다는 시대적 사상적 한계라
아니할 수 없다.

　그러나 그럼에도 일본내셔널리즘의 토대가 되었던 점이나, 메이지
기 국가주의로의 가교적(架橋的) 역할을 하였다는 점에서 상당한 의미
를 지닌다 하겠다. 그토록 숱한 대립과 반목 가운데서도 여타의 동양
권 국가에 비해 비교적 신속히 천황중심의 내셔널리즘으로 전환하였
고, 그것을 '국민통합'과 '부국강병'의 복합적 역학관계를 동시에 이루
어 내는 원동력을 삼았던 까닭이다.

　본 텍스트가 메이지기 국민교육을 위한 교과서 편찬 규정을 근거로
한『尋常小學國史』를 원류로 한 만큼, 이의 교육적 의미는 메이지 신정
부의 정당성에 있을 것이며, 그 근저에 황권회복의 필연성과 만세일계
천황가에 대한 충의가 내재되어 있었음은 말할 나위도 없다. 이처럼
근대 일본의 정치력은 국정교과서에 그대로 반영되었고, 그것이 피교
육자에게 실천적 행위를 유도하고 있었다.

　그렇게 굴절되고 왜곡된 일본역사가 식민지〈歷史〉교과서에 그대로
수록되어 일제강점기 내내 식민지 조선아동에게 더 강하게 적용되고
있었다는 점에서, 당시 일제의 식민지교육의 의미를 다시 한 번 재고
하게 한다.

제국의 식민지 역사 지리 연구

Ⅳ. 일제강점기 〈歷史〉교과서 개정 편찬의 의미[*]

■ 박제홍

1. 서론

한일 간의 역사문제를 둘러싸고 반복되는 갈등의 근원은 과거 일제가 조선아동을 상대로 가르쳤던 역사교육에서 출발한다. 역사교육은 『수신서』, 『국어독본(일본어)』, 『조선어독본』, 『지리』 등의 교과서와 결합되어 아동의 역사인식과 사상을 형성하는데 근본이 되었다. 특히 일제가 수천 년의 역사를 가지고 있는 조선아동에게 일본역사를 교육

* 이 글은 2016년 11월 일본어문학회 『日本語文學』(ISSN : 1226-9301) 제75집, pp.383-410)에 실렸던 논문 「일제강점기 보통학교용 역사교과서 개정 편찬에 관한 고찰」을 수정 보완한 것임.

시킨다는 것은 내국인에게 가르친 것과는 비교가 되지 않을 정도로 어려운 문제였다. 따라서 일제가 다른 교과목의 교과서보다 심혈을 기울어 편찬한 보통학교용 역사교과서의 전체적인 편찬사항을 분석하는 것은 일제의 동화정책을 파악하는데 실마리가 될 것으로 사료된다.

선행연구로, 김경미는 「1940년대 조선의 '국사' 교과서와 일본의 국사교과서」(2006, 한국교육사학)에서 제5기 조선총독부에서 편찬된 『初等國史 第五, 六學年用』과 일본 문부성 편찬 『初等科國史』의 기술내용을 비교 분석하여 조선의 역사는 언제나 피지배자의 역사이고 일본의 역사는 지배자의 역사로 기술되어 있음을 밝히고 있다.

본 연구에서는 일제가 조선아동을 시대별로 어떻게 동화시키려고 했는지 역사교육의 실제를 파악하기 위해서 일제가 보통학교에서 사용한 역사교과서의 편찬과정을 목차와 내용 중심으로 분석 고찰해 보고자 한다.

2. 각 시기별 역사교육과 〈歷史〉교과서

2.1 간접적 역사교육과 교과서(1911~1920)

일제강점 이후 일제는 〈교육칙어〉와 〈무신조서〉를 절충한 〈제1차 조선교육령〉(1911.8)을 발포해서 조선교육의 기본방침으로 확정했고, 그 취지에 따라 교과서 편찬에 착수했다. 그러나 지리와 역사는 아래의 〈보통학교시행규칙〉 제6조에서 보듯이 정식 교과목으로 지정하지 않았다.

보통학교의 교과목은 수신, 국어, 조선어 및 한문, 산술, 이과, 창가, 체

조, 도화, 수공, 재봉 및 수예, 농업초보, 상업초보로 한다. 단 이과, 창
가, 체조, 도화, 수공, 재봉 및 수예, 농업초보, 상업초보는 지역의 사정
에 따라서 당분간 이를 缺할 수 있다.[1]

그러나 일제강점 이후에는 통감부시기보다 더 후퇴하여 지리와 역
사 과목은 〈보통학교 시행규칙〉에조차도 누락되어 교과목으로 배정하
지 않았다. 이에 대해 당시 교과서 편찬을 담당했던 조선총독부 시학
관(視學官) 이시다 신타로(石田新太郎)는 『普通學校國語讀本』 등의 다
른 과목을 통해서 지리와 역사를 보충하여 가르치도록 아래와 같이 지
시하고 있다.

국어독본에서는 지덕의 계발과 심성의 도야를 꾀하는 것에 주의하여
재료를 선택했다. 특히 보통학교에서는 지리역사 과목이 없기 때문에
독본에서 이를 보충하게 했다. 즉 국어독본의 재료는 아래의 각 종류로
한다. 1. 수신 관련 교재 2. 옛날이야기, 전기, 우화(특히 옛날부터 내지
와 조선이 친밀한 관계를 나타내는데 도움이 되는 것) 3. 역사 관련 교
재(이하 동일) 4. 지리 관련 교재 5. 국민적 특수교재 6. 이과 및 실업 관
련 교재 7. 미술 관련 교재 8. 가사 관련 교재 9. 처세상 필요한 교재, 역
사적 교재로서 스사노오노미코토, 아마노히보코, 신라왕 석탈해(倭國
여왕의 子) 등을 든 것은 깊은 뜻이 있다.[2]

---

1   이혜영(1998) 『한국 근대 학교교육 100년사 연구(Ⅱ)-일제시대의 학교교육-』 한
     국교육개발원, p.375에서 재인용.
2   國語讀本に於ては智德の啓發と心性の陶冶を計ることに注意して材料を選擇してあ
     る。殊に普通學校には地理歷史敎材の科目なき故、讀本に於て之れを補ふことにして
     ある。即ち國語讀本の材料は左の各種に亘つて居る。一、修身に関する敎材 二、昔
     話傳記寓話等(特に往古に於ける内地と朝鮮との親密なる關係を示すに足るもの) 三、
     歷史に関する敎材(同上) 四、地理に関する敎材 五、國民的特殊敎材 六、理科及び

이처럼 〈1차 조선교육령〉 시기의 역사교육은 조선역사가 아닌 일본역사를 배우게 하여 조선아동을 일본인으로 동화시키려는 간접적인 역사교육이었다.

2.2 최초의 식민지 〈歷史〉교과서(1922~1932)

일제는 강점 이후 계속된 헌병과 경찰 중심의 무단정치를 포기하고 3.1운동 후 소위 문화정치로 전환하였다. 3대 총독으로 부임한 해군대장 출신의 사이토 마코토(齋藤実)는 먼저 〈제1차 조선교육령〉을 부분적으로 개정하였다.[3] 1920년 11월 일부 개정된 〈조선교육령〉과 〈보통학교규칙〉은 1921년 4월 신학기부터 보통학교에 적용되어 이때부터 역사과목이 정식 교과과정에 편제되었다.[4] 일제는 강점 이후 4년제로 운영되었던 보통학교 학제를 일본의 심상소학교와 동일하게 6년제로 2년 연장하였다. 갑작스런 5, 6학년 과정의 신설에 대비하지 못한 조선총독부는『尋常小學國史補充敎材 一』,『尋常小學國史補充敎材 二』를 편찬하여 기존의『尋常小學國史』[5]의 보충교재로 사용하였다.『尋常小

実業に関する教材 七、美術に関する教材 八、家事に関する教材 九、處世上必要なる教材歷史的教材としてすさのをのみこと、天日槍、新羅王昔脫解(倭國女王の子)等を擧げたるは深意の存するところである。(弓削幸太郎(1923)『朝鮮の教育』自由討究社、pp.289-290)

3 大野謙一(1936)『朝鮮教育問題管見』朝鮮教育會、p.105

4 박현옥(2007)「일제하 역사교과서와 식민지 지배 이데올로기-『보통학교국사』와『초등국사』를 중심으로-」『中央史論』第25輯 한국중앙사학회, p.187

5 일본에서 1차 세계대전 이후 교육전반에 걸친 개혁이 이루어 졌는데 당시 1916년부터 1918년까지 문부대신으로 재임했던 오카다 료헤이(岡田良平)의 제창에 의해서 日本歷史라는 교과서 명칭이 國史로 바뀌었다. 國史로 바뀌진 명칭으로 교과서가 출판된 것은 1920년 개정교과서를 편찬하면서『尋常小學日本歷史』가『尋常小學國史』로 바뀌지면서 부터이다. 조선에서도 이와 같은 원칙을 즉시 적용하여 1920년 11월에 편찬된『尋常小學國史補充敎材』의 명칭이 최초로 國史라는 명칭으로 바뀌어 일제강점기 동안 계속 사용되었다. (海後宗臣(1969)『歷史敎育の歷史』東京大學出版會、p.135 참조)

學國史補充敎材 一』은 총 38쪽인데 본문 26쪽, 조선의 各王歷代表 8쪽,
일본의 年表 4쪽으로 구성되어있다. 그리고 『尋常小學國史補充敎材 二』
는 총 57쪽인데 본문 47쪽이고 李氏朝鮮歷代表는 2쪽이나 일본의 年表
는 8쪽으로 구성되어 있다. 본문은 1과 「朝鮮の太祖(조선태조)」에서
15과 「總督政治(총독정치)」까지 15개 단원이다. 단원명으로 나오는
조선 인물은 태조, 태종, 세종, 세조, 영조, 정조, 대원군 등 7명이고 임
진왜란을 「壬辰の亂(임진란)」으로 '왜'가 삭제 되어있다.

　일제는 1922년 정식으로 〈제2차 조선교육령〉의 제정과 〈보통학교시
행규칙〉을 새로이 공포하였다. 〈제2차 조선교육령〉과 〈보통학교시행
규칙〉의 취지에 맞게 1923년도 신학기에 사용할 역사교과서 『普通學
校國史 上』, 『普通學校國史 下』(1922)를 아래와 같이 동시 편찬하였다.

〈표 1〉〈제2차 조선교육령〉에 의해 새로 편찬된 〈歷史〉교과서
(*단원명 우측 (　)안의 숫자는 분량면수. 진한 표기는 한국사 관련단원. 이하 동)

『普通學校國史 上卷』(1922)	『普通學校國史 下卷』(1922)
御歷代表(一)神武天皇~正親町天皇(106)	御歷代表(二)神武天皇~今上天皇(124)
1 天照大神(1)	33 織田信長(1) **李退溪と李栗谷(9)**
2 神武天皇(6)	34 豊臣秀吉(12)
3 日本武尊(10) **朴赫居世(15)**	35 豊臣秀吉(つゞき)(18)
4 神功皇后(17)	36 德川家康(25)
5 仁德天皇(21)	37 德川家康(つゞき)(30)
6 聖德太子(24)	38 德川家光(35)
7 天智天皇と藤原鎌足(28)	39 後光明天皇(40)
8　天智天皇と藤原鎌足(つゞき)(32) **新羅一統(36)**	40 德川光圀(45)
9 聖武天皇(38)	41 大石良雄(49)
10 和氣淸麻呂(41)	42 新井白石(54)
11 桓武天皇と坂上田村麻呂(45)	43 德川吉宗(59)
12 弘法大師(50)	44 松平定信(64) **英祖と正祖(69)**
13 菅原道眞(53) **王建(58)**	45 本居宣長(73)
14 藤原氏の專橫(60)	46 高山彦九郎と蒲生君平(77)
15 後三條天皇(64)	47 攘夷と開港(82)
16 源義家(68) **大覺國師(77)**	48 攘夷と開港(つゞき)(87)

17 平氏の勃興(79)	49 孝明天皇(97)
18 平重盛(86)	50 武家政治の終(104)
19 武家政治の起(90)	51 明治天皇(109)
20 後鳥羽上皇(101)	一 明治維新(109)
21 北條時宗(107)	二 西南の役(115)
22 後醍醐天皇(112))	三 憲法發布(120) 朝鮮の國情(124)
23 楠木正成(121)	四 明治二十七八年戰役(127)
24 新田義貞(127)	五 條約改正(135)
25 北畠親房と楠木正行(131)	六 明治三十七八年戰役(137)
26 菊池武光(137)	七 韓國倂合(147)
27 足利氏の僭上(141) 朝鮮の太祖(146)	八 天皇の崩御(149)
28 足利氏の衰微(149)	52 今上天皇(154)
29 北條氏康(153)	一 天皇の卽位(154)
30 上杉謙信と武田信玄(158)	二 歐洲の大戰と我が国(157)
31 毛利元就(163)	
32 後奈良天皇(168)	
御歷代表 (4) 本文 (171) 年表(4)	御歷代表 (4) 本文 (163) 年表 (8)

위의 『普通學校國史 上, 下』는 조선관계 단원명을 빼고 모두 문부성 편찬 제Ⅲ기 『尋常小學國史』(1918)의 단원명을 그대로 채용하고 있다. 그러나 조선아동이 배우기 어려운 역사적인 사건 등의 내용은 비교적 간략하게 서술되어 있다. 조선의 역사도 함께 기술되어 있으나 본문의 전체 분량은 26쪽에서 11쪽으로 대폭 감소되었다. 『普通學校國史 上, 下』의 단원명으로 등장하는 인물은 총 46명이다. 그러나 후지와라노 미치나가(藤原道長)를 14과 「藤原氏の專橫(후지와라의 전횡)」으로, 무로마치 3대장군 아시카가 요시미쓰(足利義滿)를 27과 「足利氏の僭上(아시카가의 참상)」으로, 사치 때문에 국위를 실추시킨 인물이나 역적 등의 인물명은 구체적인 사건과 함께 부정적인 기술로 일관하였다. 반면 「神武天皇(진무천황)」처럼 천황을 단원명으로 사용한 경우가 11개 단원으로 가장 많이 차지하고 있다.

『普通學校國史 上, 下』 목차의 특징을 살펴보면 교재의 배열은 시대

순이고 단원명은 대부분 인물명으로 구성되어 있다. 이는 일제가 최초로 편찬한 조선아동용 보통학교 역사교과서임에도 불구하고 조선의 역사적인 인물은 소수에 그치고, 대부분 일본사 중심에 한국사를 끼어 넣는 형식의 보충교재 형태를 그대로 답습하였다. 『普通學校國史 上』 「朴赫居世(박혁거세)」에서는 내선(內鮮)간의 교류가 오래전부터 이루어지고 있다고 아래와 같이 기술하고 있다.

> 옛날 조선반도의 북부는 기자라는 사람이 支那(중국)에서 와서 이곳을 다스렸다고 한다. (중략) 반도의 남부는 마한·진한·변한 3개로 나누어지고 모두 많은 소국으로 이루어 졌다. 이들 나라 사람들은 일찍부터 바다를 건너서 내지와 왕래했다. 변한의 나라들은 신라 때문에 자주 괴로워하고 있어서 스진(崇神)천황 때 그 중에 任那(加羅)라는 나라가 사자를 보내와서 도움을 청하였다. 신라는 원래 진한의 한 나라이었지만 점점 진한의 땅을 합병하여 스진(崇神)천황 때 박혁거세왕이 되자 내지에서 건너온 瓠公을 등용하여 나라를 잘 다스렸다.[6]

　삼국시대부터 조선인이 스스로 일본으로 건너와 일본과 왕래하게 되었고, 신라 때문에 고통 받은 임나의 사자가 도움을 요청하자 도와

6　むかし朝鮮半島の北部は箕子(きし)といへる人、支那(しな)より來りてこれををさめたりといふ。(中略) 半島の南部は馬韓(ばかん)・辰韓(しんかん)・弁韓(べんかん)の三つに分れ、いづれも多くの小國よりなれり。これらの国の人々は早くより海をわたりて、内地と往来(おうらい)したり。弁韓の国の人々は、新羅(しらぎ)のためしばしば苦しめられしかば、崇神(すじん)天皇の御代、其の中の任那(みまな)(伽倻)(から)といへる國、使をつかはしてすくひをもとめたり。新羅(しらぎ)はもと辰韓(しんかん)の一國なりしが、しだいに辰韓(しんかん)の地を併せたり。崇神(すじん)天皇の御代朴赫居世(ぼくくわくきよせい)其の王となるに及び、内地よりわたり来りし瓠公(こう)等を用ひて、よく国ををさめたり。(朝鮮總督府 編(1922)『普通學校國史 上卷 兒童用』「3 日本武尊 朴赫居世王」朝鮮總督府、pp.15-17)

주었다는 식으로, 일본이 조선에게 수혜를 많이 준 것처럼 기술하고 있다. 또한 한반도의 시조를 중국에서 건너온 기자로 설정하여 단군신화를 부정하고 있다. 16「源義家(미나모토노 요시이에)」「大覺國師(대각국사)」의 앞부분에서 "고다이고천황대에 거란이라는 나라가 만주지역에 일어나 자주 조선반도를 침략했지만 고려는 대적할 수 없어서 그의 속국이 되었다."[7]라고 고려를 거란의 속국으로 기술하고 있다. 중국에 대한 일본의 외교적 태도는 다음의 6「聖德太子(쇼토쿠태자)」에서 절정을 이룬다.

> 태자는 또 支那(중국)에 파견하여 교제를 시작하게 하셨다. 그 무렵 支那는 힘이 강해서 학문등도 발달되었지만 항상 스스로 거만해서 다른 나라를 모두 속국처럼 취급했다. 그러나 태자는 조금도 그 기세에 두려워하지 않고 상대국에 보낸 국서에 "해 뜨는 나라의 천자가 해지는 나라의 천자에게 바칩니다. 무사히 지내십니까."라고 쓰셨다. 支那 국왕이 이것을 보고 화가 났지만 이윽고 사신을 우리나라에 보냈다. 따라서 태자는 더욱더 유학생을 支那에 보냈다. 그 뒤를 이어서 양국 사이의 왕래가 이루어져 지금까지 조선을 거쳐서 우리나라로 건너왔던 학문 등은 바로 支那에서 전달받게 되었다.[8]

7 醍醐(だいご)天皇の御代、契丹(きつたん)といふ国、滿洲(まんゆう)の地に起り、しばしば朝鮮半島を侵したりしが、高麗(かうらい)は敵するあたはずして、其の屬國となれり。(朝鮮總督府(1922)『普通學校國史』上卷「16 源義家 大覺國師」朝鮮總督府、p.77)
8 太子(たいし)は又使を支那(しな)につかはして、交際(かうさい)をはじめたまへり。其の頃、支那(しな)は国の勢強く、学問なども進みみたりしかば、常にみづから高ぶりて、他の国々を皆賊国(ぞくこく)の如くにとりあつかへり。されど太子(たいし)は少しも其の勢恐れたまふことなく、彼(か)の国につかはしたまひし国書(こくしよ)にも、「日出(ひい)づる處(ところ)の天子、書を日没(ひぼつ)する處の天子にいたす。恙(つつが)なきか。」とかゝせたまへり。支那(しな)の国主(こくしゆ)これを見ていかりたれども、程なく使を我が国につかはしたり。よりて太子(たいし)はさらに留学生(りうがくせい)をも彼の国に送りたまひ、其の後引きつづき両国の間にゆききありたれば、これまで朝鮮を經(へ)て我が

이와 같이 교과서는 거만한 중국의 태도를 시정시키고 조선을 거치지 않고 직접 중국과 왕래할 수 있는 길을 개척한 영웅으로 쇼토쿠태자를 기술하고 있다.

『普通學校國史』下卷에서는 시기가 조선 중기부터 제1차 세계대전까지인데, 메이지천황과 다이쇼천황의 내용이 약 60쪽이나 되는 많은 분량을 차지하고 있다. 한국의 역사 인물로는 이퇴계, 이율곡, 영조, 정조 등이 등장하고 있다. 「李退溪と李栗谷(이퇴계와 이율곡)」에서는 이퇴계가 조선의 유학을 일으켰고 사후 사람들이 도산서원을 세워서 그를 기리고 있다. 또 이율곡도 학문을 보급하여 인민을 다스렸다고 긍정적으로 서술되어 있다. 그러나 이어지는 소단원 '黨爭の發生(당쟁의 발생)'에서는 선조 때 당쟁이 심화되자 이율곡이 당쟁을 없애려고 노력했으나 실패했고, 당쟁은 더욱 심해져서 4색 당파로 되었다고 조선을 부정적인 시각으로 기술하여 마무리하고 있다. 그리고 「朝鮮の國情(조선의 국정)」에서는 대원군의 쇄국정책을 비판하면서 임오군란을 폭동으로 규정하였고, 일본인들의 희생에 대해 조선정부와 담판하여 사과를 받아내고 일본 군대를 설치하기로 약속했다고 기술하고 있다.

2.3 내선융화와 화합을 위한 〈歷史〉교과서(1932~1937)

1920년대 중반부터 식민지 조선에서는 세계경제대공황의 여파로 농촌생활의 궁핍, 프롤레타리아 사상의 유행, 민족주의 고조에 따라 촉발된 조선 학생들의 동맹휴교 상태가 계속되었다. 이에 대한 대책으로 조선총독부는 1928년 8월 '임시교과서 조사위원회'를 소집하여 교과서 개정작업에 착수한 결과, 『普通學校國史 卷一』(1932), 『普通學校

国に渡り來りし学問などは、たゞちに支那よりつたはることとなれり。(朝鮮總督府(1922) 『普通學校國史 上卷 兒童用』「6 聖德太子」朝鮮總督府、pp.25-27)

國史 卷二』(1933)를 편찬하였다.

현행 보통학교국사를 개정하게 된 데에는 먼저 임시교과서조사위원회
를 개최하여 개정의 강령을 심의하여, 이것을 바탕으로 편찬에 착수하
였다. 그리하여 1932년도부터 卷一을 간행하여 이것을 사용하기로 했
다. (중략) 보통학교용 역사교과서 편찬에 관한 방침 一, 우리 국체와
국가 관념을 명징하는 자료에 대해서는 특히 유의할 것. 二, 우리 건국
에서 현대에 이르기까지 중요한 事歷을 모아 적을 것. 三, 조선에 관한
사적을 증가하고 특히 내선융화에 필요한 자료의 선택에 유의할 것. 四,
한일병합의 대강을 터득하기에 필요한 事歷은 점차 상세하게 이것을
기술 할 것. 五, 국사의 대요를 깨달아 알게 하기에 필요한 제 외국의 事
歷을 적당하게 넣을 것.9

위의 〈편찬취의서〉에서 보듯이 일제는 내선융화를 위해 조선에 관
한 사적을 증가시킬 방침과 한일병합의 대요를 자세히 기술할 것을 지
시하고 있다. 그리고 2차 개정된『普通學校國史 卷一, 二』의 목차를 문
부성 편찬『尋常小學國史』上・下와 비교하여 살펴보자.

---

9 現行普通學校國史ヲ改訂するに就いては、先づ以て臨時敎科書調査委員會ヲ開催し
て改訂の綱領ヲ審議し、之に基づいて編纂に着手した。而して昭和七年度から卷一ヲ
刊行して之ヲ使用せしめることとした。(中略) 普通學校用歷史敎科書編纂ニ関スル方
針一、我国体ト國家觀念トヲ明徵ナラシムベキ資料ニ就イテハ特ニ留意スルコト。二、
我建國ヨリ現代ニ至ル迄ノ重要ナル事歷ヲ輯錄スルコト。三、朝鮮ニ関スル事歷ヲ増
加シ特ニ內鮮融和ニ必要ナル資料ノ選擇ニ留意スルコト。四、日韓併合ノ 大旨ヲ会得
セシムルニ必要ナル事歷ハ稍稍詳細ニ之ヲ記述スルコト。五, 國史ノ大要ヲ知得セシム
ルニ必要ナル諸外國ノ事歷ヲ適當ニ加フルコト。(朝鮮總督府(1932)『普通學校國史
卷一編纂趣意書』朝鮮總督府、pp.1-4)

〈표 2〉 내선융화의 취지에 따라 개정된 〈歷史〉교과서

『普通學校國史 卷一』(1932)	『尋常小學國史 上』(1920)
御歷代表(一)神武天皇~正親町天皇(106)	御歷代表(一)神武天皇~今上天皇(124)
第一　天照大神(1)	第一　天照大神
第二　神武天皇(7)	第二　神武天皇
第三　皇大神宮(12)	第三　日本武尊
第四　日本武尊(15)	第四　神功皇后
第五　昔の朝鮮 (19)	第五　仁德天皇
第六　神功皇后(23)	第六　聖德太子
第七　仁德天皇(27)	第七　天智天皇と藤原鎌足
第八　三國の盛衰(30)	第八　天智天皇と藤原鎌足(つづき)
第九　聖德太子(32)	第九　聖武天皇
第十　天智天皇(37)	第十　和氣淸麻呂
第十一　新羅統一(43)	第十一　桓武天皇と坂上田村麻呂
第十二　聖武天皇(45)	第十二　弘法大師
第十三　桓武天皇(50)	第十三　菅原道眞
第十四　最澄と空海(55)	第十四　藤原氏の專橫
第十五　菅原道眞(57)	第十五　後三條天皇
第十六　高麗の王建(62)	第十六　源義家
第十七　藤原道長(65)	第十七　平氏の勃興
第十八　後三條天皇(68)	第十八　平重盛
第十九　源義家(71)	第十九　武家政治の起
第二十　平氏の勃興(79)	第二十　後鳥羽上皇
第二十一　平重盛(86)	第二十一　北條時宗
第二十二　武家政治の起(90))	第二十二　後醍醐天皇
第二十三　後鳥羽上皇(99)	第二十三　楠木正成
第二十四　高麗と蒙古(104)	第二十四　新田義貞
第二十五　北條時宗(107)	第二十五　北畠親房と楠木正行
第二十六　後醍醐天皇(112)	第二十六　菊池武光
第二十七　楠木正成(121)	第二十七　足利氏の僭上
第二十八　新田義貞(127)	第二十八　足利氏の衰微
第二十九　北畠親房と楠木正行(131)	第二十九　北條氏康
第三十　菊池武光(137)	第三十　上杉謙信と武田信玄
第三十一　足利氏の僭上(141)	第三十一　毛利元就
第三十二　朝鮮の太祖(144)	第三十二　後奈良天皇
第三十三　足利氏の衰微(148)	
第三十四　足利氏の衰微(つづき)(152)	
第三十五　後奈良天皇(157)	
御歷代表 (4) 本文 (161) 年表(4)	御歷代表 4, 本文 (160) 年表(3)

『普通學校國史 卷二』(1933.2.28)	『尋常小學國史 下』(1920)
御歷代表神武天皇(1)~今上天皇(124)	
第三十六 織田信長(1)	第三十三 織田信長
第三十七 李退溪と李栗谷(8)	第三十四 豊臣秀吉
第三十八 豊臣秀吉(12)	第三十五 豊臣秀吉(つゞき)
第三十九 德川家康(21)	第三十六 德川家康
第四十　德川家光(26)	第三十七 德川家康(つゞき)
第四十一 德川光圀(31)	第三十八 德川家光
第四十二 德川吉宗(36)	第三十九 後光明天皇
第四十三 松平定信(41)	第四十　德川光圀
第四十四 英祖と正祖(45)	第四十一 大石良雄
第四十五 國學尊王(49)	第四十二 新井白石
第四十六 攘夷と開港(55)	第四十三 德川吉宗
第四十七 攘夷と開港(つゞき)(60)	第四十四 松平定信
第四十八 孝明天皇(65)	第四十五 本居宣長
第四十九 王政復古(70)	第四十六 高山彦九郎と蒲生君平
第五十　明治天皇(74)	第四十七 攘夷と開港
一 明治維新(74)	第四十八 攘夷と開港(つゞき)
二 西南の役(85)	第四十九 孝明天皇
三 憲法發布(84)	第五十　武家政治の終
四 朝鮮の國情(89)	第五十一 明治天皇
五 明治二十七八年戰役(92)	一 明治維新
六 明治三十七八年戰役(98)	二 西南の役
七 韓國併合(109)	三 憲法發布
八 明治時代の文化(113)	四 明治二十七八年戰役
九 天皇の崩御(116)	五 條約改正
第五十一 大正天皇(122)	六 明治三十七八年戰役
第五十二 昭和の大御代(130)	七 韓國併合
	八 天皇の崩御
	第五十二 今上天皇
御歷代表 4, 本文 136, 年表8	御歷代表 4, 本文 153, 年表8

위와 같이 총 본문은 1차 개정된 『普通學校國史 一』(1922)의 171쪽
에 비해 11쪽, 『普通學校國史 二』(1922)의 163쪽에 비해 27쪽, 총 38쪽
이 줄어졌다. 조선사적을 강화한다는 취지아래 새롭게 들어간 단원은
제5과 「昔の朝鮮(옛 조선)」, 제8과 「三國の盛衰(삼국의 성쇠)」, 제 24과
「高麗と蒙古(고려와 몽고)」 등이 있다. 단원명에서 보면, 제1차 개정에

서 등장한 일본인 48명이 제2차 개정에서는 北條氏康(호조 우지야스),
毛利元就(모리 모토나리), 大石良雄(오이시 요시오) 등이 빠져 37명으
로 줄었다. 이들 대부분은 조선아동에게 난해한 인물들이다. 그리고
바라보는 시선은 제45과「本居宣長(모토오리 노리나가)」를 제45과「
國學尊王(국학존왕)」으로, 제50과「武家政治の終(무가정치의 끝)」를
제49과「王政復古(왕정복고)」로 막부가 아니라 천황으로 바꿔지고 있
다. 이와 같은 변화는 조선총독부편찬 역사교과서에만 일어난 것일 뿐,
당시 일본에서 사용한 문부성 편찬『尋常小學國史 上, 下』(1920)에서는
이전과 같이 인물중심으로 되어있다. 이는 일제가 만주사변이 발발하
자 장차 중국과의 관계를 우려하여 조선아동을 내선융화는 물론, 장차
충량한 황국신민으로 길러내기 위한 목적에 따른 것으로 볼 수 있다.

2.4 국체명징의 〈歷史〉교과서(1937~1940)

　문부성은 만주사변에 따른 일본 국내의 정세변화, 아시아에 대한 일
본의 역할변화, 국제관계의 어려운 처지에 봉착되자 국체를 강조한 역
사 중심의 제Ⅳ기 국정교과서(1933)를 편찬하였다. 제Ⅳ기는 Ⅲ기
(1918)부터 싹트기 시작된 大正期의 데모크래틱한 요소를 신장시키는
역할을 포기하고, 상반된 초국가주의 교육을 강조하도록 구성되었다.
Ⅰ기(1904), Ⅱ기(1910)가 수신서 중심의 교과였다면 Ⅳ기는 역사가
모든 교과의 중심이 되었다고 할 수 있다.[10] 이와 같은 일본의 변화에
대응하여 조선총독부에서도 1935년 2월 정무총감 今井田淸德(이마이
다 기요노리)를 위원장으로 학무국장, 경성제대 총장, 경성제대 교수,
총독부 수사관, 사범학교장, 공립 중등학교장, 초등 학교장 등을 위원
으로 한 '조선총독부 임시 역사교과용 도서조사위원회'를 설치하여

10　唐澤富太郎(1968)『敎科書の歷史』創文社、pp.433-434

국사 및 동양사 교과서 중에서 대표적인 것을 선택하고 심의하였다.[11]
이와 같은 의도 아래 개정 편찬된 역사 교과서가 『普通學校國史 卷一』
(1937), 『初等國史 卷二』(1938)이다. 이를 동 시기 문부성 편찬 교과서
와 비교하여 〈표 3〉으로 정리하였다.

〈표 3〉 국체 강화에 따라 개정된 〈歷史〉교과서 (*진한부분은 새로 변경된 단원명)

『普通學校國史 卷一』(1937)	『尋常小學國史 上』(1934)
御歷代表(一) 神武天皇~今上天皇(124)	御歷代表(一) 神武天皇~今上天皇(124)
第一　天照大神(1)	第一　天照大神
第二　神武天皇(7)	第二　神武天皇
第三　日本武尊(12)	第三　日本武尊
第四　神功皇后(19)	第四　神功皇后
第五　仁德天皇(24)	第五　仁德天皇
第六　聖德太子(28)	第六　聖德太子
第七　天智天皇と藤原鎌足(33)	第七　天智天皇と藤原鎌足
第八　天智天皇と藤原鎌足(つゞき)(37)	第八　天智天皇と藤原鎌足(つゞき)
第九　聖武天皇(45)	第九　聖武天皇
第十　桓武天皇(51)	第十　和氣淸麻呂
第十一 最澄と空海(55)	第十一 桓武天皇
第十二 菅原道長(59),	第十二 最澄と空海
第十三 藤原道長(64)	第十三 菅原道長
第十四 後三條天皇(67)	第十四 藤原氏の專橫
第十五 源義家(71)	第十五 後三條天皇
第十六 平氏の勃興(78)	第十六 源義家
第十七 平重盛(87)	第十七 平氏の勃興
第十八 武家政治の起(92))	第十八 平重盛
第十九 後鳥羽上皇(100)	第十九 武家政治の起
第二十 元寇(105)	第二十 後鳥羽上皇
第二十一 元寇(つゞき)(109)	第二十一 北條時宗
第二十二 後醍醐天皇(115)	第二十二 後醍醐天皇
第二十三 楠木正成(126)	第二十三 楠木正成
第二十四 新田義貞(133)	第二十四 新田義貞
第二十五 北畠親房と楠木正行(137)	第二十五 北畠親房と楠木正行
第二十六 菊池武光(145)	第二十六 菊池武光
第二十七 足利氏の僭上(150)	第二十七 足利氏の僭上

11　朝鮮總督府 編(1935)『施政二十五年史』朝鮮總督府、p.903

第二十八 足利氏の衰微(156)	第二十八 足利氏の衰微
第二十九 足利氏の衰微(つづき)(168)	第二十九 北條氏康
第三十 後奈良天皇(175)	第三十 上杉謙信と武田信玄
	第三十一 毛利元就
	第三十二 後奈良天皇
御歷代表(4) 삽화(1) 本文 (178) 年表(4)	御歷代表(4) 본문(185) 年表(3)

『初等國史 卷二』(1938.2.28)	『尋常小學國史 下』(1935)
御歷代表 神武天皇(1)~今上天皇(124)	御歷代表 神武天皇(1)~今上天皇(124)
第三十一 織田信長(1)	第三十三 織田信長
第三十二 豊臣秀吉(8)	第三十四 豊臣秀吉
第三十三 豊臣秀吉(つづき)(16)	第三十五 豊臣秀吉(つづき)
第三十四 德川家康(29)	第三十六 德川家康
第三十五 德川家康(つづき)(33)	第三十七 德川家康(つづき)
第三十六 德川家光(40)	第三十八 德川家光
第三十七 德川光圀(50)	第三十九 後光明天皇
第三十八 德川吉宗(54)	第四十 德川光圀
第三十九 德川氏の衰運(61)	第四十一 大石良雄
第四十 尊王論(65)	第四十二 新井白石
第四十一 攘夷と開港(73)	第四十三 德川吉宗
第四十二 攘夷と開港(つづき)(79)	第四十四 松平定信
第四十三 孝明天皇(88)	第四十五 本居宣長
第四十四 王政復古(93)	第四十六 高山彦九郎と蒲生君平
第四十五 明治天皇(101)	第四十七 攘夷と開港
一 明治維新(101)	第四十八 攘夷と開港(つづき)
二 西南の役(109)	第四十九 孝明天皇
第四十六 明治天皇(つづき)(118)	第五十 武家政治の終
一 憲法發布(118)	第五十一 明治天皇
二 明治二十七八年戰役(122)	一 明治維新
第四十七 明治天皇(つづき)(137)	二 西南の役
一 條約改正(137)	三 憲法發布
二 明治三十七八年戰役(140)	四 明治二十七八年戰役
第四十八 明治天皇(つづき)(153)	五 條約改正
一 韓國併合(153)	六 明治三十七八年戰役
二 天皇の崩御(162)	七 韓國併合
第四十九 大正天皇(169)	八 天皇の崩御
第五十 昭和の大御代(180)	第五十二 大正天皇
	第五十三 今上天皇の卽位
	第五十四 國民の覺悟
御歷代表 4, 本文 (208) 年表(16)	御歷代表(4) 本文(184) 年表(9)

위의 목차에 알 수 있듯이 「李退溪と李栗谷(이퇴계와 이율곡)」 등의 조선관계 단원은 표면적으로 완전히 목차에서 삭제되었다. 하지만 조선관계 내용은 조선의 특수한 사정을 반영하여 이전보다 많은 분량을 삽입하고 20, 21과에 「元寇(원구)」를 새롭게 추가하였다. 이는 만주사변으로부터 중일전쟁으로 전쟁의 범위가 확대되어가는 상황에 맞게 일제는 장차 조선 아동의 군사적인 협조가 중요하다는 인식의 표현이라 할 수 있다.

금번 개정에서는 1개 단원으로 축소되었던 「豊臣秀吉(도요토미 히데요시)」, 「德川家康(도쿠가와 이에야스)」가 다시 2개 단원으로 늘어났고, 에도시대에 활동한 유학자나 국학자들 이름의 단원명이 대부분 삭제되고 39과 「德川氏の衰運(도쿠가와의 쇠운)」, 40과 「尊王論(존왕론)」으로 간략화 하였다. 특히 이시기의 개정에는 많은 인물의 초상화가 등장하는 특징을 보여주고 있다. 약 50명의 일본인 초상화 중에서 조선인 초상화는 대각국사, 정몽주, 송시열, 순종(李太王)이 실려 있다. 더구나 초대 조선통감 이토 히로부미(伊藤博文), 초대 조선총독 데라우치 마사타케(寺内正毅) 초상화까지 실려 있는 것을 볼 때, 이 시기부터 일제는 조선의 식민지통치에 자신감을 드러내고 있다는 증거로 볼 수 있다. 따라서 이시기 개정된 교과서는 내선일체와 이데올로기 교육에 중점을 두고 조선의 사적과 인물을 가장 많이 등장시킨 역사중심의 교과서였다.

2.5 최초의 공통 〈歷史〉교과서(1940~1943)

중일전쟁이 전면전으로 치닫게 되자 일제는 국체명징, 내선일체, 인고단련의 3대강령을 기초한 〈제3차 조선교육령〉(1938)을 발포하였다. 지금까지 조선에서 소학교(內地人)와 보통학교(조선인)로 나누워져 있던 학교 명칭을 통합하여 소학교로 일원화하였다. 교과서도 통합되어 국어(일본어), 산술을 제외한 과목(수신, 국사, 지리, 이과, 창가)에서는 조선총독부 편찬 교과서를 조선과 일본아동이 공동 사용하게 되었다. 따라서 조선총독부 방침에 맞게 교과서 개편 작업에 착수하여 조선과 일본의 공통 명칭으로서 '초등'을 사용한 『初等國史』(1940~1941)를 편찬하게 되었다.

<표 4> 〈제3차 조선교육령〉에 의해 개정된 〈歷史〉교과서

『初等國史』第五學年(1940.3.31)		『小學國史尋常科用』上卷(1940)	
萬世一系(皇室御系圖)		御歷代表	
第一	國から(1)	第一	天照大神
第二	國のはじめ(3)	第二	神武天皇
第三	ことむけ(11)	第三	日本武尊
第四	まつりごと(16)	第四	神功皇后
第五	神のまもり(21)	第五	仁德天皇
第六	世のすゝみ(30)	第六	聖德太子
第七	改新のもとゐ(35)	第七	大化の改新
第八	改新のまつりごと(40)	第八	聖武天皇
第九	都のさかえ(一)(44)	第九	和氣淸麻呂
第十	都のさかえ(二)(52)	第十	桓武天皇
第十一	國風のあらはれ(63)	第十一	最澄と空海
第十二	武家のおこり(69)	第十二	菅原道長
第十三	武士の心かまへ(81)	第十三	藤原氏の專橫
第十四	親政のおぼしめし(92)	第十四	後三條天皇
第十五	世のうつりかはり(100)	第十五	源義家
第十六	勤王のまごころ(108)	第十六	平氏の勃興
第十七	みいつのひかり(114)	第十七	平重盛
第十八	太平のめぐみ(130)	第十八	源氏の再興
第十九	み國のすがた(139)	第十九	武家政治の起
第二十	一新のもとゐ(148)	第二十	後鳥羽上皇
第二十一	一新のまつりごと(一)(158)	第二十一	北條時宗
第二十二	一新のまつりごと(二)(166)	第二十二	後醍醐天皇
第二十三	憲法のかため(172)	第二十三	楠木正成
第二十四	國體のかゞやき(一)(183)	第二十四	新田義貞
第二十五	國體のかゞやき(二)(194)	第二十五	北畠親房と楠木正行
		第二十六	菊池武光
		第二十七	足利氏の僭上

	第二十八 足利氏の衰微
	第二十九 戰國の諸雄
	第三十 後奈良天皇
萬世一系(皇室御系圖) 6, 삽화1, 本文 204, み代のすがた 16	神勅 1, 御歷代表 4 , 本文 169, 지도 2, 年表3

『初等國史 六學年』(1941.3.31)	『小學國史尋常科用』下卷(1940)
萬世一系(皇室御系圖)	御歷代表
第一　皇國の目あて(1)	第三十一 織田信長
第二　皇室の御めぐみ(3)	第三十二 豊臣秀吉
第三　海外のまつりごと(一)(12)	第三十三 豊臣秀吉(つづき)
第四　海外のまつりごと(二)(18)	第三十四 德川家康
第五　國のまじはり(一)(28)	第三十五 諸外國との交通
第六　國のまじはり(二)(35)	第三十六 後光明天皇
第七　制度のとゝのひ(一)(39)	第三十七 德川光圀
第八　制度のとゝのひ(二)(47)	第三十八 大石良雄と新井白石
第九　海外のゆきき(一)(54)	第三十九 德川吉宗
第十　海外のゆきき(二)(60)	第四十 松平定信
第十一　神國のほこり(67)	第四十一 本居宣長
第十二　海外發展のいきほひ(74)	第四十二 高山彦九郎と蒲生君平
第十三　世界のうごき(一)(83)	第四十三 攘夷と開港
第十四　世界のうごき(二)(88)	第四十四 攘夷と開港(つづき)
第十五　英雄のこころざし(94)	第四十五 孝明天皇
第十六　國威のかゞやき(100)	第四十六 大政奉還
第十七　貿易のにぎはひ(108)	第四十七 明治天皇
第十八　神國のまもり(117)	一 明治維新
第十九　發展のもとゐ(122)	二 憲法發布
第二十　國民の目ざめ(一)(131)	三 明治二十七八年戰役
第二十一 國民の目ざめ(二)(138)	四 條約改正
第二十二 東亞のまもり(一)(150)	五 明治三十七八年戰役
第二十三 東亞のまもり(二)(157)	六 天皇の崩御
第二十四 東亞のまもり(三)(165)	第四十八 大正天皇
第二十五 東亞のかため(173)	第四十九 昭和の大御代
第二十六 躍進のほまれ(183)	第五十 國民の覺悟
第二十七 世界のきそひ(190)	
第二十八 國力のあらはれ(一)(197)	
第二十九 國力のあらはれ(二)(206)	
第三十 大國民の心がまへ(219)	
萬世一系(皇室御系圖) 6, 삽화 4, 本文 228, み代のすがた 16	神勅 1, 御歷代表 4 , 本文 181, 지도 1, 年表9

위와 같이 〈3차 조선교육령〉에 의해 개정된 교과서에서는 인물중심
의 목차에서 주제어(키워드) 중심의 목차로 바뀌어 있음을 알 수 있다.
당시 일본에서 사용한 『小學國史尋常科用』上,下(1940)의 목차가 이전
의 형태를 그대로 답습한 인물중심에 머물러 있다는 것과 아주 대조적
이다.

> 특히 각과의 제목명은 대략 국사발전의 유적을 찾아가 중심의 史潮 만
> 드는 것으로 이름을 붙였다. 그것은 사건명이나 인명을 올리지 않았다
> 는 것을 특색으로 하고 있다. 개개의 사건이나 인물의 성격을 그리거나
> 전수할 목적이 아니기 때문이다. 국사 그 자체가 우리 국가의 발전에
> 관해 그 특색 있는 성격을 명징할 것을 염원했다.[12]

위의 〈편찬취의서〉에서 보듯이 기존의 사건명이나 단원명이 아닌
국체명징을 염원하기 위한 단원명으로 바꾸고, 문장도 조선아동이 읽
기 쉽고 간명하게 서술하도록 지시하고 있다. 삽화는 한 면 전체로 실
려 있는데, 5학년 제1과 앞에 '國のはじめ(나라의 시작), 瓊瓊杵尊の天
降り(니니기노미코토의 강림)'이라는 부제와 함께 활과 창을 들고 군복
을 입은 병사의 모습이 그려져 있다. 그리고 6학년에서도 전면 삽화가
네 개 실려 있는데, 5과 「國のまじはり(국교)(一)」에서는 견당사가 배를
타고 가는 장면과 17과 「貿易のにぎはひ(무역의 번창)」에서는 '海上發
展(해상발전), 朱印船の貿易(주인선의 무역)'이라는 부제목으로 바다
에 떠있는 무역선의 모습이 나오고 있다. 그리고 25과 「東亞のかため
(동아의 방비)」에서는 內鮮一體라는 부제목에 5장의 사진(조선신궁의

12 朝鮮總督府 編(1940)『初等國史第五學年編纂趣意書』朝鮮書籍印刷株式會社、p.19

모습, 국민총력조선연맹의 발대식 사진, 육군병 지원자의 행군모습, 농업의 발전, 공업의 발전)이 실려 있고, 29과「國力のあらはれ(국력의 발로)(二)」에서는 '空のきそひ(공중전)이라는 부제목에 날아가는 폭격기 사진이 실려 있다.

이상과 같이 4차 개정교과서인『初等國史』는 이전의 교과서가 5학년을 마치고 6학년으로 이어지는 이분화 된 교과서 구성을 지양하고, 5학년의 과정을 끝낸 후 6학년 과정에서 심화하는 복습 교육을 채택하여 황국신민 만들기를 꾀하고 있다. 결국 일제는 조선아동에게 어려운 과거 역사교육보다 현재의 정세를 이해시키기 위한 맞춤 역사교육을 실시하였다.

2.6 〈國民學校令〉에 의해 개정된 〈歷史〉교과서

일본에서는 기존의 〈소학교령〉을 대신하여 새롭게 〈국민학교령〉(1941)이 공포되자 조선총독부도 1년 늦게 교과서 개정작업에 들어가 1944년 신학기부터 사용할 역사교과서 5, 6학년용을 동시에 편찬하였다. 이 교과서는 일제가 패전하면서 1년 반 정도밖에 사용되지 않았지만 4차 개정교과서의 내용을 그대로 따르고 있다. 반면 1년 전(1943)에 일본에서 편찬한『初等科國史』와는 매우 다른 특색을 갖고 있다. 이는 조선총독부 편찬『初等國語』,『初等修身書』,『初等唱歌』가 문부성편찬 교과서와 매우 유사한 것과는 전혀 다른 경우이다. 먼저 문부성 편찬『初等科國史』의 목차를 살펴보면 이전까지 사용한 인물명 위주의 단원명이 최초로 없어졌다. 그러나 아직도 연대순으로 사건을 기술하고 있다든지 5학년과정이 끝나고 6학년과정으로 이어지는 기존의 시대별 형태는 계속 유지하고 있다. 이처럼 같은 시기 조선과 일본에서 사용한 초등학교 역사 교과서의 구성 비교에서 보듯이 조선총독부 편찬

『初等國史』가 훨씬 강력한 황국신민을 양성하려는 목적의 교과서라
할 수 있다.

〈표 5〉〈國民學校令〉과 〈4차 조선교육령〉에 의해 개정된 〈歷史〉교과서

『初等國史』第五學年(1944.3.31)	『初等科國史』上(1943.2.17)
萬世一系(皇室御系圖)	御歷代表
第一　　國から(1)	第一 神國
第二　　國のはじめ(4)	一 高千穗の峯(1)
第三　　ことむけ(11)	二 橿原の宮居(7)
第四　　まつりごと(17)	三 五十鈴川(14)
第五　　神の御まもり(22)	第二 大和の國原
第六　　世のすすみ(28)	一 かまどの煙(23)
第七　　改新のもとゐ(34)	二 法隆寺(29)
第八　　改新のまつりごと(42)	三 大化のまつりごと(36)
第九　　都のさかえ(一)(49)	第三 奈良の都
第十　　都のさかえ(二)(62)	一 都大路と國分寺(44)
第十一　武家のおこり(一)(72)	二 遣唐使と防人(52)
第十二　武家のおこり(二)(80)	第四 京都と地方
第十三　神威のあらはれ(88)	一 平安京(61)
第十四　一統のまつりごと(100)	二 太宰府(69)
第十五　世のみだれ(111)	三 鳳凰堂(76)
第十六　勤王のまごころ(123)	第五 鎌倉武士
第十七　太平のもとゐ(130)	一 源氏と平家(84)
第十八　太平のめぐみ(143)	二 冨士の卷狩(92)
第十九　一新のもとゐ(157)	三 神風(102)
第二十　一新のまつりごと(一)(171)	第六 吉野山
第二十一 一新のまつりごと(二)(181)	一 建武のまつりごと(114)
第二十二 憲法のかため(189)	二 大義の光(125)
第二十三 國體のかがやき(一)(198)	第七 八重の潮路
第二十四 國體のかがやき(二)(210)	一 金閣と銀閣(139)
	二 八幡船と南蠻船(146)
	三 國民のめざめ(156)
萬世一系(皇室御系圖) 6, 삽화 4, 本文 228, み代のすがた 16	神勅 1, 御歷代表 4 , 本文 163, 年表7

『初等國史』六學年(1944.3.31)	『初等科國史』下(1943.3.3)
萬世一系(皇室御系圖)	御歷代表
第一　皇國の目あて(1)	第八　御代のしづめ
第二　皇室の御めぐみ(7)	一　安土城(1)
第三　海外のまつりごと(一)(18)	二　聚樂第(9)
第四　海外のまつりごと(二)(22)	三　扇面の地圖(16)
第五　國のまじはり(30)	第九　江戸と長崎
第六　日の本のさかえ(37)	一　參勤交代(24)
第七　博多のにぎはひ(50)	二　日本町(32)
第八　神國のめざめ(63)	三　鎖國(39)
第九　東亞のゆきき(一)(72)	第十　御惠みのもと
第十　東亞のゆきき(二)(82)	一　大御心(48)
第十一　世界のうごき(89)	二　名蕃主(56)
第十二　英雄のこころざし(98)	三　國學(66)
第十三　國威のかゞやき(107)	第十一　うつりゆく世
第十四　貿易のにぎはひ(115)	一　海防(77)
第十五　南進のさきがけ(122)	二　尊皇攘夷(85)
第十六　神國のまもり(131)	第十二　のびゆく日本
第十七　發展のもとゐ(137)	一　明治の維新(96)
第十八　國民のめざめ(一)(144)	二　憲法と勅語(108)
第十九　國民のめざめ(二)(151)	三　富國強兵(116)
第二十　攘夷のまごころ(158)	第十三　東亞のまもり
第二十一　世界雄飛のもとゐ(173)	一　日淸戰役(124)
第二十二　東亞のまもり(一)(186)	二　日露戰役(134)
第二十三　東亞のまもり(二)(197)	第十四　世界のうごき
第二十四　內鮮一體のまごころ(222)	一　明治から大正(145)
第二十五　躍進のほまれ(230)	二　太平洋の波風(154)
第二十六　世界のきそひ(239)	第十五　昭和の大御代
第二十七　東亞安定のちかひ(250)	一　滿洲事變(165)
第二十八　共榮のよろこび(261)	二　大東亞戰爭(173)
	三　大御代の御榮え(181)
萬世一系(皇室御系圖) 6, 삽화 4, 本文 289, み代のすがた 20	神勅 1, 御歷代表 4, 本文 181, 年表 9

　　1944년 개정 편찬된 『初等國史』 第五學年用은 본문의 양은 늘어났
으나 삽화는 대폭 줄어들었다. 그러나 메이지천황의 사진과 도요토미
히데요시(豊臣秀吉) 등의 초상화 삽화가 재등장하고 있다.

그러나 第六學年用에는 인물의 삽화가 거의 등
장하지 않는다. 심지어는 다이쇼천황이나 쇼와천
황의 인물 삽화도 없다. 그런 가운데서도 우측에
제시한 하야시 시헤이(林子平)의 인물 삽화가 등
장한 점은 특이하다고 할 수 있다.

〈그림〉 18과
「國民のめざめ(一)」

光格天皇대에 하야시 시헤이(林子平)는 새로운
학문을 배웠는데, 특히 지리에 뛰어나 전국을 다니면서 實地를 조사했
습니다. 나가사키에서 네덜란드인으로부터 해외의 형세를 듣고, 세계
의 경쟁은 해상교통을 중심으로 행해지고 있음을 깨닫고 우리나라는
사면이 모두 바다로 둘러싸여서 바다의 수비를 소홀히 해서는 안 된다
고 생각하고 海國兵談을 저술하여 해상 방어의 필요를 주장했습니다.
그런데 도쿠가와씨는 세상을 시끄럽게 하는 것이라고 여기고 이 책과
板木을 압수하고 林子平를 처벌했습니다. 곧 러시아와 교섭이 시작되
자 子平의 생각이 틀리지 않았다는 것을 증명하였기 때문에 국민은 각
성했습니다.[13]

위와 같이 하야시 시헤이가 『海國兵談』을 저술하여 해상방어의 필

---

13 光格(くわうかく)天皇のみ代に、林友直(はやしともなほ)子平(しへい)は、新しい学問をま
   なひ、とりわけ地理がすきで、国中をめぐつて実地を取りしらべました。長崎(ながさき)
   でオランダ人から海外の形勢(けいせい)を聞いて、世界のきそひは、海上の交通を中
   心にして行はれるやうになることをさとり、わが国は、四面みな海にかこまれてゐるの
   で、海のまもりをなほざりにしてはならないと考へ、海国兵談(かいこくへいだん)をあら
   はして、海防(かいばう)の必要を論じました。ところが、徳川氏(とくがはうぢ)は、世の
   中をさわがすものであるとして、この本や版木(はんぎ)を取りあげて、友直を罪しまし
   た。間もなく、ロシヤとの交渉(かうせふ)がおこつて、友直の考へがまちがつてゐなか
   つたことがしように立てられたので、国民はめざめて来ました。(朝鮮總督府編(1944)
   『初等國史』六學年「18, 國民のめざめ(一)」朝鮮總督府, pp.148-149)

요성을 역설한 것은 『初等國史』(1941) 六學年用 20과 「國民の目ざめ (국민의 각성)(一)」에 기술되어 있다. 그러나 『初等國史 六學年』(1944)에 초상화를 추가한 것은 일제가 아동에게 지금 진행 중인 태평양전쟁과 연결하여 해상의 중요성을 인식시키려는 목적으로 볼 수 있다.

또 위의 목차에서 알 수 있듯이 4차 개정교과서보다 본문의 양이 대폭 늘어났다. 이 당시는 태평양전쟁이 막바지로 치달으면서 물자가 부족하여 대부분 교과서의 쪽수가 줄어들고 있으나 오히려 「初等國史 五學年」에서는 24쪽, 『初等國史 六學年』 61쪽 합계 85쪽으로 늘어났다는 것은, 일제가 역사과목의 중요성을 분명하게 나타낸 증거라 할 수 있다. 그리고 새로운 단원으로는 「南進のさきがけ(남진의 선구)」, 「內鮮一體のまごころ(내선일체의 참마음)」, 「東亞安定のちかひ(동아 안정의 맹세)」, 「共榮のよろこび(공영의 기쁨)」 등이 있다. 마지막 단원인 「공영의 기쁨」에서는 10억의 아시아가 일치단결하여 대동아 공영을 이룩할 것을 주문하고 있다.

강점 이후 일제는 역사를 보통학교에서 가르치지 않았다. 표면적인 이유는 역사는 일본에서 5, 6학년 과정이기에 4년 과정인 조선의 학제에서는 가르칠 수 없기 때문이라고 강변했다. 하지만 일제는 1학년부터 4학년까지 수신서, 국어(일어)독본, 조선어독본을 통해서 간접적으로 일본역사를 가르쳤다. 그러나 〈3.1운동〉이라는 조선 민중의 거대한 반항에 놀란 일제는 조선인의 차별교육에 원인이 있다고 판단하여 학제를 4년에서 6년제로 연장하는 것과 내지연장주의를 골자로 하는 〈2차 조선교육령〉(1920)을 공포하고, 새로 신설된 〈歷史〉과목은 임시로 보충교재를 편찬하여 기존의 문부성 편찬 역사교과서와 함께 사용하였다. 그리고 〈2차 조선교육령〉의 취지에 따라 조선아동을 대상으로 하는 최초의 보통학교용 정식 〈歷史〉교과서를 편찬하게 되었고, 이후 일제는 수차례 개정을 거쳐 『初等國史』五, 六學年(1944)을 편찬하여 교육하였다. 역사교육의 중요성을 인식한 일제가 충량한 황국신민을 양성하기 위한 수단으로 〈歷史〉교과서를 적극 활용하였음을 알 수 있다.

3. 결론

이상과 같이 조선총독부 편찬 역사교과서의 목차와 내용을 문부성 편찬 『尋常小學國史』와 비교 고찰한 결과, 일제는 강점 초기부터 조선 아동이 다니는 보통학교에서 역사교과서를 편찬하지 않고 다른 과목을 통해서 간접적으로 일본의 역사를 주입시켰다. 그러나 예상치 못한 3.1운동으로 인해 일제는 기존의 일본 문부성 편찬 〈歷史〉교과서에 조선 사적을 추가한 보충교과서를 편찬 사용하게 하였다. 〈제2차 조선교육령〉을 공포하고 마침내 정식적으로 조선아동을 위한 『普通學校國史』를 편찬하였으나 『尋常小學國史』의 체재를 유지하면서 일본사 중심에 한국사를 끼어 넣는 보충교재 형태의 답습이었다. 1932년 개정 편찬된 역사교과서는 조선 사적을 강화할 목적으로 교과서에 등장하는 난해한 일본인들의 수를 대폭 줄였고, 조선아동에게 만주사변 이후 조선의 역할을 강조하고 있다. 1937년 편찬 된 역사교과서는 일본에서 1934년 개정 편찬된 『尋常小學國史』의 목차와 내용을 차용하고 있으나 내선일체와 이데올로기 교육에 중점을 둔 역사중심의 교과서였다. 〈제3차 조선교육령〉 이후 조선에 거주한 조선아동과 일본아동이 공동으로 배우기 위해 조선총독부가 편찬한 『初等國史』(1940)는 일본 문부성 편찬 역사교과서와 비교되지 않을 정도로 황국사관이 집대성 된 교과서였다. 그리고 인물중심의 목차에서 주제어 중심(키워드)의 목차로

바뀌지면서 기존의 일본의 문부성편찬 역사교과서에서 볼 수 없는 새
로운 시도의 획기적인 교과서였다. 〈國民學校令〉(1941)의 취지에 따라
조선총독부가 편찬한『初等國史』(1944)는 1년 전 문부성 편찬『初等科
國史』(1943)를 전혀 차용하지 않은 조선 특유의 역사교과서였다. 더구
나 1944년 편찬된『初等國史』는 편찬되기 불과 1개월 이전의 사건도
교과서에 수록되어 있는 것으로 보아, 역사교과서가 신문이나 대중선
전용 팸플릿과 같은 역할까지 했다는 것을 알 수 있다.

결국 조선총독부 편찬 보통학교용 역사교과서가 강점 초기에는 일
본 역사교과서의 보조수단에 머무른 일본역사 위주 교과서였다면,
1931년 만주사변 이후에는 조선의 지리적인 여건을 고려하여 조선의
실정에 맞게 수정 보완한 조선아동을 위한 일본 역사교과서였다. 중일
전쟁 이후 편찬된 보통학교용 역사교과서는 조선에 거주한 조선아동
과 일본아동을 장차 대륙진출의 중요한 전쟁 자원으로 이용하기 위한
충량한 황국신민양성 교과서였다. 태평양전쟁 이후에는 지리교과를
대폭 채용하여 영토 확장과 전쟁의 수호를 다짐하는 대동아공영을 위
한 역사교과서였다고 할 수 있다.

제 2 장

제국지리의 공간 확대

제국의 식민지 역사 지리 연구

Ⅰ. 제국주의 지리학의 지정학적 고찰*

박경수 · 김순전

1. 머리말

본 연구는 일제강점기 조선총독부 편찬 〈地理〉교과서를 통하여 '제
국주의 지리학'[1]과 근대 한국 〈地理〉교육의 실태를 체계적으로 이해함

* 이 글은 2015년 8월 일본어문학회 『日本語文學』(ISSN: 1226-9301) 제70집,
pp.435-456에 실렸던 논문 「제국주의 지리학의 지정학적 고찰 - 조선총독부 편
찬 『初等地理』를 중심으로 -」를 수정 보완한 것임.
1 제국주의 지리학은 19세기 후반 독일에서 발흥하여 영국과 프랑스로 확산되어
공식적인 학문분야에 포함되었다. 그 이론에 관해서는 천연자원 확보, 기독교 전
파, 노예제도 등에 주안점을 두는 이론과, 잉여생산을 소화할 수 있는 시장을 찾
기 위해 해외로 팽창한다는 이론 등으로 전개되었는데, 그 중 대표적 이론은 잉
여생산의 해외시장 확보를 위한 마르크스의 자본주의적 해석이다.(아서 제이, 클
링 호퍼 지음 · 이용주 옮김(2007) 『지도와 권력』 알마, p.275 참조)

에 있다.

주지하듯 19세기 후반은 제국주의 지리학이 성행했던 시기였다. 이 시기의 지리학, 특히 제국주의 지리학이 이른바 '탁월한 제국주의 과학'으로 여겨졌던 것은 이들 제국에 있어 '세계를 발견하는 일'을 넘어서서 '세계를 만드는 일'을 도모하는 지정학적(地政學的) 전략이론에 크게 영향력을 발휘하였기 때문이다. 이러한 지정학적 지리학이 1920년대 후반 일본에서 급진적으로 발전하기 시작하여 〈만주사변〉(1931), 〈중일전쟁〉(1937)에 이어 〈대동아공영권〉 기획에 상당부분 적용되었다. 당시 일본이 독일의 경우를 롤모델로 한 지정학적 지리학을 추수(追隨)하였던 데는 중일전쟁의 승리에 힘입어 아시아를 초월하여 세계적 헤게모니 싸움에서도 패권을 놓지 않으려는 의도에서였다. 때문에 이를 수행할 인적자원 양성을 위한 교육적 기반을 마련하는 과정에서 1930년대 일본 지리교육계에서 크게 화두가 되었던 '지리구(地理區)[2] 및 지리교육에 대한 논쟁'에서 지정학적으로 유리한 부분을 〈地理〉교과서에 반영하여 교육적 기반을 공고히 하고자 하였다. 이는 마침내 초등학교 〈地理〉교과서의 대대적인 개편으로 나타났다.

최근 제국시절로 회귀하는 듯한 일본 정치권의 동향을 고려한다면 일제강점기 제국의 전쟁수행을 위한 교육적 장치에 대한 연구가 무엇보다도 급선무라는 생각이 든다. 그럼에도 이에 대한 선행연구는 거의 찾아볼 수 없다. 그나마 심정보(2005)의 연구[3]에서 1930년대 '지리구

2 '地理區'란 국토 및 세계지역의 특성을 용이하게 파악하기 위하여 지구상의 다양한 지표를 몇 개의 기준에 근거하여 지리적으로 지역을 구분하기 위한 용어로, 일본에서는 1927년 도쿄고등사범학교(東京高等師範學校) 교수 다나카 게이지(田中啓爾)가 발표한 논문에서 처음 사용된 이래 지리학계와 지리교육계에 널리 유포되었다.(岡田俊裕(2001) 「地理區論爭」, 『地理』 46(6), pp.98-111 참조)
3 심정보(2005) 「1930년대 일본의 지리교육계에서 이루어진 지리구 논쟁이 문부성과 조선총독부의 지리교육에 미친 영향」, 『사회과교육연구』 12권 1호, pp.155-178

(地理區)'에 관한 논쟁이 1940년대 지리교육계에 미친 영향을 언급하고 있어 본 연구의 시작점이 되었다. 그러나 심정보의 연구는 일제강점기 식민정책에 의한 교육적 장치나 〈地理〉교과서에 대한 지정학적 접근에는 미치지 못한 실정이다.

이에 본고는 조선총독부 발간 초등학교 〈地理〉교과서⁴를 중심으로 먼저 제국주의 지리학의 지정학으로의 변화 추이를 살펴보고, 아울러 일제말기 〈地理〉교과서에 서사된 제국주의적 성향을 다각적으로 고찰해보려고 하는 것이다.

2. '地理區' 논쟁과 교육계의 반향

일본에서 '지리구'라는 용어는 일본의 지리학자이자 조선총독부 『初等地理書』(1932-33)의 저작자이기도 한 다나카 게이지(田中啓爾)의 논문 「日本の地理區」(1927)에서 비롯되었다. 그는 여기서 먼저 지형구를 주요 요소로 설정한 다음 기후구를 중시하는, 소위 자연지리적인 지리구를 주창하였다. 자연지리나 인문지리의 통론이 과학적 체계를 형성하는 등 지리학의 진보에 따라 지지학(地誌學)에도 과학적 설명을 필요조건으로 하는, 소위 과학적 地誌야말로 지역성 설명의 최선

---

4 일제강점기 독립적인 교과목으로서의 〈地理〉과목은 3·1운동 이후 개정된 〈조선교육령〉에 의하여 보통학교 학제가 6년제로 바뀌면서 5, 6학년 과정에 개설되었다. 그러나 당시는 별도의 교과서를 발행하지 않고 문부성의 『尋常小學地理』上下에 조선지리 부분을 보충한 보충교재(1920년, 1923년 조선총독부)로 사용하였다. 조선아동의 지리교육을 위한 본격적인 〈地理〉교과서는 1930년대 초 『初等地理書』卷一·卷二(1932-33)로 발간되고, 이후 이의 개정판인 『初等地理』卷一·卷二(1937), 『初等地理』卷一·卷二(1940-41), 『初等地理』卷一·卷二(1942-43), 『初等地理』第五·六學年用(1944)로 이어진다. 본고는 맨 나중 발간된 『初等地理』第五·六學年用(1944)를 주 텍스트로, 그 외의 〈地理〉교과서는 컨텍스트로 하며, 이의 서지표기는 〈(학년)-단원-「단원명」, 쪽수〉로 한다.

의 방법이자, 지리학의 본체라고 생각했던 까닭이었다. 이를 기초로 1930년대 초반 연구자들과 교육자들 간에 지리구에 관한 논의가 활발히 진행되다가 1930년대 후반에는 메이지(明治)기 이래 오랫동안 계승되어왔던 지방별 항목별 교수의 모순과 문제점을 비판하는 논쟁으로까지 이어졌다. 그 중에서 초등학교 지리교육과 관련하여 가장 주목되는 논쟁은 니시키 마사오(西龜正夫, 이하 '니시키')와 가가와 간이치(香川幹一, 이하 '가가와')간의 신랄한 논쟁이었다. 양자가 주장하는 논리의 쟁점부분을 다음 각 항으로 정리하였다.

① 지리교수 부분 : 지역을 地勢 氣候 産業 交通 등으로 분석하면 곧 지표의 전체성과 혼일성이 파악된다는 가가와의 주장에 대해서, 니시키는 보통교육은 지리학자를 양성하는 것이 아니라는 이유로 이를 근본적으로 반대하였다. 이에 가가와는 다시 보통교육으로서 지리교육은 지지교수가 전부는 아니라는 주장을 펼쳤다. 이를테면 산업의 의미는 쌀이나 보리류를 가르치는 것이 아니라 쌀과 보리를 통해 그 토지를 가르친다는 것이다.

② 지리구 구분법 : 니시키는 지리구 구분법에 대해서 교재로서 단원에 일치시키고, 기술순서는 토지의 지역성에 따라야 한다고 역설했다. 그리고 가가와의 "순서가 자유롭다면 地勢 氣候 産業 交通이라는 순서도 좋지 않은가"하는 주장에 대해서 모든 지역의 천편일률적인 기재법은 지역성을 고려하지 않았다는 점에서 반대하였다.

③ 지리구의 경계 : 경계는 명확한 선(線, line)이어야 한다는 가가와의 주장에 대해, 니시키는 경관은 장소적으로 서서히 변화하고, 또 도시와 그 주변 농촌과의 경계선도 경관상에서 명확하게 선을 긋는 경우가 드물기 때문에 지역의 경계를 명료하게 선으로 긋기 어렵다는

입장을 분명히 했다. 이에 대해 가가와는 지리구는 분석적 연구, 지역연구가 증가할수록 보다 보편적이고 과학적인 지리구가 되며, 마침내 정확한 선으로 결정되기 때문에 지리구를 府와 縣의 경계와 일치시켜야 한다는 주장을 했다.

④ 지리구와 지리교육 : 가가와는 니시키가 주장한 지리구와 지리교육관에 대해 2~3인의 학자가 설정한 지리구사상을 심리적 발달이 미숙한 아동들에게 채택하도록 한 것이므로 비교육적이라는 입장을 표명하고, 그 때문에 지리교육은 지방별 항목별 교수를 채택해야 한다고 주장하였다.[5]

이처럼 양자는 지리교육에서 지역성 파악을 위한 지리구의 중요성을 강조하고 있었으나, 그 방법에 있어서는 커다란 견해 차이를 드러내고 있었다. 이후 니시키는 이에 관한 자신의 견해를 정리한 『地理區と地理敎授』(1938.8)를 출간하여 미래의 지리교육 방향을 제시하였다. 그 요지는 '①지리구는 地誌기재의 유일한 방법이다. ②지역성에 입각한 기재법을 받아들여야 한다. ③그렇지만 지리구가 전부는 아니다. '조국지리(肇國地理)'[6]를 고려해야 한다.'로 집약된다. 여기서 가장 주목되는 부분은 '조국지리'의 개념인데, 니시키는 이를 전시체제임을 고려하여 국체관념의 확립과 애국심 함양의 기제로서 강조하였던 것이다.

---

5 西龜正夫(1937)「再び地理區について-香川君に答え-」「地理學」 5(8)、pp.200-209 ; 香川幹一(1937)「地理區論」「地理學」 5(12)、pp.98-111 (심정보(2005) 앞의 논문, pp.159-160 에서 재인용)

6 '조국지리(肇國地理)'란 ⟨1차 세계대전⟩ 이후 독일에서 '어떻게 향토의 자원을 활용하여 국가를 강성하게 할 수 있는가?'에 중점을 두고 발흥하였던 사상으로, 일본에서는 ⟨중일전쟁⟩을 도모하던 1930년대 중반 지리교육계에서 크게 화두가 되었다.

니시키의 이같은 주장은 국내외 정세가 긴박해짐에 따라 발호된〈國民學校令〉(1941.3)하에서「國民科」의 지리교수 요지에 반영되었고, 마침내 초등학교〈地理〉교과서의 대대적인 개편7을 초래하였다. 이는 구성면에서는 '정태지리(靜態地理)'에서 '동태지리(動態地理)'로의 전환, 내용면에서는 '인문·자연 위주의 항목중심적 기술'에서 '특정지역 위주의 테마중심적 기술'로의 전환이었다.

3. 제국〈地理〉의 지정학적 시선

3.1 '靜態地理'에서 '動態地理'로

일제강점기 조선총독부가 발간한 본격적인〈地理〉교과서는 일본에서 '지리구(地理區)'라는 용어를 처음 사용하여 1930년대 지리구 논쟁의 단초를 제공했던 다나카 게이지가 저작한『初等地理書』卷一·二(1932~1933)이다.『初等地理書』卷一·二는 일차적으로 지방구분을 고려한 후 구역, 지형, 기후, 산업, 교통, 상업, 도읍 등 자연 및 인문의 항목 순으로 기술하는 정태(靜態)적 방식이었는데, 이러한 방식은 학문으로서의 과학성보다는 교양으로서 실용성을 우위에 둔 당시 일본 지리교육계의 보편적 현상이었다.

때문에 1930년대 지리교육에 대한 논의가 활발하였던 시기 개정 발간된 1937년의『初等地理』卷一·二는 물론, 1940~41년의『初等地理』卷一·二, 1942~43년의『初等地理』卷一·二까지도 동일한 방식을 유

---

7   이에 해당되는〈地理〉교과서가 1943년 문부성 발간『初等科地理』五·六學年用과 1944년 조선총독부 발간한『初等地理』五·六學年用이나 본고는 조선총독부 발간『初等地理』五·六學年用에 중점을 두었다.

지하는 가운데 급변하는 국내외정세에 따른 변화상황을 반영해 가고 있을 뿐이었다. 이의 변화를 조선아동의 지리교육을 위한 첫 교과서인 『初等地理書』卷一・二(1932~33)와 〈중일전쟁〉 이후 개정된 〈3차 조선교육령〉의 취지를 반영한 『初等地理』卷一・二(1940~41)의 단원 및 항목에서 살펴보겠다.

〈표 1〉 **朝鮮總督府** 편찬 〈地理〉교과서 편성의 변화

『初等地理書』(1932-33)		『初等地理』(1940-41)	
卷	단원 및 항목	卷	단원 및 항목
卷一 (5학년용)	第一 我が国	卷一 (5학년용)	第一 大日本帝國
	第二 朝鮮地方 一 位置・面積及び住民・區分 二 地方誌 一 北部朝鮮 (一)區域 (二)地形 (三)氣候 (四)産業 (五)交通 (六)商業 (七)住民・都邑 二 中部朝鮮 (一)區域 (二)地形 (三)氣候 (四)産業 (五)交通 (六)住民・都邑 三 南部朝鮮 (一)區域 (二)地形 (三)氣候 (四)産業 (五)交通 (六)住民・都邑 三 總說 一.地形 二.氣候 三.産業 四.交通 五.住民・都邑		第二 朝鮮地方 甲 位置・面積・住民及び區分 乙 地方誌 一 北部朝鮮: (一)區域 (二)地形 (三)氣候 (四)産業 (五)交通 (六)商業 (七)住民・都邑 二 中部朝鮮: (一)區域 (二)地形 (三)氣候 (四)産業 (五)交通 (六)住民・都邑 三 南部朝鮮: (一)區域 (二)地形 (三)氣候 (四)産業 (五)交通 (六)住民・都邑 丙 總說 一.地形 二.氣候 三.産業 四.交通 五.商業
	第三 樺太地方 一.位置・區域 二.地形 三.氣候・生物 四.産業・交通 五.住民・都邑		第三 樺太地方 一.位置・區域 二.地形 三.氣候・生物 四.産業・交通 五.住民・都邑
	第四 北海道地方 一.位置・區域 二.地形 三.氣候 四.産業 五.交通 六.住民・都邑 七.千島列島		第四 北海道地方 一.位置・區域 二.地形 三.氣候 四.産業 五.交通 六.住民・都邑 七.千島列島
	第五 奥羽地方 一.位置・區域 二.地形 三.氣候 四.産業 五.交通 六.住民・都邑		第五 奥羽地方 一.位置・區域 二.地形 三.氣候 四.産業 五.交通 六.住民・都邑
	第六 關東地方 一.位置・區域 二.地形 三.氣候 四.産業 五.交通 六.住民・都邑 七.伊豆七道・ 小笠原諸島		第六 關東地方 一.位置・區域 二.地形 三.氣候 四.産業 五.交通 六.住民・都邑 七.伊豆七道・ 小笠原諸島
	第七 中部地方 一.位置・區域 二.地形 三.氣候 四.産業 五.交通 六.住民・都邑		第七 中部地方 一.位置・區域 二.地形 三.氣候 四.産業 五.交通 六.住民・都邑
	第八 近畿地方 一.位置・區域 二.地形 三.氣候 四.産業		第八 近畿地方 一.位置・區域 二.地形 三.氣候 四.産業

	五.交通 六.住民・都邑			五.交通 六.住民・都邑
	第九 中國及び四國地方 一.位置・區域 二.地形 三.氣候 四.産業 五.交通 六.住民・都邑			第九 中國及び四國地方 一.位置・區域 二.地形 三.氣候 四.産業 五.交通 六.住民・都邑
	第十 九州地方 一.位置・區域 二.地形 三.氣候 四.産業 五.交通 六.住民・都邑 七.薩南諸道・ 琉球列島			第十 九州地方 一.位置・區域 二.地形 三.氣候 四.産業 五.交通 六.住民・都邑 七.薩南諸道・ 琉球列島
	第十一 臺灣地方 一.位置・區域 二.地形 三.氣候・生物 四.産業 五.交通・商業 六.住民・都邑			第十一 臺灣地方 一.位置・區域 二.地形 三.氣候・生物 四.産業 五.交通・商業 六.住民・都邑
	第十二 我が南洋委任統治地			第十二 我が南洋群島
	第十三 關東州			第十三 關東州
	第十四 日本總說			第十四 日本總說
	第十五 大洋洲			第十五 滿洲
卷二 (6학년용)	第十六 アフリカ洲		卷二 (6학년용)	第十六 中華民國 一.總論(一) 二.支那 三.夢疆その他の地方 四.總論(二)
	第十七 南アメリカ洲			第十七 アジヤ=ヨーロッパ大陸 一.總說(一) 二.アジヤ洲:（一）シベリヤ（二）東南アジヤ 　　（三）印度 三.ヨーロッパ洲:（一）イギリス（二）フランス 　　（三）ソビエト聯邦（四）ドイツ（五）イタリヤ 四.總論(二)
	第十八 北アメリカ洲			第十八 アメリカ大陸 一.總說(一) 二.北アメリカ洲:（一）アメリカ合衆國（二）カナダ 三.南アメリカ洲:（一）ブラジル（二）ア ルゼ 　　ンチン（三）チリー 四.總論(二)
	第十九 アジヤ洲 一.總論(一) 二.滿州國 三.支那 四.シベリヤ 五.東南アジヤ 六.印度 七.總論(二)			第十九 太平洋 一.總說(一) 二.オーストラリヤ大陸及び諸道(大洋洲) 三.總論(二)
	第二十 ヨーロッパ洲			第二十 アフリカ大陸
	第二十一 日本と世界			第二十一 日本と世界
	第二十二 地球と表面			第二十二 地球の表面

〈표 1〉에서 보듯, 이 시기 지리교육은 5, 6학년 2년 과정을 학습해야 국내지리와 세계지리를 마무리 할 수 있도록 구성되어 있다.

먼저 5학년과정에서는 『初等地理書』(1932), 『初等地理』(1940) 공히 第一에서 「우리나라(我が国)」에 대한 개괄을 한 다음, 第二 「조선지방

(朝鮮地方)」에서, 조선을 북부조선, 중부조선, 남부조선으로 배열하는 정적인 행정구분을 기준으로 지형, 기후, 산업, 교통, 상업, 주민, 도읍 등의 항목으로 기술하고 있다. 이어서 일본 본토를, 第三「가라후토(樺太)지방」, 第四「홋카이도(北海道)지방」, 第五「오우(奥羽)지방」, 第六「간토(關東)지방」, 第七「주부(中部)지방」, 第八「긴키(近畿)지방」, 第九「주코쿠(中國) 및 시코쿠(四國)지방」까지 북에서 남으로 개괄하여 학습하도록 하였다. 6학년과정에서는 일본 남부지역, 그리고 식민지 혹은 위탁 통치지, 즉 第十一「타이완(臺灣)지방」에 이어 「남양군도(南洋群島)」, 「관동주(關東州)」를 학습한 후, 第十四「日本總說」로 국내지리를 총괄한 후, 세계지리로 이어진다. 이러한 배열 방법은 '북동→남서로', '향토조선→일본본토(가까운 곳→먼 곳)로', '既知→未知(쉬움→어려움)로' 라는 개발주의 교육사상에 근거한 것8으로, 식민지조선과 일본본토의 南北性과 東西性을 비교 유추할 수 있도록 배려한 것으로 보인다.

세계지리에 있어서는 『初等地理書』(1932~33)가 그 옛날 후쿠자와 유키치(福沢諭吉)의 「世界國盡」에서처럼 세계를 6대주 대륙으로만 구분하여 기술한 반면, 『初等地理』(1940-41)는 第十五「만주(滿洲)」, 第十六「중국(中華民國)」, 第十七「아시아=유럽대륙(アジヤ=ヨーロッパ大陸)」, 第十八「아메리카대륙(アメリカ大陸)」, 第十九「태평양(太平洋)」, 第二十「아프리카대륙(アフリカ大陸)」으로 구분지어 항목별로 세분화함과 아울러 '總論(一)'로 시작하여 '總論(二)'로 마무리하는 구성을 취함으로써 시대의 추이에 따른 변화를 드러내고 있다. 이러한 변화는 지리구 논쟁이 〈3차 교육령〉의 〈소학교규정〉에 반영된 까닭이라고 볼

8 심정보(2005) 앞의 논문, p.165 참조.

수 있겠다.

중일전쟁이 점차 확장되고, 유럽에서는 독일의 인근국가 침략으로
시작된 동구권의 전쟁에 영국과 프랑스가 개입하면서 〈2차 세계대전〉
으로 확대되어갈 조짐이 보이자 일제는 급변하는 세계정세의 흐름에
대처하기 위한 식민지교육 방안으로 교육체제 전면개편을 결정하였
다. 그리하여 전쟁에 참여할 국민양성을 위하여 종래의 '소학교'를 '국
민학교'로 개칭하고, "皇國의 道에 알맞게 초등보통교육을 실시하여
국민의 기초를 연성(鍊成)"[9]하는데 목적을 둔 〈國民學校令〉을 공포하
였다. 이로써 일본 지리교육계는 지금까지 〈地理〉교과서에서 사용했
던 항목위주의 정태지리를 청산하고, 지역성에 근거하여 중점사항만
을 선정한 주제중심의 동태지리(動態地理)[10]를 채용하기로 하였다. 이
는 점이지대, 즉 변화의 연속선상에 있는 국토와 각 지역은 선(Line)보
다는 대(Zone)로 설정하는 것이 지리적 상황을 현실감 있게 전달할 수
있다는 니시키의 주장과, '기존의 획일적이고 반복적이고 나열적인 정
태적 방식의 지명물산지리[11]로는 지리교육에 대한 흥미를 잃게 하는

---

9   조선총독부(1941.3) 〈國民學校令〉 제1조 참조.
10   지리학에서 動態地理를 처음 제창한 사람은 독일의 지리, 지질학자인 한스(Spethm
ann Hans, 1885.12.11-1957.3.19)였다. 그는 1928년 종래의 항목에 따라 획일적
으로 기재하는 방식의 정태적 지리서에 반박하여, 地誌가 바라는 지역적 특성을
오히려 선명하게 기술할 수 있는 동태적 지리를 주장하였는데, 이러한 주장이
1930년대 초 일본 지리학계에 소개되면서 지리교육계에 큰 반향을 초래하였다.
니시키의 논점 역시 한스의 동태지리에 근거한 것이었다.
11   '산업'이라는 항목의 농업부분을 예로 들면, 2과 「조선지방」에서는 "농산물 중에서
가장 중요한 것은 쌀이며…", 3과 「홋카이도지방」에서는 "농업이 활발한 지방은
~~등이며, 여름 기온이 비교적 높기 때문에 그 산액도 증가하고 있다.", 5과 「오
우지방」에서는 "이 지방 제일의 산업은 농업이다. … 농산물 중에서 가장 중요한
것은 쌀로, 각지로 많이 송출된다." 6과 「간토지방」에서는 "넓은 평야가 있으며,
기후가 온화하고, 토질도 비옥한 까닭에 농업이 매우 발달하였다." 고 기술되어
있다. 이하 7과 「주부지방」, 8과 「긴키지방」, 9과 「주고쿠 및 시코쿠지방」 등에서
도 쌀 생산에 관한 내용은 획일적으로 반복되고 있는 식이다.

주요원인이 될 수도 있다'는 국가주의 계열 교육계 인사들의 우려를
받아들인 결과라 하겠다. 그럼에도 1942-43년 개정판『初等地理』卷一
・二까지는 급변하는 국내외정세에 따른 변화상황을 반영을 하고 있
었을 뿐, 기존의 방식에서 크게 벗어나지 못했다. 이의 식민지초등교
육에서의 실현은 1944년 조선총독부 발간『初等地理』五・六學年用에
서였다. 그 구성을〈표 2〉에서 살펴보자.

〈표 2〉1944년『初等地理』5, 6학년용의 구성 및 항목

卷	단원명	소 항 목
第五學年	一 日本の地圖	
	二 美しい國土	
	三 帝都東京	東京とその附近、關東平野と利根川
	四 東京から神戶まで	靈峰富士、濃尾平野と伊勢海、京都と奈良、大阪と神戶
	五 神戶から下關まで	瀬戶内海、沿岸の工業、黑潮
	六 九州とその島々	工業の盛んな北九州、筑波平野と熊本平野、阿蘇と霧島、神代をしのぶ南九州、 琉球その他の島々
	七 中央の高地と北陸・山陰	本州の屋根、名高い養蠶地、冬の風と雪、米と石油と羽二重、山陰、日本海
	八 東京から青森まで	太平洋側、日本海側
	九 北海道と樺太	豊かな水産、農場と牧場、盛んなパルプ工業、千島列島
	十 臺灣と南洋群島	南部平野、米と砂糖と茶、高い山々、澎湖列島、南洋群島
	十一 朝鮮	釜山から京城まで、京城から新義州まで、京城から羅津まで、穀倉朝鮮、石炭と鐵、工業の發展、朝鮮の躍進
	十二 關東州	
	十三 大東亞	
	十四 滿洲	平原の國・大陸性の氣候、大豆とかうりやん、石炭と鐵、日滿の連絡、新京と奉天、滿洲の住民と我が開拓民、滿洲國の生ひ立ち

第六學年	一 支那	北支那の自然と産物、北京・天津・靑島、中支那の水運と産物、上海・南京・漢口、亞熱帶の南支那、夢疆、外蒙古・新疆・チベット、日本と支那、支那の住民
	二 インド支那	佛領インド支那、米と石炭、住民と町々、米・チーク・錫、住民、ビルマ、支那への通路とビルマの住民、マライ半島と召南島、ゴム・錫・鐵、マライの住民、
	三 東インドとフィリピン	石油とゴムのスマトラ、人口の多いジャワ、さたうきびとキナ、石油と森林のボルネオ、セレベスとその他の島々、未開の大島パプア、フィリピン、さたうきび・コプラ・マニラ麻・銅、フィリピンの住民
	四 インドとインド洋	激しい季節風、綿・ユート・鐵、英國とインドの住民、インド洋
	五 西アジヤと中アジヤ	高原と暑い沙漠、中アジヤの草原、回敎徒
	六 シベリヤ	わが北洋漁業と北樺太の石油・石炭、日・滿・ロの國境、シベリヤ鐵道
	七 太平洋とその島々	霧のアリューシャン、ハワイとミドウェー、サモアとフィジー、ニッケルの島ニューカレドニヤ、羊毛と小麥の濠洲、二つの島ニュージーランド、太平洋をめぐる地方と日本の將來
	八 世界	
	九 北アメリカと南アメリカ	驕れる米国、カナダ、アルゼンチンとブラジル
	十 ヨーロッパとアフリカ	ドイツの発展、海を求めるロシヤ、島國英國、アフリカ
	十一 皇國日本	國土と國民、國土と産業

〈표 2〉에서 가장 먼저 눈에 띠는 것은 〈표 1〉에 비해 소항목의 넘버링이 없다는 것과, 항목구분이 확연이 달라졌다는 점이다. 이를 구체적으로 살펴보면, 첫째, 지리구를 도쿄(東京)를 출발하는 간선철도에 따른 대(帶) 즉, 존(Zone)으로 구분한 점이다. 이는 단원명에서 파악할수 있는데, 5학년 '1과「일본지도(日本の地圖)」'와 '2과「아름다운 국토(美しい國土)'에서 일본지리를 총설하고, '3과「제국 수도 도쿄(帝都東京)」' 이하 각 단원은 등질지역으로 각설하고 있다. '4과「도쿄에서고베(神戸)까지」', '5과「고베에서 시모노세키(下關)까지」' 외에도 '11과「조선(朝鮮)」'의 항목에서 '부산에서 경성까지', '경성에서 신의주

까지', '경성에서 나진(羅津)까지' 등이 그것이다. 점이지대, 즉 변화의
연속선상에 있는 국토와 각 지역은 선(Line)보다는 대(Zone)로 설정
하는 것이 지리적 상황을 현실감 있게 전달할 수 있다는 니시키의 주
장을 받아들인 결과라 하겠다. 둘째, 각각의 지역성과 지방색에 따른
테마를 항목으로 선정한 점이다. 각 단원의 항목명에서 보듯 5학년 3
과의 '도쿄와 그 주변(東京とその附近)' 6과의 '공업이 왕성한 북큐슈
(工業の盛んな北九州)', 7과 '혼슈의 지붕(本州の屋根)', 11과 '곡창 조
선(穀倉朝鮮)', 14과 '만주국의 탄생(滿洲國の生い立ち)' 등이 그것이
다. 세계지리 역시 6학년 3과의 '석유와 삼림의 보루네오(石油と森林の
ボルネオ)', 7과 '양모와 밀의 호주(羊毛と小麥の濠洲)', 10과 '바다를 요
구하는 러시아(海を求めるロシヤ)' 등등 각 지역성에 근거한 테마별 항
목을 채용하고 있어, 이 역시 모든 지역의 천편일률적인 기재보다는
각 지역의 특성을 고려하여야 한다는 니시키의 주장을 따랐다.

무엇보다 주목되는 점은 대화와 동작을 유도하는 기술방식을 취한
점이다. 학습자의 동작을 유도하는 기술, 즉 "일본지도를 펼쳐보세요
(日本の地圖をひらいてみませう)"랄지, 또 기존의 '~てゐる。~てある。'
등 문어 표현이 '~です。~ます。'나 '~をよくごらんなさい。' 등 구어체
경어표현으로, 혹은 '~やうに' 등 비유표현, 그리고 '~であらう。''~て見
ませう。' 등 학습과 신체(행동)를 직결시키는 기술방식으로 일신하였
음이 그것이다.

동일한 콘셉트이면서도 1944년 개편된『初等地理』5, 6학년용이 앞
서 발간된 문부성 편찬『初等科地理』와 크게 다른 점은 식민지 아동에
게는 방대한 지식보다는 신체적 행동의 실천을 촉구하는 국가적 목적
을 우선하고 있는 내용이라 할 것이다. 조선총독부가 가장 우려했던
것이 바로 식민지인이 필요이상의 지식을 학습하는 것과 학습과 신체

가 결부되지 않은 교육이었기에, 이를 염두에 두고 지극히 일반적인 초급지식과 신체를 결부시킨 교과서로의 전면 개편을 감행하였으리라 여겨지는 것이다.

3.2 국토애호정신의 함양

개정된 『初等地理』(1944)는 일본의 지리적 현세와 유래를 제시하기 위해 등질지역 입장에서 지역을 각각의 지역성과 지방색에 따라 구분하는 동태적 방식을 취하는 가운데, 핵심적인 제재(題材)만으로도 국토애호정신의 함양을 극대화 하고 있음이 주목된다. 이는 앞서 1941년 3월 〈國民學校令〉의 〈國民學校規正〉을 통해 이미 법령화 된 것이었다. 당시 지리교수 요지가 "國民科의 地理는 우리國土, 國勢 및 여러 外國의 政勢에 대해 이해시키도록 하며, 국토애호의 정신을 기르고 동아시아 및 세계 속에서 <u>황국의 사명을 자각시키는 것</u>으로 한다.(밑줄, 번역 필자)"[12]하여, 무엇보다도 국토애호정신의 배양을 우선순위에 두고 있었음은, 그것이 곧 지리교육의 목적인 '황국의 지리적 사명의 자각'으로 직결되는 까닭일 것이다.

1944년 개정된 『初等地理』에서 국토애호정신이 두드러진 단원은 총설에 해당되는 5학년용 '1과 「일본지도(日本地圖)」'와 '2과 「아름다운 국토(美しい國土)」', 그리고 6학년용의 마지막 단원인 '11과 「황국 일본(皇國日本)」'을 들 수 있겠다.

첫 단원인 「일본지도」는 먼저 일본지도를 펼쳐보게 하고, 그 지도를 통해 국토를 자국과 타국(우리와 그들)을 명확하게 대칭적으로 구분하는 線(국경)과 자국의 통치나 정치적 권력이 미치는 범위에 대응하

---

12 朝鮮總督府(1941.3) 〈國民學校令〉의 〈國民學校規正〉 제7조.

는 面(영역)으로 가시화하고 있었으며, 이어지는 '2과「아름다운 국토」'
역시 서두에 "우리국토의 주된 곳은 일본열도와 조선반도입니다."라
는 기술로, 한반도를 제국의 수도 도쿄가 소재한 일본의 혼슈와 등치
함으로써 조선인 학습자의 시선을 일본 본토로 유인한다. 그리고 온갖
악조건 속에서 형성된 국토의 자연환경을 황국의 지리적 특성으로서
강조하고 있다.

> 우리나라는 세계에서도 유명한 화산국으로 화산에 수반하여 온천도 많
> 이 있고 지진도 많은 나라입니다. (중략) 산지가 많아서 어느 강이나 대
> 부분 물의 흐름이 빨라, 강 상류나 중류에는 푸르른 나무로 우거진 골
> 짜기를 깨끗한 물이 힘차게 흐르고 있는 것이 보통입니다. (중략) 이 아
> 름다운 우리국토는 대부분 해류로 둘러싸여 있습니다. 태평양측으로는
> 남에서 북으로 향하는 난류 구로시오(黑潮)가 있고, 또 북에서 남으로
> 향하는 한류 오야시오(親潮)도 있습니다. 일본해 측으로는 쓰시마해류
> 와 북조선해류가 있어서 각각 내지와 조선의 연안을 돌고 있습니다. 이
> 렇게 많은 여러 해류로 둘러싸여 있는 것도 세계에 유례없는 우리국토
> 의 특색으로……13   〈(5)-2-「美しい國土」, pp.9-14〉

이러한 기술은 대륙과 동떨어진 지구의 동쪽 끝에 외떨어진 데다 자
연재해 등 환경마저 열악한 섬나라(島國)의 모든 악조건을 神이 특별

13 わが國は、世界でも有名な火山國で、火山にともなつて溫泉もたくさんありますし、また地
　　震も多い國であります。〈略〉山地が多いので、どの川も大體流れが早く、川の上流や
　　中流といへば、青々と木の茂つた谷合ひを、きれいな水が勢よく流れてゐるのがありま
　　す。〈略〉この美しいわが國土は、大部分を海流にとりかこまれてゐます。太平洋側に
　　は南から北へ向かふ暖流の黑潮があり、また北から南へ向かふ寒流の親潮もありま
　　す。日本海側には對馬海流や北朝鮮海流があつて、それぞれ、內地や朝鮮の沿岸
　　を洗つてゐます。こんなに多くの色々な海流でかこまれてゐるのも世界に例のないわが
　　國土の特色で……

히 만들어 하사하신 신국(神國)이라는 자긍심으로 무마하고 애써 미
화하는 것으로 국토애호정신을 이끌어내고 있다 하겠다. 화산, 지진,
해일 등 온갖 악조건 속에서 주어진 자연환경, 즉 각지에 솟아있는 높
은 산과 봉우리, 깊은 계곡을 힘차게 흐르는 맑은 물과 온천, 하물며 근
해의 해류에 이르기까지, 실상 객관적 대상에 지나지 않는 국토의 자
연조건에 '아름다움', '신비스러움', '수려함' 등의 주관적 의미를 부여
하는 것으로 국토에 대한 최고의 가치를 창출해 낸다. 그리고 이 모든
것을 국토애호정신을 함양하기 위한 감사함으로 연결시킨다.

> 우리국민은 이러한 국토에 사랑과 교훈으로, 3000년 동안 생활을 지속
> 해왔습니다. 그리고 국민을 품고 길러온 이 아름다운 국토에 대하여 한
> 없는 감사의 마음을 바쳐왔습니다.[14]   〈(5)-2-「美しい國土」, p.18〉

섬나라였던 까닭에 건국 이래 단 한 번도 외침으로 인한 훼손이 없
었던, 그리고 사방팔방으로 진출할 수 있는 지정학적으로 뛰어난 곳에
위치한 국토에 대한 자긍심과 함께 전 국민의 국토사랑을 유도하는 대
목이라 하겠다. 국토의 위치적 특성을 보여주는 중대한 키워드는 '해
뜨는 나라'라는 표현이다.

> 우리나라 역사는 세계에 비할 바 없는 뛰어난 것으로, 해 뜨는 나라 일
> 본의 이름에 걸맞게 개국 이래 올곧게 발전을 지속해온 것 입니다.[15]
> 〈(6)-11-「皇國日本-國土と國民」, p.143〉

---

14 わが國民は、この國土の愛と戒めとの中で、三千年間の生活を續けて来ました。そして、こ
　　の國民をはぐくんでくれた美しい國土に對して、限りない感謝に念を捧げて來たのです。
15 わが國の歷史は、世界にくらべもののない立派なもので、日出づる國日本の名にたがは
　　ず、肇國の古からひとすちに發展をつづけて來たのであります。

지구의 동쪽 끝에 위치한 나라 일본은 서쪽에서 보면 당연히 '해가 뜨는 쪽'에 위치한 나라이다. 그리고 해가 뜨는 시점은 당연히 '이른 아침'이자 하루의 시작인 것이다. 지구의 자전에 의해 매일같이 뜨는 해는 '하루의 시작'이자 '처음'을 내포하며, 맨 처음으로 거슬러 올라가 '태초'라는 의미와도 상통한다. 이러한 위치적 특성을 '태초'와 연관 지어 황국일본의 정통성으로 연결함으로써 국토애호정신을 함양해야 하는 까닭을 단적으로 드러내고 있다.

또한 힘차게 떠오르는 아침 해를 국가 위상의 이미지로 치환하고 있음도 간과할 수 없다. 그 이미지는 일장기와 중첩되고 국토와 어우러지면서 국체, 국위, 국민성, 국가 등 추상적 관념의 의미로까지 확대하면서 마침내 국토를, 온 국민을 품어주고 길러주는 '부모'로, 혹은 '동포'로 귀결시키고 있다.

> 진실로, 우리국토야말로 청결하고 공명한 <u>일본의 마음을 길러주는 부모</u>입니다. (中略) 진실로, 우리국토는 신이 만들어 하사하신 것이니 우리 국민 모두가 일체가 되어 <u>천황께 섬겨 바쳐야 할 동포</u>입니다.[16]
>
> 〈(6)-11-『皇國日本-國土と國民』, pp.148-149〉

객관적 대상으로 존재하는 토지에 불과한 땅덩어리에 神國이라는 국체를 부여한 것은 神께서 하사하셨기에 그것을 다시 神께 환원해야 할, 말하자면 현인신(顯人神)인 천황을 위해 모두 함께 섬겨 바쳐야 할 '동포'로 귀결하고 있음을 알 수 있다. 그런 까닭에 실측에 의한 수치

---

16 まことに、わが國土こそ、清く明るい大和心の育ての親であります。(略) まことに、わが國土は、神の生み給ふたものであり、私たち國民とともの相たづさへて大君に仕へ奉る同胞であります。

나 통계자료를 훨씬 초월하는 수식어('世界にまたとない' '世界にくらべ
もののない' '世界無比' 등)로서 미화하면서, '神이 하사한 국토에서 존
귀한 국체로 성장할 수 있는 혜택을 입은 자의 사명, 즉 태평양전쟁의
적대국 미국과 영국을 격멸하기 위한 마음가짐과 행동으로 연결시킴
으로써 조선인 학습자의 시선과 감각의 고착화를 꾀하고 있었다.

아이러니한 것은 황국의 일부로 규정하고 있으면서도 식민지나 위
임통치지의 경우는 실질적인 물산이나 지정학적인 기술로 일관하고
있는데 반해, 모든 국민이 애호해야 할 국토는 일본 본토에만 적용되
고 있다는 점이다. 당시 제국의 기반이 식민지건설에 있었기에 제국을
꿈꾸던 나라는 식민지건설을 위한 땅의 '발견'에 총력을 기울였고, 이
에 제국의 확장을 꿈꾸는 일본의 인근에 위치한 한국은 '유린(蹂躪)'의
대상이 될 수밖에 없었을 것이다. 강자의 '발견'과 약자의 '유린'이 제
국의 탄생과 확장으로 이어졌던 역사를 돌이켜볼 때, 식민지로 획득한
영토는 자원의 착취나 대내외적 정치적 문제를 해결하기 위한 것이었
지, 전 국민이 애호(愛護)해야 할 국토의 대상과는 별개의 문제가 아니
었나 싶은 것이다.

3.3 日本(東京) 중심적 세계관 반영

전 세계 모든 국가와 국민은 역사적 문화적 전통에 따라 나름대로의
세계관을 형성하고 있는데, 그 세계관의 구심점으로 중심도시, 즉 수
도(首都)가 중시되어 왔다. 이 시기 일본 역시 제국의 수도인 '도쿄 중
심적 세계관'을 추구하였는데, 이는 위치에서부터 정치·외교·학술
·문화적인 면에서 그리고 국내외 교통 면에서나 국민통합의 상징적
인 면에 이르기까지 제국의 중핵도시로서의 기반을 완비하고 있는데
다 국민통합을 위한 상징적 이미지로서의 도쿄인 까닭일 것이다. 국민

통합의 구심점인 천황의 거소가 도시의 중심부에 위치하고 있다는 점을 강조한데서 그렇다.

> 궁성은 도시의 중심에 있습니다. 근처 九段坂의 위로는 靖國神社가 있고, 또 明治神宮은 바로 서쪽에 있습니다.[17] 〈(5)-3-「帝都東京」, p.22〉

또한 천황이 거주하는 황거를 중심으로 행정, 입법, 외교 등 국정에 관련된 주요기관이 집중되어 있음을 강조하고 있다는 것도 빼놓을 수 없는 부분이며, 자연이 허락한 일본의 지리적 위치를 神이 하사한 특별한 장소로 신성화함으로써 정통성을 부여한 것도 같은 맥락이다. 그 옛날 神代에 다카마노하라(高天原)의 신들에 의해 만들어진 오야시마(大八州), 이의 중심인 야마토(大和)를 진무천황이 평정한 이래 神國의 정통성이 에도시대 이후 일본열도의 가장 중간지점인 도쿄에 이르렀다[18]는 것인데, 교과서는 그 중간지점에서 태평양을 향해 돌출되어 있는 곳에 위치한 도쿄를 국가의 구심점이자 차후 일본이 만들어갈 세계의 중핵도시로 형상화 하고 있다. 도쿄의 위치적 특성은 다음 〈図 1〉과 인용문에 크게 강조되어 있다.

17　宮城はまちの中心にあります。近くの九段坂の上には、靖國神社があり、また明治神宮はずっと西の方にあります。
18　권오현·이전(2012)「일제강점기『국사지리』교과서의 지리내용에 동원된 국민의식 형성 논리에 대한 고찰」「문화역사지리」 제24권, 문화역사지리학회, p.9 참조.

〈図 1〉 일본의 地勢

지도를 펼치고 잘 보세요. 도쿄는 일 본전체의 선두에 서서 씩씩하게 태평 양으로 나아가려 하고 있는 모양으로 보이지 않습니까? 이를테면 도쿄는 우리나라를 리드하기에 가장 좋은 곳 에 자리하고 있다고 할 수 있습니다.19

〈(5)-3-「帝都東京」, pp.18-19〉

나라 전체를 통솔해 가기에 가장 좋은 위치일 뿐만 아니라, 그 형상 은 '태평양을 향해 돌진하려는 모습'인 것이다. 수도 도쿄에 대하여 이 렇듯 특성화 전략을 구사하면서, 이를 서구의 유명 대도시에 못지않게 완비된 도시적 인프라로 연결시킨다.

도쿄는 원래 에도라는 도쿠가와 가문의 막부가 있어서 번창했던 곳으 로, 그 무렵부터 이미 육상교통도 발달하였고 주요 도로가 사방으로 통 해 있었습니다. 오늘날에는 東海道本線을 비롯 中央本線 東北本線 常磐 線 등 우리나라 주요 철도의 기점이 되고 있습니다. (중략) 도쿄는 또 우리나라의 항공로의 중심이고 다마강(多摩川) 어귀에 있는 하네다비 행장을 기점으로 만주와 중국, 그리고 남방의 여러 지방으로 정기항공 로가 열려있습니다. (중략) 요코하마는 고베, 오사카와 함께 우리나라 3 대 무역항의 하나로, 항구의 설비가 잘 정비되어 있어, 태평양과 인도 양을 왕래하는 큰 기선이 자유롭게 출입하고 있습니다. (중략) 요코하 마에는 수상비행장이 있어서 우리 남양군도와 그 밖의 다른 항공로가

19 地圖をひろげて、よくごらんなさい。東京は、日本全體の先頭に立つて雄々しく太平洋 へのり出してゐる樣に見えるではありませんか。すなはち、東京はわが國をひきゐるの に、いちばんよいところにあるといふことができます。

통하고 있습니다.[20]   〈(5)-3-「帝都東京」, pp.24-26〉

　주요 도로와 철도를 통한 육상교통은 국내는 물론 대륙까지 통하고, 하네다비행장을 기점으로 하는 항공로는 만주와 중국대륙에 이어 남태평양 남양군도에까지 미치게 하였다. 또한 태평양과 인도양을 왕래하는 기선의 출입이 자유로운 근교의 요코하마항에 수상비행장까지 완비함으로써 남양군도 및 기타 항공로와도 통하게 하는 등 명실공히 일본전역과 국외로 통하는 사통팔달 교통의 요충지로서 세계 어느 대도시에 뒤지지 않는 제국의 중심도시임을 부각시키고 있다. 이는 일본의 중핵지역으로서의 도쿄, 대동아와 세계의 중심지로서의 도쿄라는 관념으로 확대 인식시키기 위한 것으로, 아래의 '도쿄중심의 대동아지도'와 이에 대한 기술에서 구체화 된다.

東京中心の大東亞圖
〈図 2〉 東京中心 大東亞 地圖

일본은 이 大海洋과 대륙을 연결하는 위치에 있어서 언뜻 작은 섬나라처럼 생각되지만 자세히 보면 북동에서부터 남서에 걸쳐 마치 둥근 물방울처럼 연결되어 자못 오야시마(大八洲)라는 명성에 어울리는 듬직한 모습을 하고 있습니다. 북으로도 남으로도 서로도 동으로도 쭉쭉 성장해 나아갈 힘으로 넘쳐나는 모습

20　東京はもと江戸といひ、德川氏の幕府があつて、繁昌したところから、そのころからすでに陸上の交通も發達し、主な街道が四方へ通じてゐました。今日では東海道本線をはじめ、中央本線・東北本線・常磐線など、わが國の主な鐵道の起點となつてゐます。(略) 東京はまた、わが國の航空路の中心であり、多摩川の河口にある羽田飛行場を起點として、滿洲や支那や南方の諸地方へ、定期航空路が開かれてゐます。(略) 橫濱は、神戸・大阪とともにわが国三大貿易港の一つで、港の設備がよくととのひ、太平洋やインド洋を往来する大きな汽船が、自由に出入してゐます。(略) 橫濱には、水上飛行場があつて、わが南洋群島その他へ航空路が通じてゐます。

을 하고 있습니다.[21]   〈(5)-13-「大東亞」, p.136〉

목적성 있는 지도가 결코 중립적이거나 객관적일 수 없듯이 〈圖 2〉
는 지구의 정중앙에 도쿄를 두고 있어 지도로서 정치·외교적 욕망을
한껏 드러내고 있음을 엿볼 수 있다. 자국의 國勢가 동 서 남 북 어디로
든 뻗어나갈 수 있음을 제시하여, 보다 구체적이고 실감적인 인식을
이끌어냄으로써 일본의 중핵도시 도쿄 중심적 세계관 형성을 촉진하
고 있는 것이다.

이러한 수사적 기술 이면에 쇼와(昭和)정부가 추수(追隨)하였던 히
틀러(Adolf Hitler, 1889.4~1945.4)의 '독일중심 세계관'이 내재되어
있었음은 말할 나위도 없다. 히틀러의 독일중심 세계관이라 함은 게르
만민족 확대를 위한 영토 확장과 유럽대륙에서의 세력 강화였으며, 이
를 위한 필연적 수순은 '전쟁'과 '동맹'이었다. 그 영향에 의한 일본중
심 세계관 역시 자국의 영토 확장과 세력 강화를 위한 침략전쟁을 정
당화 하는 것이었다. 이런 의미에서 1943년 11월 일본을 위시한 동아
시아 각국이 연합하여 결의한 대동아 계획은 도쿄 중심적 세계관 실현
의 대표적인 케이스라 하겠다.

1943년 11월, 제국도시 도쿄에서 개최한 대동아회의에는 우리나라를
비롯 만주, 중국, 태국, 버마 및 필리핀 등 대동아 각국의 대표가 모두
참석했습니다. 그리고 대동아의 총력을 모아 대동아전쟁의 완수에 매
진할 것을 굳게 결의하였습니다. 대동아건설의 대업은 바야흐로 우리

---

21 日本は、この大海洋と大陸とを結ぶ位置にあって、一見小さな島國のやうに思われます
が、よく見ると北東から南西へかけ、あたかもみすまるの玉のやうにつながり、いかにも
大八洲の名にふさはしい、頼もしい姿をしてゐます。北へも南へも、西へも東へもぐん
ぐんのびて行く力にみちあふれた姿をしてゐます。

나라의 지도하에 대동아 사람들의 손에 의해서 일정에 따라 진행되고
있습니다.22   〈(5)-13-「大東亞」, pp.142-143〉

대동아 건설을 위한 결의의 장
소로서의 도쿄는 우측의 〈図 3〉에
서 시각화된다.

도쿄를 중핵으로 그려져 있는
〈図 3〉은 동남아, 남양군도, 멀리
호주와 뉴질랜드, 하와이에 이르
기까지 권역별 전쟁스케줄까지

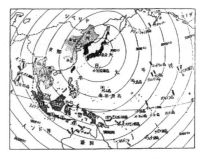

〈図 3〉 大東亞戰爭 地圖

포함하고 있어, 일본주도하의 대동아공영권의 도모는 물론이려니와
세계적 입지를 위한 정치·외교적 욕망의 극치를 보여준다. 이렇듯
〈地理〉교과서는 '대동아의 사수와 세계평화의 수호'라는 명분하에 도
쿄의 중핵적인 정당성을 확보하며 아시아 태평양 권역의 중심에서 대
동아건설의 대업을 리드해 가고 있다는 기술에 더하여 시각적 자료로
서 다시 한 번 확증시켜주고 있는 것이다.

이 시기 지리교육은 제국의 확장을 꾀하는 지정학 쪽에 보다 밀착되
어 있다. 이는 국가발전단계에 따른 지리적 현세(現勢)에 대한 공간
적 시간적 인식에 유리한 장점도 있었겠지만, 그 목적이 아동의 지적
향상보다는 국가주의사상 주입에 편중되어 있었기에 교육적 한계성
을 보여준 셈이라 하겠다.

22 昭和十八年十一月、帝都東京に開かれた大東亞會議には、わが國をはじめ、滿洲・支
    那・タイ・ビルマ及フィリピンなど、大東亞諸國の代表がことごとく參會しました。そし
    て、大東亞の總力を集めて、大東亞戰爭の完遂に邁進することを固く盟つたのであり
    ます。大東亞建設の大業は、今やわが國の指導の下に、大東亞の人々の手によつて
    日を逐うて進められてゐます。

4. 맺음말

일제강점기 조선에서의 지리교육은 〈제2차 교육령〉시기 문부성지리교재+보충교재로 진행되다가 1932-33년 발간된 『初等地理書』에서 본격화된 이후 수차례의 부분개정과정을 거쳐 1944년 『初等地理』에 이르렀다. 이 과정에서 과학성과 실용성을 추구하여야 할 地理과목의 특성이 〈교육칙어〉의 이념을 계승한 「國民科」에 편입되면서 지리구의 개념조차 '황국의 지리적 사명'을 완수하는 쪽으로 함몰되어 가면서 종전의 '정태적 지리'에서 국가주의 사상을 일층 부각시킨 '동태적 지리'로의 혁신을 꾀하였다. 이를 반영하여 대폭 개편된 『初等地理』(1944)는 일본 중심적 세계관을 표방하는 지정학적 지리학을 추구하며, 바람이나 해류 같은 자연현상의 물리적 관찰보다는 정치 경제적 요인들에 의한 제국주의적 관점의 기술로 일관하고 있었다. 이야말로 당시 지리교육의 목적이 황국의 지리적 사명, 즉 신체적 행동의 실천을 촉구하는 국가적 목적에 우선한 것이었음을 말해주는 일례이며, 식민지인이 필요이상의 지식을 학습함으로써 나타날 수 있는 교육적 폐해를 우려한 결과였을 것이다.

살펴본바 이 시기의 지리교육은 전략이론의 형성과 제국의 확장을 꾀하는 지정학 쪽에 훨씬 밀착되어 있었다. 그것이 국가발전단계에 따른 구성 원리 채택일 수도 있겠지만, 아동의 지적향상보다 국가주의사상 주입에 편중되었던 점에서 문제가 아닐 수 없다. 그 결과 국가가 기대하는 획일적인 인간의 육성은 가능하였으나, 공교육의 참 목적인 사고와 가치판단에 기초하는 자주적이고 창의적인 인간 육성에는 다가가지 못했으며, 이러한 교육은 결국 인간이 실종된 교육으로 평가되어 전후 한일 양국에 커다란 교육적 과제를 안겨준 결과를 초래하지 않았나 싶다.

종전 직후 일본 지리교육계에서는 종래의 정태지리와 항목위주의 지방별 지리구를 재차 부활시킴으로써 다시금 기존의 교육적 기반을 통한 지적성장과 인간성 회복을 시도하였다. 그러나 지배국의 정치적 목적으로 인해 초등학교 학령기에 마땅히 습득해야 할 비판적 사고나 문제해결능력은 고사하고, 그동안 실종되어버린 인간성을 회복시켜야 하는 역사적 과제를 떠안은 한국의 교육계가 감수해왔던 숱한 시행착오를 재고해 보지 않을 수 없을 것이다.

제국의 식민지 역사 지리 연구

Ⅱ. 1920년대 제국의 初等地理敎育*

■ 장미경

1. 1920년대 초등학교 교과서

　조선총독부의 지리교육은 식민지라는 특수한 배경 아래 당시의 시대적인 요구에 따라 많은 변화를 겪었다. 지리적 특성은 조선 그 자체로 독립적인 영역을 갖지 못했다는 것을 규명하기에는 아주 쉬운 제제이며, 행정도 통치방식의 일환으로 분명하게 생각하고 있기 때문이다.

　1920년대는 〈3·1 운동〉 이후 일제가 무단정치에서 문화통치로 전

* 이 글은 2016년 3월 한국일본어문학회『일본어문학』(ISSN : 1226-0576) 제68집, pp.321-342에 실렸던 논문「1920年代初 초등학교 교과서로 본 조선총독부의 地理敎育 考察」을 수정 보완한 것임.

환하면서 기존의 보통학교를 2년 연장하여 6년으로 해야 했다. 갑작스
러운 교과과정의 연장으로 교육내용에 많은 변화가 이루어져 본격적
인 식민지인의 교육에 착수한 시기라고도 할 수 있다. 총독부 산하에
'교과서 조사위원회'를 설치하여 교과서 개정 편찬 작업에 착수하여
지리 시간을 신설하였는데 그 중 지리서로는『尋常小學地理書補充敎
材』, 『普通學校地理補充敎材』이다.

　일제강점기 교과목은 서로 간에 밀접하게 연결 되었으며 특히 강점
초기 지리의 경우는 실제로 시간 수가 별도로 배정되어 있지 않고, 지
리교과서가 없었기에 초등학교교과서 중, 『國語讀本』『朝鮮語及漢文』
『理科書』『農業書』 등에 있는 역사나 지리에 관련된 내용을 모두 포함
하여 다루도록 하였다. 당시 조선의 초등지리교육용 '조선어교과서'
였던『普通學校朝鮮語讀本』(1923)(이하『朝鮮語讀本』)과 '일본어교과
서'인『普通學校國語讀本』(1924), 『尋常小學國語讀本』1923)(이하『國
語讀本』)에 나와 있는 지리적 부분과, 지리서인『尋常小學地理書補充敎
材』(1921)(이하『尋常地理補充』), 『普通學校地理補充敎材』(1924(이하
『普通地理補充』)에서 다양하게 이루어졌다,

　이러한 지리교육의 특수성에 근거하여 다른 교과서를 함께 살펴보
는 것은 조선총독부 식민교육 전개와 정책, 지리교육의 흐름을 구체적
으로 파악할 수 있는 기초자료가 되리라 여겨진다.

2. 초등학교 地理敎育의 현황

　일제강점초기 초등학교 지리교육은 법률로서의 교육과정에 있어서
공백기를 맞게 되었다. 그러나 여기에는 한국의 역사와 지리에 대한

내용을 상대적으로 소홀히 하고 내용도 심화되지 못하도록 교육과정
을 조절한 것이라 할 수도 있을 것이다.

> 지리, 역사는 특별한 시간을 定치 아니하고 國語讀本 및 日語讀本에 所
> 在한 바로 敎授하나니. 고로 독본 중 차등 교수 재료에 관하여는 특히
> 반복 설명하여 학도의 기억을 명확히 함이라.[1]

4년이라는 짧은 기간에 역사와 지리를 별개 학과목으로 교수한다는
것은 경제상, 또는 교육상으로 보아 적당하지 않으므로 이를 편찬하지
않았다는 주장도 있다.[2] 지리·역사는 매주 교수시간을 정해 독립과
목으로 취급하는 것이 아니라 국어와 일어독본 시간에 적당히 교수하
도록 한 것이다. 즉 필수과목으로는 규정하고 있지만 사실상 선택과목
이었던 것이다.

〈地理〉과목은 〈歷史〉과목과 더불어 〈2차 조선교육령〉 이후 개설되었
다. 1921년 5월에 제2차 임시교육조사위원회를 개최하여 조선교육제
도의 기본원칙을 결의하였는데 "일본역사, 지리에 관하여는 특히 조
선에 관한 사항을 상세히 함"[3]이라 하였다.

〈표 1〉 조선교육령에 따른 〈地理〉과 수업시수

교육령/ 학년	1차	2차			3차		4차
		6년제	5년제	4년제	6년제	4년제	국민과
1-3	-	-	-	-	-	-	
4	-						1(환경관찰)
5	-	2	5	X	2	2	2
6	-	2		X	2		2

1 〈보통학교령시행규칙〉(1906) 및 〈학부령〉 제23호.
2 保坂祐二(2002)『日本帝國主義의 民族同化定策 分析』제이앤씨, pp. 112-117
3 조선총독부(1922)「조선총독부 시정연보(1921년도)」, p.150

〈地理〉는 5, 6학년 고학년 위주로 배정되었는데 6년제는 2시간씩, 5년제는 지리·국사 합하여 5시간이나 4년제인 초등학교에서는 그나마 따로 수업시간에 지리교과가 없었다. 이후의 〈3차 조선교육령〉에서는 4년제에 지리·국사 합하여 4시간이었다. 〈4차 조선교육령〉에 '환경관찰'이라는 1시간이 추가되어 있음을 알 수 있다.

3. 초등교과서에 나타난 〈地理〉 부분

3.1 『國語讀本』과 『朝鮮語讀本』에서 〈地理〉의 비중

『國語讀本』은 국어(일본어)교과서로 전체 수업의 약 40%의 비중으로 되어 있다. 『國語讀本』 중에서 나와 있는 지리부분 교육이다.

〈표 2〉 『國語讀本』의 지리적 내용

卷	조선관련 단원	일본관련 단원	기타	비고
1-4				
5	「朝鮮」	「奈良」		
6		「日本」「京都」		
7	「鴨綠江の鐵橋」 「連絡船に乗った子の手紙」	「東京の震災」	「世界」「滿洲」	『普通學校國語讀本』
8	「石窟庵」 「大森林」	「日本海」	「揚子江」「皇太子殿下の海外御巡遊」	
9		「東京から青森まで」 「白馬岳」	「トラック島便り」	
10	「京城の友から」		「パナマ運河」	
11		「瀬戸内海」「北海道」 「自治の精神」	「上海」「南米より (父の通信)」	『尋常小學國語讀本』
12		「出雲大社」「鎌倉」「十和田湖」 「鳴戸」「間宮海峽」「奈良」	「ヨーロッパの旅」	
계	6	16	9	

위 〈표 2〉를 보면 고학년으로 갈수록 비중이 점점 커졌음을 알 수 있다. '조선적' 부분은 卷5, 卷7, 卷8에만 있었고, 卷10에서는 동경에서 경성의 친구에게 받은 편지로 간접적인 부분이 있을 뿐, 마지막 학년에서는 전혀 없었다. 그러나 '일본'을 나타내는 지리적 부분은 卷5~卷8, 卷9, 卷11, 卷12에 있다. 卷8까지 '조선 / 일본'의 지리교육 부분은 같았다. 卷9부터 卷12까지 일본 편만 있는 것은 문부성 편찬『尋常小學國語讀本』이었기 때문이다. 편지 형식의 내용으로 일본 어린이들에게도 조선이라는 나라를 소개한 것도 특이했다.

『國語讀本』편찬 취의서에서는 "우리나라 지리의 대요를 알게 하는 데 도움이 되는 중요한 사항을 가르치고, 약간의 외국지리도 첨가했다. 우리나라 지리 중에 조선 지방에 관한 사항은 주로 조선어 및 한문 독본에 기술함으로써『國語讀本』에는 단순히 그 개요를 가르치는 것으로 했다."라며 깊이 가르치려 하지 말고 개요 중심으로 단순하게 가르치라고 강조하였다.

『朝鮮語讀本』은 현재 국어교과서의 근원이라 여겨질 정도로 국어 역사를 말할 때 빼놓을 수 없는 귀중한 자료이다. 또한 일제강점기에서 조선어로 수록된 것으로 학생들에게 쉽게 접근이 가능한 교과이기도 하다.『朝鮮語讀本』중에서 나와 있는 지리부분이다.

〈표 3〉『朝鮮語讀本』의 지리적 내용

卷	조선지리 관련 부분	계
1		
2		
3	「白頭山」「京城」	2
4	「朝鮮의 地勢」, 「新義州에서」, 「釜山港」	3
5	「湖南旅行」, 「富士山과 金剛山」, 「新羅의 古都」	3
6	「開城」, 「朝鮮의 行政官廳」, 「朝鮮地方名」	3

3학년부터 조선의 지리와 산수, 국토와 문화유산 답사기, 기행문 등의 구성으로 단편적인 부분만이 나와 있음을 알 수 있다. 조선어교과서이다 보니까 일본의 지리 부분은 〈(5)-16〉「富士山과金剛山」에서 富士山을 金剛山과 비교하여 설명하였다. 국어독본의 편찬 취의서에서 조선에 관한 사항은『朝鮮語讀本』에서 취급하였다는 내용은 실제로 그렇지가 않음을 알 수 있다.

〈표 4〉『朝鮮語讀本』『國語讀本』의 地理관련 삽화

卷	『朝鮮語讀本』		『國語讀本』	
	조선관련	일본관련	조선관련	일본관련
3	백두산, 경성			
4	조선의 지세			
5	압록강변 (1)(2) 부산항, 은진미륵, 금강산, 불국사, 첨성대	후지산	조선지도	
6	개성. 평양		압록강	일본지도(조선, 일본) 京都
7				도쿄 지진
8			석굴암	일본해
소계	12	1	3	4
9				
10				明治神宮 약도
11				賤獄부근, 北海道.
12				「出雲大社」「鎌倉」 (3)「十和田湖」 (2)「鳴戶」「間宮林藏」「奈良」(4)
소계	-	-	-	15
합계	12	1	3	19

『朝鮮語讀本』에서는 조선 지역을 나타내는 삽화가 卷3~卷6까지 골고루 나와 있으며, 일본을 나타내는 부분은 '후지산' 부분만 있는 게

특이사항으로 보인다. 『國語讀本』은 본격적인 '地理'에 관련된 삽화는 卷6부터이며 일본적 지리 설명 쪽이 대부분이었고, 卷10~卷12에 집중적으로 들어 있었다.

삽화로 나타낸 지리적 부분은 『國語讀本』보다 『朝鮮語讀本』쪽이 많음을 알 수 있다. 卷5, 卷6에 많이 수록된 것은 조선아동이 실제로는 3, 4학년 전후로 그만둔 경우가 많았기에 이른 과정에서 지리교육을 하였던 것이다.

〈1차 교육령〉시기의 『朝鮮語讀本』에서는 지리적 부분으로 조선 16회, 일본이 5회가 나왔고, 『國語讀本』에서는 조선이 6회, 일본이 11회가 있다.[4] 이 점을 미루어 볼 때 〈2차 교육령〉시기에는 『朝鮮語讀本』에서는 지리적 부분으로 조선 11회, 『國語讀本』에서는 조선이 3회, 일본이 20회로 늘어났다. '문화기'에 편찬된 교과서라지만 삽화 부분에서는 오히려 조선쪽이 줄어들었다.

3.2 『尋常小學地理補充敎材』과 『普通學校地理補充敎材』

교육과정에 의해 설정된 地理는 교과서를 새로 편찬하기에는 시간적으로 촉박해서 1922년 보통학교 규정 제7조에 의해 文部省 발행의 『尋常小學地理書』를 채택했다. 이 교재는 조선총독부가 1932년과 1933년 『初等地理書』를 편찬하기까지 과도기용 도서로 사용하였다. 일본지리서를 임시로 하였기에, 조선지리서에 관한 자세한 내용이 필요하여 만든 텍스트가 『尋常小學地理補充敎材』와 『普通學校地理補充敎材』이다. 먼저 『尋常小學地理補充敎材』의 서언(緖言)을 살펴보자.

---

4 장미경(2014)「일제강점초기 초등학교 '朝鮮語'와 '日本語' 敎科書에 서사된 地誌 표상」『日本語文學』제62집 한국일본어문학회, p.231

1. 본서는 보통학교 제5학년 지리과에 있어서, 심상소학지리서를 교수
하는 경우 보충할 수 있는 조선지방의 지리에 관한 교재를 기술하는
것이다.

2. 본서는 심상소학지리서를 교수하기 전 대강 30시간에 교수할 수 있
는 예정을 갖고 교재를 수록하였다.

3. 기사는 간결함을 추진하고 되도록 중복을 피했지만 교수자는 전후
의 연결에 주의할 것.

4. 본서를 교수할 때 초등학교교과서 중, 國語讀本, 朝鮮語及漢文, 理科
書, 農業書등에 있는 관계사항과 연결할 것.

5. 인문지리에 있는 사항은 세월과 함께 변화하는 것이 많이 있으므로
보충에 주의할 것.5

〈표 5〉『尋常小學地理書補充敎材』 목록

第一	大日本帝國	
第二	朝鮮地方	
	總說	1. 位置・境域・面積 2. 地勢. 3. 氣候. 4. 住民・産業. 5. 交通. 6. 政治・區分
	地方誌	1. 中部地方(京畿道・江原道). 2. 北朝鮮(咸鏡南北道) 3. 西朝鮮(平安南北道 ・黃海道) 4. 南朝鮮一(忠淸南北道・全羅南道) 5. 南朝鮮二(慶尙南北道)

5　1. 本書は普通學校第五學年地理科に於て、尋常小學地理書を敎授する際補充すべき
朝鮮地方の地理に關する敎材を 記述せるものなり。
　2. 本書は尋常小學地理書にりて敎授する前凡そ三十時間に敎授すべき 豫定を以て敎
材を收錄せり。
　3. 記事は簡潔を旨としつとめて重複を避けたれば敎授者はよく前後の連絡に注意すべし。
　4. 本書を敎授するには普通學校敎科書中、國語讀本、朝鮮語及漢文、理科書、農業
書等に於ける關係事項と連絡せしむべし。
　5. 人文地理に關する事項は 歲月と共に變化するの多きを以て之が補正に注意すべし。

『尋常小學地理書』의 卷1은 일본의 각 지방6으로, 卷2는 기타일본지역과 세계지리7로 구성되어 있다.

『尋常地理補充』은 크게 일본과 조선의 두 단원으로 구성되어 있다. 第一은 「大日本帝國」인데, 일본의 영토 구성, 민족, 인구 등으로 설명되어 있다. 다른 한 부분 第二는 조선지방인데 역시 여기에서도 '총설'과 '지방지'로 나눠진다. 총설에서는 일반적인 지리교육 부분이고, 지방지에서는 조선을 다섯 지역으로 나뉘어, 그 지방을 설명하고 있다. 주로 일본 국세의 위치와 상황, 조선의 위치와 경계 등, 일본과 조선의 이원화된 일반적인 지리교육임을 알 수 있다.

『普通地理補充』은 〈보통학교 규정〉 제 14조에서 '조선에 관한 사항을 상세히 하도록 함'에 따라 편찬하여 사용하였다. 역시 『尋常小學地理』의 조선지방 대용 교재로서도 사용된 것이다.8

『普通地理補充』의 목록을 살피면 다음과 같다.

〈표 6〉 『普通學校地理補充敎材』 목록

朝鮮地方	位置·境域·面積·人口·區分
第一	地方誌
	1. 中部朝鮮(京畿道·江原道·黃海道)
	2. 北部朝鮮(咸鏡南北道·平安南北道)
	3. 南部朝鮮(忠淸南北道·全羅南北道·慶尙南北道)
第二	總說
	附圖 :朝鮮地方 / 中部朝鮮 / 北部朝鮮 / 南部朝鮮

6 『尋常小學地理書』卷一에서는 第一 日本. 第二 關東地方, 第三 奧羽地方, 第四 中部地方, 第五 近畿地方, 第六 中國地方, 第七 西國地方, 第八 九州地方이다.
7 『尋常小學地理書』卷二에서는 第一 北海道地方. 第二 サハリン地方, 第三 臺灣地方, 第四 朝鮮地方, 第五 關東州, 第六 日本總設, 第七 アジヤ洲, 第八 ヨーロッパ洲, 第九 アフリカ洲, 第十 北アメリカ洲, 第十一 南アメリカ洲, 第十二 大洋洲, 第十三 世界と日本 地球の表面 附錄으로 되어 있다.
8 小川英男(1934)『朝鮮總督府 初等地理書』卷一 解說 東京 古今書院 (심정보(1988) 「일제 식민지시대 우리나라 초등학교 지리교육과정의 변천」 충북대 석사논문, p43 에서 재인용.)

『普通地理補充』인 경우에는 조선에 관한 사항만이 있었다. 문화정책의 영향인지 『尋常地理補充』의 「大日本帝國」 부분을 없앴다. 먼저 조선의 일반적인 사항을 간단히 기술하였고, 『尋常地理補充』에 있는 5개의 지방(1. 중부지방(경기도. 강원도) 2. 北朝鮮(함경남북도) 3. 西朝鮮(평안남북도 · 황해도) 4. 南朝鮮一(충청남북도 · 전라남북도) 5. 南朝鮮二(경상남북도)를 3개의 지역 즉, 1.중부조선(경기도 · 강원도 · 황해도) 2.북부조선(함경남북도 · 평안남북도) 3.남부조선(충청 · 전라 · 경상 각 남북도)로 조선을 삼등분 압축시켰다. 또한 제2는 전체의 구성이나 핵심적인 부분으로 총설부분과 附圖에, 조선지방 / 중부조선 / 북부조선 / 남부조선의 지도가 포함되어 있다.

　이런 내용들은 일본 국세 및 조선 지방의 상세한 사항으로 두 교과서에서 조선을 한 지방으로 편입시켰음을 알 수 있다.

4. 교과서에 제시된 朝鮮과 日本

본 장에서는 조선과 일본 부분이 어떻게 지리적 내용으로 설명되어 있는지 살펴보기로 한다. 교과서에 모두 나와 있는 조선에 대한 설명이다.

> 朝鮮은半島이니,東西갓그고, 南北이기오.北은陸地가相接하얏스나,東西南의三面온다바다가둘너잇소.白頭山에서갈녀나온큰山脈은,半島를南北으롯긔엿는대,거긔서多數한支脈잇뱃쳐서妙香山 · 金剛山 · 五臺山 · 太白山 · 智異山等의名山이되엿소.9 《(4)-4「朝鮮의地勢」『朝鮮語讀本』》

9　강진호 허재영 편(2010)『朝鮮語讀本』(3) 제이앤씨, p.87에서 재인용.(이하 텍스트 인용문의 서지표기는 《(권)-과-「단원명」-「교과명」, p.__》로 표기하기로 함.)

조선은 커다란 반도입니다. 평지가 적고 붉은 산이 많습니다. 가장 높은 산은 백두산이고, 경치가 좋은 산은 금강산입니다. 백두산에서 흘러나오는 압록강과 두만강은 조선과 만주의 경계를 이루고 있는 커다란 강입니다. 이 밖에 대동강 한강 금강 낙동강 등이 있습니다. 경성 인천 부산 대구 원산 평양 신의주 등은 번화한 곳입니다. 철도가 통과하고 있어 교통이 편리합니다.[10] 〈(5)-2「朝鮮」『國語讀本』〉

조선지방은 일본해와 황해와의 사이에 돌출된 긴 반도로서 북쪽은 백두산 및 두만강, 압록강으로 중국만주와 러시아령 연해주와 경계하고, 남쪽으로는 조선해협을 사이에 두고 내지(일본) 와 마주하고 있다. 여기에 부속된 수많은 섬들을 포함하면, 그 면적은 약 14만 3천리이다.[11]
〈제2 朝鮮地方 1. 위치, 경계와 영역, 면적『尋常地理補充』, pp.5-6)

조선지방은 일본해와 황해 사이에 돌출된 긴 반도로서, 북쪽은 백두산 및 두만강, 압록강으로 중국 만주와 러시아령 연해주와 경계하고, 남쪽으로는 조선해협을 사이에 두고 내지(일본)와 마주하고 있다. 여기에 부속된 수많은 섬들을 포함하여 면적은 약 14만 3천리. 인구 약 1,700만 명이다. 예전에는 조선지방을 雞林八道라고 하였으나, 지금은 13도로 나뉘며, 그 아래 12府, 218郡, 2개의 섬이 있다.[12]

10 김순전 외 2인 譯(2013)『普通學校國語讀本(2)』제이앤씨, p.35
11 朝鮮地方は日本海と黃海との間に突出せる長き半島にして、北は白頭山及び豆滿江·鴨綠江を以て支那の滿洲とロシヤ領沿海州とに境し、南は朝鮮海峽をへだてて內地と相對す。之に附屬せる數多の島々を加ふれば、其の面積一萬四千三百余方里あり。
12 朝鮮地方は日本海と黃海との間に突出せる長き半島にして、北は白頭山及び豆滿江·鴨綠江を以て滿洲·ロシヤ領沿海州に境し、南は朝鮮海峽をへだてて內地と相對す。之に附屬せる數多の島々を加ふれば、其の面積一萬四千餘方里。人口約千七百萬あり。昔時朝鮮地方を鷄林八道と云ひしが、今は十三道に分かれ、更に其の下に十二府、二百十八郡、二島あり。

〈위치, 경계와 영역, 면적, 인구. 구분『普通地理補充』, pp.1-2〉

조선이 반도라는 내용은 어느 교과서에 다 나왔다.『朝鮮語讀本』에
서는 조선의 강과 산들이 나왔는데, 특히 금강산의 "그中에金剛山은世
界에 有名한 故로,內地는物論이오,外國에서도 求景하러오는사람이매
우만소"라는 설명은 다른 교과서에도 비슷하다.『國語讀本』에서는 척
도에 대한 것이 나왔으며『尋常地理補充』과『普通地理補充』에서는
"남으로는 조선해협을 경계로 내지(일본)와 마주보고 있다." 라는 부
분이 더 있었다. 마주보고 있다는 것은 조선과 일본의 공간적인 가까
움을 인식시킨 것이다.『尋常地理補充』과『普通地理補充』의 조선에 대
한 내용은 똑같았는데『普通地理補充』쪽이 예전에 조선을 계림 8도로
불렀다는 것과 道, 府, 郡까지 설명이 더해져 있었다.

조선총독부는 조선을 다스리기 위하여 설치하였던 최고 행정 관청
으로 강력한 통치기구를 두기 위해 조선총독부설치령을 공포하였다.
(朝鮮은 大日本帝國의 一部니,朝鮮總督이 天皇의 命을 奉하야 此를 統
治하나니라. (((6)-11「朝鮮의行政官廳」『朝鮮語讀本』) 조선어로 "조
선은 일본의 일부"라는 내용이 조선 아동에게 어필을 시켰던 것이다.
조선총독부는 경성에 소재하고 있다는 내용이 네 교과서에 다 있었다.

京城은 朝鮮 中央에 잇서서, 朝鮮 第一 되는 큰 都會인대, 人口가 約三十
萬 가량이 되오. 市內에는 朝鮮總督府와 各官公署가 잇스며, 街路 左右에
는 銀行 집이 즐비하고, 면긔등 와 등을 달아서, 밤에도 사람의 往來가
부절하는대, 그 中에 鐘路와 本町이 가장 번화하오.

〈(3)-22「京城」『朝鮮語讀本』, p.67〉

남대문 거리로부터 본정통 거리, 황금정통 거리, 종로 거리에 이르는
일대가 경성에서 가장 번화한 곳입니다. 역의 동쪽에 남산(南山)이라는
산이 있으며, 그 일부가 공원으로 되어 있습니다. 이곳에는 아마테라스
오미카미(天照大神)와 메이지(明治)천황을 모신 조선신사(朝鮮神社)가
있습니다. (중략) 경복궁 구내에는 신축한 조선총독부가 보입니다.[13]

〈(10)-13「경성의 친구로부터」『國語讀本』, p.217〉

경성부는 정치,교통,군사의 중심지로 대부분 성벽으로 둘러싸여 있다.
인구 약 25만, 조선총독부·조선군사령부·제20사단 및 경기도청을 위
시하여 여러 관청, 학교 등이 있다.[14] 〈第一大日本帝國『尋常地理補充』, p.18〉

경성부는 정치, 교통, 군사의 중심지로 인구 약 26만, 조선총독부·조
선군사령부·제20사단 및 경기도청을 위시하여 여러 관청, 학교 등이
있다.[15]   〈中部朝鮮(京畿道·江原道·黃海道『普通地理補充』, p.7〉

경성에 대한 내용 중 역시 조선총독부와 관공서가 있는 조선 제일의
도시라는 설명은 모두 같았다. 경성 인구를 『朝鮮語讀本』에서는 30만,
『尋常地理補充』에서는 25만, 『普通地理補充』에서는 26만으로 약간의
차이가 있었다. 특히 『國語讀本』에서 "天照大神과 明治大神을 제사지
내는 朝鮮神宮"에 대한 설명으로 이데올로기가 가장 많이 주입되었음

13 김순전 외 2인 譯(2014) 앞의 책④, p.217
14 京城府は政治·交通·軍事の中心地にして、大部は城壁をめぐらして、人口約二十五萬、朝
鮮總督府·朝鮮軍司令部·第二十師團及京畿道廳を始め、諸官衙·學校等あり。
15 京城府は政治·交通·軍事の中心地にして、大部は城壁をめぐらして、人口 約 二十六
萬、朝鮮總督府·朝鮮軍司令部·第二十師團及京畿道廳を始め、諸官衙·學校等
あり。

을 알 수 있다. 조선총독부의 소속 관청에 대한 내용은 『國語讀本』과 『尋常地理補充』에서 더 자세히 설명되어 있었다.

『普通地理補充 教師用』을 보면 "경성은 한양 또는 한성으로 불렀으나 병합과 동시에 그 이름을 경성으로 고치고, 그 뒤 거리의 정리에 의해 면목을 일신하여 거의 내지의 대도시와 비슷해졌다."로 되어 있다.[16] 그런데 교사용에는 경성 인구가 25만 명으로 되어 있어 경성 인구의 정확도는 정립이 안 된 상태라는 것을 알 수 있다. 조선의 지리적 설명에 비해 일본은 어떤 모습으로 나와 있는지 살펴보자.

일본은 혼슈(本州), 시코쿠(四国), 규슈(九州), 홋카이도(北海道), 타이완(台湾), 사할린(樺太) 남부 및 조선으로 이루어져 있다. 조선이 아시아 대륙으로 이어져 있고, 그 외의 일본 땅은 모두 섬이다.[17]

〈(6)-3 「日本」『國語讀本』, p.154〉

생각하면 할수록 일본해는 재미있는 바다라고 생각합니다. 마미야(間宮), 소야(宗谷), 쓰가루(津輕), 조선, 쓰시마(對馬)의 5개 해협을 막으면 일본해는 마치 연못 같습니다. 그 주변의 육지로 시베리아와 사할린 일부를 제외하면 모두 일본 영토입니다. 그 때문인지 나에게는 일본해가 자신의 것처럼 생각됩니다.[18]

〈(8)-20 「日本海」『國語讀本』, pp.219-220〉

우리 대일본제국은 아시아주의 동부에 위치해 있고, 태평양 안에 있는

16 『普通學校地理補充教材教授參考書』(1922) 조선총독부 편찬, p.21
17 김순전 외 2인 譯(2014) 앞의 책②, p.154
18 김순전 외 2인 譯(2014) 위의 책③, pp.219-220

일본열도와, 아시아대륙의 동부에 돌출되어 있는 조선반도로 되어 있다. (중략) 조선은 바로 시베리아 및 중국 만주로 이어지고, 사할린(남반부)은 북반부의 러시아 령으로 이어져 있다.[19]

〈第一「大日本帝國」『尋常地理補充』, p.1〉

국민 중 가장 수가 많은 것은 야마토(大和)민족으로, 그 수는 약 5,400만명 정도 된다. 다음으로는 조선민족으로 그 수 1,700만명이다. 그 외는 대만에는 중국에서 이주한 300만명의 중국 민족과 10여만의 원주민이 있다. 또 북해도에는 아이누족, 사할린에는 아이누족과 그 외에 원주민이 있다. 민족은 다르지만 다같이 제국의 臣民이다.[20]

〈第一「大日本帝國」『尋常地理補充』, p.4〉

일본에 대한 지리적 설명은『國語讀本』과『尋常地理補充』에만 있었다. 일본 영토에 포함된 조선에 대한 이야기는『國語讀本』쪽이 더 완화되어 나와 있는데『朝鮮語讀本』과 마찬가지로 富士山과 金剛山을 일본의 산으로 묶어서 아름다운 자연으로 설명을 하였다.『尋常地理補充』에서는 러시아와 연결되어 있다는 영토가 제시되었고, 인구의 분포도와 조선민족인의 비중까지 나열하였다. 야마토나 조선인은 다 같은 臣民으로 묶어놓았다. 실제로 당시 조선에는 일본인 거류자가 약 35만명에 불과한 상황에서『普通地理書』에서 민족의 수적인 구성을 문제

19 我が大日本帝国はアジヤ洲の東部に位して、太平洋中にある日本列島と、アジヤ大陸の東部に突出せる朝鮮半島とより成る。(中略)　朝鮮にては、たゞちにシベリヤ及び支那の満洲につゞき、樺太(南半)にては、北半のロシヤ領につらなれり。

20 國民の中も數多きは大和民族にして、其の數五千四百餘萬に及ぶ。之に次ぐは朝鮮民族にして、其の數一千七百萬あり。其の他台湾には支那より移り住める三百餘萬の支那民族と十餘萬の土人とあり。又北海島にはアイヌ、樺太にはアイヌ其の他の土人あり。民族は相異なれども、ひとしく帝國の臣民たり。

시한 것은 일본 본국의 마이너리티와 식민지에서 조선인의 존재 방식
이 어떻게 다른가를 고려하지 않는 종래의 논의에 대해 현실적인 현상
인식을 드러낸 것이다.[21] 조선반도와 조선인까지 일본의 한 부분으로
자연스럽게 설정된 것이다.

　금강산에 대한 찬탄이 富士山과 같이 연결하여 놓은 것도 이런 맥락
이다.

> 富士山은 我國本州의 中部에 突立하얏스니, 그놉히는 一萬二千尺이나되
> 고, 我國古來의 名山이오. (중략) 金剛山은 朝鮮의 名山으로, 江原道의 東北
> 部에 聳立하얏스니, 山姿가 優美奇妙하고, 石骨의 蜂巒이 重疊한 故로, (중략)
> 富士山은 그 山容이 雄壯秀麗함으로, 金剛山은 그 山姿의 優美幽邃함으로, 共
> 히 世界의 屈指하는 名山이오.
>
> 〈(5)-16「富士山과 金剛山」『朝鮮語讀本』, p.229〉

　"富士山은 그 山容이 雄壯秀麗함으로, 金剛山은 그 山姿의 優美幽邃함으
로, 共히 世界의 屈指하는 名山이오"라는 문장으로도 '산'이라는 자연으
로 일본과 조선의 연결이 된 것이다. 이렇게 조선과 일본을 연결시키
려는 다른 지리적 내용 부분을 알아보자.

> 慶州는 新羅의 古都요. (중략) 慶州에 와서 聯想되는 것은, 內地의 奈良이오.
> 奈良도 慶州와 同時代에 繁華하든 舊都인대, 兩都의 遺傳된 建築美術等
> 이 互相類似함을 보면, 上古의 內鮮文明이 매우 密接하얏든 것을 알 수 잇소.
>
> 〈(5)-25「新羅의 古都」『朝鮮語讀本』, pp.247-248〉

21　고마코메 다케시 지음·오성철 외 2인 옮김(2008)『식민지 제국 일본의 문화통합』
　　역사비평사, p.125

『朝鮮語讀本』에서 경주를 설명하면서 내지의 奈良와 연상시키도록 학생들에게 교육하였다. 동시대의 옛 도시라는 것, 양 도시의 건축물이 비슷하니 예부터 조선과 일본의 교류가 있었다는 설명으로 조선의 아동들에게 조선어로 일본과의 내선일치를 가르쳤던 것이다. 특히 奈良는 『國語讀本』(《(5)-25》「奈良」)는 "천 몇백 년 전에 수도였던 곳", 《(12)-21》「奈良」)"칠대 칠십여 년의 천황이 계신 도읍"이지만 지금은 오직 한 도시로만 남아 있다고 하였다. '천 몇백 년 전', '7대 70여 년의 천황'으로 일본의 오랜 역사까지 이미지화시켰다.

조선에서는 경주 이외에도 〈(6)-8「開城」『朝鮮語讀本』〉의 "高麗朝四百七十餘年의 首都이엿섯는故로, 舊蹟과 名所가 不少하오." 라며 옛 도시의 대표로 설명하였다.

> 겨울방학에 숙부와 내지를 여행했습니다. 교토에 도착한 날 아침은 서리가 하얗게 내려 추웠습니다. 정거장을 나와 가라스마(烏丸)거리를 북쪽으로 걸었습니다. (중략) 가모강 동쪽에서 많은 여인들이 짐을 머리에 이고 가는 것을 보았습니다. 이 여인네들은 수건을 머리에 두른 채 멜빵을 메고 넓은 앞치마를 하고 있었습니다. (중략) 숙부는 "저 여인네들을 보면 조선이 떠오르지? 저 풍속은 조선에서 전해졌을지도 몰라."[22]
>
> 〈(6)-13「京都」『國語讀本』, pp.188-189〉

이처럼 조선과 일본의 연관에 대한 간접으로 시사하고 있는 내용들은 주로 『國語讀本』(《(8)-12》「日野와 開成」,《(8)-20》「日本海」)에 많이 있음을 알 수가 있다. 이것은 〈2차 조선교육령〉의 '일선동조론' '내선일체

---

22 김순전 외 2인 譯(2014) 앞의 책②, pp.188-190

(內鮮一體)' '동조동근(同祖同根)에 접근한 내용이라고도 할 수 있다.

문화적인 부분 이외에도 교통은 조선과 일본의 공간을 더 쉽게 연결 짓는 최고의 수단으로 설정되었는데 여기에는 철도가 그 역할을 담당하였다. 교과서에 수록된 교통수단 중 철도에 대한 이야기가 빈번하게 나온다.

> 조선지방은 옛날 교통이 극히 불편하였으나, 근래에 이르러 현저하게 개선되었다. (중략) 京釜, 京義, 湖南, 京元 및 咸鏡線 외에 수많은 경편철도가 있다. 부산, 신의주간 대략 6백 마일 먼 거리라도 불과 20여 시간에 도달할 수가 있다.[23]　　　　　　　　　　〈제2 「朝鮮地方」『尋常地理補充』, p.10〉

『國語讀本』의 "조선지방은 옛날 교통이 극히 불편하였으나, 최근에 이르러 현저하게 개선되었다."는 내용이 그대로 『尋常地理補充』의 첫머리에 그대로 나온다. 기차의 출현에 대한 변화와 철교로 인한 주변환경의 변화에 대해 언급 되어 있다. 『普通地理補充』에서 "경성은 조선지방 교통의 중심지로, 주요한 철로가 많고, 여기에서 출발하여 자동차도 역시 적지 않다."고 모든 철도는 경성으로부터 시작됨을 설명하였다. 기차로 인한 삶의 변화 부분도 눈에 뜨게 많이 나온다.[24] 특히 卷4와 卷6에서 많이 서술된 것이 특징이었다.

『尋常地理補充』에서도 "철도가 있는 지역은 교통이 편리하지만, 동쪽의 산지는 불편하다"『普通地理補充』에서 "일반적으로 철도 및 한

23　朝鮮地方は昔時交通極めて不便なりしが、近年に至りて著しく改善せられたり。道路は京城を中心として、(中略)鐵道は京釜・京義・湖南・京元及び咸鏡の諸線の外、數多の輕便鐵道あり。釜山・新義州の間凡そ六百哩の遠きも、今はわづかに二十餘時間にて達するを得べし。

24　『朝鮮語讀本』의 〈(4)-11 「신의주에서」〉 〈(4)-13 「삼림」〉 〈(4)-24 「부산항」〉 〈(6)-8 「개성」〉 〈(6)-15 「공덕」〉 〈(6)-17 「평양에서」〉 〈(6)-19 「철의 담화」〉에서는 기차를 통해 가능해진 마을발전을 서술한다.

강(漢江)에 가까운 지역은 편리하나 산지는 심하게 불편하다"고 나와
있어 실생활에 철도의 중요성이 자주 언급되었다.

이렇게 철도에 대한 내용이 많은 것은 철도가 없던 조선사회의 후진
성을 강조함으로서, 일제의 침략전쟁이 갖는 정당성을 확보하려는 지
배논리가 작용한 것이다.[25]

일본의 한 지역 안에 있는 조선, 조선의 한 지역인 부산은 内地(日本)
에 가기에 가장 편리하다는 항구가 있는데, 역시 철도가 그 빠른 연결
역할을 하고 있었다.

> 釜山・下關間에는 連絡船이잇서서, 每日二回식往復하니, (중략) 그곳에
> 서北으로京城을經하야滿洲로通하는鐵道가有하니,海陸의交通이모다便
> 利하니라.　　　　　　　　　〈(4)-24「釜山港」『朝鮮語讀本』, p.189〉

> 해상은 부산항을 중심으로 여러 방면으로 항로가 있다. 關釜連絡船은
> 이곳에서 대략 11시간이면 시모노세키(下關)에 도달한다.[26]
> 　　　　　　　　　　　　　〈5 南朝鮮, 2『尋常地理補充』, p.41〉

> 부산부는 인구 7만 6천, 경성에서 280마일이다. 내지와의 교통요지
> 에 해당하며, 關釜連絡船으로는 8시간이면 시모노세키(下關)에 도달
> 한다.[27]　　　　　　　〈제1 地方誌三, 南部朝鮮『普通地理補充』, p.24〉

---

25 강진호 외(2011)『조선어독본과 국어문화』제이앤씨, p.136
26 海上は釜山港を中心として諸方に航路あり。關釜連絡船は、ここより凡そ十一時間にし
　　て下關に達す。
27 釜山府は人口七萬六千、京城より二百八十哩あり、内地との交通の衝に當り、關釜連絡
　　船は八時間にて下關に達す。

부산에서 (『尋常地理補充』 11시간.『普通地理補充』 8시간)으로 시모노세키(下関)에 도착됨을 설명하였다. 일본 오사카, 고베를 통해 시모노세키로 실어온 물건은 부산에서 경부·경의선으로 움직였기에, 철도는 조선과 일본과의 수송에 큰 몫을 하고 있다.『國語讀本』을 제외한 나머지 교과서에서 나온 부산은 일본과의 주요 항로였다는 설명이 대부분이다.

지역의 연결은 철도를 중심으로 이루어졌고, 철도는 조선 뿐만 아니라 중국과의 거리를 단축시키는 역할을 하고 있다. 《(4)-11「新義州에서」『朝鮮語讀本』)과 《(7)-13「압록강의 철교」『國語讀本』)에서도 일제가 놓은 철도로 인하여 조선 내에서도 이동이 편리해졌음을 설명하였다.

조선 지도를 설명할 때는 일반적인 지형과 기후만을, 일본은 일본이라는 나라 안에 있는 섬들과 식민지 국가인 대만, 조선까지 자국의 지배 공간을 지도로 표시하였다.[28] 일제의 영토영역 확장으로 그들의 제국주의의 의도를 아동들에게 각인시킬 수 있게 되는 것이다.

5. 地理敎育의 역할

1920년대 초에는 갑작스러운 교과 과정의 연장으로 초등 지리교육은 여러 과목으로 실시하였다.

『朝鮮語讀本』과『國語讀本』은 다양한 교과 내용이 수록되어 있는데 특히, 조선과 일본의 지리와 산수, 지형적 특성을 설명하는 글들이 수

---

28 장미경·김순전(2010)「『日語讀本』과「訂正普通學校學徒用國語讀本」에 나타난 공간표현의 변화 고찰」『일본연구』제14집, 고려대학교 일본연구센터, p.380

록되어 '地誌'와 같은 역할을 하고 있었다.

『尋常小學地理書補充敎材』, 『普通學校地理補充敎材』은 〈3·1운동〉 이후의 무단정치에서 문화정치로 바뀜에 따라 긴급하게 편찬된 지리 교과서이다.

『朝鮮語讀本』에서는 3학년부터 지리에 관한 교과내용이 있었는데 조선어교과서이다 보니까 일본의 지리 부분은 富士山을 金剛山과 비교하여 설명하였다. 삽화로는 『朝鮮語讀本』에서는 조선적인 지리 부분으로 골고루 나와 있으며, 일본은 「후지산」 부분만 있다.

『國語讀本』에서는 저학년에는 별다른 내용이 없었지만, 고학년으로 갈수록 비중이 점점 커졌음을 알 수 있다. 조선적 부분은 卷5, 卷7, 卷8에만 있었고, 일본을 나타내는 지리적 부분은 골고루 나왔으며 卷9부터 文部省 편찬 『尋常小學國語讀本』이었기에 일본 쪽만 있었다. 삽화는 외국을 표시하는 것도 있었지만 일본적 지리 설명 쪽이 대부분이다. 삽화 부분만큼은 문화정책을 수용하지 않았다.

『尋常小學地理書補充敎材』은 크게 일본과 조선 두 단원으로 구성되어 있다. 卷1은 일본의 지방을 설명하였고 卷2에서는 『尋常小學地理書』에서 13지방의 하나인 조선을 한 지방으로 분리하였다.

『普通學校地理補充敎材』는 문화정책의 영향인지 大日本帝國 부분이 삭제되었다. 먼저 조선의 일반적인 사항을 간단히 기술한 지방지로서 조선을 북부조선, 중부조선, 남부조선으로 나누어 기술하였다. 그리고 총설부분과 附圖가 있다.

『尋常小學地理書補充敎材』와 『普通學校地理補充敎材』에서는 위치나 행정 쪽이 더 강하게, 일본 지리적 부분을 강조하였다. 조선에 대한 내용은 『普通學校地理補充敎材』에 더 자세히 기술되어 있었다.

일본에 대한 지리적 설명은 『國語讀本』과 『尋常地理補充』에만 있었다. 일본 영토에 포함된 조선에 대한 이야기는 『國語讀本』쪽이 더 완화되어 나와 있다. 『尋常小學地理書補充敎材』에서는 더 넓은 일본의 영토가 제시되었고, 인구의 분포도와 조선인의 비중까지 나열하였다.

조선총독부와 관공서가 있는 경성은 『國語讀本』과 『尋常小學地理書補充敎材』에서 더 자세히 설명되어 있었다.

교과서에 수록된 교통수단 중 철도에 대한 이야기가 많은 것은 일본과 조선의 이동수단의 일부분이 되었기 때문이다.

1920년대 초 초등교육에서는 지리적부분이 여러 교과서와 연결되어 있고, 보충지리교재에서 나온 조선은 일본의 한 지역으로 이원화되어 교육되었음을 알 수 있었다.

Ⅲ. 朝鮮과 日本의 서술 변화 考察[*]

■ 사희영

1. 序論

근대 식민지에서 벗어난 지 70여년이 된 현재도 한국은 중국 일본에 휘말려 역사 영토 분쟁의 어려움을 겪고 있다. 중국 동북지방 영토 내에 존재했던 과거 나라들이 중국의 지방정권이었음을 주장하는 동북아 공정 논리를 비롯해 일본은 독도가 다케시마로 일본 땅이라고 주장하며 계속 영토소유권을 주장하고 있다. 이는 근대 국민국가가 형성되

* 이 글은 2015년 12월 한국일본어문학회『日本語文學』(ISSN : 1226-0576) 제67집, pp.341-361에 실렸던 논문「일제강점기 초등학교『地理』교과서의 변화 考察」을 수정 보완한 것임.

면서 이뤄진 국토영유권이 현재 문제가 되고 있는 것이다.

그렇다면 이러한 영토에 관련된 내용을 과거 식민지기에는 어떻게 규정하고 있었던 것일까? 당시 일본이 규정한 국토의 범위는 어디였는지를 확인할 수 있는 것이 일제강점기 초등학교 〈地理〉교과서라고 할 수 있다.

그동안 이루어진 일제강점기 초등학교 〈地理〉교과서 관련연구를 살펴보면, 국내의 경우 선행연구가 미흡하며, 일본의 경우는 지리학자 渡辺光의 「戰前および戰時中の地理敎育」[1]을 비롯해 白恩正(2011)의 「日本=統治下朝鮮における地理敎育に関する研究」가 있다. 그러나 이러한 연구들은 지리교육을 정치적인 면과 접목시킨 지리교육 변화에 초점을 맞추고 있어, 일제강점기 〈地理〉교과서의 구체적인 내용분석에는 미흡한 면이 인지된다.

현재의 영토분쟁을 풀어나가는 열쇠는 근대를 기점으로 영토 개념이 확립되고 변화되던 시기의 국토 설정과 연관이 있으리라 생각된다. 식민지기 발생한 역사적 오류를 바로잡기 위해서는 그 근거가 되는 일제강점기 초등학교 〈地理〉교과서를 분석하는 작업이 꼭 필요하다고 할 수 있을 것이다.

따라서 본고에서는 일제강점기 조선총독부 편찬 〈地理〉교과서[2]를

1　渡辺光(1968) 「戰前および戰時中の地理敎育」 お茶の水地理 第10号는 전전부터 전시기 그리고 현대까지의 지리교육의 추이를 살핀 것으로 지리적 사실에 근거해 왜곡이 적었다고 밝히고 있다. 이외에 역사교과서의 변화와 지리교과서의 변화를 언급한 平岡さつき(2011) 「日本における歷史敎育の構造」 共愛学園前橋国際大学論集 No.12. 문부성과 조선총독부 초등학교지리교육을 페스탈로치교육사상에 근거해 향토교육적 측면을 연구한 沈正輔(2004) 「文部省と朝鮮総督府の国民学校におけるPestalozziの教育思想と郷土地理教育」 広島大学大学院国際協力研究 国際協力研究誌　第10巻第2号 등이 있다.

2　『尋常小學地理書補充敎材』(1920)、『普通學校地理書補充敎材』(1923)、『初等地理書』卷一・二(1932, 1933)、『初等地理』卷一・二(1937)、『初等地理』卷一・二(1940, 1941)、『初等地理』卷一・二(1942)、『初等地理』第五學年 ・六學年(1944) 등 조선

분석 고찰하고자 한다. 조선총독부에서 편찬하여 7차에 걸쳐 출판한 12권을 분석하여 시대의 흐름에 따른 지리교과서의 변화 양상과 지리 공간의 서술 변화를 살펴보고, 구체적으로 그 내용을 분석하여 봄으로써 일제강점기에 이뤄진 지리교육의 목적을 유추해 볼 수 있을 것이라 여겨진다.

2. 초등학교 〈地理〉교과서의 변화

일반적으로 지리교육 교재의 분석방법에는 선택된 교재에 대한 분석이나 그 의의를 해석하는 교재연구인 기술적 교재연구와 교과서의 교재가 과연 타당하고 적합한가에 중점을 둔 비판적 교재연구가 있다. 그러나 두 가지 방법이 엄격하게 구분되는 것이 아니기에 본 연구에서는 이 두 방법을 병행하여 분석하고자 한다.

일제는 국가가 필요로 하는 국민을 만들기 위해 공교육제도를 수립하고 교육에 대한 통제를 강화하였고, 이를 식민지인 조선에서도 동일하게 적용하였다. 일제의 식민지정책 변화에 따라 교육목적을 달리한 교육령이 공포되었고, 교육령을 중심으로 교과서도 수차례 수정되고 변화되어갔다.

7차례 수정 편찬된 교과서를 도표화 하면 아래 〈표 1〉과 같다.

총독부 편찬 지리교과서 12권을 텍스트로 하였고, 『初等地理附圖』는 지도만 포함되어 있기에 텍스트에서 제외하였다.

<표 1> 일제강점기 朝鮮総督府 編纂 〈地理〉교과서 변천

차수	교 과 서 명	출판년도	분량(쪽)	가 격	비 고
1차	尋常小學校地理補充教材	1920	44	10錢	東京市下谷區, 凸版印刷株式會社
2차	普通学校地理補充教材全	1923	36	10錢	京城府元町, 朝鮮書籍印刷株式會社
3차	初等地理書 卷一	1932	134	18錢	京城府元町, 朝鮮書籍印刷株式會社
	初等地理書 卷二	1933	190	20錢	
4차	初等地理 卷一	1937	143	17錢	京城府大島町, 朝鮮書籍印刷株式會社
	初等地理 卷二	1937	196	19錢	
5차	初等地理 卷一	1940	151	19錢	京城府大島町, 朝鮮書籍印刷株式會社
	初等地理 卷二	1941	219	24錢	
6차	初等地理 卷一	1942	151	24錢	京城府大島町, 朝鮮書籍印刷株式會社
	初等地理 卷二	1943	152	24錢	
7차	初等地理 第五學年	1944	158	29錢	京城府龍山區大島町, 朝鮮書籍印刷株式會社
	初等地理 第六學年	1944	159	28錢	

제1차『尋常小學校地理補充教材』는 조선의 초등학교 아동을 교육시키기 위해 지리교과서로 처음 편찬된 교과서이다. 1920년 이전까지는 고등보통학교나 여자고등보통학교 혹은 실업학교와 같이 고등과정 학생을 대상으로 지리교과서가 출판되었다.[3] 이는 제1차 교육령기에는 지리 교육이 별도 과목으로 초등학교에서 이루어지지 않았음을 의미하는 것으로, 일본 내에서도 상황은 같았다. 그러나 초등학교 4년제가 6년제로 변화되면서 역사와 지리가 별도 과목으로 독립되었고, 1920년 朝鮮總督府 편찬하에 일본에서 인쇄한『尋常小學校地理補充教材』가 사용되기 시작하였다.

『尋常小學校地理補充教材』의 서언을 살펴보면 보통학교 5학년 지리교과에 사용되는 보충교재임을 명시하고 있어 지리교육이 저학년이 아닌 고학년(5·6학년)에서 이뤄지고 있음을 알 수 있다.[4] 이 책은

---

3 1914년, 1915년, 1921년, 1922년『日本地理教科書』, 조선어로 번역한『日本地理教科書(朝鮮譯文)』, 지리교과서부도인『日本地理教科書附圖』가 출판되었다.

4 제2차 조선교육령기에는 주당 수업시수가 5·6학년 각각 2시간이 배당되어 있으며, 제3차 조선교육령기에는 4년제 4학년에 2시간, 5·6학년 각각 2시간이 책

조선 지리에 관한 것을 별도로 기술한 것으로 일본에서 출판된『尋常
小學地理書』를 교수하면서 조선 지리를 보충 교수시 사용하도록 하였
으며, 교수시간도 약 30시간으로 상정하고 있다. 교수시 주의 사항으
로는『國語讀本』,『朝鮮語及漢文讀本』,『理科書』,『農業書』등과 서로
연결하여 가르칠 것을 언급하고 있다. 지도는 포함되어 있지 않으며,
간단한 삽화를 포함한 문어체로 기술되어 있다.

　이후 제2차『普通学校地理補充教材』가 1923년 출판되어 보통학교
지리보충교재로서 사용되었는데, 이전에 사용된 교과서와 같은 형식
을 취하고 있으나 마지막 단원 뒤에 조선, 북부조선, 중부조선, 남부조
선의 지도 4장을 수록해 놓고 있는 것이 달라진 부분이다.

　독립된 과목의 교재로서 체계를 갖추어『初等地理書』卷一(1932)과
卷二(1933)가 제3차 지리교과서로 출판되었는데 각종 삽화와 본문이
함께 실려 있으며, 지도는 별도의 단행본『初等地理書附圖 卷三』으로
1934년에 출판되었다. 이시기의 삽화는 전경(全景)적인 것을 많이 채
용하고 있을 뿐만 아니라 그 숫자도 증가되어 있는데,『初等地理書』를
교수할 때 참고하기 위해 만든『初等地理書 挿畵取扱の實際』에서는 이
와 관련해 아래와 같이 기술하고 있다.

　　삽화는 대체로 소학지리서의 것을 채용했으나, 39개 새로운 것을 채용
　　했다. 그런데 그중 20개는 산업에 관한 것이다. 이것에 의해 우리나라
　　와 외국, 혹은 우리나라의 각지, 혹은 조선과 지방, 또는 대만・사할린
　　등 상호간 산업상태를 비교해서 우리나라의 산업을 한층 이해시키기
　　위해 노력했다.[5]

　정되어 있고, 1941년 〈국민학교령〉에 의해 4학년 1시간, 5・6학년 각각 2시간이
　배정되어 있었다.

삽화 사진은 항공사진을 많이 이용하고 있으며, 또 각종 생산 분포
도나 그래프를 삽입하여 초등지리서의 지리학적인 색채를 농후하게
하고 있다. 또 분포도는 기존의 그래프나 사진의 단점을 보완해 지리
적 위치, 수량, 분포를 한눈에 종합적으로 인식하게 하였다. 특히 산업과
경제방면의 내용에 중점을 두어 기술하고 있다.

보통학교 지리교과서로서 『初等地理書』 편찬에 관한 방침을 살펴보면,

1. 우리나라 세력의 대요를 이해하게함과 동시에 애국심을 양성하고
   산업을 개발하는데 필요한 자료에 대해서는 특히 유의할 것.
2. 본국지리의 대요를 알려줄 때 적절한 자료를 모아 기록하는 것은 물
   론이고 특히 조선에 관한 자료를 많이 할 것.
3. 기술의 양태는 국정 지리교과서에 준한 산업, 교통, 도회 등 내선(內
   鮮) 상호관계의 밀접한 자료 선택에 대해서는 특히 유의함과 함께
   그렇지 않은 것에 대해서는 간략히 할 것.
4. 여러 외국지리에 관해서는 우리나라 국세의 대요를 알리는데 필요
   한 자료를 주로하고 전항에 준해 기술할 것.[6]   (필자 졸역, 이하 동)

---

5 本書の挿畫は大體小學地理書の物を採用したが、三十九箇新しいものを採用した。
   而してその內二十箇は産業に關するものである。これによつて我が國と外國、或は我
   が國の各地、或は朝鮮と内地、若しくは臺灣・樺太等相互間の産業狀態を比較せし
   めて、我が國の産業を一層理解せしめることに努めた。(大石運平(1935)『初等地理書
   挿畫取扱の實際』朝鮮公民敎育會 p.5)
6 一、我ガ國勢ノ大要ヲ理解セシムルト共ニ愛國心ヲ養成シ産業ヲ開發スルニ必要ナル
   資料ニ就テハ特ニ留意スルコト。二、本邦地理ノ大要ヲ知ラシムルニ適切ナル資料ヲ
   輯錄スルハ勿論ナルモ特ニ朝鮮ニ關スル資料ヲ多クスルコト。三、記述ノ態樣ハ國定
   地理敎科書ニ準ズル産業、交通、都會等內鮮相互ノ關係ノ密接ナル資料ノ選擇ニ
   就テハ特ニ留意スルト共ニ然ラザルモノニ就テハ簡略ニスルコト。四、諸外國ノ地理ニ
   關シテハ我ガ國勢ノ大要ヲ知ラシムルニ必要ナル資料ヲ主トシ前項ニ準ジテ記述スルコ
   ト。(「初等地理書 卷一 編纂趣意書」、p.4)

라고 밝히고 있다. 위 인용문에서 알 수 있듯이 지리교육 출발의 실질
적 목적은 일제에 대한 애국심 배양과 산업 강국으로서의 일제의 위상
을 학생들에게 반복학습시킴으로써 황국신민으로서의 소속감을 심어
주는데 있었음을 유추할 수 있다.

제4차 지리교과서로 1937년에 편찬된『初等地理』卷一과 卷二는 지
도를 본문에 많이 싣는 형태로 수정되어 출판되었으며, 지도에서 지형
기복을 나타낼 때 단선상의 선으로 지표의 기복을 나타내는 영선법(影
線法)과 같은 높이의 지점을 서로 연결하는 등고선법을 병행하여 사용
하고 있다.7

한편 같은 시기에 4년제 소학교에서는 국사와 지리 교과목을 한꺼
번에 교수하기 위해『國史地理』(1938)를 출판하여 사용하기도 하였다.
대략 국사 70%와 지리 30%의 비율로 하여 종합적으로 서술한 합본적
교과서로, 편찬 목적을 인용해 보면 다음과 같다.

국사는 국체관념의 완성, 국민정신의 함양, 국가 발전의 유래체득을 위
해서는 필요불가결한 것이며, 지리는 국가의 현재정세를 알고 세계에
있어서 우리나라 지위를 인식시키기 위해 무엇보다 중요한 것으로 모
두 그 학습에 의해 국민으로서의 자각과 자부심을 체득시키는 것이 가
능하기 때문이다. (중략) 본서의 편찬에 있어서도 또한 더없이 중요한
혁신적인 방침이 담겨있다. 그것은 역사와 지리와의 종합교수를 지향
한 점이다.8

---

7 지형표기방법에는 ①음영법 ②영선법 ③등고선법 ④점등고선법⑤ 계단식법 등
   이 있다.
8 國史は、國體觀念の完成、國民精神の涵養、國家發展の由来得の為には、必要
   欠くべからざるもの、地理は、國家の現勢を知り、世界に於けるわが國の地位を認識
   する為には、最も重要なもの、いずれも、その學習によって、國民たるの自覺と誇負と

종적으로는 일본의 역사적 발전을 설명하고 횡적으로는 지리적 국 토의 추세를 서로 엮어 "빛나는 황국일본의 웅장한 모습을 파악하게 할 수 있을 것이다"는 것으로, 역사 뿐만 아니라 지리교육의 목적과 의 도가 여실히 드러나는 부분이라 하겠다.

이후 1940년, 41년에 출판된 제5차『初等地理』卷一・卷二는 기존 지 리교과서의 형식에서 목차에 별도로 삽화목차를 첨부하여 두고 있다.

또 제6차『初等地理』卷一(1942)・卷二(1943)는, 제5차 교과서 단원 과 내용의 일부에 첨삭을 가하였고 그에 따라 삽화목록도 변동되어 있다.

마지막으로 1944년에 편찬된 제7차『初等地理』第五學年・ 第六學 年은 기존의 지리교과서와는 체계가 완전히 달라진 것을 확인할 수 있 다. 이전 차수의 교과서는 문어체를 사용해 지표면상의 위치설명과 장 소가 갖는 특성들을 중심으로 지형이나 기후의 지리적 특징을 묘사하 고 있었다. 반면, 이시기 출판된『初等地理』는 정중한 구어체를 사용하 고 있으며, 지역 간의 관계에 중점을 둔 설명으로 지리를 활용한 이데 올로기 기술이나 지리적 가치를 제국의 입장에서 표현하는 등 일본제 국의 국토지리가 기술되어 있다.

일제강점기 조선총독부 편찬의 지리교과서는『尋常小學地理書』와 초기의 보충교재를 바탕으로 하여 다소 수정과 첨삭을 가해 편집된 것 으로, 7차례에 걸쳐 편찬되었음을 알 수 있었다. 형식적으로 크게 그 틀이 변화된 것은 지리교과서의 보충교재 성격을 띤 제1・2차, 〈地理〉 교과서로서 체재를 갖추고 별도의 지리서 부도가 만들어진 제3・4차, 목차란에 삽화목차를 첨부하여 찾기 쉽게 배열한 제5・6차, 그리고 정

を體得させることができるからである。(中略)本書の編纂についても、又、極めて重要 な、革新的な方針がとられてゐる。それは、國史と地理との綜合教授を目指した点で ある。(『朝鮮總督府教科書編輯彙報』第一輯 1938년 6월호)

치·사회지리 기술로 바뀐 제7차 등 총 4차례로 역사 과목과 그 추이를 같이하며 변화된 것이었다.

특히 교과서에서는 내용의 직관화·구체화를 돕는 자료로서 삽화(挿畵), 사진, 도표, 그래프, 분포도 등을 제시하고 있다. 삽화의 경우 초기에는 회화중심이었던 것이 점차 사진으로 대체된 것을 확인할 수 있었으며, 각 지역의 총설부분에서는 지역별 산업분포를 점으로 나타내는 점 분포도를 가장 많이 사용하여 한눈에 파악하기 쉽도록 배치하고 있음을 알 수 있었다.

3. 〈地理〉교과서에 묘사된 地理空間 변화

지리개념은 넓게는 자연물에서부터 우리가 살아가는 지구 곳곳에 존재하는 모든 것들 또는 삶의 터전을 구성하는 기후나 문화와 같은 인문학적 요소들을 포함하는 공간들을 통칭하기도 하며, 좁게는 우리가 생활하고 있는 향토 지역을 칭할 수 있을 것이다. 삶의 터전과 일상적 삶의 공간 그 속에 작동하는 의미를 이해하는 지리는 공간속에 생활하는 우리들에게 있어 주요한 요소 중 하나로 생각된다. 왜냐하면 우리는 공간을 조망하며 분류하고 그 구조를 이해하고 해석하며 공간 속에서 살아가게 되기 때문이다.

이러한 지리에 대해 학습하는 것을 지리교육이라 한다. 지리교육의 목적을 살펴보면, "장래 시민들로 하여금 세계무대의 상태들을 정확히 머릿속에 얽도록 하여, 그들로 하여금 세계내의 정치적·사회적 문제들에 관해서 건전하게 사고하도록 도와주는데 있다"[9]고 정의하고 있다. 혹은 "지리적인 이해를 바탕으로 세계적 시야에서 지리적 사고

를 통한 유능한 사회인의 육성"10하는데 그 목적을 두는 등 다양한 견
해들이 등장한다. 이처럼 지리교육 목적이 시대에 따라 변화되어 온
이유는 지리가 단순히 공간적인 것만을 의미하는 것이 아닌 정치·경
제·사회·문화적 요소들과 같은 다중적인 특성을 포함하고 있기 때
문이다.

　앞 장에서는 일제강점기 발간된 〈地理〉교과서의 기수별 변화와 외
형적인 부분을 살펴보았다. 본 장에서는 〈地理〉교과서의 내용을 중심
으로 일본제국과 식민지 조선 그리고 그 외 지역은 어떻게 기술되고
변화되어 가는지 살펴, 식민지에서 이뤄진 지리교육의 목적을 확인해
보도록 하자.

3.1 확대 팽창되는 일본 제국

　지리교과서 교육 내용 구성 중 가장 먼저 수록되어 있는 것은 "일본
지리"에 관한 것이다. 일본 지리에 관련된 단원명을 살펴보면 제2차를
제외하고 전 지리교과서의 첫 번째 단원에 개략적인 부분을 담고 있을
뿐만 아니라 구체적인 내용을 수록하고 있다. 그 내용을 정리한 것이
〈표 2〉이다.

〈표 2〉〈地理〉교과서의 일본지리 단원 목록

분류		단원명 및 세부항목	삽화	페이지	단원
1차	大日本帝國	-我が國の位置と島々 -我が國の面積, -我が國の周圍, -我が國の氣候·國民-区分	-	5	제1과
2차	-	조선관련 단원 없음	-	-	-

9　임덕순(1996)『地理敎育原理』법문사, p.4에서 재인용.
10　교육부(1997)「사회과 교육과정」, pp.29-30 참조.

3차 卷一		我が國	-我が國の領土 -面積 -國民 -区分	1	3	제1과
		北海島地方	-位置・區域 -地形 -氣候, -産業 -交通 -住民・都邑 -千島列島	13	13	제4과
		奧羽地方	-位置・區域 -地形 -氣候 -産業 -交通 -住民・都邑	13	14	제5과
		關東地方	-位置・區域 -地形 -氣候 -産業 -交通 -住民・都邑 -伊豆七島・小笠原諸島	17	18	제6과
		中部地方	-位置・區域 -地形 -氣候 -産業 -交通 -住民・都邑	21	21	제7과
		近畿地方	-位置・區域 -地形 -氣候 -産業 -交通 -住民・都邑	23	20	제8과
	卷二	中國及び四國地方	-位置・區域 -地形 -氣候 -産業 -交通 -住民・都邑	12	14	제9과
		九州地方	-位置・區域 -地形 -氣候 -産業 -交通 -住民・都邑 -薩南諸島・琉球列島)	16	15	제10과
		日本總說	-地形 -氣候 -産業・農業 -養蠶業 -牧畜業 -林業 -鑛業 -水産業 -工業 -交通 -道路 -鐵道 -航路 -航空路 -通信 -商業・貿易 -人口	27	29	제14과
		日本と世界	-六大洲 -三大洋 -我が國	6	5	제21과
4차 卷一		大日本帝國	-我が國の領土 -面積 -國民 -区分	1	-	제1과
		北海島地方	-位置・區域 -地形 -氣候, -産業 -交通 -住民・都邑 -千島列島	13	12	제4과
		奧羽地方	-位置・區域 -地形 -氣候 -産業 -交通 -住民・都邑	12	14	제5과
		關東地方	-位置・區域 -地形 -氣候 -産業 -交通 -住民・都邑 -伊豆七島・小笠原諸島	16	19	제6과
		中部地方	-位置・區域 -地形 -氣候 -産業 -交通 -住民・都邑	23	22	제7과
		近畿地方	-位置・區域 -地形 -氣候 -産業 -交通 -住民・都邑	23	20	제8과
	卷二	中國及び四國地方	-位置・區域 -地形 -氣候 -産業 -交通 -住民・都邑	12	15	제9과
		九州地方	-位置・區域 -地形 -氣候 -産業 -交通 -住民・都邑 -薩南諸島・琉球列島)	16	16	제10과
		日本總說	-地形 -氣候 -産業・農業 -養蠶業 -牧畜業 -林業 -鑛業 -水産業 -工業 -交通 -道路 -鐵路 -航路 -航空路 -通信 -商業・貿易	27	29	제14과
		日本と世界	-六大洲 -三大洋 -我が國	6	6	제22과
5차 卷一		大日本帝國	-我が國の領土 -面積 -國民 -区分	1	3	제1과
		北海島地方	-位置・區域 -地形 -氣候, -産業 -交通 -住民・都邑 -千島列島	12	13	제4과
		奧羽地方	-位置・區域 -地形 -氣候 -産業 -交通 -住民・都邑	10	12	제5과
		關東地方	-位置・區域 -地形 -氣候 -産業 -交通 -住民・都邑 -伊豆七島・小笠原諸島	21	20	제6과
		中部地方	-位置・區域 -地形 -氣候 -産業 -交通 -住民・都邑	21	20	제7과
		近畿地方	-位置・區域 -地形 -氣候 -産業 -交通 -住民・都邑	25	20	제8과
		中國及び四國地方	-位置・區域 -地形 -氣候 -産業 -交通 -住民・都邑	14	12	제9과

卷二	九州地方	-位置·區域 -地形 -氣候 -産業 -交通 -住民·都邑 -薩南諸島·琉球列島)	12	15	제10과
	日本總說	-地形 -氣候 -産業·農業 -養蠶業 -牧畜業 -林業 -鑛業 -水産業 -工業 -交通 -鐵道 -航路 -航空路 -通信 -商業·貿易 -住民	28	32	제14과
	日本と世界	-四大陸 -三大洋 -我が國	1	6	제21과
6차 卷一	大日本帝國	-我が國の領土 -面積 -國民 -区分	1	3	제1과
	北海島地方	-位置·區域 -地形 -氣候, -産業 -交通 -住民·都邑 -千島列島	13	13	제4과
	奥羽地方	-位置·區域 -地形 -氣候 -産業 -交通 -住民·都邑	10	12	제5과
	關東地方	-位置·區域 -地形 -氣候 -産業 -交通 -住民·都邑 -伊豆七島·小笠原諸島	20	19	제6과
	中部地方	-位置·區域 -地形 -氣候 -産業 -交通 -住民·都邑	19	19	제7과
	近畿地方	-位置·區域 -地形 -氣候 -産業 -交通 -住民·都邑	24	19	제8과
	中國及び四國地方	-位置·區域 -地形 -氣候 -産業 -交通 -住民·都邑	12	13	제9과
卷二	九州地方	-位置·區域 -地形 -氣候 -産業 -交通 -住民·都邑 -薩南諸島·琉球列島	11	15	제1과
	日本總說	-地形 -氣候 -産業·農業 -養蠶業 -牧畜業 -林業 -鑛業 -水産業 -工業 -交通 -鐵道 -航路 -航空路 -通信 -商業·貿易 -住民	28	32	제5과
	日本と世界	(세부항목 없음)	1	6	제12과
7차 第五學年	日本の地図	(세부항목 없음)	-	8	1과
	美しい國土	(세부항목 없음)	7	10	2과
	帝都東京	-東京とその附近 -関東平野と利根川	8	14	3과
	東京から神戸まで	-靈峰富士 -濃尾平野と伊勢海 -京都と奈良 -大阪と神戸	11	15	4과
	神戸から下関まで	-瀬戸内海 -沿岸の工業 -黒潮	4	8	5과
	九州とその島々	-工業の盛んな北九州 -筑紫平野と熊本平野 -阿蘇と霧島 -神代をしのぶ南九州 -琉球その他の島々	5	10	6과
	中央の高地と北陸山陰	-本州の屋根 -名高い養蚕地 -米と石油と羽二重 -山陰 -日本海	5	10	7과
	東京から青森まで	-太平洋側 -日本海側	2	6	8과
	北海道と樺太	-農場と牧場 -盛んなパルプ工業 -千島列島	6	8	9과
第六學年	皇國日本	-國土と國民 -國土と産業	7	17	11과

　　위의 목록들을 살펴보면 제1차에서는 단원명 「大日本帝國」으로 일본제국의 위치와 범위에 대해 기술되어 있는데, 일본열도·조선반도·홋카이도·혼슈·시코쿠·규슈·타이완·사할린·류큐열도·

지시마열도·오가사하라섬 등으로 이루어져 있음을 명기하고 있다.
반면 제3차·4차에서는 다음 인용문과 같이 기술하고 있다.

우리나라는 아시아주 동부에 있어, 일본 열도와 조선반도로 성립되어
있다. 그 외에 <u>중국에서 조차한</u> 관동주와 <u>열국에서 맡은</u> 남양군도가 있
다. (중략) 지시마 열도의 북단은 우리나라 최북단으로 지시마해협에
의해 <u>러시아령</u> 캄차카반도와 상대하고 있다. 또 타이완과 남쪽은 바시
해협이 있어 그 남쪽으로 아메리카 합중국령의 필리핀 군도가 있다.[11]

(밑줄 인용자, 이하 同)

일본의 영토의 범위를 일본열도와 조선반도 그리고 관동주와 남양
군도 또 지시마열도와 필리핀 군도까지를 포함시키고 있다.

한편 제5차에서는 기존에 기술한 문장을 수정하여,

우리 대일본제국은 아시아주 동부에 있어, 일본 열도와 조선반도로 성
립되어 있다. 그 외에 관동주와 <u>세계대전의 결과 우리나라가 통치하고
있는</u> 남양군도가 있다. (중략) 지시마 열도의 북단은 우리나라 최북단
으로 지시마해협에 의해 <u>소비에트연방령</u> 캄차카반도와 마주하고 있다.
<u>또 남양군도는 적도에 접해 남사군도와 타이완의 먼 남쪽에 있어 프랑
스령 인도차이나에 인접해 있다.</u>[12]

11　我が國はアジヤ洲の東部にあって、日本列島と朝鮮半島から成立ってゐる。そのほかに
　　支那から借りた関東洲と列國から預った南洋諸島がある。(中略)千島列島の北端は我
　　が國最北の地で、千島海峡によってロシヤ領カムチャッカ半島と相対してゐる。また臺
　　灣島の南にはバシー海峡があって、その南にアメリカ合衆國領のフィリピン群島があ
　　る。(『初等地理書』(1932) 卷一 pp.1-2)
12　我が大日本帝國はアジヤ洲の東部にあって、日本列島と朝鮮半島から成立ってゐる。こ
　　のほかに関東洲と世界大戦の結果我が國が統治してゐる南洋群島がある。(中略)千島

라고 적고 있다. 위의 두 인용문을 비교해보면 "중국에서 조차한"이라 거나 "열국에서 맡은"이라는 문장이 삭제되고, "세계대전 결과 우리나 라가 통치하고 있는 남양군도"로 명시되어 있음을 볼 수 있다. 또 타이 완 남쪽의 바시해협을 남쪽의 필리핀 군도로 표현됐던 부분이 남양주 와 함께 대만 남쪽의 인도 중국에 인접해 있다고 영역이 확대되어 기 술되어 있다. 게다가 교과서 서두의 "우리나라(我が國)"로 시작되는 부분도 "우리 대일본제국(我が大日本帝國)"으로 변화된 기술을 보이 고 있는데, 이는 시간이 갈수록 군국주의 색채가 심화되어 나타난 부 분을 보여주는 한 예라 할 것이다.

이러한 서술은 7차에 이르러서는 그 내용과 형식이 완전 변화하였 고, 일본영토에 대한 서술이 학년별로 나뉘어 5학년과 6학년에 각각 제시되어 있다. 앞서 언급한 바와 같이 이 시기의 지리교과서는 정중 구어체로 기록되어 있는데, 5학년 교과서의 경우 "일본의 지도를 펴봅 시다."라며 아동으로 하여금 행동을 수행하게 하는 청유형으로 시작 하고 있다. 그리고 일본의 위치를 묘사하면서 아래 인용문으로 위치에 대한 내용을 마무리하고 있다.

> 북쪽의 지시마열도, 중앙의 혼슈, 남쪽의 류큐열도가 각각 <u>태평양을 향</u> <u>해 활모양으로 내뻗은 모습</u>은 일본열도 전체를 꼭 조이고 있는 듯하며, 이런 모양에서 우리들은 <u>왠지 강한 힘이 담겨있는 듯이 느낍니다.</u>
> 어떻게 보아도 일본열도는 평범한 모양이 아닙니다. <u>아시아 대륙의 전</u> <u>면에 서서 태평양을 향해 용감하게 나아가는 모습</u>이 상상됨과 동시에

列島の北端は我が國最北の地で、千島海峽によってソビエト聯邦領カムチャッカ半島と 向かひあってゐる。また南洋群島は赤道に接し新南群島は臺灣島のはるか南にあって 佛領印度支那に隣接してゐる。(『初等地理』(1940) 卷一 pp.1-2)

또한 태평양에 대해서 <u>대륙을 지키는 역할</u>을 하고 있는 듯이 생각되기
도 합니다.13

　일본열도를 태평양을 향해 강하게 뻗어가는 모습과 연관지어 서술
함으로써 일제의 대륙진출의 욕망을 담아내고 있는 부분이다.
　한편 6학년 교과서에는 시작단원이 아닌 지리교과서 마무리 단원으
로「皇國日本」이 설정되어 있다. 기존에 배웠던 일본지리나 동아시아
그리고 세계를 배운 뒤에 다시 한 번 일본지리를 정리하고 있다.

　우리나라 역사는 세계에 비교해 볼 수 없을 정도로 훌륭한 것으로, 해
뜨는 나라 일본의 이름에 틀리지 않게 옛날 건국부터 한결같이 발전을
이어온 것입니다. 그리고 지금은 대동아는 말할 것도 없이 전세계의 지
도국이 되었습니다. (중략) 더욱이 조선반도를 통해 대륙과 굳게 연결
되어 있습니다. (중략) 황군이 육·해군 나란히 서서 세계 무비(無比)
정예의 평을 받는 것도, 바다도 좋고, 육지도 좋은 우리국토에 깊이 뿌
리내리고 있는 것입니다. 정말 우리나라는 단순히 섬이나 반도로 된 작
은 나라가 아닌, 세계 제일의 해양과 대륙을 손에 쥔 생생하고 무궁한
발전을 할 수 있는 신국인 것입니다.14

13　北の千島列島、中央の本州、南の琉球列島が、それぞれ太平洋へ向かって弓なりに張り
　　出してゐるあひは、日本列島全體をぐっと引きしめてゐるやうで、かうした形から、われ
　　われは何かしら強い力がこもってゐるやうに感じます。どうみても、日本列島はへいぼん
　　な形ではありません。アジア大陸の前面に立って、太平洋へ向かってををしく進む
　　すがたが想像されるとともに、また太平洋に對して大陸を守る役目をしてゐるやうにも考
　　へられます。(『初等地理』(1944) 第五学年、pp.2-3)
14　わが國の歴史は、世界にくらべもののない立派なもので、日出づる國日本の名にたがは
　　ず、肇國の古からひとすぢに發展をつづけて来たのであります。そして、今では大東
　　亜はいふまでもなく、全世界の指導となりました。(中略)北は千島列島から南は南洋に
　　のびる島々によって、その西縁を擁し、あたかも翼をはって進むやうな積極性を示して
　　ゐます。(中略)且つ朝鮮半島を通じて大陸と固く結ばれてゐます。(中略)皇軍が、

위의 인용문에서 볼 수 있듯이 지리교과서가 갖는 합리성이나 과학성보다는, 대륙진출의 야욕과 황국민으로서의 자부심과 황군으로서의 긍지가 담긴 『수신(修身)』내용을 구어체 문장을 사용해 설득력을 높이고 있다.

한편 일본영토 면적을 기술한 것을 살펴보면, 제1차는 "4만 3천 평방리"가 제3차는 "67만 평방킬로미터"로 바뀌어 있다. 이는 제2차까지는 '평방리(平方里)'를 사용하던 단위가 제3차에서는 '평방킬로미터'를 사용하여 환산한 수치를 기록한 것이다. 그리고 제7차 第五學年·第六學年에는 "약 68만 평방킬로미터"로 증가된 수치로 나타나 있다. 제1차에서는 면적의 크기를 "혼슈와 조선은 가장 크고, 각 우리나라 총면적의 1/3에 해당된다"고 기술하고 있으며, 제3차부터는 "혼슈·조선·홋카이도·규슈·사할린·타이완·시코쿠 등이 그 주요부분"이고, 이 중 혼슈와 조선은 가장 크며 "우리나라 총면적의 1/3에 해당된다"고 명기하고 있다. 제6차까지의 교과서가 지리적 사실을 기술하려 했다면, 제7차에서는 단순히 전체면적의 수치만을 기술하는 등 국민 교육적 색채가 두드러지게 나타나 있다.

인구증가는 각 기수별 인구 표기에서도 나타나는데, 제1차에서는 국민 총수는 7천여만으로 일본민족(5천4백만), 조선민족(1천 7백만), 타이완의 중국민족(3백만), 토착인(10만), 홋카이도와 사할린의 아이누 및 토착인을 기술하며, 모두 "같은 제국의 신민"으로 칭하고 있다. 이후 제3·4차는 "대략 9천만"으로, 제5·6차는 "대략 1억"으로 간단히 그 수치만을 기술하고 있다. 그러나 제7차에서는 같은 수치의 1억

陸·海ならび立つて世界無比の精鋭をうたはれてゐることも、海によく陸によいこのわが國土に深く根ざしてゐるのであります。まことにわが國は、單なる島や半島からなる小國ではなく、世界一の海洋と大陸とをその手に握つて、生々として無窮に發展しうる神國であります。(『初等地理』(1944) 第六学年、pp.143-145)

으로 명기하고 있으나, 1평방킬로미터에 150인의 인구 밀도도를 제시
하며 "열강중 제일로 든든한" 나라로 적고 있다. 이는 높은 인구 밀도
도를 강력한 열강의 이미지와 중첩시키고 있는 부분이라 하겠다.

또 달라진 서술을 살펴보면, 제1차에서는 제국일본의 주위 지리를
"오호츠크해, 일본해, 황해, 동중국해"를 건너 시베리아와 중국 사이
를 마주하고 있다고 서술하고 있는 반면, 제3차부터는 영토에 영해까
지를 포함해서 기술하고 있다. 제4차에서의 "러시아령 캄차카반도"는
제5차에 이르러 "소비에트 연방령 캄차카반도"로 바뀌는데 이는 제2
차 세계대전 후 쿠릴열도가 러시아령에 속했다가 소련연방이 결성된
것을 배경으로 변화되어 있다.

기후 묘사의 경우, 제1차에는 "북부에는 추위가 심한 곳이 있고 또
남부에는 더위가 심한 곳이 있지만, 대부분은 기후가 대체로 온화하
고, 강수량 적다."로 기술되어 있지만, 제3차부터는 기후항목은 별도
로 배치되어 있지 않으며, 제7차 5학년 〈2. 아름다운 국토〉와 6학년 〈국
토와 국민〉에서만 지역에 따라 다른 변화를 기술하고 있다. 그리고 기
후변화 설명에 이어지는 단락을 다음과 같이 덧붙이고 있다.

> 이런 부드러운 기후는 아름다운 지형이나 뛰어난 위치가 서로 어울려
> 정말 어머니 같은 사랑으로 국민을 안아주고 있습니다. 무엇보다 때로
> 는 화산이 폭발하거나, 지진이 있거나 (중략) 태풍도 있지만, 이것들은
> 국민에게 좋은 자극이 되고, 국민에게 긴장감을 주는 것으로, 이른바
> 상냥스런 어머니의 사랑에 빠지려고 할 때 가해지는 아버지의 엄한 훈
> 계입니다.[15]

---

15 このやさしい氣候は、美しい地形やすぐれた位置と相まつて、まつたく母のやうな愛をもつ
  て國民をいだいてくれてゐます。もつとも、時には火山が爆發したり、地震があつた

우리나라 기후는 대체로 온화하다고 하지만, 계절에 의해 현저한 변화
가 있고, 결코 평범하지는 않습니다. 옛날부터 지금까지 우리 국민이
삭풍 불어대는 북쪽 바다에도 또 불더위 강한 남쪽 땅에도 용감하게 웅
비해온 것이나 오늘 황군장병이 남과 북 구별 없이 혁혁한 전과를 올리
고 있는 것은 이 변화 풍성한 기후 아래서 선조 대대로 단련된 때문이
라고 할 수 있을 것입니다.[16]

위의 인용문에서 볼 수 있듯이 지리에 관한 객관적 내용을 서술한
지리교과서 내용이라기보다는 『國語』교과서를 연상케 하는 내용이
담겨있다. 제7차 지리교과서에 전쟁이나 국가의식과 연관 지은 기후
묘사는 식민지 말기에 두드러진 황군 중심의 서사형식을 잘 보여주는
예라 하겠다.

이상에서 살펴본 것처럼 지리교과서는 제1차의 객관적 사실 서술에
서 시간의 흐름과 더불어 식민지 말기로 갈수록 일본열도를 묘사함에
있어 일본열도의 지리적 내용보다는 세계에서의 일본제국의 위치나
맹주국가로 나아가는 일제의 기세를 담아내고 있었다. 그리하여 황국
민으로서의 자각과 긍지를 체득시키고 황국군인의식을 더욱 함양시
키며 황국사관적 이데올로기를 담아내고 있음을 확인할 수 있었다.

り、また旱魃や洪水、二百十日頃の颱風などもありますが、これらは國民に對するよい
刺戟になり、國民に緊張の感をあたへるもので、いはば、やさしい母の愛におぼれよう
とする時に加へられる父のきびしい戒めです。(『初等地理』(1944) 第五学年、p.17)
16 わが國の氣候は、だいたい穏和であるとはいふものの、季節によつて、著しい變化があ
り、けつして平凡ではありません古来、わが國民が朔風たける北の海にも、また炎熱き
びしい南の地にも、勇ましく雄飛してきたことや、今日、皇軍將兵が南と北の別もなく
赫々たる戰果をあげてゐることなどは、この變化に富んだ氣候の下で、父祖代々鍛練
されたためであるともいへませう。(『初等地理』(1944) 第六学年、p.146)

3.2 수축 축소된 식민지 조선

지리교과서에서 "일본의 지리" 단원에 이어 담겨진 내용은 "조선"에 관한 단원이다. 조선 관련 단원명과 그와 관련된 사항을 정리해보면 〈표 3〉과 같다.

〈표 3〉〈地理〉교과서의 조선지리 단원 목록

분류	단원	세 부 항 목	삽화	쪽	과
1차	朝鮮 地方	-總說(-位置・境域・面積 -地勢 -氣候 -住民・産業 -交通 -政治・區分) -地方誌(-中部朝鮮:京畿道, 江原道 -北朝鮮:咸鏡南北道 -西朝鮮:平安南北道, 黃海道 -南朝鮮一:忠淸南北道, 全羅南北道 -南朝鮮二:慶尙南北道)	6	44	제2과
2차	朝鮮 地方	-位置・境域・面積 人口・區分 -地方誌(-中部朝鮮:京畿道,江原道,黃海道 -北部朝鮮::咸鏡南北道, 平安南北道 -南部朝鮮:忠淸, 全羅, 慶尙 各南北道) -總說-附圖(朝鮮地方, 中部朝鮮, 北部朝鮮, 南部朝鮮)	14	32	1권
3차 卷一	朝鮮 地方	-位置・面積及び住民・區分 -地方誌(-北部朝鮮::區域, 地形, 氣候,産業, 交通,商業,住民・都邑 -中部朝鮮:區域, 地形, 氣候,産業, 交通,住民・都邑 -南部朝鮮:區域, 地形, 氣候,産業, 交通, 住民・都邑) -總說(地形, 氣候,産業, 交通,商業, 教育, 政治)	36	38	제2과
4차 卷一	朝鮮 地方	-位置・面積及び住民・區分 -地方誌(-北部朝鮮::區域, 地形, 氣候,産業, 交通,商業,住民・都邑 -中部朝鮮:區域, 地形, 氣候,産業, 交通,住民・都邑 -南部朝鮮:區域, 地形, 氣候,産業, 交通,, 住民・都邑) -總說(地形, 氣候,産業, 交通,商業, 教育, 政治)	46	45	제2과
5차 卷一	朝鮮 地方	-位置・面積・住民及び區分 -地方誌(-北部朝鮮::區域, 地形, 氣候,産業, 交通,商業,住民・都邑 -中部朝鮮:區域, 地形, 氣候,産業, 交通,住民・都邑 -南部朝鮮:區域, 地形, 氣候,産業, 交通,, 住民・都邑) -總說(地形, 氣候,産業, 交通,商業)	46	45	제2과
6차 卷一	朝鮮 地方	-位置・面積・住民及び區分 -地方誌(-北部朝鮮::區域, 地形, 氣候,産業, 交通,商業,住民・都邑 -中部朝鮮:區域, 地形, 氣候,産業, 交通,,住民・都邑 -南部朝鮮:區域, 地形, 氣候,産業, 交通,, 住民・都邑) -總說(地形, 氣候,産業, 交通,商業)	46	45	제2과
7차 第五學年	朝鮮	-釜山から京城まで -京城から羅津まで -穀倉朝鮮 -石炭と鉄 -工業の発達 -朝鮮の躍進 (단원구분 없음)	25	31	제11과

제1차 지리교과서는 앞서 언급한대로 『尋常小學地理書』의 보충교재로서 사용된 교재였기 때문인지 제1단원 「大日本帝國」을 제외하고는 조선에 관련된 사항들로 채워져 있다. 조선의 위치, 경계, 면적을 시작으로 땅의 지세와 기후와 산업 그리고 교통에 이르기까지 묘사되어 있다. 그리고 마지막 제6 단원에는 정치·구분의 소단원 항목으로 관청과 구분이 설정되어 있다. 또한 내무, 재무, 식산, 법무 학무, 경무의 6국 및 서무, 토목, 철도의 3부로 구성되어 있는 조선총독부와 소속관서에 대해 서술되어 있기도 하다. 그리고 과거의 8도로 구분되던 조선이 13도로 구분되어 있고 그 밑에 12부, 218군, 2도(島)가 있다는 것에 대해 언급하고 있다. 지역의 산업과 연관된 6장의 삽화를 제외하고는 구체적인 도표나 지도 등은 담겨져 있지 않다. 이는 보충교재로서 짧은 시간에 간행된 때문이라 추측된다. 제2차의 지리교과서는 일본에 관한 항목이 모두 삭제되고 조선과 관련된 사항만 별도로 정리하여 지리과목의 보충교재로서 출판된 것이라 할 수 있다. 보다 많은 삽화를 삽입하고 있을 뿐만 아니라 마지막 항목 총설 단원이 끝난 후에 4장의 지도도 포함시키고 있다. 한편 총 인구 1,700만임이 총설에 첨부되어 서술되어있으나 지세, 기후, 주민, 산업, 교통, 정치, 구분은 생략되어 있다. 제1차에서는 총설이 앞에 배치되고 중부조선, 북부조선, 서부조선, 남부조선 1, 2 등 5개의 지방으로 분류되어 있고 크게는 '表朝鮮'과 '裏朝鮮'으로 구분되어 있으나, 2차에서는 중부조선, 북부조선, 남부조선 등 3개의 지방으로 구분되어 있고 총설이 마지막에 배치되어 있다.

제3차는 위치, 면적, 주민, 구분을 시작으로 해서 2차와 같은 순서로 배치되어 있다. 그러나 2차에서 "1만4천 평방리"가 "22만 평방킬로미터"로 또 인구 1,700만이 2,000만으로 변화되어 있으며 지형도도 삽입되어 있다. 특히 일본과의 관계를 보다 강조하기 위해 "우리나라 총면

적의 대강 1/3에 해당"한다는 내용을 삽입하고 있다. 여러 지역 중에서
〈조선〉을 가장 먼저 배열한 이유는 아래 『初等地理書「卷一」解說』에
기술된 내용을 통해서 살펴볼 수 있다.

> 일본지지의 가장 앞에 조선지방을 내놓은 이유는 아동에게 가장 친숙
> 함을 갖고, 무엇보다 이해하기 쉬운 <u>향토로서의 조선</u>을 제재로 가져
> 와 지리적 고찰법의 기초를 만드는데 커다란 의의를 갖는다. (중략) 더
> 욱이 본 지방에 대해서는 우리나라 식민지로서의 색채를 갖지 말고, 우
> <u>리나라(일본–인용자 주)의 단지 하나의 지방으로서 지도하는 것이 긴</u>
> <u>요하다.</u>[17]

일본지리를 설명하기에 앞서 조선아동에게 친숙한 조선 지리를 먼
저 교수하고 특히 방점까지 찍어 강조한 일본제국의 지방으로서의 위
치를 숙지시킬 뿐만 아니라 이를 통해 일본 지리 교수의 기초를 쌓게
하기 위함이었던 것이다. 이러한 것은 "홋카이도 트랙터"농업과 조선
의 농업을 비교한 것을 시작으로 일본이나 다른 지역의 비교를 통해서
도 잘 엿볼 수 있다.[18]

조선의 토지형세는 북에서 남으로 늘어져 있음을 이유로, 북쪽 조선

---

17 日本地誌の最初に朝鮮地方を出したる所以は児童の最も親しみを有し、最も理解し易き
　　郷土としての朝鮮を題材に用ひて地理的考察法の基礎を作ることに大なる意義を有す
　　る。(中略)　尚本地方の取扱ひに就いては我國の植民地としての色彩を持たせず、我
　　國の單なる一地方として指導することが肝要である。(小川英男(1934)『朝鮮総督府 初
　　等地理書 巻一 解説』東京古今書院、p.9)
18 이러한 예들로는 사할린의 쇄빙선을 제시하여 함경북도 청진항에 사용하도록 유
　　도, 삿포로 시가와 평양・신의주의 비교를 통해 신도시 계획의 모양을 알려주고
　　총독부의 정치를 나타내기 위한 것, 노시로(能代)와 신의주의 제재소 비교, 이나
　　와시로(猪苗代)발전소와 부전강(赴戦江) 비교, 기가와(紀川)의 뗏목으로 내려가
　　는 모습을 넣은 것은 내지의 벌류와 압록강의 벌류의 비교를 위해서이다.

을 먼저 남쪽 조선을 나중에 서술하면서 그 변화를 고찰하도록 하였
다. 그 이유는 위도 고저에 의해 생산물이 차이가 나기 때문에 각 지방
의 산업과 기후를 연결해 산업발달을 중심으로 인문지리적[19] 연결이
쉽도록 염두에 둔 것이라 할 수 있다. 그래서 북에서 남으로 동에서 서
로 향하는 배열 구성을 보이고 있다. 또 당시 지리학에서 논의되던 지
리구의 개념을 도입하여 지리적 특성을 중심으로 북부, 중부, 남부의
세 지방으로 나누고 있다.

한편 제4차는 변화된 조선의 모습을 아래와 같이 서술하고 있다.

북은 압록강, 두만강 및 백두산으로 만주와 시베리아에 경계하고, 남쪽
은 조선해협을 건너 규슈지방과 마주하고 있어 <u>내지와 대륙을 연결하
는 중요한 위치</u>를 점하고 있다. 면적은 22만여 평방킬로미터로, 우리나
라 총면적의 대강 1/3에 해당하고, 주민 총수는 <u>2천2백여만</u>으로, <u>총인
구의 약 1/4에 해당한다.</u> 정치상으로는 <u>13도</u>로 나누어져 있으나, 지리
를 배우기 위해 <u>편의적</u>으로 북부조선, 중부조선, 남부조선의 3지방으로
나누고 또한 앞조선(表朝鮮)과 뒷조선(裏朝鮮)으로 두 개의 지방으로
나눌 수 있다.[20]

---

19   지표상 특징과 연계한 인문적 여러 요소를 분석대상으로 살피는 것으로, 북쪽에 위
     치한 도시는 차가운 기후와 험난한 지형으로 인해 석탄, 금 등과 같은 광업이 성
     행하는 것을, 또 남쪽은 따뜻한 기후로 평탄한 지형으로 농업이 성행하는 것을
     유추할 수 있도록 연계하여 기술하고 있다.
20   北は鴨綠江・豆滿江及び白頭山で、滿洲とシベリヤに境し、南は朝鮮海峽をへだてて九
     州地方と向かひあひ、内地と大陸をつなぐ重要な位置に位してゐる。面積は二十二萬
     餘平方キロメートルで、我が國の總面積のおよそ三分の一に當り、住民の總數は、二
     千二百萬餘で、我が總人口の約四分の一に當る。政治の上からは十三道に分けてゐ
     るが、地理を學ぶ便宜から北部朝鮮、中部朝鮮及び南部朝鮮の三つに分け、また表
     朝鮮・裏朝鮮の二地方に分けることもできる。(『初等地理』(1937) 卷一、pp.4-5)

위 인용문의 밑줄친 부분은 4차의 변화된 서술 부분으로 800여 킬로미터에서 1000킬로미터로 변화된 조선의 길이, 2천만에서 2천2백만의 인구변화, 행정상의 구분을 정치상 구분으로, 지리상 구분을 지리를 배우기 위한 편의적 구분 등이다. 그러나 이들 변화 중 가장 중점을 둔 부분은 조선의 위치를 일본과의 관계 속에서 "대륙을 연결하는 중요한 위치"로 설명하고 있는 부분이다. 이는 일제의 대륙진출을 위한 교두보로서의 역할을 강조한 것이라 할 수 있다. 또한 "총인구의 1/4"이라는 서술을 덧붙임으로써 조선아동에게 일본에 소속된 지방으로서의 조선을 강조하고 있다.

제5차에서 조선 지도를 제시하기 전에 제4차의 서술에 「조선의 위치」라는 제목으로 일본과 만주국이 명시된 지도를 제시함으로써 확대되어가는 일본제국의 범위를 홍보함과 함께 일본의 지방으로 귀속된 조선을 각인시키고 있다.

<그림 1> 「조선의 위치」

<그림 2> 「조선지방 지형의 약도와 단면도」

제6차에서는 기존 차수에 2천2백만에서 2천4백여만으로 증가된 인구 변화만이 덧붙여 서술되어 있다.

마지막 제7차에서는 5학년 11과에 배정되어 있는데 제6차와 동일

한 면적과 인구와 기후에 대해 묘사하고 있지만, 구성 면에서 이전에 3
개의 지역으로 구분하여 서술했던 부분을 축소하여 부산에서 경성, 경
성에서 신의주, 경성에서 나진까지를 구분하여 각 대표 지역의 산업과
변화에 대해 적고 있다. 이것은 제6차까지의 지리구적 구분에 의해 주
요도시를 배치하여 설명하던 것을 철도선로를 중심으로 한 주요도시
를 서술한 것으로 향토지리적 성격을 더욱 강화한 것을 반영한 것이라
할 수 있다.

그리고 후반부분은 〈곡창 조선〉, 〈석탄과 철〉, 〈공업의 발달〉 등을 소
단원으로 책정하여 조선전체의 변화를 기술하고 있다. 특히 조선에서
의 농작물 생산은 "전시 하에서의 식료 확보"와 조선뿐만 아니라 만주
와 동아시아의 곡창으로서의 사명을 강조하고 있다.

조선 단원 마지막 〈조선의 약진〉에서는 과거와 달리 산업과 교통이
발달된 현재 모습을 강조하면서 다음과 같은 문장으로 매듭짓고 있다.

지금 조선은 우리 대륙 발전의 기지로서 또 여러 가지 자원을 준비해서
싸우는 우리 국력의 중요한 일익을 담당하고 있습니다. 그리고 이러한
약진은 실로 천황의 위광 아래 역대 조선총독을 비롯해 지도의 임무에
있는 사람이 바르고 훌륭한 지도를 하고 또 여기에 답해 사람들이 밤낮
으로 열심히 노력을 계속해왔기 때문입니다. 우리들은 조선이 오늘처
럼 빛난 발전을 이룬 이유를 깊이 마음에 새겨 조선이 우리나라의 대륙
전진기지로서 사명을 완전히 다할 수 있도록 한층 격려합시다.[21]

21 今や朝鮮は、わが大陸發展の基地として、また數々の資源を備へて、戰ふわが國の力の
重要な一翼をになつてゐるのです。そして、このやうな躍進は、實に御稜威の下、歴
代朝鮮総督をはじめ、指導の任にある人が、正しい立派な指導をなし、また、これに
こたへて、人々が日夜熱心に努力しつづけてきたからです。私たちは、朝鮮が今日の
やうに輝かしい發展をとげたわけを深く心にきざみ、朝鮮がわが國の大陸前進基地とし
ての使命を完全に果たしうるやうにいつそうはげみませう。(『初等地理』(1944) 第五学

위의 인용문에서 알 수 있듯이 천황의 위세아래 조선총독부의 지도가 훌륭하고 이에 따라 조선인들이 열심히 하였기에 가능했음을 시사하면서 대륙진출 발판으로서 조선의 중요성을 밝히고 있다.

기수 흐름에 따른 조선 서술의 변화는 보충교재에서 본격적인 지리교재로 편찬되면서 도표와 삽화 그리고 내용을 자세하게 명기했던 것이 마지막 제7차에서는 그 내용이 오히려 축소되었다. 그리고 지리적 내용보다는 오히려 일제에 의해 발전된 조선모습이나 조선의 산업 부흥의 필요성이 일제의 전시체제를 뒷받침하는데 중요한 것임을 역설하는데 치중되어 있음을 확인할 수 있다.

특히 제7차 『初等地理』는 지도 삽입 량을 줄이고 간단한 내용을 기술함은 물론, 일제 중심의 각 지역 필요성을 역설하는 등 결국 교육정책에 따라 조선 민족의 주체성을 침략하는 점진적인 황민화교육[22]에서 더 나아가 황군화교육으로 나아가고 있는 것을 반증하는 교과서라 할 수 있었다.

4. 結論

이상의 연구를 통해 일본의 지리교육은 구체적인 지역을 가공의 나라, 상상의 나라로 재현하여 각인시키는 지리교육이었다. 자연 지형을 설명하는 자연지리나 과학적 지리교육이기 보다 전쟁을 치루기 위한 군사적 요충지를 다룬 군사지리와 일본 제국의 대륙 진출을 담은 정치

年、p.130)

22 磯田一雄(1990) 「第三次・第四次朝鮮教育令下の國史教科書の改訂状況―」 『成城文芸』, 三月号、成城大学文芸学部、p.12

지리적인 면을 강조하였던 교육임을 확인할 수 있었다.

초기자연지리를 중심으로 한 합리적인 지리교육이 후기로 갈수록 적군과 아군으로 나눈 이분화 된 지리교육을 담고 있을 뿐만 아니라, 제도와 법령에 부합하여 국민도덕 발양을 주장하는 국가이데올로기가 투영되어 있었다. 즉, 아카데미적 지리교육이 애국심이나 국민적 자각양성을 염두에 둔 국가적 요청에 부응하는 지리교육으로 변용된 것을 확인할 수 있었다.

차수별 변화를 살펴보면 인구변화를 수정한 인구통계 갱신 내용이 매 차수 포함되어 있었으며, 일본과 조선 그리고 만주를 연결하는 서술을 통해 제국확대 색채가 더욱 진해진 것을 파악할 수 있었다. 제1·2차는『尋常小學地理書』의 보충교재였다면, 제3차는 지리구적 지역구분을 반영한 일본과 식민지의 지리를 통합한 지리교과서였다. 제4차는 총독부의 편찬취지와 내선일체 정책에 호응하여 향토적 조선에 대한 이미지를 체득하게 한 후 제국일본으로 확대해 가는 향토지리개념을 도입하고 있었다. 제5·6차는 산업과 관련한 삽화목록을 부각 시키며 일본 제국과 각 지역의 산업을 연결시키고 있었으며, 마지막 제7차의 교과서는 철저하게 일본 중심의 국가지리 정보의 내용이 탑재되어 있음을 확인할 수 있었다.

일본과 관련되어 기술된 지리교육의 변화를 살펴보면 과학적이고 합리적인 자연지리적 기술이었던 것이, 차수가 더해질수록 인문지리 면이 강조되면서 일제의 대륙진출의 연결고리를 중심으로 한 지역들의 서술이나 산업을 설명하는 것에 치중되어 갔고, 마지막 차수에서는 모든 환경적 요인을 당면한 태평양전쟁으로 귀결시키고 있음을 살펴볼 수 있었다. 제1차의 객관적 서술에서 식민지 말기로 갈수록 일본열도의 지리적 내용보다는 세계에서의 일본제국 위치나 맹주국가로 나아가는 일본제국의 기세를 담아내고 있었다.

한편 조선에 대한 기술의 경우는 일본을 제외한 타지역에 비해 조선 지역을 상세하게 설명하고 있는데, 이는 향토지리적 성격을 강화한 것으로 이것을 토대로 하여 일본의 범위와 지역을 가르치기 위함이었다. 또 조선을 가장 첫 단원으로 설정한 이유는 지리학습의 입문서로서 친숙함을 주어 다른 지리교육의 기초로 삼기 위함이었음을 확인할 수 있었다.

근대 식민지기 지리교과서의 국토에는 일본과 조선이 하나의 국토로 언급되어 있음을 알 수 있다. 따라서 근대의 자료를 기준으로 독도가 일본 땅이라는 일본의 주장은 맞지 않다는 것을 여실히 보여준 예라고 할 수 있겠다. 근대이전의 시대적 사실에 근거한 자료들과 이러한 연구 자료를 토대로 한 근대자료를 함께 제시함으로써 현재 문제화되고 있는 독도영유권 분쟁을 비롯한 다른 분쟁들을 불식시키는 것이 필요하다고 생각된다.

제국의 식민지 역사 지리 연구

IV. 제국의 확장 공간 '滿洲'[*]

▌ 장미경

1. '滿洲'라는 공간

1930년대 이후 일본의 동아시아의 의존도는 갈수록 높아졌는데 그 중 가장 중요한 외국은 만주였다. 만주를 중요하게 여긴 것은 일제의 대륙진출과 '대동아공영권'을 위한 중요 지리적 위치라고 여겼기 때문이다. 러일전쟁의 승리로 만주를 손에 넣은 일제는 만주를 통치하는 일이 당면한 필수과제였다. 일본은 1931년과 1932년 만주에 대한 지

---

*　이 글은 2016년 5월 중앙대학교 일본연구소『日本研究』(ISSN : 1229-6309) 제41집, pp.105-122에 실렸던 논문「일제강점기 초등교과서에 表象된 空間 '滿洲' - 조선총독부 편찬〈地理〉교과서를 중심으로-」를 수정 보완한 것임.

배권을 공공하게 한 후 서서히 중국과의 전면전에 나섰다.

　학생들이 어떤 특정외국에 대하여 어떠한 시각을 가지게 되는가는 교육받은 교과서에서 그 나라에 대한 구체적인 정보와 이미지가 좌우된다. 특히 식민지 교육은 교과서가 국민 교화의 精華이었으며 식민화의 성공여부를 가름할 관건이 된다고도 할 수 있다.

　본고에서는 만주라는 공간이 어떻게 조선 초등교과서에 투영되어 나타났는지 살펴보고자 한다. 텍스트는 일제강점기 초등교과서 중, 전시체제기라고 할 수 있는 1930~1945년에 편찬된 〈地理〉교과서를 중심으로 할 것이다.[1] 지리에는 사회, 자연, 인문학이 들어 있으며, 국가적 성격, 역사적 배경, 지리적 환경, 국가의 정책 등에서 목적이 도출되기도 한다.[2]

　그 외에 이데올로기가 가장 많이 들어 있는 〈歷史〉교과서, 일제가 가장 중요시한 종합교과서라 할 수 있는 〈국어독본〉과 운율로 조선아동의 무의식을 지배한 〈唱歌〉교과서를 같이 살펴보고자 한다. 여러 교과서를 함께 살펴보는 것은 조선총독부의 식민주의적 의도와 정책, 만주에 대한 일제의 정책 흐름을 함께 구체적으로 파악할 수 있는 기초자료가 될 것이다.

　우리의 역사와도 인연이 깊은 만주에 대해 제대로 알기 위해서는 이에 대한 올바른 교과서 파악이 필요하다고 여겨진다.

1　본고의 텍스트는 『初等地理書』(1933), 『初等地理』(1937), 『初等地理』(1941), 『初等地理』(1943)에서는 卷二가, 『初等地理』(1944)는 第五學年용으로 한다.
2　일제강점기 지리교육에 관한 선행연구로는 황재기(1979) 「지리과 교육과정의 변천(舊韓末-日帝末」; 장보웅(1971) 「일본통치시대의 지리교육」; 남상준(1986) 「일제의 對韓 식민지 교육정책과 지리교육 -한국지리를 중심으로-」; 권혁재(1982) 「개화기와 일제시대의 지리학과 지리교육」; 심정보(1998) 「일제 식민지시대 우리나라 초등학교 지리교육과정의 변천」등이 있으나 주로 지리교육과정의 변천, 식민지 지리교육 등의 특징 등 교육과정과 교육 방법 등의 측면에서 다루고 있었다.

2. 1930년~1945년 편찬된 〈地理〉교과서

본 연구의 중점 텍스트인 〈地理〉교과서는 그 시대의 현황과 사회상이 사실적이고 실증적으로 제시하고 있다.

다음은 조선총독부 편찬 〈地理〉교과서의 편찬 사항이다.

〈표 1〉 일제강점기 조선에서 사용된 〈地理〉교과서[3]

순	교 과 서 명	편찬처	발행년도	법령(사용시기)
①	尋常小學地理 上·下	일본 문부성		1차교육령
	尋常小學地理書補充敎材	조선총독부	1920	(1920-1922)
②	尋常小學地理 上·下	일본 문부성		2차교육령
	普通學校地理補充敎材		1923	(1923-1931)
③	初等地理書 卷一		1932	2차교육령
	初等地理書 卷二		**1933**	(1931-1936)
④	初等地理 卷一		1937	과도기
	初等地理 卷二		**1937**	(1937-1939)
⑤	初等地理 卷一	조선총독부	1940	3차교육령 반영
	初等地理 卷二		**1941**	(1940-1941)
⑥	初等地理 卷一		1942	국민학교령
	初等地理 卷二		**1943**	(1942-1943)
⑦	**初等地理 第五學年**		**1944**	4차교육령
	初等地理 第六學年		1944	(1944-1945)

일제강점기 초등학교의 지리교육은 〈2차 조선교육령〉부터인데 조선지리 부분의 교과서로 『尋常小學地理書補充敎材』(1920), 『普通學校地理補充敎材』(1923)이며, 본격적인 지리교과서는 1930년대 들어서 시작된다고 할 수 있다. 지리교과의 대요도 '일본지리 및 외국지리의 대요' → '일본지리, 만주 및 支那(중국) 그밖의 외국지리의 대요'로 확산되어 있다.

당시 지리교육에 대한 규정은 다음과 같다.

---

3 진한 부분으로 한 것이 본 텍스트이다.

지리는 우리나라의 지세, 기후, 구획, 도회, 산물, 교통등과 함께 지구의
형상, 운동 등을 가르치도록 한다. 또한 조선에 관한 상황을 상세하게 하
도록 하며 <u>만주지리의 대요를 가르치고,</u> 동시에 우리나라의 관계에서
중요한 여러 국가들의 처리에 관한 간단한 지식을 가르치도록 한다.[4]

만주에 대한 언급은〈3차 조선교육령〉부터이며 조선에 관한 것 이외
에도 만주지리의 대요를 가르치는 것을 중요시 여겼다. 세계의 변화에
따른 만주와 중국의 중요성을 인식한 것이라 할 수 있다.

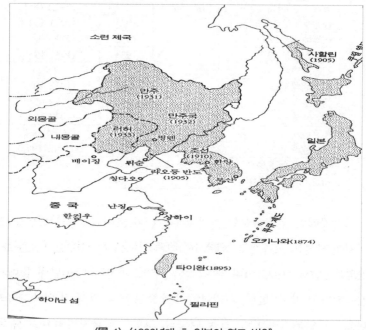

〈図 1〉〈1930년대 초 일본의 영토 범위〉

---

4   한국교육개발원(1997)『한국근대교육 100년사 연구』한국교육개발원, p.448

위의 그림에서 보듯이 일제의 영토점령 중에서 만주의 땅이 제일 넓게 나와 있음을 알 수 있다.

만주는 『初等地理書』(1937)부터 게재되어 있었는데, 제13과 「關東州」 제14과 「日本總說」 제15 「滿洲」의 순서로 『初等地理』(1943)까지 같은 목차로 나와 있다. 이후 『初等地理書』(1944)부터는 전면적으로 개정된 추가부분으로 되어 있으며 『初等地理書 第五學年』에는 「日本總說」 대신 「大東亞」라는 목차 안에 만주에 대한 서술을 포함하고 있다.

'천황의 행적'에서 만주 및 중국에 관련된 내용도 교과서에 중요부분으로 나와 있다.

〈표 2〉 만주 및 중국에 관련된 천황의 행적5

천황	연도	만주 및 중국에 관련된 주요사항
明治天皇	1906	南滿洲鐵道株式會社가 설립
	1911	청나라 멸망하여 中華民國이 시작되다.
大正天皇	1913	中華民國 승인
	1915	中華民國과 조약
	1923	九箇國條約(東亞) - 支那(중국)와의 교류
昭和天皇	1929	中華民國정부의 승인
	1931	만주사변
	1932	만주국 성립, 만주국과의 동맹 - 日滿議定書
	1934	만주국이 제국이 됨. 해군군비제약조약의 폐기
	1935	만주국황제폐하의 일본방문
	1937	중일전쟁이 일어남. 남경 점령
	1938	중일전쟁 일주년 勅語 - 동아안정에 대한 천황의 마음
	1940	중화민국의 신정부성립. 만주국 황제폐하의 일본방문 - 建國神廟 日華基本條約 - 만주제국. 中華民國과의 공동선언

만주사변 이후 천황의 행적은 만주와의 관련이 대부분이다. 특히 만

5 ⑤-『初等國史 第六學年』의 부록 참조.

주국 황제의 일본 방문은 모든 국사교과서에 중요한 사건으로 설명되어 있어 일본과 만주와의 관계를 엿볼 수가 있었다.

3. 초등교과서에 비친 만주(滿洲)

일제는 1931년 〈만주사변〉을 일으키고, 1932년 3월에 퇴위한 선통제를 집정으로 하는 만주국(滿洲國)을 세워 일본의 괴뢰국으로 삼았다. 일제는 만주지역을 '만주친일괴뢰정권 수립 → 만주국 독립 → 일본의 영구 소유화'라는 3단계 과정을 거쳐 일본영토로 편입하려고 계획했다.

3.1 제국의 권력·영토 확장 공간

일본은 〈청일전쟁〉〈러일전쟁〉에서 승리를 거둔 뒤 러시아와 만주와 중국북부를 차지하게 되었다.

> 만주는 1932년에 새로 건설된 나라로 국호를 만주제국이라고 했다.[6]
>
> 〈⑤-「初等地理」, p.69〉 (번역 필자, 이하 동)

만주를 일본의 영토로 만드는 것이 최종적인 목표이지만 국제사회의 이목을 고려하여 차선책으로 만주를 중국의 영토로부터 분리하여 독립국을 세운다는 것이다. 물론 그 독립국은 명목상으로 표면은 중국인이 통치하지만 실질적으로 일본이 장악하였다. 중국이 제국주의적

6　滿州は昭和七年に新しく建てられた國で、國號を滿洲帝國と稱している。〈⑥-「初等地理書」〉의 좌측 번호는 〈표 1〉의 번호와 동일함. 이하 동.

잔재를 종식하려는 희망이 꺾인 곳은 만주였고 그 책임은 당연히 일본에 있었다.7

> 조선과 이웃한, 우리나라와는 마치 부모자식 같은 사이에 있는 나라가
> 만주이다.8　　　　　　　　　　　　　　〈⑤-「初等地理」, p.143〉

부모자식 같은 존재이기에 만주는 아버지인 일본이 지켜주어야 한다는 것이다. 일본을 중심으로 조선, 만주는 수직으로 연결되어 있음을 강조하였다. "만주는 예로부터 밀접한 관계를 지니고 있기에, 이 나라가 러시아에게 침략을 당했을 때 우리나라는 러시아와 싸워 이것을 물리쳤다." (⑤-「初等地理書」)며 러시아로부터 구해준 만주이기에 조선과 마찬가지로 일본에게 고마워해야 한다는 내용이다.

> 만주는 우리나라와 국경이 붙어 있어 국방상, 경제상으로 아주 중요한
> 관계에 있기 때문에 우리나라는 이 나라와 방어동맹을 맺고, 우리나라
> 의 더욱더 친한 우방국으로서 이 나라의 발전에 협력해 왔다. (중략) 바
> 야흐로 만주는 해가 갈수록 양국의 국교는 점점 친선을 더하여 중일전
> 쟁에 즈음하여 거국적으로 우리 성전에 협력하여, 실로 日滿一心一體
> 의 진실을 표하고 있다.9　　　　　　〈⑤-「初等地理」, pp.88-89〉

7　워러 코헨 지음·이명화, 정일준 옮김(2009)『세계의 중심 동아시아의 역사』일
　조각, p.388
8　朝鮮と隣り合つて、わが國とはまるで、親子のような間がらにある國が滿三州です。
9　滿洲は、わが國と境を接し、國防上·經濟上極めて重要な關係にあるから、わが國
　は、この國と防禦同盟を結び、わが國の最も親しい友朋國としてこの國の發展に協力
　している。(中略)今や滿洲は年と共に、國運が進み、兩國の國交はいよいよ親善を加
　へ、今次の支那事變に際しては、國を擧げて我が聖殿に協力し、真に日滿一心一體
　の實を示してゐる。

만주점령 후 자국민을 만주로 이주시키려고 노력한 일제는 조선농민의 만주 이민을 국책으로 추진했다. 또한 유랑인의 자발적인 이주와는 성격이 근본적으로 다른 대규모 강제집단 이주정책이기에 이렇게 교과서에 많은 부분을 차지하는 것이다.

'鮮滿一如'의 슬로건이 '日滿一心一體'로 이어져 조선을 넘어 중국 대륙을 넘보기 시작하였다.

일본의 만주 이민사업은 조선농민의 토지 회수에 대한 불만을 무마하기 위한 방책이며 조선인을 만주지배의 첨병으로 이용하려는 속셈이기도 하였다. 재만 조선인에 대한 자세한 통계와 이들의 생활에 대한 소개가 종종 기사화된 것도 조선인의 대륙 진출이라는 관심사에서였다.

"일본 제국의 힘찬 후원 아래에 만주국이 건설되었고 그의 일 구성요소로 우리 겨레도 참획(參劃)을 허용 맡았으며 더욱이 제국 정부의 국책으로써 이주정책을 장려하기까지 된 이상 그 무엇 때문에 대륙 진출을 주저할 것이랴.[10]

라는 주장은 전시 만주가 가졌던 의미가 어떠했는지를 뚜렷하게 보여준다. 중국의 점령과 만주의 이주 정책은 깊숙이 연관되어 있었고, 피식민지인의 이동을 부추겼다.

이 나라는 (중략) 면적은 약 130만 평방킬로미터로 우리나라의 약 2배에 해당하나, 인구는 약 3,700만에 불과하다.[11]   〈⑤-「初等地理」, p.70〉

---

10   이선근(1939) 「만주와 조선」 『조광』 7월호, p.61
11   この國は、(中略) 面積は約百三十萬平方キロメートルで、わが國のおよそ二倍に當つて

우리나라보다 훨씬 넓은 땅, 그럼에도 인구는 약 3700만이라는 숫
자는 토지를 빼앗긴 조선인들에게 꿈의 공간일 수도 있는 것이다. 인
구 밀도도 적고 산업개발상에서, 국방상에서도 더한층 이주할 필요가
있다고 여겼던 것이다.

> 이 나라는 인구밀도도 낮고 미개척지도 많으며 때문에 소비에트연방과
> 경계하고 있으므로 산업 개발면에서도, 국방면에서도 우리 국민이 더
> 한층 이주할 필요가 있다.[12]　　　　　　　　　〈⑤-「初等地理」, p.68〉

정책화된 만주 이민은 주로 농업이민이었기에 절차를 밟아 옮겨간
이민자들은 동아의 대지를 경작하는 건강한 개척민으로 인식되었다.

> 논의 경작에는 거의 조선 개척민이 담당하고 있다. 남부지방에서는 綿
> 의 재배와 누에의 양잠이 성행하고, 특히 綿은 日滿경제정책상 필요하
> 기에 크게 재배가 장려되고 있다. 그러나 북만주에서는 松花江 유역을
> 시작으로 각지에 넓디 넓은 들판이 미개척인채 남아 있기에 만주국 정
> 부는 개척민을 환영하며 이 지방의 개발에 크게 힘쓰고 있다.[13]
>
> 　　　　　　　　　　　　　　　　　　　　〈⑤-「初等地理」, p.74〉

　　ゐるが、人口は約三千七百萬にすぎない。

12　この國は、人口密度も小で未開拓地も多いにソビエト聯邦と境しているので、産業開發上
　　からも國防相からも我が國民が一層多く移住する必要がある。

13　水田の耕作にはほとんど朝鮮の開拓民があたつてゐる。南部地方では、綿の栽培や
　　柞蠶の飼養もも盛で、特に綿は日滿經濟政策上必要であるから大いに栽培が獎勵さ
　　れてゐる。しかし、北滿洲ではまだ松花江流域をはじめ、各地にひろびろとした原野
　　が未開拓のまゝ殘されてゐるので、滿洲國政府は盛に開拓民を歡迎して、大いにこの
　　地方の開發に努めてゐる。

논의 경작에는 거의 우리나라의 개척민이 담당하고 있다. (중략) 남만
주정부는 우리나라 개척민을 환영하고, 우리국민은 이 지역에서의 발
전을 거듭할 수 있도록 연구하지 않으면 안된다.[14]

〈⑤-「初等地理」, pp.74-75〉

　조선인들이 동북에 와서 수많은 토지를 개간하는 공적을 세웠는데
그 중에서도 천수답을 개발하여 벼농사를 보급한 것도 또 다른 공적의
하나일 것이다.[15] '천수답의 경작에는 거의 조선의 개척민이 담당하고
있다.'는 내용은 어느 교과서에서나 거의 비슷하게 나온다. 개척하기
힘든 황폐한 곳은 조선인이, 수월한 곳은 일본인의 담당이었다는 것,
재만주 조선인의 80%가 농업에 종사하고 있다는 사실은 만주 이민과
재만 조선인의 '국책적' 성격을 증명하기에 충분했다.[16]

　만주의 여름은 수수의 여름이고 콩의 여름이며 조나 옥수수의 여름이
다. 만주의 작물은 이처럼 많은데, 농촌은 이쪽 강변이나 저쪽 버드나
무 그늘 사이로 보일 정도로, 집들은 수수에 둘러쌓여 있다. 누가 이 작
물을 돌보고 누가 이것을 거둬들일까 하고 생각할 정도다. (중략)외국
인은 장춘 이북에 러시아인이 많고 이남에 일본인이 많다. 내지인은 대
부분 상공업에, 조선인은 대부분 논농사에 종사하고 있다.[17]

〈7-22「만주」『國語讀本』〉

14　水田の耕作にはほとんどわが國の開拓民があたつてゐる。(中略) 南滿洲政府はわが國開
　　拓民を歡迎されて我が 國民はこの地域で發展に發展を研究さなければならない。
15　이승률(2007)『동북아 시대와 조선족』박영사, p.123
16　홍양명의「대륙 진출의 조선 민중, 만주국에서 활약하는 그 현상」의 통계에 따르면
　　"재만 조선인의 생업의 절대 대부분을 점유하는 것은 농업으로 1938년 현재
　　154,100호로서 전 호수 192,897의 약 8할에 해당한다.
17　김순전 외 2인(2014)『제2기 보통학교국어독본』제이앤씨, p.108

『國語讀本』에서도 넓은 수수밭이나 옥수수밭으로 만주의 광대함을 설명한다. 그리고 "누가 이 작물을 돌보고 누가 이것을 거둬들일까 하고 생각할 정도다."라는 질문을 던지면서 자신들이 있어야 할 공간을 생각하게 만들어 놓는다.

또한 교과서에서 만주로의 이민은 조선인뿐만 아니라 일본인도 참여하였다고 설명을 해준다. 조선인=농업. 일본인=상공업으로 이분하여 단순 노동력은 조선인의 담당으로, 단순 이상의 생각을 해야 하는 부분은 일본인 담당으로 서술하였다. 조선이민자를 '제국신민'이라고 떠들면서도 식민주의의 노동력 중심의 노예화교육(奴化敎育)을 실시하였던 것이다.

  1. 보이는 내내 끝도 없이 / 여기 만주의 넓은 들판
    아침 햇살에 빛나고 / 저 멀리 양떼도 보이네
  2. 광야를 건너는 구름 그림자 / 보아라! 한가로운 구름 그림자
    콩밭을 건너가네 / 바람이 부는 대로 건너 가네.[18]

  〈6-8 「만주광야」『초등음악』〉

조선 아동에게 만주는 '넓은 들판' '광야' '양떼' '콩밭' 등 너른 광야와 작물을 재배하고 있을 자신들의 모습을 떠올릴 수도 있을 것이며, 선생님은 그리 하게끔 유도교육을 시켰던 것이다.

일제는 강제로 한민족 이민을 강제적으로 지린(吉林), 장춘(長春) 등에 많이 이주시켰다. 만주사변 이후에는 압록강 유역과 랴오닝(遼寧)성의 한민족 이민자도 크게 늘어나 선양(沈陽), 푸순(撫順), 환런(恒

18 김순전 외(2013)『초등학교 唱歌 교과서 대조번역(下)』제이앤씨, p.401

仁), 지안(集安)에는 1만 명 이상이 집거하였다. 이처럼 만주로의 이민
이 많아짐을 교과서 삽화로서도 제시하였다.

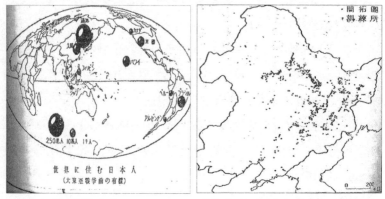

〈図-2〉 ④-「세계에 사는 우리 국민」　　〈図-3〉 ④-「만주 주민과 우리 개척민」

　　만주 또는 만주로의 이민은 '희망찬 개척'의 땅을 향한 전진으로 상
상되곤 했는데, 만주행에 대한 다음과 같은 이해는 당시 정책적 차원
에서 만주행을 이상화하던 경향을 보여주는 전형적인 사례다.

　　'만주로 간다.' 이 말이 만주사변 전에는 조선서 쫓겨가는 불쌍한 농민
　　들의 바가지를 꿰차고 보따리를 들던 초라한 모양을 연상했지만 만주
　　건국 이래의 6년의 세월이 흐른 금일에 있어서는 만주로 간다는 말이
　　"일을 하러 가고 희망을 갖고 간다.'고 할 수 있게끔 되었다. 만주사변
　　을 계기로 신흥 만주국이 건국되자 민족협화 왕도낙토의 정신 밑에 조
　　선인의 생활은 무엇으로나 다변해지고 따라 조선인 문제가 더욱 중대
　　화하게 되어 이에 대한 관심은 식자간에 喫緊하게 되었고 또 만주를 한
　　번 본다는 것에 크게 의의 있는 일이 되었다.[19]

19　함대훈(1939) 『남북만주편답기』 『조광』 7월호, p.72

만주의 조선인 이민자수의 증가에 따라 정책적 정비 역시 강화되었다. 지식인 집단의 만주 여행이나 시찰이 빈번해진 것도 이 시기로 조선인 이주 정책은 그 어느 때 보다도 높아가고 있었다. 〈図-2〉〈図-3〉에서 본 것처럼 조선인들은 만주 중심으로 이주하였음을 알 수 있다. 왕도낙토는 노래에서도 나온다.

> 4. 근로의 노래 구슬 같은 땀방울에 / 땅은 기름지고 끝없는 광야 / 왕도낙토 번영해 가는 대로 / 모자(母子)는 기원하네 오늘 석양에 / 아-개척촌의 동쪽 / 충령탑은 황금빛으로 빛나네.[20]
>
> 〈5-20 「북만주의 광야」, 『초등창가』〉

만주는 기름지고 끝없는 광야, 왕도낙토 번영을 이루는 곳으로 조선의 어른들뿐만 아니라 청소년들에게 자신들의 미래의 공간으로 연결시키기도 하였다.

> 개척민 이외에 1937년부터는 나라를 생각하는 건장한 일본의 청소년이 매년 용감하게 만주로 건너가 만주개척청년의용대에 입대하여 약 3년간 현지에서 실질훈련을 받고 나서 개척민의 중심이 되어 활동하는 것입니다.[21] 〈⑦-「初等地理」, pp.156-157〉

이외에도 "일본 중국 양국민이 이 광대한 토지의 산업개발에 힘쓴다면 그 행복함은 크게 증진될 것이다." 〈7-22 『國語讀本』〉에 나와 있

---

20 김순전 외(2013) 『초등학교 唱歌 교과서 대조번역(中)』 제이앤씨, p.461
21 開拓民のほかに、昭和十三年からは國を思ふ元氣な內地の青少年が每年勇ましく渡滿して滿洲開拓青年義勇隊に入隊し、約三年間現地においての實質訓練を受けてから、開拓民の中心となつて活動するのです。

는 것처럼 만주는 산업상으로도 일본에게는 중요한 곳이다. 만주에 대해서는 '日滿兩國人 공동 회사.' 라든지 '만주의 산업은 대부분 日滿 양국의 일체의 입장에서 경영이 되어왔다.' '우리나라는 이 나라에서 전무역액의 과반수를 차지.' 라는 내용으로 일본과의 연결고리로 나와 있다. 일본청년들이 중심이 되어 활동하는 만주에 조선청년들의 참여 독려를 제시한 것은, 만주가 제국의 권력과 영토의 확장지로서 적합한 공간이라 여겼기 때문이다.

3.2. 대동아 전진의 중요 공간

메이지시대부터 제2차세계대전까지 일본의 강력한 사상의 조류는 '서양제국주의로부터 아시아 해방'이었다. 일제가 19세기 후반과 이후 태평양전쟁으로 이어지는 시기에 아시아로 눈을 돌렸다.

1905년 일본이 러시아에서 승리를 거둔 것은 서양의 동아시아 지배가 영원히 지속되지 않을 것이라는 사실을 아시아와 서양세계에 분명하게 알린 사건이었다. 만주는 서양에게 조선보다 더욱 중요한 지역으로 경제적 이해관계가 있는 곳이었다. 일본 군국주의가 시작되었고, 동아시아의 서양이권에 새로운 위협이 제기되었다.[22]

만주국 수립 이후 영국, 미국과의 갈등은 시작되었고 중일전쟁으로 곤경에 빠진 일본은 구미의 식민지 지배를 타파하고 아시아민족을 해방하자는 명분을 내세워 근대 이전의 중화질서를 대체한 대동아공영권을 형성하려 하였다.

> 만주의 주민들은 우리군대 덕분에 치안이 강해졌음을 기뻐하여, 이듬해 3월에 新京을 중심으로 만주국을 건설하였습니다. 우리나라는 東亞

---

22   워런 코헨 지음 · 이명화, 정일준 옮김(2009) 앞의 책, p.390 참조

의 수비를 굳건히 하기 위해 일만의정서(日滿議定書)로 동맹을 맺고 이
나라와 공동방위를 하게 되었습니다.[23]

〈⑦-「동아안정의 맹세」『初等地理』, p.251〉

1932년 우리의 원조에 의해 이 나라가 성립되는 등, 양국은 攻守同盟을
맺고 협력하여, 그 후 중일전쟁을 거쳐 대동아전쟁을 치르는 오늘날에
이르러 양국의 국교는 더욱더 친선을 더해, 지금은 완전히 일심일체가
되어 국방상, 경제상 서로 협력하고 있다. 때문에 이 나라는 건국 후 불
과 10년이 지나 오늘날과 같이 國勢가 발전해 왔다. 최근에는 三國條約
에 의해 우리나라 및 중화민국과 함께 대동아의 평화를 위해 힘쓰고
있다.[24]　　　　　　　　　　　　　　　　　　　〈⑥-『初等地理』, p.56〉

만주는 대동아를 이루기 위한 중요 지역으로 동아의 수비를 하기 위
해서, 지역으로도 대동아의 나라들 가운데서도 서쪽에 있기에 '완전히
불가분의 관계가 있는 중요한 나라'라는 것이다,

1. 동녘하늘 어슴푸레 밝아오고 / 여기 북만주의 끝없는 광야'
　담을 휘감는 어린 느릅나무 / 초록잎 향기 풍기는 개척자의 집에
　벌써 일장기 처마에 펄럭이고 / 홍안령에 아침 바람 스치네

23　滿洲の住民たちは、わが軍のおかげて治安がかたまつたのをよろこび、翌年の三月に、新京を中心として滿洲國を建てました。わが國は、東亞のまもりをかたくするために、日滿議定書をとりかはして、この國と同盟をむすび、共同防衛を約束しました。
24　昭和七年我が國の援助によつてこの國が成立するや、兩國は攻守同盟を結んで協力し、その後支那事變を經て大東亞戰爭の今日に至り、兩國の國交はいよいよ親善を加へ、今や完全に一心一體となつて國防上・經濟上互に助け合つてゐる。ためにこの國は建國後僅か十年にして今日のやうにその國勢が發展して來た。最近は三國條約によりわが國及び中華民國と共に大東亞の平和のためにつとめてゐる。

2. 흥아의 희망 마음 깊이 새기고 / 멀리 멀리 왔노라 끝없는 광야.
   내려치는 괭이에 새로운 흙이 / 검게 빛나고 향내나는 밭이여
   보라! 개척의 전사는 젊고 / 일군 밭두둑도 지평선에 이어지네.[25]

〈5-20 「북만주의 광야」『초등창가』〉

정책화된 만주 이민은 동아의 대지를 경작하는 건강한 개척민, 동아시아의 역사를 바꾸는 부흥으로 연결되었다. 만주 곳곳에 일장기가 펄럭인다는 가사처럼 만주는 일제가 나아갈 곳이었던 것이다.

만주는 제국의 권력 확장지이며, 흥아(興亞)의 희망지이기도 하였다. 조선의 개척민들의 역사는 '일개의 위대한 세계의 엘레지.'[26]로 편곡되었다. 어차피 고향을 떠나야 할 바에는, 기름진 땅으로 억만대 살아갈 드넓은 만주행은 조선인에게는 어쩌면 유토피아로 가는 희망의 신천지이기도 하였다.[27]

만주 진출에 가장 큰 기여도는 철도의 활성화이다. 대륙으로의 연결은 철도 중심으로 이루어졌으며 조선 뿐만 아니라 중국과의 거리를 단축시키는 역할을 하고 있다. 1909년 9월 4일 일본과 청 사이에 간도 협약 이후 만주 5안건 협약을 청과 일본 간에 체결하게 된다. 러일전쟁의 결과로 체결된 〈포츠머스조약〉으로 장춘 이남 철도부설권이 일본에 주어지고 일본은 남만주철도 주식회사를 설립하여 남만주철도를 관리, 운영하게 된다. 당시 高等小學校 아동을 대상으로 한 『滿韓鐵道唱歌』의 서문을 보면,

25   김순전 외(2013) 『초등학교 唱歌 교과서 대조번역(中)』 제이앤씨, p.461
26   홍양명(1939) 「대륙진출의 조선민중, 만주국에서 활약하는 그 현상」 『삼천리』 1월 호, p.90
27   장미경 · 김순전(2015) 「일제말 한일 대중가요에 표상된 만주」 『일본어문학』 제66 집 한국일본어문학회, p.199

러일전쟁은 우리 제국의 신기원으로 만한의 경영은 새로운 일본의 가장
핵심적인 국시이다. 오늘날의 少年子弟로 하여금 서둘러 滿韓地理에 익
숙하도록 해야 할 것이 눈앞에 직면한 급선무라는 것을 인식해야 한다.[28]

滿韓地理에 익숙한 것은 일본의 핵심적인 국시로, 만주는 더 이상
먼 곳이 아닌, 언제라도 갈 수 있는 곳으로 주입시켜야 했던 것이다.

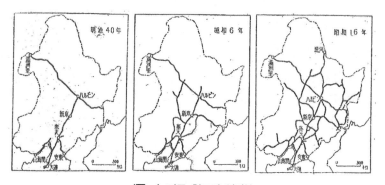

〈図-4〉 만주 철도의 연장[29]

위의 삽화에서도 만주의 철도 확장이 만주사변 이후에 활성화되었
음을 알 수 있다. 한반도로부터 동북까지의 철도가 발달되어 만주로의
이주가 훨씬 수월해졌다. 남만주 철도에 대해서는 ("우리가 소유한 것
으로 다른 나라가 손댈 수 없다."〈②-「初等地理」〉)는 제시가 교과서에
등장할 정도로 동아시아 진출이 확장되는 통로였다.

교과서에 수록된 교통수단 중 철도에 대한 이야기가 많은 것은, 만주
이동에 빠른 수단의 일부분이 되었기 때문이다. ("일본과 조선의 철도
가 연결되어, 만주의 철도와 중화민국의 철도가 연결되어 있다.〈③-「初

---

28 渡辺官造 編(1906)『滿韓鐵道唱歌』金港堂書籍, p.3 序文
29 「鉄道의 発達」〈⑤-「初等地理書」〉p.152

等地理書」))에서도 철도길이 급속도로 확장되었음이 설명되어 있는데, 이것도 일제의 만주의 산업증진과 대동아공영권의 전초전이었다.

> 1940년은 정확히 기원 2600년이 되는 해입니다. 우리나라는 동아의 안정을 목표로 새로운 지나를 건설하기 위해 전쟁을 계속하고 있는 중에, 이 해를 맞이하게 되었습니다. (중략) 우리나라에서 여러 가지로 기원 2600년 기념행사를 거행하고 있을 때 만주국으로부터 황제가 몸소 오셔서 천황폐하께 축하를 올리고, 황대신궁과 가시와라신궁에도 참배하시고 우리 국체에 감격하며 돌아가셨습니다. 만주국 황제폐하는 곧 新京의 황궁에 建國神廟를 세우시고 아마테라스 오미카미를 모시어 우리나라와 한마음으로 나아가고 있다는 것을 확실히 하셨습니다.[30]
>
> ⟨⑦-『初等地理』, pp.261-263⟩

> 이 나라는 우리나라와 굳건한 동맹을 맺고 一德一心으로 東亞의 新建設에 진력하고 있습니다. 滿洲國皇帝는 建國神廟에 아마테라스 오미카미를 모시어서, 우리 황실에 깊은 친밀감을 보여주셨습니다. 우리 일본인은 앞으로 더욱 진심을 담아서 滿洲國人을 이끌고, 이 나라의 성장을 지켜나가지 않으면 안 됩니다.[31]   ⟨⑦-『初等地理』, p.158⟩

---

30 昭和十五年は、ちやうど紀元二千六百年にあたつてゐます。わが國は、東亞の安定をめざして、新しい支那を建設するため、戰ひつづけてゐる際に、この年をむかへました。(中略)わが國で、いろいろと、紀元二千六百年記念をするもよほしが行はれてゐる時、滿洲帝國から、皇帝陛下が御みづからおいでになつて、天皇陛下にお祝ひを申しあげられ、皇大神宮や橿原神宮にも御參拜になり、わが國がらに深く感激しておかへりになりました。滿洲國の皇帝陛下は、すぐに新京の帝宮に建國神廟をおたてになつて天照大神をおまつりになり、わが國と心を一つにしてお進になつてゐることを、はつきりとお示しになりました。

31 この國はわが國と固い同盟を結び、一德一心となつて東亞の新建設につとめてゐます。滿洲國皇帝は建國神廟に天照大神をおまつり遊ばし、我が皇室に深く御親しみになつてゐます。われわれ日本人は、今後いよいよ眞心をもつて、滿洲國人を導き、この國

이제 만주는 일본의 조종을 받는 나라, 일본은 만주를 보호해야 할 사명이 있는 나라인 것이다. 만주국의 황제가 建國神廟을 건설하여 아마테라스 오미카미를 제사하였다는 것은 일본과 만주가 한마음이라는 뜻으로 해석을 해놓고 있다. 東亜의 新建設로 맺어진 만주는 일본과 一徳一心이 되어 있다는 것이다.

동아시아에서 격변의 시대에 동아협동은 제국의 동북아 대륙정책이었고 중요한 공간은 만주였다는 것이다.

4. 기회의 공간 – 滿洲

일본에게 만주는 제국을 확장시키려는 야욕을 채워줄 기회의 공간이었다. 중국 동북부의 영토 주권을 장악하고 있는 일본은 식민주의의 세계화를 위해 조선인들의 이주정책을 장려하였는데 조선총독부 편찬 초등교과서에서도 확연히 드러나 있었다.

일제강점기 〈地理〉교과서와 그 외의 교과서에서는 만주는 조선인에게 미래의 신천지로 표상되었다. '희망찬 개척' '흥아(興亞)의 희망지'의 제시로 식민주의의 노동력 중심의 노예화교육(奴化敎育)을 실시하였던 것이다. 조선인만의 개척이 아닌 일본인 이주도 말하기도 하였다. 그러나 조선인들은 단순 노동으로, 일본인들은 단순 이상의 노동으로 만주에서 경제활동을 하고 있다고 자국민의 우월함을 내세웠다.

그 외의 만주국의 성립과정을 일본과 연계하려 하였고, 만주와의 인연이 오래전부터 있어 왔음을 설명하기도 하였다. 만주의 이동은 왕도

の成長をまもらなければなりません。

낙토를 만들려는 대동아공영권과도 연결지어, 대동아 전진의 필요한 공간으로 설정하였다.

영토영역의 확장으로 교과서에서는 만주의 지리적 부분이 부각되었는데 이것으로 제국주의 동아시아 침략 야욕이 엿보이기도 하였다. 대동아공영권에 대한 일제의 시각이 미래의 식민지인으로 만드는 식민지 교과서에서도 확실히 드러나 있다. 만주는 전쟁수행을 위한 식량기지이자 노동력 제공처로서 의미이었지만 최종적으로는 대동아공영권에 대한 일제의 영토와 권력의 확장 공간이었던 것이다.

제 3 장

지리정보의 시각화

제국의 식민지 역사 지리 연구

Ⅰ. 그래픽자료의 유형 및 변화[*]

■ 사희영 · 김순전

1. 序論

교과서는 학습과정의 목표와 지도내용을 구체화한 학습용 도서로, 학생들이 배워야 할 보편적인 진리 체계를 담고 있으며, 교육활동은 이러한 교과서의 내용을 배우는 것이 중심이 되어 이루어진다.

교수에 사용되는 교과서는 실제 교수자와 학습자의 매개체가 되어 각 단원에서 배워야할 주제와 연관하여 구체적인 학습활동이 이루어.

* 이 글은 2016년 8월 대한일어일문학회 『日語日文學』(ISSN : 1226-4660) 제71집, pp.177-197에 실렸던 논문 「朝鮮總督府편찬 초등학교 (地理)교과서 삽화 변화 考察」을 수정 보완한 것임.

지므로, 교과서의 의존도와 중요성은 매우 크다고 할 수 있다. 또한 이러한 교과서에 실려 있는 주제와 연관한 그래픽자료는 가장 손쉽게 실질적으로 활용할 수 있는 자료이며 주제를 압축하여 보여주는 자료이기에 더욱 중요하다고 할 수 있을 것이다.

특히 〈地理〉교육에 있어서 지도를 비롯해 도표나 사진 및 통계자료를 활용한 수업은 직접 가 볼 수 없는 지리적 공간에 대한 다양한 정보를 제공함으로써, 지리적 내용을 보다 구체적으로 분석하게 하는 힘을 길러주고 지리적 위치 파악과 함께 정보를 활용할 수 있는 능력을 키워주게 된다. 그래서 지리교과서에는 가보지 못한 미지의 지역에 대한 학습 효과를 높이고 좀 더 빠른 이해를 돕기 위해, 타 과목의 교과서와 비교해 훨씬 많은 양의 사진이나 도표 및 지도 그리고 그림 등의 그래픽자료를 교과서에 담겨 있다.

따라서 교과서에 실린 사진, 지도, 도표 등을 고찰하는 것은 〈地理〉교과서 내용 분석에서 중요한 몫을 차지한다고 할 수 있다.

그러나 현재까지 이뤄진 지리교육에 관한 연구를 살펴보면, 〈地理〉교과서의 삽화에 관한 연구는 최영은의 「제7차 교육과정 고등학교 세계지리 교과서 시각 자료 분석」과 같이 현행 교과서의 삽화분석만이 주로 이루어지고 있다.[1] 더욱이 일제강점기 〈地理〉교과서에 관한 삽화 연구는 신수경의 「일제강점기 지리 교과서 삽화 연구 : 내재된 이데올로기와 표현방식의 변형」[2]만이 있을 뿐이었다. 신수경의 연구는 1932

---

1   김혜욱(2006), 「한 · 일 중학교 사회교과서 삽화분석」, 연세대 석사논문 ; 최영은(2006), 「제7차 교육과정 고등학교 세계지리 교과서 시각 자료 분석」, 상명대 석사논문 외에도 박인옥(2010), 「중학교 「사회1」 교과서 삽화의 기능 분석」 『한국사진지리학회지』 제20권 제2호 등 사회교과서의 삽화분석연구가 대다수이고 지리교과서가 소수를 차지하고 있다.
2   辛秀曊(2009) 「일제강점기 지리 교과서 삽화 연구 : 내재된 이데올로기와 표현방식의 변형」 『美術史論壇』 제29호, 한국미술연구소

년 출판된『初等地理書』의 삽화 내용과 표현방식을 분석한 것으로 일
제에 의해 제작된 지리교과서의 내재된 정치성과 표현 방식을 잘 밝혀
내고 있다. 그러나 1932년 지리교과서에 국한되어 전반적인 지리교육
삽화연구로는 미흡하다고 인지된다.

　일제강점기 지리교육의 목적과 변화를 보다 명확히 파악하기 위해
서는 일제강점기 전반에 걸쳐 사용된 〈地理〉교과서의 그래픽자료를
살펴볼 필요가 있다고 여겨진다. 왜냐하면 아직 문장 이해능력이 충분
하게 발달하지 않은 어린 아동에게 있어 교과서에 제시된 그래픽 자료
는 문장이상의 영향력을 행사하였으리라 추측되기 때문이다.

　따라서 본 발표에서는 일제강점기에 초등학생 교육 자료로 출판된
조선총독부편찬 〈地理〉교과서[3] 13권에 제시된 그래픽자료에 초점을
맞추어 본문과 함께 살펴보고자 한다. 각 단원에 제시된 그래픽 자료
를 중점적으로 파악하고, 지리교육에서 지리적 공간이 어떻게 설명되
고 있는지 시기별 그래픽자료의 변화를 통해 분석 고찰해보고자 한다.

2. 〈地理〉교과서의 그래픽 유형 및 변화

　일반적으로 삽화란 사진・도표・그림 등 문자를 제외한 자료를 서
적・잡지・신문 등에 끼워 넣어, 본문 내용이나 기사 등의 바른 이해
를 돕는 보충적인 설명기능의 시각적 효과 자료를 의미하는 것으로 비
문자적 시각자료[4]를 말한다.

3　『尋常小學地理書補充敎材』(1920), 『普通學校地理書補充敎材』(1923), 『初等地理書』
　卷一・二(1932, 1933), 『初等地理』卷一・二(1937), 『初等地理』卷一・二(1940, 1941),
　『初等地理』卷一・二(1942), 『初等地理』卷二(1943), 『初等地理』第五學年 ・六學年
　(1944) 등 조선총독부 편찬 지리교과서 13권을 텍스트로 한다.

일제강점기 초등학교 아동을 대상으로 한 지리 학습에서도 지도 학습 및 공간의 이해를 돕고 추론적 내용을 보다 명확하게 시각적으로 이해시키기 위한 전달매체로 사진, 그림, 지도, 도표 등의 자료를 〈地理〉교과서에 많이 삽입하여 사용하고 있는 것을 살펴 볼 수 있는데, 당시 게재된 삽화 자료를 추출하여 분류하고 각 종류별로 통계를 내어 도표화 한 것이 〈표 1〉이다.

〈표 1〉 일제강점기 초등학교 〈地理〉교과서 삽화 유형별 분포

차수	교 과 서 명	그림 사진	지도	도표	분포 도	삽화 합계	총 page	삽화 비율
I	尋常小學校地理補充敎材(1920)	6	-	-	-	6	44	13.6%
II	普通学校地理補充敎材(1923)	14	4	-	-	18	36	50.0%
III	初等地理書 卷一 (1932)	88	13	17	16	134	134	100.0%
	初等地理書 卷二 (1933)	105	13	31	15	164	190	86.3%
IV	初等地理 卷一 (1937)	90	14	17	21	142	143	99.3%
	初等地理 卷二 (1937)	101	15	31	19	166	196	85.2%
V	初等地理 卷一 (1940)	93	21	22	22	158	151	105.2%
	初等地理 卷二 (1941)	125	19	24	16	184	219	84.4%
VI	初等地理 卷一 (1942)	87	22	22	23	154	151	102.6%
	初等地理 卷二 (1942)	122	19	24	16	181	219	90.0%
	初等地理 卷二 (1943)	80	14	7	9	110	152	73.0%
VII	初等地理第五學年 (1944)	79	13	5	9	106	158	65.8%
	初等地理第六學年 (1944)	77	21	7	14	119	159	74.8%
	합 계	1,067	188	207	180	1,642	1,952	85.1%

삽화는 각 종류별로 그 내용에 따라 크기가 다르지만 통상 한 페이지에 하나의 삽화를 기준으로 삼아 통계를 내어보면, 위의 표에서 알 수 있듯이 I차부터 VII차까지 사용한 삽화는 전체 약 1,952 페이지 중

4 중앙일보사(1981)『현대미술 용어사전』계간미술 p.147

1,661회로 평균 약 85.1%를 차지하고 있다. Ⅰ차에 44페이지에서 13.6% 출현하였던 삽화가 Ⅱ차에서는 50%로 증가 되었고, Ⅲ차에서 부터는 거의 80~100%의 비중으로 게재되어 있다. 가장 많은 삽화가 게재된 것은 1940년에 출판된 Ⅴ차『初等地理』卷一로 총 159회/151페이지의 수치로 한 페이지 당 하나 이상의 삽화가 게재되어 다른 시기 보다 높은 약 105.2%를 나타내고 있는 것을 잘 볼 수 있다. 또 1942년 에 출판된 Ⅵ차『初等地理』卷一도 155회/151페이지 게재로 102.6%를 보이고 있다. 그러나 다음해인 1943년에는『初等地理 卷二』의 삽화를 다른 시기와 달리 많이 삭제하여 73%의 게재율로 조정하여 출판하고 있다.

삽화의 유형별로 분류해 가장 많이 게재된 순으로 살펴보면 그림·사진류, 도표, 지도, 분포도의 순으로 나타났다.

본 장에서는 시기별로 공통된 삽화와 삭제 삽화 혹은 새로 게재된 삽화 등을 각각 유형별로 그 변화를 자세히 살펴보겠다.

2.1 주제부각의 시각화 -그림·사진

앞서 언급했듯이〈地理〉교과서 삽화 유형별 분포 중 가장 높은 수치를 나타낸 것이 그림·사진으로 전체 1,067회이다.

사진5은 광학적 방법으로 감광 재료면에 박아 낸 물체의 영상을 말하는 것으로 장소나 시간의 제약을 받지 않고 현실을 직접 보는 것과 같은 효과를 나타내어 문장보다 그 효과가 훨씬 뛰어나다. 지리학에서 이용되는 사진은 위성사진, 항공사진, 일반사진 등이 사용된다.6 또 그

---

5 김기수는「몸과 몸짓 그리고 사진」에서 사진의 특성으로 현실에 대한 직접적이고 정확한 정밀함을 근거로 삼는 '현실성'과 현실에 존재하는 대상을 직접적이고 정확하게 카메라에 담아내는 '기록성'을 들고 있다. (성광수 외12인(2003)『몸과 몸짓 문화의 리얼리티』소명출판사, p.328)

림은 선이나 색채를 이용하여 사람이나 사물, 풍경 또는 감정이나 상
상력을 구체적인 모양으로 나타낸 것으로 사진과 유사한 효과를 가지
면서도 특정 주제에 관한 내용을 담아 정확히 표현할 수 있는 특징을
가지고 있다.

일제강점기에 출판된 〈地理〉교과서의 사진·그림을 차수별로 구분
하여 게재횟수와 변화를 정리한 것이 〈표2〉이다.

〈표 2〉 일제강점기 초등학교 〈地理〉교과서의 사진·그림 게재 현황

차수	교 과 서 명	그 림	삭제 그림	새로운 그림
Ⅰ	尋常小學校地理補充教材(1920)	6	–	–
Ⅱ	普通学校地理補充教材 (1923)	14	2	10
Ⅲ	初等地理書 卷一 (1932)	88	–	74
	初等地理書 卷二 (1933)	105	–	105
Ⅳ	初等地理 卷一 (1937)	90	12	14
	初等地理 卷二 (1937)	101	7	3
Ⅴ	初等地理 卷一 (1940)	93	22	25
	初等地理 卷二 (1941)	125	24	48
Ⅵ	初等地理 卷一 (1942)	87	20	14
	初等地理 卷二 (1942)	122	4	1
	初等地理 卷二 (1943)	80	55	10
Ⅶ	初等地理 第五學年 (1944)	79	58	50
	初等地理 第六學年 (1944)	77	66	21
	합 계	1,067	270	375

일제강점기에 출판된 〈地理〉교과서에서의 삽화에서 그림과 사진을

---

6 위성사진은 광대한 지역을 파악하는데 적절하며, 항공사진은 지형학이나 토지
이용, 삼림조사, 수질오염, 현황 파악 등에서 폭넓게 이용되고 있고, 일반사진은
개인이 주관적으로 촬영하는 경관사진으로 가옥 등 문화경관, 지층이나 작은 노
두 등 좁은 지역을 구체적으로 표현하는 지리사진을 일컫는다. (김영주(2003)
『고등학교 지리 교과서 시각 자료 분석』 이화여자대학교 교육대학원, p.18)

구분하기는 어렵다. 왜냐하면 교과서에 게재된 그림은 복제판화[7]의 성격을 띠고 있기 때문이다. 사진으로 촬영한 풍경을 화가의 손을 거쳐 제작하여 게재 되었다. 삽화 취급의 실제 예를 기술해 놓은 해설서를 살펴보면 아래와 같이 기술되어 있다.

> 엄밀한 의미에서 사진이라고 하는 것도 바르지 않다. 왜냐면 이것은 처음의 사진이 아니기 때문이다. 이것들의 근거가 될 만한 사진을 기초로 하여 한번 화공의 손에 의해 별도의 종이에 베껴 그려 이것을 다시 사진으로 하여 인쇄한 것이다. 그러나 근거가 되는 사진과는 거의 차이가 없다고 해도 좋을 정도로 편의상 사진류로서 일괄하였다. 이렇게 한번 화공의 손을 통한 방법은 더없이 그림을 선명하게 하는 효과가 있다.[8]

〈地理〉교과서에 사진이 수록된 것은 1944년으로 추정되지만, 실제로 수록된 사진 및 그림을 살펴보면, 사진인지 그림인지 비교가 되지 않을 정도로 매우 정교하다. 따라서 사진과 그림을 별도로 구분하지 않고 그림·사진의 한 항목으로만 구분하였다.

Ⅰ차에서의 그림·사진 자료는 목장, 염전, 금광의 풍경과 같은 단순한 그림이 주를 이룬다. Ⅱ차에서는 게재 그림이 더욱 증가하면서, 시가지의 모습이 삽입되었고 좀 더 복잡한 그림이 나타나게 된다.

Ⅲ차에서는 기존에 보충 교재적 성격의 교과서에서 독립과목의 교

---

7 辛秀暻(2009) 앞의 논문, pp.263-267 참조.
8 嚴密な意味からいふと寫眞といふのも正しくない。何故ならば、これは最初からの寫眞でないからである。これ等は原據となるべき寫眞を基礎に、一度畵工の手によって別紙に寫し描かれ、それを更に寫眞として印刷されたものである。然し原據なる寫眞と殆ど差異がないといってよいと思はれるので、便宜上、寫眞類として一括した。この一度畵工の手を通す方法は、極めて畵を鮮明にするといふ效果がある。(大石運平(1935) 『初等地理書挿畵取扱の實際』 朝鮮公民敎育會、p.13)

재로 편찬되면서 그림 횟수는 193회(1권88, 2권105)로 약 14배가 증가하게 된다. 이시기부터는 항공사진을 화가의 손을 거쳐 실사에 가깝게 다시 강조하여 그린 후 사진을 찍어 인쇄한 것을 게재한 것으로, 자연에서 산업구조물에 이르기까지 다양한 방면의 그림이 나타나게 된다. 공중에서 찍은 사진을 토대로 하여서인지 그림이 확대되어 있고 멀리서 바라 본 전경(全景)을 담고 있다.

Ⅳ차에서는 Ⅲ차와 기술적인 수법은 변화가 없으나 제시된 그림이 최신의 내용으로 수정되거나 제목을 수정 변경한 것들이 눈에 띈다. 그리고 이시기에는 말린 명태 제조나 염전 혹은 인삼밭에서 일하는 모습들의 그림들이 삭제되고, 관부(關釜)연락선, 요코하마 항의 무역, 필리핀 다바오의 일본인 시가 모습 등이 삽입되어있다. 이는 1차 산업에서 점차 2차·3차 산업 그림으로 전환되고 있음을 잘 보여주는 예이며, 또한 세계를 무대로 경제적으로 성장해가는 일본을 형상화한 것이라고 할 수 있다.

Ⅴ차에는 가장 많은 그림 218회가 게재되었고, 이 시기에 새로운 그림도 가장 많이 추가된 시기인 것으로 나타났다. 표현기법에 있어 기존에 일률적이던 전경그림에서, 일부를 확대하여 공장 내부의 모습을 게재하거나 또는 해당 지역의 상징물을 중심으로 한 그림으로 교체되어 있다. 내용적으로는 압록강, 원산항, 평양 및 신의주 시가 등의 전경 모습이 모두 삭제되고, 낙엽송 숲, 석탄이 매장되어 있는 곳이나 제지, 제마, 제분, 제차공장들로 대체되어 있으며 궁성이나 야스쿠니신사를 비롯한 각종 신사, 요시노산(吉野山) 등의 그림들이 제시되고 있다. 본문 기술도 자국 중심의 필요한 산업의 서술과 발전된 산업의 홍보를 비롯해 일본의 명소를 소개하고 있다.

〈그림 1〉靖国神社   〈그림 2〉製麻工場   〈그림 3〉臺灣神社

1940년에 이르러서는 일제가 필요로 하는 산업과 연관된 그림 혹은 일본문화나 문명을 상징하는 그림 자료들로 점차 교체함으로써, 일본 중심의 내용들을 담아내는 일본제국적 색채를 나타내기 시작한 시기임을 반증하는 것이라 할 수 있다.

Ⅳ~Ⅵ차 1942년까지는 비슷한 수치의 통계를 나타내며 그림·사진 자료가 출현하다가, 1943년에 출판된 Ⅵ차 『初等地理』卷二에서는 약 40여개의 그림이 감소되어 있다. 이시기는 기존의 지리교과서의 체계가 크게 변화하는 과도기로 이전 기수에 수록되어 있던 안데스 산맥, 나이아가라 폭포, 봄페이 등과 같은 명소들의 그림이 삭제되었고, 이를 대체하여 성진(城津)의 금 제련소, 경성의 방적공장, 기계에 의한 경작, 제유공장 등의 그림이 게재되었다.

즉, 전쟁으로 인한 물자난과 관련하여 교과서 페이지를 줄이는 과정에서 자국과 크게 관련이 없는 세계의 유명 지역들의 소개를 위한 그림은 모두 삭제한 것이었다.

Ⅶ차에서는 50여개가 급감하여, 게재된 그림 횟수는 156회로 나타나고 있다. 교과서 체계가 바뀌면서 기존 삽화가 대부분 삭제되고 5·6학년을 합쳐서 모두 71회의 새로운 삽화가 삽입되었다.

기존삽화로는 아마테라스 오미카미를 모신 고타이진구(皇大神宮)

을 비롯해 일본의 여러 신사(神社)나 일본지역 명소의 자료는 남겨두
었다. 타 지역으로서는 대만의 바나나 밭, 만주의 탄광, 관동주의 대련
시 모습 등의 그림을 게재하고 있고, 조선의 백두산 천지연과 홍남 질
소비료공장만을 그대로 배치하고 있다.

〈그림 4〉 明治神宮   〈그림 5〉 密林を進む皇軍   〈그림 6〉 富士と桜

　위의 삽화는 새로 제시된 삽화들로, 일본의 유명한 자연경관과 명소
의 사진이나 그림 혹은 전쟁터에서 활약하는 황군의 모습 등을 제시하
고 있다.

　이외에도 각 지역의 산업과 관련한 그림을 제시하고 있으며, 타 지
역 또한 일본과의 관계 속에서 지역산업과 지역명소를 소개한 그림이
추가되어 있다. 또한 일본의 아름다운 자연경관을 소개하고 제설차의
활약을 통한 근대화와 기계화를 강조하는 그림들을 게재하고 있다.

　이 시기는 일본문화를 표상하는 신사와 같은 자료는 그대로 유지하
였고, 만주와 같이 새로운 개척지의 산물이나 자원을 소개하는 그림·
사진 자료가 게재되어 있다. 또 일본제국의 국토지리를 교육시키는 그
림과 사진들이 게재되어 있어, 일제가 자국의 정치적·경제적 이익과
연관된 지리적 내용을 담아냄으로써 제국의 입장에서 지리적 가치를
판단하고 제시하는 편협된 지리교육을 시행하고 있음을 엿볼 수 있다.

그래픽자료 중 그림·사진은 초등 아동의 수준에 맞추어 본문내용에 부합하여 표현하기 쉽기 때문에, 강조할 부분을 임의로 부각시키거나 적당하게 합성 혹은 재구성하여 가장 많이 게재된 것을 확인할 수 있었다. 이런 그림·사진자료를 통해 아동에게는 문자보다 친근함을 주어, 일제가 의도한 메시지를 각 시기의 변화에 맞추어 전달한 것을 알 수 있었다. 특히 초기에 편찬된 〈地理〉교과서보다 후기로 갈수록 일본의 제국주의적 관점을 펼치는데 그림·사진자료들이 사용되고 있었으며, 자연지리를 설명하기보다 향토지리와 경제지리를 설명하는데 더 많이 사용된 것을 파악할 수 있었다.

2.2 未知 공간의 상징화 - 지도

지도란 지리학습에 있어서 필수적인 요소로 지구표면에 존재하는 자연 및 인문적 사실들을 선별하고 줄여서 기호(symbol)들로 나타낸 것을 말한다.[9] 또 지도는 3차원의 기하학적 공간을 2차원의 평면으로 나타냄으로써 공간에 대한 지각능력도 요구되므로 지각과 공간인식이 가능한 연령에서 활용이 가능하다.[10]

지도의 대상이 되는 것은 대기, 지표 상태, 행정구역을 비롯해 다양하게 이용되는데 일제강점기 〈地理〉교과서에는 어떤 부분에서 이용되고 있는지를 살펴보기 위해 〈地理〉교과서에 게재된 지도를 차수별로 구분하여 게재횟수와 변화 수치를 정리한 것이 〈표 3〉이다.

---

9 지도가 가진 세 가지의 특성을 첫째는 축척을 통한 간단화, 둘째는 거리·크기·사실·현상 등의 기호화, 셋째는 평면화를 통한 기술상의 왜곡화를 들고 있다. (임덕순(1996)『지리교육원리』법문사, pp.163-164)
10 강경원(2007)『초등교사를 위한 지리학의 기초』학문사 p.85.와 조준범(2008)「제7차 중등교육과정 지리영역 교과서의 시각자료 체계성에 관한 연구」상명대 석사논문, p.17 참조.

〈표 3〉 일제강점기 초등학교 〈地理〉교과서의 지도 게재 현황

차수	교 과 서 명	지도	삭제 지도	새로운 지도
I	尋常小學校地理補充敎材 (1920)	-	-	-
II	普通学校地理補充敎材 (1923)	4	-	4
III	初等地理書 卷一 (1932)	13	4	13
	初等地理書 卷二 (1933)	13	-	13
IV	初等地理 卷一 (1937)	14	-	1
	初等地理 卷二 (1937)	15	-	2
V	初等地理 卷一 (1940)	21	2	9
	初等地理 卷二 (1941)	19	4	8
VI	初等地理 卷一 (1942)	22	-	1
	初等地理 卷二 (1942)	19	-	-
	初等地理 卷二 (1943)	14	7	2
VII	初等地理 第五學年 (1944)	13	20	11
	初等地理 第六學年 (1944)	21	18	21
	합 계	188	55	85

조선총독부편찬 〈地理〉교과서에 사용된 지도는 지리적 위치와 지형을 설명하는데 치중되어 있다.

I 차에서는 지도가 게재되어 있지 않으며, II차에 들어서야 지도 4장이 교재 뒷면에 부록으로 들어가 있다. 조선의 국토 경계와 각 지방을 구획하여 행정 구역과 지형, 교통 등을 종합적으로 나타낸 전도(全圖)와 광산, 온천, 개항장, 조선총독부 소재지 등을 나타낸 북부조선, 중부조선, 남부조선의 지도를 세분하여 소축척지도로 제시하고 있다.

그러나 III차에서는 교재 안에 게재된 지도는 행정지도에서 지형지도로 좀 더 간단한 형태의 지도를 사용하고 있다. II차와 III차의 조선의 지도를 제시해보면 아래와 같다.

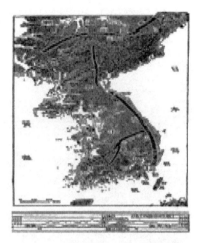

〈지도 1〉 Ⅱ기 「朝鮮地方の地形の略圖と斷面圖」   〈지도 2〉 Ⅲ기 「朝鮮地方の地形の略圖と斷面圖」

위의 그림에서 알 수 있듯이 Ⅱ차의 행정구역을 비롯한 다양한 인문
지리적 지도가 Ⅲ차에서는 산맥을 중심으로 그 주변 강을 표시한 자
연지리적 전도로 바뀌어 있다. 이는 1934년에 『初等地理圖』가 따로
출판되면서 지도는 별책에 삽입되었기 때문이다. 또 이외의 지도로는
항구의 설명이나 특정 지역의 열차선로를 나타내는데 지도를 사용하
고 있다.

Ⅳ차의 『初等地理 卷一』에는 하나의 지도만 추가 되었는데, 금강산
일대의 지형인 만물상과 구룡연 등의 경치를 소개하는 서술에서 「금
강산 일대의 지형(金剛山一帶の地形)」라는 제목의 지도만 추가하여
제시하고 있다. 이 지도는 강원도・황해도・경기도를 중부조선으로
구분한 2단원 「중부조선」에 제시된 지도로, 중부조선의 지형을 가로
지른 태백산맥을 서술하면서 태백산과 금강산을 서술하면서, 금강
산의 지형과 금강산에 있는 유명지의 위치를 순번을 매겨 소개하고
있다.

한편『初等地理 卷二』에서는 「여순항 부근(旅順港の附近)」과 「만주국 지형의 약도와 단면도(滿洲国の地形の略圖と斷面圖)」를 추가하고 있다.

〈지도 3〉 「旅順港の附近」　　　〈지도 4〉 「滿洲国の地形の略圖と斷面圖」

〈지도 3〉은 여순 항구를 자연요새지이자 정치 중심지로 관동주의 청사가 있는 것과 해군의 요항지임을 서술하면서 「수사영 회견」과 같이 다른 과목에서도 단독 단원으로 취급하고 있는 주변의 전쟁 유적지의 서술을 덧붙이고 있다. 또 〈지도 4〉는 10과 「만주국(滿洲國)」에 삽입된 지도로 중화민국의 일부가 독립해 만주국이 형성되었다는 서술과 함께 만주의 지형과 위치가 제시되어 있다.

Ⅴ차『初等地理 卷一』에서는 「삿포로 시가도(札幌市街の圖)」와 「인천항 지도(仁川港の圖)」 등 2개 지도가 삭제되었다. 그중 「인천항 지도(仁川港の圖)」가 삭제되고 「인천 갑문(仁川の閘門)」이라는 그림 삽화가 추가되었다. 이는 인천항의 세부적인 지도보다는 아동들에게 인천항이 외국과의 교류 통로로서 사용되고 있음을 서술하고, 특히 조수 간만의 차이가 큰 것을 강에 양쪽 끝에 문을 달아 물 높이를 조절해 배

를 위로 올리거나 내릴 수 있게 갑문을 설치한 것을 부각시키기 위해
갑문과 배에 초점을 맞춘 그림으로 교체하고 있다.

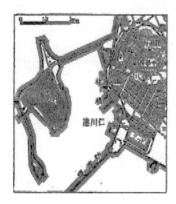
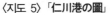

〈지도 5〉「仁川港の圖」　　　〈그림 7〉「仁川の閘門」

위의 〈지도 5〉의 경우 인천항의 위치를 소개하는 자연지리적 지도였
다고 한다면, 〈그림 7〉은 완공된 이후의 인천항 모습을 제시한 것이다.
조수간만의 차이가 큰 인천항의 자연적 장애를 일본의 근대 기술로 극
복하여 근대적 항만시설을 갖춘 항구로서 발돋움하게 되었음을 강조
하기 위함이었다.

Ⅴ차에서 지도량이 급증한 원인 중의 하나는 아래의 〈지도 7〉과, 〈지
도 8〉, 〈지도 9〉에서 볼 수 있듯이 일본이 포함된 확대지도에 각 지역들
의 위치를 표시한 형태의 지도들이 추가로 삽입되어 게재되었기 때문
이다.

〈지도 7〉「朝鮮の位置」   〈지도 8〉「樺太の位置」   〈지도 9〉「日本區劃圖」

일본 제국의 영토임을 제시하기 위해 일본을 포함한 소축척지도에
해당지역의 위치를 표시하고 이를 좀더 확대한 소축척지도를 제시하
여 일본을 중심으로 한 위치설명을 하고 있음을 잘 살펴볼 수 있다. 또
〈지도 9〉는 10과의 「日本總說」이라는 단원에 추가로 삽입된 지도인데,
일본열도의 지형과 기후 산업들을 설명하고 있는 단원이다. 지형을 설
명하는 단원에서 「일본산맥도(日本山系圖)」와 함께 제시된 〈지도 9〉는
단원의 서술과 아무런 연관이 없음에도 일본국토의 범위를 알리는 차
원에서 추가로 삽입된 것이었다. 오우(奧羽), 간토(関東), 주부(中部)
지방 등의 위치뿐만 아니라 조선을 비롯해 남양군도까지 일제의 '구
획'안에 포함시킨 지도를 추가함으로써 일본국토의 확대를 노골적으
로 나타낸 것이라 할 수 있다.

　『初等地理 卷二』에서는 「미이케항 지도(三池港の圖)」, 「기타규슈공
업지구(北九州工業地區)」 등 2개가 삭제되었다. 그리고 새로이 8단원
이 추가되었는데, 그중 몽고지역을 별도의 추가단원으로 설정하면서
〈지도 10〉의 「몽고연합자치정부지역도(蒙古聯合自治政府地域圖)」를
게재하고 있다. 만주 서쪽의 만리장성 북쪽에 위치한 몽강(蒙疆)에 생
긴 정치단체로 내몽고(內蒙古)지역의 땅을 차지하고 있음을 설명하는

데 사용하고 있다. 또 그 땅은 광대한 고원 지역으로 사막이나 불모지
의 땅이 많다는 것과 철광이나 석탄이 많이 매장되어 있는 자원의 땅
임을 강조하며 발전이 기대된다고 서술하고 있다.

이는 만주를 위시한 주변 지역으로의 확대와 지하자원 확보 가능
성[11]을 언급한 것으로 국토에 대한 지리학습이 종합적이고 체계적이
라기보다 일제가 필요로 하는 지리내용에 치중되고 있음을 나타낸 것
이다.

이외에도 지역의 위치나 지형을 위한 지도가 아닌 산업과 연관된 규
슈 석탄의 운송 경로를 나타낸 〈지도 11〉 「규슈 석탄의 운송로(九州炭
の輸送路)」가 첨가되었으며, 제19과 「태평양(太平洋)」의 단원 마지막
에 「태평양에 있어서 열강의 세력(太平洋の於ける列强の勢力)」이라는
제목아래 지도를 제시하고 있는데 아래 〈지도 12〉와 같다.

  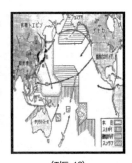

| 〈지도 10〉
「蒙古聯合自治政府地域圖」 | 〈지도 11〉
九州炭の輸送路 | 〈지도 12〉
「太平洋の於ける列强の勢力」 |

11 일본은 1937년 12월 만주국의 중공업분야에서의 생산과 관련한 독점적 산업체들의
경영을 감독하고 투자하기위해 〈만주산업개발주식회사〉를 발족하였다. 이후
1944년 17개의 철강회사에서 철강이 생산되었고, 42개의 탄광소에서 석탄, 22개
광산에서 경금속, 52개의 광산에서 납이나 텅스텐을 포함한 다양한 금속들을 채
굴해갔다.

위 〈지도 12〉는 영국, 미국, 프랑스 열강과 함께 일본의 태평양 연안
지역의 확대를 각 지역표시로 한 눈에 알아보기 쉽게 나타내고 있다.
제국 열강들이 자국의 제품 시장과 원료공급지로서 식민지 확대에 힘
쓰고 있는 것을 서술하며 세계열강의 세력이 교착하는 지역으로 동아
시아지역을 언급하고 있다. 그리고 이러한 열강세력에 대항하기 위해
아시아의 지도자인 일본이 튼튼한 국방력으로 동아신질서 건설에 힘
쓰고 있다는 서술을 덧붙이고 있다.

이외에도 권 1과 같이 지역의 위치나 지형에 관한 단원을 설명하기
전에 일본을 포함한 확대지도를 제시하고 그 위치를 검게 표시하여 나
타냄으로써 일본을 중심으로 한 지역 위치를 확인시키고 있다. 이러한
지도로 「중화민국의 지형과 약도(中華民國の地形の略圖)」, 「아시아 유
럽대륙의 지형 약도(アジヤヨーロッパ大陸の地形の略圖)」 등 외국 여러
지역의 지형과 약도로서 지도를 추가하여 설명하고 있다.

Ⅵ차는 Ⅴ차의 체제를 따른 것으로 거의 변화가 없다. 『初等地理 卷
一』에서는 간토(關東) 지방을 소개하면서 〈지도 13〉 「게이힌지방의 식
료품 집중(京濱地方へ食糧品の集中)」을 추가하고 있다. 한편 『初等地
理 卷二』에서는 〈지도 14〉 「진주만(真珠湾)」과 〈지도 15〉 「태평양의 미
일 세력(太平洋に於ける日・米の勢力)」 등 2개의 지도와 지리적 현상
설명도 「경선(経線)」, 「경위선(経緯線)」 등을 추가하고 있다.

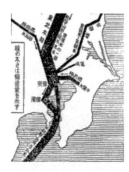

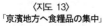

〈지도 13〉
「京濱地方ヘ食糧品の集中」

〈지도 14〉「真珠湾」

〈지도 15〉
「太平洋に於ける日·米の勢力」

〈지도 13〉은 도쿄와 요코하마가 대도시로 성장함에 따라 인구가 급증하고 그로인해 식량 수요가 늘어나서 타 지방으로부터 이동해 오는 경로를 나타내는 지도이다. 한편 〈지도 14〉는 〈태평양전쟁〉당시의 하와이 진주만을 나타내는 지도로, 교통 군사상 요충지이자 미국 태평양 함대의 근거지인 이곳을 일본 해군이 공격하여 대전과를 올려 미국의 침략을 끊었고, 주민들의 절반에 해당하는 일본 국민이 이주하여 사탕수수 재배로 생활하고 있다는 서술과 함께 제시하고 있다. 또 〈지도 15〉는 Ⅴ차 권2에 추가되었던 지도 「태평양에 있어서 열강의 세력(太平洋の於ける列強の勢力)」 옆에 새로이 추가한 지도로 태평양전쟁 발발 당시의 태평양과 태평양전쟁 1년 후의 태평양 열강세력의 확장구도를 비교하여 나타낸 것이다.

이러한 것들은 당시 대동아전쟁으로 홍보하며 제국을 침략하였던 일제가 전쟁을 정당화하고 전투 활약을 교과서에 홍보하기 위해 추가로 삽입한 것으로 태평양 전쟁을 치루기 위해 모든 체제들이 집중되어 있음을 여실히 보여주는 예라 할 수 있다.

Ⅵ차에서 1942년 출판된 『初等地理 卷二』는 Ⅴ차와 같이 지도의 변화 없이 출판되었으나, 1943년 출판된 『初等地理 卷二』는 4개의 지도

가 삭제되어 있다. 5과 「일본총설(日本總說)」에 실었던 「일본구획도(日本區劃圖)」를 삭제하였고, 몽강(蒙疆)지방에 등장했던 「몽고연합자치정부지역도(蒙古聯合自治政府地域圖)」와 「중부 유럽주의 운항 가능한 하천 및 운하(中部ヨーロッパ洲の可航河川及び運河)」, 「날짜변경선(日附変更線)」 등을 삭제하였다. 내용과 상관없이 일본 영토범위를 강조하기 위해 넣었던 「일본구획도」는 각 지역의 위치를 소개하는 지도와 겹치기 때문에 삭제되었고, 또 「몽고연합자치정부지역도」는 별도의 단원으로 설정되었던 몽고단원이 축소되면서 삭제된 것이었다. 그리고 「날짜변경선」은 이전 기수의 22과 「지구의 표면(地球の表面)」이라는 단원이 삭제되면서 전체적인 페이지 조정과 함께 「중부 유럽주의 운항 가능한 하천 및 운하」도 삭제된 것이었다.

1943년부터는 자연지리적 요소가 점점 삭제되고 일제의 정책을 홍보하는 내용의 지도로 변용되는 일면을 잘 나타내고 있다.

Ⅶ차에서는 5 · 6학년 체제의 교과서로 바뀌게 되는데, 교과서 체계가 전체적으로 바뀜에 따라 이 시기 5학년에 남아있는 지도는 「일본총설(日本總說)」에 제시되었던 「일본의 산맥도(日本の山系の圖)」가 제2과 「아름다운 국토(美しい国土)」에, Ⅴ차 『初等地理 卷一』의 「조선지방(朝鮮地方)」에 수록된 「조선의 위치(朝鮮の位置)」가 제11과 『조선(朝鮮)』에 그대로 남아있어 기존 교과서에서 2개의 지도만이 채택된 것을 확인할 수 있었다. 또 6학년에서는 기존의 지도를 하나도 채택하지 않고 새로 교체하였다.

교체된 지도는 기존의 소축척지도에서 대축척지도로 「도쿄주요부의 지형(東京主要部の地形)」, 「도네가와(利根川)」, 「경성부(京城府)」, 「신징(新京)」 등과 같이 지역을 확대한 지도를 게재하고 있다.

이 시기 새로이 채택된 〈地理〉교과서의 지도는 군국주의 색채를 띤 지도가 더욱 많이 게재되게 되는데 예를 들면 아래와 같다.

  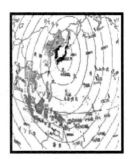

〈지도 16〉「南洋群島」   〈지도 17〉「東京中心の大東亜圖」   〈지도 18〉「大東亜戦争の圖」

〈지도 16〉은 소주제「남양군도(南洋群島)」에서 제시한 지도 이다. 이 단원의 서술을 보면 남양군도의 기후와 기온에 대한 설명과 함께 좁은 토지와 산업이 발달하지 않았지만 일본이 통치하면서 여러 가지 산업이 발달하여 여러 가지 산물을 일본에 보내고 있고, 일본과의 사이에 기선뿐만 아니라 정기적으로 운항하는 정기항로도 개설되어 있다는 서술을 덧붙이고 있다. 또〈지도 17〉은 제13과「대동아(大東亞)」 단원에 제시된 지도로, 일본을 중심으로 하여 평면지도가 아닌 입체적인 지구본 지도를 제시하여 아동들의 흥미를 이끌고 있다. 한 가운데에 일본을 배치해 놓고 신이 낳은 "신국(神國)"이며 "천지와 함께 번영해 가는 나라"이고, "대동아를 이끌고 지켜 가는데 가장 어울리는 나라"로 서술하고 있다. 더욱이 같은 단원에 제시된〈지도 18〉「대동아전쟁 지도(大東亞戰爭の圖)」에서는 필리핀과 동인도 제도 그리고 인도차이나 등의 여러지역을 대동아전쟁에 협력하는 나라들로 서술하고 있고, 태평양의 각 지역에 일장기로 표시하며 확대되어 가는 일제의 세력을 나타내고 있다. 이외에도 태평양 전쟁과 연관한 지역의 서술에 집중되어〈地理〉교과서라기보다 전쟁 중에 발간하는 군대신문처럼 적군 아군의 이분법으로 전시상황과 여러 지역 지형을 소개하는 내용을 담고 이와 관련 있는 지도를 제시하고 있다.

2.3 통계자료의 직관화 –도표

도표는 여러 가지 양을 분석하여 그 관계를 알아보기 쉽게 일정한 양식의 그림으로 나타낸 표를 말한다. 도표는 일반적으로 통계 자료를 가지고 양적인 비교나 질적인 차이를 나타내어 직관화 시킬 수 있는 장점이 있다.[12]

일제강점기 〈地理〉교과서에서 어떤 부분에서 도표가 이용되고 있는지를 살펴보기 위해 〈地理〉교과서에 게재된 도표를 차수별로 구분하여 게재횟수와 변화 수치를 정리한 것이 〈표 4〉이다.

〈표 4〉 일제강점기 초등학교 〈地理〉교과서의 도표 게재 현황

차수	교 과 서 명	도표	삭제 도표	새로운 도표
I	尋常小學校地理補充教材 (1920)	-	-	-
II	普通学校地理補充教材 (1923)	-	-	-
III	初等地理書 卷一 (1932)	17	-	17
	初等地理書 卷二 (1933)	31	-	31
IV	初等地理 卷一 (1937)	17	1	3
	初等地理 卷二 (1937)	31	1	1
V	初等地理 卷一 (1940)	22	1	6
	初等地理 卷二 (1941)	24	9	2
VI	初等地理 卷一 (1942)	22	-	-
	初等地理 卷二 (1942)	24	-	-
	初等地理 卷二 (1943)	7	17	-
VII	初等地理 第五學年 (1944)	5	22	5
	初等地理 第六學年 (1944)	7	25	7
	합 계	207	76	72

---

12 김혜욱(2006) 「한·일 중학교 사회교과서 삽화분석: 지리영역을 중심으로」 연세대 석사논문, p.42

위의 도표에서 알 수 있듯이 일제강점기 초등학교 〈地理〉교과서에 사용된 도표 횟수는 전체 207회이다.

Ⅰ·Ⅱ차에서는 도표가 하나도 출현하지 않았고, Ⅲ차에 이르러 처음으로 도표가 유입되었다.

Ⅳ차 『初等地理 卷一』에서는 Ⅲ차와 비교했을 때 1회가 삭제되고 3회가 증가되었다.

삭제된 도표는 경성의 기후를 서술한 부분에서 제시한 「경성의 기후도(京城の氣候圖)」로 각 월별로 강수량과 기온을 표시하였던 꺾은 선그래프와 막대그래프를 사용한 도표이다. 이 도표는 제2단원 「조선지방(朝鮮地方)」의 「기후(氣候)」항목에서 「경성·평양·대구의 기후도(京城·平壤·大邱の氣候圖)」라는 제목으로 세 개의 지역을 통합하여 나타낸 〈도표 1〉로 교체되었다. 또 「간토지방(關東地方)」 단원의 띠그래프 「보리 생산액의 비교(麥の産額の比較)」와 「주부지방(中部地方)」의 「누에고치 생산액의 비교(繭の産額の比較)」의 도표가 삭제되었다. 이는 조선의 산업과 연관있는 것으로, 조선에서의 보리생산과 잠업의 활성화로 그 생산액이 급증하였고 당시의 수확물이 상당수 일본으로 유출됨에 따라 삭제된 것으로 추정된다.

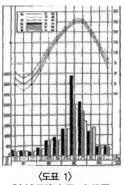

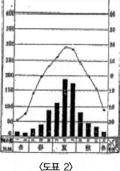

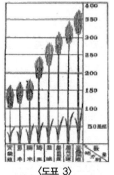

〈도표 1〉
「京城·平壤·大邱の氣候圖」

〈도표 2〉
「中江鎭の氣候圖」

〈도표 3〉
「我が国の麦の産額の比較」

가장 대표되는 특정 1개 지역 경성을 중심으로 제시했던 기후정보를 〈도표 1〉과 같이 세 개의 대표 지역들을 함께 제시함으로써 같은 페이지의 공간을 사용하면서도 다양한 비교가 가능하도록 도표의 변화를 주었다. 그런가하면 〈도표 2〉의 경우는 제2단원 「조선지방(朝鮮地方)」의 북부조선 기후에 관한 기술에서 국경 중앙에 위치한 중강진의 기후를 설명하기 위해 꺾은선그래프와 막대그래프를 이용한 「중강진의 기후도(中江鎭の氣候圖)」라는 도표를 제시하고 있다. 주변대륙과의 연관성을 가진 기후 부분의 서술을 새로이 덧붙이면서 중강진의 기후도를 첨부하고 있다. 한편 〈도표 3〉은 남부조선의 산업을 설명하는 기술에서 제시된 「우리나라 보리 생산액 비교(我が国の麦の産額の比較)」라는 항목에서 그림그래프를 제시하고 있다. 쌀과 감자 그리고 양잠 산업의 융성을 설명하는 것에 덧붙여 보리 생산액에 대해 기술한 부분에서 제시되고 있다. Ⅳ차에서는 아동에게 지루할 수 있는 도표를 〈도표 3〉과 같이 보리 그림을 덧붙인 것처럼 각종 해당 내용의 물품을 그림으로 삽입함으로써 아동들에게 흥미를 갖도록 유도하고 있다.

『初等地理 卷二』에서는 「남아메리카주(南アメリカ洲)」의 「브라질의 각국 이민자 비교(ブラジルに於ける各国移民の比較)」라는 막대그래프가 삭제되었고, 「주코쿠 및 시코쿠지방(中國及び四國地方)」 단원의 그림띠그래프 「세토나이카이 연안지방의 소금 생산액 비교(瀬戸内海沿岸地方の鹽の産額比較)」가 추가되었다.

Ⅴ차에서 『初等地理 卷一』에 증감된 도표 6회는 새로운 도표가 첨가된 것은 아니고 『初等地理 卷二』 단원의 「주코쿠 및 시코쿠지방(中國及び四國地方)」에 게재되었던 도표가 새로운 목차편성으로 인해 『初等地理 卷一』로 이동되어 게재된 것이다. 『初等地理 卷一』에서 삭제된 도표는 「긴키지방(近畿地方)」의 「면직물 생산액 비교(綿織物の産額の

比較)」의 띠그래프이다.

『初等地理 卷二』에서는 「규슈지방(九州地方)」의 「석탄의 생산액 비교(石炭の産額の比較)」를 비롯한 3개의 도표가 삭제되었다.[13]

증가된 도표는 「일본총설(日本總說)」단원의 「각종 면직물류의 생산액 비교(各種の織物類の産額の比較)」를 나타낸 원그래프와 「북아메리카주(北アメリカ洲)」의 「세계 면 생산액의 비교(世界に於ける綿の産額の比較)」의 띠그래프가 추가되었다.

V차에서의 삭제된 도표자료는 면직물 생산액 도표는 방적공장 내부의 그림으로 또 석탄 생산액 도표는 생산지역을 한눈에 볼 수 있는 지도분포도로 변화되어 삭제된 것으로 추정된다. 또 일인당 국부(國富)와 무역액은 서구 열강과 비교하여 월등한 수치를 나타내고 있지 않기에 삭제된 것으로 유추된다. 증가된 도표는 국내 면 생산액을 지역과 함께 비교해 확인할 수 있는 도표로 제시되어 있다.

1942년에 발행된 VI차에서는 『初等地理 卷一』, 『初等地理 卷二』의 변화가 없으며, 1943년 발행된 『初等地理 卷二』만 17개의 도표가 모두 삭제되어 있다. 「규슈지방(九州地方)」의 「우리나라 제철원료 철광산지(本邦製鐵原料鐵鑛産地)」의 띠그래프, 「타이완지방(臺灣地方)」의 「타이완의 주요 농산물 생산액 비교(臺灣の主な農産物の産額の比較)」가 띠그래프에서 원그래프로 바뀌어 게재되어 있으며, 「타이완·조선의 쌀 생산액 증감표(臺灣朝鮮に於ける米産額増減表)」가 막대그래프로 그대로 게재되어 있다. 또 「일본총설(日本總說)」단원에서는 「우리나라 주요 농산물 생산액 비교(我が国の主な農産物の産額の比較)」가

13 「일본과 세계(日本と世界)」의 단원에 「주요국의 일인당 국부(主要国の一人當りの国富)」의 그림그래프, 「주요국의 무역액(主要国の貿易額)」의 막대그래프가 삭제되었다.

원그래프로, 「우리나라 주요 광산물의 생산액 비교(我が国の主な鑛産物の産額の比較)」가 띠그래프에서 원그래프로, 「우리나라 주요 동 생산지의 생산액 비교(我が国の主な銅産地の産額の比較)」가 띠그래프로, 「조선·사할린의 수산물 증감표(朝鮮樺太に於ける水産物の増加表)」가 선 그래프로 게재되어 남아있다.

Ⅵ차에서는 주로 후반부의 「일본 총설」단원에서 많이 남아있으며, 좁은 공간에 길게 제시했던 띠그래프가 원그래프로 교체되어 산업이나 생산물을 중심으로 보기 쉽게 배열되어 있다. 즉, 이시기는 내용보다는 형식면의 교체가 많이 이루어졌다고 할 수 있다.

Ⅶ차에서는 기존의 도표가 전부 삭제되고 새로운 도표가 『初等地理』第五學年·第六學年에 각각 5, 7회가 게재되었다.

『初等地理』第五學年에는 「아름다운 국토(美しい國土)」단원에 「동경·타이페이·오도마리의 기온표(東京·臺北·大泊の気温表)」의 선그래프를 시작으로 4개의 그래프가 게재되어 있다.[14]

『初等地理』第六學年에는 「중국(支那)」의 「북경과 광동의 기후표(北京と廣東の氣候表)」의 선막대그래프를 비롯해 6개의 그래프가 제시되어 있다.[15]

---

14 「조선(朝鮮)」단원의 「동경·경성·신징의 기후도(東京京城新京の氣候圖)」의 막대그래프, 「농산물 생산액 증가(農産額の増加)」의 선그래프, 「공산품 생산액 증가(工産額の増加)」의 막대그래프, 「축산·임산·어획고 증가(畜産林産漁獲高の増加)」의 선그래프가 게재되어있다.

15 「인도차이나(インド支那)」의 「쇼난의 기후표(昭南の気候表)」의 선막대그래프, 「인도와 인도양(インドとインド洋)」의 「세계의 산 비교(世界の山の比較)」의 그래프, 「봄베이의 기후표(ボンベーの気候表)」, 「인도에 들어오는 면포의 비율(インドへはいる綿布のわりあひ)」, 「동경·베를린·런던의 기온(東京·ベルリン·ロンドンの気温)」, 「황국일본(皇國日本)」의 「열강 인구 증가율 비교(列国人口増加率比較)」등이 막대그래프로 제시되어 있다.

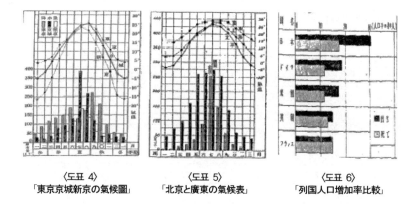

〈도표 4〉　　　　　　　　　〈도표 5〉　　　　　　　　　〈도표 6〉
「東京京城新京の氣候圖」　　「北京と廣東の氣候表」　　「列國人口增加率比較」

　위의 도표에서 살펴볼 수 있듯이 Ⅶ차에서 새로 게시된 도표들은 한
지역을 설명하기보다 동경을 중심으로 타 지역을 비교하여 같이 도표
로 제시하여 효율성을 높이고 있으며, 대동아공영권을 기조로 한 중국
이나 인도 및 대양주 그리고 동남아각국 등의 지역을 소개하며 태평양
전쟁을 배경으로 한 지역과 산업들을 소개하고 있다. Ⅶ차에서는 〈地
理〉교과서에 태평양 전쟁과 연관되는 내용들을 채워 동북아에서 일본
의 기세와 지위를 더욱 강조하고 있다.

　일반적으로 도표자료는 기후, 산업 생산량 등의 자료를 나타내는데
많이 사용하고 있는 것을 확인할 수 있었다. 초반에 띠그래프를 사용
하던 것을 선그래프나 막대그래프로 교체하였고, 특히 한 페이지에 할
애된 여백에 선그래프와 막대그래프를 병용하여 사용함으로써 그 효
과를 극대화시키고 있었다.

2.4 범위와 통계의 일원화 –분포도

　분포도는 조사 대상의 사물들이 퍼져 있는 상태를 나타낸 도표나 지
도를 말한다. 퍼센트(%)에 의한 비율로 나타낸 원분포도나 지역에 따
른 분포를 나타낸 지도분포도로 나타내고 있다. 이를 도표화 해보면

다음 〈표 5〉과 같다.

〈표 5〉 일제강점기 초등학교 〈地理〉교과서의 분포도 게재 현황

차수	교 과 서 명	분포도	삭제 분포도	새로운 분포도
I	尋常小學校地理補充敎材(1920)	-	-	-
II	普通学校地理補充敎材 (1923)	-	-	-
III	初等地理書 卷一 (1932)	16	-	16
	初等地理書 卷二 (1933)	15	-	15
IV	初等地理 卷一 (1937)	21	-	5
	初等地理 卷二 (1937)	19	1	5
V	初等地理 卷一 (1940)	22	2	3
	初等地理 卷二 (1941)	16	5	2
VI	初等地理 卷一 (1942)	23	-	1
	初等地理 卷二 (1942)	16	-	-
	初等地理 卷二 (1943)	9	7	-
VII	初等地理 第五學年 (1944)	9	23	9
	初等地理 第六學年 (1944)	14	15	14
	합 계	180	53	70

I 차와 II차에서는 분포도는 제시되어 있지 않고, III차부터 게재되어있다. IV차『初等地理書』卷一에서는 III차에 게재되어 있는 분포도에 5개의 분포도가 추가되었다. 그중「요코하마항의 무역(橫濱港の貿易)」은 III차의 1925년도 통계를 바탕으로 한 요코하마항 무역 수출·수입 물품을 분포도로 제시했던 것을 1934년 통계로 최신 것으로 교체하면서 제목을 수정한 것이다.

이외 새로이 추가된 것은「조선지방(朝鮮地方)」단원의「명태 어획분포도(めんたい漁獲分布圖)」등 3개의 지도분포도 자료가 제시되어있는데, 수산물 종류의 어획량과 분포를 나타내고 있는 것이다.[16] 일본

16 「조기 어획분포(ぐちの漁獲分布)」, 「청어 어획분포도(にしんの漁獲分布圖)」, 「도미

해안과 비교한 서술을 덧붙이며 수산물의 증가를 각 생선 수확으로 제
시하고 있다.

　Ⅳ차 『初等地理書』 卷二에서는 「주코쿠 및 시코쿠 지방(中國及び四
國地方)」의 「염전 분포도(鹽田分布圖)」가 삭제되었고, 「만주국(滿洲
国)」 단원의 「콩 생산분포도(大豆の生産分布圖)」, 「수수 분포도(高梁の
分布圖)」, 「옥수수 분포도(とうもろこしの分布圖)」, 「조 생산 분포도(粟の
生産分布圖)」, 「쌀 생산 분포도(米の生産分布圖)」 등의 지도분포도를
게재하여 만주의 넓은 평야에서 이뤄지는 농수확물을 기술하고 있는
데, 이는 당시의 만주이민정책을 고려한 기술과 분포도라고 할 수 있
다. 원 분포도 4회, 사각형 면적을 이용한 분포도는 2회에 그치고 지도
분포도를 활용하여 지리적 위치와 지역적 특성을 익힐 수 있도록 하고
있다.

　Ⅴ차 『初等地理書』 卷一에서는 이전 차수에 수록된 「조선지방(朝鮮
地方)」 단원의 「쌀 생산분포도(米の生産分布圖)」,와 「감자 생산분포도
(甘藷の生産分布圖)」가 삭제되었고, 추가로 「귀리 생산분포도(燕麥の
生産分布圖)」와 「면사의 생산액 비교(綿絲の産額比較)」와 「면직물 생
산액 비교(綿織物の産額の比較)」가 추가되어있다.

　『初等地理書』 卷二에서 삭제된 분포도는 「타이완지방(臺灣地方)」 단
원의 「제당공장의 분포(製糖工場の分布)」를 포함한 분포도 5회이다.[17]
추가된 분포도는 「규슈지방(九州地方)」 단원의 산업을 설명하는 기술
에 삽입된 「규슈 탄전의 분포(九州炭田の分布)」와 「오스트레일리아 대
륙 및 여러 섬(オーストラリヤ大陸及び諸島)」의 「세계의 양모 생산액 비

　어획분포도(たひ漁獲分布圖)」 등이 제시되어 있다.
17　「일본총설(日本總說)」 단원의 「화산의 분포(火山の分布)」, 「남아메리카주(南アメリカ
　　洲)」의 「일본인 분포도(日本人分布圖)」와 「일본과 세계(日本と世界)」의 「주요국
　　면적(主要国の面積)」,과 「주요국 인구(主要国の人口)」 등의 분포도가 삭제되었다.

교(世界に於ける羊毛の産額の比較)」등이다.

Ⅵ차『初等地理書』卷一에서는 「중부조선(中部朝鮮)」의「감자의 생
산분포도(甘藷の生産分布圖)」가 추가되었고, 『初等地理書』卷二에서
는 변화가 없으며, 1943년에 출판된『初等地理書』卷二에서는 이전 차
수에서 9개의 분포도가 남고 나머지는 삭제되어 있다.[18]

Ⅶ차에서는 다른 삽화들의 경우처럼 분포도가 완전히 교체되었다.
이 시기의 특징을 나타내는 분포도를 제시해 보면 다음과 같다.

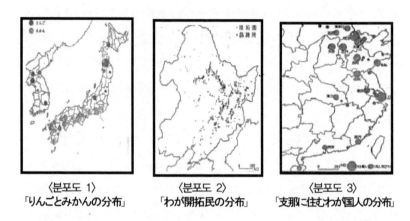

〈분포도 1〉　　　　　〈분포도 2〉　　　　　〈분포도 3〉
「りんごとみかんの分布」　「わが開拓民の分布」　「支那に住むわが国人の分布」

〈분포도 1〉은 한국 지역까지 일본 지역에 포함시킨 지도에 관련된
사과생산량을 표시한 분포도 자료를 제시하고 있다. 〈분포도 2〉는 만
주 이민정책과 연관하여 만주로 이민간 인구 분포를 나타낸 분포도를
제시하고 있으며, 또〈분포도 3〉처럼 중국에 이주해 사는 국민들의 분
포를 나타내어 대륙으로 혹은 전 세계로 확대되어 나아가는 일본국
민들의 모습을 분포도를 통해 나타내고 있기도 하다.

18 남은 것은「규슈지방(九州地方)」의「규슈 탄전의 분포(九州炭田の分布)」와「일본총
    설(日本總說)」단원에서 「쌀 생산분포도(米の生産分布圖)를 비롯한 7회의 분포
    도, 그리고 「만주국(満洲国)」단원에서 「콩 생산분포도(大豆の生産分布圖)」1회
    가 그대로 게재되었다.

　분포도의 경우는 대부분이 지도 분포도를 사용하여 지도가 가지고 있는 위치 방향 거리는 물론 공간개념의 특성을 이용하여 단순한 표보다 많이 사용된 것으로 파악되었다. 숫자상으로 명확히 표시하기 어려운 부분을 표현하는데 효과적이며, 문장보다도 요점을 더욱 정확히 전달할 수 있도록 지도 위에 크고 작은 점 등으로 표시한 지도분포도를 사용하고 있었던 것이다.

4. 結論

　지리교과서에 제시된 그래픽자료는 알지 못하는 미지(未知)의 공간을 지(知)의 공간으로 구상화시키는데 큰 도움을 준다는 것에 착안하여 〈地理〉교과서에서의 그래픽자료 활용과 변화를 살펴보았다.

　그림·사진 자료의 경우 그래픽자료의 65%를 차지하고 있다. 그림·사진은 그 위치나 크기 규격에 제한을 받고 있지 않았으며, 복제 판화기법을 사용하여 주제와 연관된 부분을 더욱 세밀하게 묘사하거나 혹은 강조하는 부분을 확대 시켜 제시하고 있었다.

　지도 자료는 제시된 그래픽자료의 11.4%를 차지하고 있었으며, 지리교과서의 가장 핵심적인 그래픽자료로서 주로 각 지역의 위치와 범위를 한정짓는데 사용되고 있었다. 다용도로 활용가능한 지형도와 같은 일반지도를 많이 사용하고 있었으며, 지리적 사상을 부가적으로 나타낸 지도로서 인구분포도, 전쟁경로를 담은 지도와 같은 특정한 주제를 담고 있는 특수도도 포함하고 있었다.

　도표 자료는 그래픽자료의 12.6%로, 통계자료로서 주로 활용되고 있었다. 막대그래프, 꺾은선그래프, 원그래프, 띠그래프가 고루 사용되고 있었으나, 후기 차수로 갈수록 원그래프가 가장 많이 사용되며, 해설적 성격을 띠고 있었다.

분포도 자료는 그래픽자료의 11%로, 주로 해당 산업이나 생산물이 퍼져 있는 상태를 나타내는데 이용되고 있었으며, 후기 차수에서 많이 나타난 것을 확인할 수 있었다.

일반적으로 각 단원에 도입과 동기 기능은 지도를, 단원주제의 정보 제공 및 제시자료의 연관된 관계 그리고 설명 기능은 도표를, 주제의 범위를 보여주는 시각기능은 분포도가 사용되고 있었다. 정보를 유지 하는 데도 사용되는 삽화자료는 대체적으로 학습 내용과 관련성이 높 은 내용이 게재되어 있음이 파악되었다.

삽화자료의 크기는 대체적으로 1/3페이지의 분량으로 할당되어 있 었다. 또 그래픽자료는 따로 지시가 제시되어있지는 않았지만, 해당 페이지에 적절하게 배치되어 삽입됨으로써 해당단원을 설명하는데 필요한 보충자료이자 정보자료로 제공되고 있었다.

당시 교과서 이외의 보조 자료들의 사용이 어려웠던 상황을 고려한 다면, 집단학습에 적합하도록 편찬한 교과서를 통한 주입식 교육은 현재 우리가 생각하는 교육의 효과보다 훨씬 컸을 것으로 생각되는 것이다. 교과서에 여러 종류의 삽화자료를 결합시켜 아동들의 흥미를 유발하거나 이해를 증진시킴으로써 일본제국 중심의 지리내용을 더 효과적으로 전달하고 주입시키는 자료로 활용되었음을 확인할 수 있 었다.

1920년부터 1944년 발간된 〈地理〉교과서는 학습자의 수준에 대응 하는 교과서라기보다는, 일본제국 중심의 지리내용을 전달하고 주입 시키기 위해 집단학습에 적합하도록 만들어진 획일적인 교과서였다 고 할 수 있을 것이다.

Ⅱ. 지리학적 관점에서 본 식민지 神社[*]

▌박경수

1. 머리말

본 연구는 일제의 식민지 동화 이데올로기의 근간이었던 '국가신도 (國家神道)'와 이를 형상화한 신사(神社)의 지리학적 접근을 통해 일제 의 식민지 지배전략을 파악함에 목적이 있다.

일제의 식민지정책의 정신적 근간이 천황·천황가를 정점으로 하 는 '국가신도'에 있었음은 주지의 사실일 것이다. '국가신도'란 "수많

* 이 글은 2016년 2월 일본어문학회『日本語文學』(ISSN : 1226-9301) 제72집, pp.501-522에 실렸던 논문「일제의 식민지 지배전략과 神社 - 특히 지리학적 관 점에서-」를 수정 보완한 것임.

은 씨족으로 형성된 일본인의 각각의 조상신인 우지가미(氏神)의 大宗
家는 황실이며, 황실의 시조 아마테라스 오미카미(天照大神)로부터 시
작되는 역대의 천황은 인간의 모습을 한 神이다. 그러므로 現天皇도 神
(顯人神, 필자 주)이다. 그런고로 신성불가침이다.… 이 존엄하기 이를
데 없는 국체에 입각하여 그르침이 없는 도가 바로 오로지 신의 뜻(惟
神의 大道)이며, 이의 존귀한 형상이 바로 神社이다."[1]로 정의되는, 이
른바 국가종교의 개념이다. 이러한 개념의 '神社神道政策'이 병합 직
후 식민지조선에 즉각 시행되었던 것은, '국가신도'를 통한 식민지교
화로서 식민지인의 정신적 지배력을 확보하는 것이 식민지배의 영속
화에 훨씬 유리하다는 관점에서였다.

　식민지 '신도정책'이 이렇듯 천황·천황가를 국가의 정점에 두고,
그 일망감시적 응시권역 안에 국토와 국민이 존재하고 있다는 점, 그
리고 그 응시권역을 벗어난 지역은 그 형상을 '神社'로서 상징하고 있
음을 고려할 때, 이를 위한 신사의 입지 및 건축물 전반에 대한 지리학
·지정학적 차원의 연구가 시급히 요구되지만, 지금까지의 연구는 대
부분 신사정책이나 신사참배 문제에 편중되어[2] 있었다. 다만 손정목

1　이와모토 덴시로는 "수많은 씨족으로 형성된 일본인의 각각의 조상신인 氏神의
　大宗家는 황실이다. 황실의 시조 天照大神에서 시작되는 역대의 천황은 인간의
　모습을 한 神이다. 그러므로 現天皇도 神(顯人神, 필자 주)이다. 그런고로 신성불
　가침이다. 만세일계의 천황이 祖神의 높은 뜻(御意)을 받들어 통치권을 總攬하
　신다. 일본의 國體는 온 세계에 비할 바 없고(萬邦無比), 변치 않는다(萬古不易).
　따라서 일본은 망하지 않고(神主不滅), 패하지 않는(絶對不敗) 나라이다. 이 존엄
　하기 이를 데 없는 국체에 입각하여 그르침이 없는 도가 바로 오로지 신의 뜻(惟
　神의 大道)이며, 이의 존귀한 형상이 바로 神社이다"라고 정의하고 있다.(岩下傳
　四郎 編(1944)『神社本義』神祇院、pp.1-3 참조)

2　靑野正明 著·尹英花 譯(2003)「조선총독부의 神社政策과『敬神崇祖』『경제경영』
　계명대 산업경제연구소 ; 山口公一(1998)「戰時期(1937-45) 조선총독부의 神社政
　策」『韓日關係史硏究』(8) 한일관계사학회 ; 金承台(1987)「日本 神道의 침투와
　1910·1920년대의 神社問題」『韓國史論』서울대 인문대 국사학과 ; 孫禎睦(1987)
　「朝鮮總督府의 神社普及·神社參拜强要政策 硏究」『韓國史硏九』제58집, 한국사

(1987)의 연구와 최진성(2006)의 연구[2]를 참고할 수 있었는데, 손정목의 연구는 '夫餘神宮'의 조영과정에만 집중되어 있었고, 최진성의 연구는 전주지역에 국한되어 있어 식민지 신사의 전체적인 시공간적 의미를 두루 살피기에는 역부족이었다.

이에 본고는 일본의 식민지배의 상징이라 할 수 있는 식민지 신사의 시공간적 의미, 즉 일제의 식민지 지배전략이 신사의 입지 및 건축물에 어떻게 반영되었는지, 나아가 그 안에 내재된 전략적 의미는 무엇이었는지에 중점을 두고 고찰해 볼 것이다.

2. 식민지 神道政策의 거점 확보

한반도에서의 신도정책(神道政策)의 거점은 개항 이후 속속 건립되기 시작한 거류민신사에서 비롯된다. 거류민신사는 대부분 개항 이후 급증한 재조거류민의 청원에 의해 건립되기 시작하였는데, 이 거류민신사를 통하여 고래 일본인의 정신생활과 밀착된 국수적 토착 종교이자 메이지 이후 국교로서 부상한 '神道'가 본격적으로 한반도에 유입되게 된다. 개항 훨씬 이전인 1609년에 건립된 고토히라샤(金刀比羅社)[3]와, 개항 이후 처음 건립된 원산대신궁(元山大神宮, 1882)을 필두

연구회 등.
2 최진성(2006) 「일제강점기 朝鮮神社의 場所와 權力 ; 全州神社를 事例로」, 『한국지역지리학회지』제12집 ; 孫禎睦(1987) 「日帝下 扶餘神宮 造營과 소위 扶餘神道建設」, 『韓國學報』.
3 고토히라샤(金刀比羅社)는 대마도주(對馬島主) 소씨(宗氏)가 해로(海路)의 안전을 기원하기 위해 1609년 부산 두모포(豆毛浦)의 왜관(倭館)에 건립하였는데, 왜관이 이전되게 되자 1678년 용두산으로 이전하여 개항 이후까지 유지되었는데, 1894년 '거류지신사'로, 1900년에 '용두산신사'로 개칭 운영되었다.

로 각지에 모두 17개소의 신사 및 요배소가가 건립 운영되고[4] 있었다. 〈표 1〉은 그 구체적인 사항이다.

〈표 1〉 일제강점 이전에 건립된 신사 (★는 요배소)

신사명 (當初의 社號)	건립년월	지역	진좌지
龍頭山神社(金刀比羅社)	1609	경남	부산 두모포 왜관
	1678		부산 용두산록
元山神社(元山大神宮)	1882. 5	함남	원산 일본인 거류지
仁川神社(仁川大神宮)	1890. 10	경기	인천 자유공원
京城神社(南山太神宮)	1898. 11	"	경성 남산공원(왜성대)
鎭南浦神社	1900	평남	진남포 병참기지
群山神社(金刀比羅社)	1902	전북	군산 월명공원
龍川神社	1905. 10	평북	용암포 일본군 점령지
淸津神社(金刀比羅社)	1905.	함북	청진府
大邱神社(皇祖遙拜所)★	1906. 11	경북	대구 달성공원
大田神社(大田大神宮)	1907	충남	대전 역 인근
燕岐神社(大神宮)	1907	충남	연기군 조치원
三浪津神社(皇祖遙拜所)★	1907. 11	경남	밀양군 삼랑진
江景神社(江景神社)	1908. 5	충남	논산군 강경읍
羅南神社(金刀比羅社)	1909.	함북	함경군 라남면
城津神社(城津神社)	1909. 5	함북	함북 성진
馬山神社(馬山神社)	1909. 10	경남	마산 일본인 거류지 인근
松島神社(松島神社)	1910.4	전남	목포 송도공원

위의 신사는 대부분 거류민이 많은 개항지이거나 청일·러일전쟁 때 병참기지나 점령지에 건립되었으며, 이들 신사에 봉재(奉齋)된 제 신(祭神)은 대체적으로 일본인들이 황조(皇祖)라 여기는 아마테라스

---

4 강점 이전 한반도에 건립된 신사의 수에 관해서는 연구자에 따라 다르다. 이를테면 小山文雄(1934)의『神社と朝鮮』에는 12개소(pp.120-126 참조), 荒井秀夫(2005)의『大陸神社大觀』에는 13개소(pp.38-46), 靑井哲人(2005)『植民地神社と帝國日本』에는 17개소, pp.150-151)로 집계되어 있다. 본고는 가장 최근의 것인 靑井哲人의 조사에 신빙성을 두고 이를 따르기로 하였다.

오미카미(天照大神)를 주제신(主祭神)으로 하는 가운데 각 신사의 성격에 따라 고토히라카미(金刀比羅神), 이나리노카미(稻荷神), 오모노누시노카미(大物主神)에서 메이지천황에 이르기까지 다수의 神을 합사하여, 각 지역 거류민의 경신관념(敬神觀念) 함양을 통한 내적단결을 도모하고 있었다.

합병직후 일제의 신도정책은 조선총독부 주관 하에 새로이 신사를 창설하는 방향과, 이러한 민간신사를 관공립화 하여 제도권 안으로 끌어들이는 방향으로 추진되었다. 그리고 〈總督府令〉제82호로 '모든 신사의 창립과 존폐는 반드시 총독의 허가를 받도록 할 것'을 공시하였고, 아울러 기존의 신사는 모두 총독의 인가를 받도록 하는 〈神社寺院規則〉을 공표(1915.8.16)하였다. 이에 따른 허가사항을 〈표 2〉로 정리하였다.

〈표 2〉 강점초기 신사 및 요배소의 허가사항5(배경색은 강점이전의 신사)

구분	지역	진좌년월	진좌지	당초 사호	창립주체	허가년월일	허가 사호
신	경남	1678	釜山府	金刀比羅神祠	대마도주	1917. 7. 10	龍頭山神社
	함남	1882. 5.	元山府	元山大神宮	거류민	1916.12. 26	元山神社
	경기	1890. 10.	仁川府	仁川大神宮	거류민유지	1916. 4. 24	仁川神社
		1898. 11.	京城府	南山大神宮	〃	1916. 5. 22	京城神社
	평남	1900	鎭南浦府	-	〃	1916. 9. 19	鎭南浦神社
	전북	1902	群山府	金刀比羅社	〃	1916.12. 19	群山神社
	평북	1905. 10.	龍川君 龍岩浦	-	〃	1916. 7. 18	龍川神社
	함북	1905.	淸津府	金刀比羅社(?)	-	1917. 5. 14	淸津神社
		1909. 5.	城津郡 鶴城面	城津神社	거류민유지	1917. 5. 14	城津神社
		1909.	鏡城郡 羅南面	金刀比羅社(?)	〃	1921. 9. 27	羅南神社
사	충남	1907	大田府	大田大神宮		1917. 6. 11	大田神社
		1907	燕岐郡 鳥致院	大神宮	거류민유지	1921. 4. 14	燕岐神社
		1908. 5	論山郡 江景邑	江景神社	〃	1917. 6. 12	江景神社

5 〈표 2〉는 靑井哲人(2005) 앞의 책, pp.150-151을 참고하여 필자가 작성하였음.

경남	1909. 10.	馬山府	馬山神社	〃	1919. 6. 23	馬山神社
전남	1910. 4.	木浦府	松島神社	〃	1916. 5. 3	松島神社
충남	1910	公州郡 公州邑	公州大神宮	-	1916. 11. 6	公州神社
충북	1911	淸州郡 淸州面	大神宮	충청북도장관	1922. 6. 22	淸州神社
평북	1911. 7.	新義州府	平安神社	총독부 영림청관사	1917. 5. 7	平安神社
전북	1912. 12.	益山郡 春浦面	-	-	1917.10. 29	大場神社
	1913. 10.	益山面	裡里神社(?)	일본인유지	1917.10. 29	裡里神社
평남	1913. 1.	平壤府	平壤神宮	거류민단 유지단체	1916. 5. 4	平壤神社
강원	1913.	春川郡 春川面	大神宮	일본인유지	1918. 3. 11	春川神社
충남	1915.	天安郡 天安面	-	〃	1928.10. 12	天安神社
황해	大正初期	黃州郡 兼二脯	稻荷神祠(?)		1923. 8. 16	兼二脯神社
요배소	경북	1906. 11.	大邱府	皇祖遙拜所	거류민유지	1916. 4. 22	大邱神社
	경남	1907. 11.	密陽郡 下東面	皇祖遙拜所	-	1917. 6. 12	三浪津神社
	전북	1910.	全州郡 雨林面	遙拜所	일본인유지	1916. 9. 29	全州神社
	전남	1910.	長城郡 長城面	遙拜所	거류민유지	1917. 5. 18	東山神社
		1912. 8.	光州郡 光州面	神宮遙拜殿	일본인유지	1916. 5. 3	光州神社
	경남	1915. 6.	密陽郡 府內面	遙拜所	-	1916. 9. 12	密陽神社

그리고 이듬해인 1917년 3월 22일 〈總督府令〉제28호로 공표된 「신사에 관한 건(神祀に関する件)」[6]에서는 '神社로 공인받지 못한 소규모 집단의 小社[7]라도 총독의 허가를 받도록' 하는 등 조선 내 모든 神社 및 神祠를 총독부 관리체제하에 두고자 하였다. 식민지 '신도정책'은 이렇게 포섭되고 정리된 신사를 거점으로 진행되어갔다.

6 朝鮮總督府(1917) 「官報」 제1387호, 1917.3.22일자.
7 神社는 崇敬者 30인 이상이라야 창립허가를 낼 수 있는데 비해 神祀는 '公衆에 參拜케 하기 위하여 神祗를 奉祀하는 것'으로 10인 이상이면 설립 허가를 얻을 수 있도록 규정하고 있다.

3. 전략적 지배기호와 신사 네트워크

메이지유신 직후 일본 위정자들은 국민의 정체성을 근대적 내셔널리즘 방향으로 전환시키기 위하여 천황의 이미지 쇄신을 위한 다양한 전략을 수립하였다. 그 중 가장 대표적인 것이 기존의 민간신앙적인 천황과 천황가의 이미지를 국가의 표상으로 내세우고, 이를 중심으로 국가의례를 제정한 일이었다.

'神道'를 활용한 정치적 통합전략은 크게 공간적 통합전략과 시각적이면서 상징적인 통합전략으로 요약할 수 있다. 전자는 천황이 직접 전국 주요도시를 순치(巡治)함으로써 획득한 공간적 시각적 효과이며, 후자는 역대천황을 국가신도체계에 편입된 신사의 제신(祭神)으로 안치시킴으로써 神들의 응시가 전 국토와 국민에게 미친다는 상징적 효과라 하겠다. 이러한 상징성이 신사의 입지나 신전의 배치 혹은 조영물에 그대로 반영되게 된다.

3.1 식민지배 이데올로기의 정점 - 朝鮮神宮

일제의 신도정책은 합병과 동시에 조선총독부 주관 하에 새로이 神社를 창설하는 방향과, 기존의 민간신사를 관공립화 하여 제도권 안으로 끌어들이는 방향으로 추진되었다. 기존 신사의 외관을 國家神道체제에 맞게 변형시키거나 사당(祠堂)에까지 '신사(神祠)'라는 이름을 부여하여 천황가의 조상신을 안치하는 방식과, 새로이 관립신사의 설립이 그것이다. 그 가운데서도 한반도를 총진수(總鎭守)할 '朝鮮神社'의 건립은 무엇보다도 급선무였다.

그리하여 4년간(1912~1915)의 예산에 '朝鮮神社新營準備費'를 편성하고 제국의회의 승인을 얻은 후 본격적인 사전조사에 착수하고,

1913년에는 건축전문기술관을 일본에 파견하여 일본 내의 유명한 官
·國幣社의 구조와 형식 등을 파악하게 하였으며, 이듬해 1월부터는
총독부 토목국(土木局)과 내무국 관계자들이 수차례 합동회의를 갖고
이에 따른 제반사항을 심의[8]하는 등 사전준비에 만전을 기하였다. '朝
鮮神社'의 건립은 이후에도 수차례의 합동회의와 엄격한 심의과정을
거쳐 일본정부에 다음과 같은 내용의 「請議書」를 보냄(1918.12.16)으
로써 구체화되었다.

> 倂合이래 百揆가 振暢하고 皇化가 率土에 널리 퍼져 民風 習俗도 해로
> 구비되어 融合 同化의 도를 더하기에 이르렀다. 그렇지만 아직 朝鮮 全
> 土의 民衆의 一般이 尊崇해야 할 神社가 없어, 民心의 歸一을 도모하고
> 忠君愛國의 念을 깊게 할 점에 있어 遺憾스러운 점이 없지 않다. 따라서
> 此際에 國風移植의 大本으로서 內鮮人이 如히 尊崇할 神祇를 勸請하여
> 半島住民으로 하여금 영구히 報本反始의 誠을 바치도록 하는 것은 조선
> 통치상 가장 緊要한 일이라 생각된다. 나아가서는 이에 <u>皇統의 始祖이
> 신 天照大神의 넓은 德과 偉業이 前古 未曾有이시며 朝鮮民衆에 代하여
> 역시 比較할 바 없는 仁惠를 베풀어 주신 明治天皇의 二神을 奉祀하도
> 록 하기 위하여 社殿造營費를 大正 七年度부터 同 十年度까지 豫算에
> 제상하여 社地를 別紙 圖面과 같이 京畿道 京城府 南山으로 擇하고 別記
> 二柱의 神을 祭神으로 하여 두 座에 奉祀하고 社號를 朝鮮神社라 定하
> 며 社格을 官幣大社에 列하도록 詮議 取計하기 바란다.</u>[9]
>
> (밑줄 필자, 이하 동)

8 朝鮮總督府 編(1927)『朝鮮神宮造營誌』朝鮮總督府、pp.1-2
9 朝鮮總督府 編(1927)『朝鮮神宮造營誌』、p.9 ; 京城府 編(1941)『京城府史』下 경
   인문화사, pp.636-637

여기까지의 과정에서 가장 논란이 되었던 사항은 신사의 설립 위치 선정과 祭神에 관한 문제였다. 식민지에 건립하는 신사였던 만큼 祭神에 관한 사항은 만세일계의 시조인 아마테라스 오미카미(天照大神)와 조선 식민지화의 위업을 달성한 메이지천황(明治天皇)을 안치하는데 그다지 이견은 없었다.

'朝鮮神社'의 위치에 대해서는 식민지 지배전략의 상징물로서 한반도를 총진수 할만한 곳이어야 했기에, 즉 입지적으로나 정치적으로나 한반도 중심부에 위치하여야 한다는 의견이 주도적이었다. 그런 만큼 그 후보지는 식민지 지배이데올로기의 정점에 두기에 손색이 없는 장소라야 했으며, 그곳에 지배전략의 상징물을 시각적인 경관으로 재현함으로써 새로이 장악한 국토에 특별한 의미를 부여하고자 하였다. 단연 경성부(京城附)가 제일의 후보지로 결정되었으며, 그 구체적인 후보지로는 남산의 한양공원, 왜성대, 장춘단, 효창공원, 사직단, 삼청동, 북악산록, 신무문 밖 등 여러 곳이 거론되다가, 마침내 남산의 한양공원으로 결정[10]되었다. 이는 〈그림 1〉에서 보듯 조선총독부청사, 일본인 거류지, 경성신사와도 인접해 있었고, 또 중심부의 구릉지(丘陵地)가 주는 이점, 즉 시가지 전체를 조망할 수 있는 위치였기에, 도시전체를 위압할 수 있을 뿐만 아니라, 나아

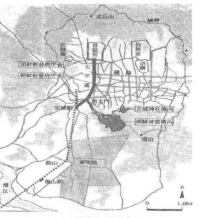

〈그림 1〉 京城府內 朝鮮神宮의 위치
(출전: 『植民地神社と帝國日本』, p.56)

---

10   朝鮮總督府 編(1927) 『朝鮮神宮造營誌』 朝鮮總督府、 pp.3-4 참조.

가 한반도 전체를 총진수하기에도 가장 적합한 장소라 여겼기 때문일
것이다.

'朝鮮神社' 창립을 건의한 「請議書」가 이의 없이 일본내각을 통과하
여 〈內閣告示 제12호〉(1919.7.18)로 확정 공포되자, 조선총독부는 이듬
해인 1920년 5월 27일 〈朝鮮神社〉 기공식(地鎭祭)을 시작으로 대대적
인 조영공사에 착수하였다. 〈그림 2〉에서 보듯 건축물은 '正殿' '拜殿'
을 비롯 '勅使殿' '事務所' '參集所'
등 모두 15개였으며, '外神苑'과
'廣場'에 이르기까지 하나하나가
방향 방위까지 고려하여 적절한
공간에 배치되었다.

〈그림 2〉 **朝鮮神宮** 경내 배치도
(출전; 『**朝鮮神宮造營誌**』, 1926)

공사가 거의 끝나갈 무렵 사호
(社號) 개칭에 대한 논의가 제기
되었던 것도 주목된다. 이에 대해
서는 총독부가 일본정부에 상신
한 「理由書」에서 살펴볼 수 있다.

"朝鮮人은 古來로 典禮格式을 尊重하는 백성이니 社號의 如何가 朝鮮
人에 미치는 感想에 관하여도 深甚한 主義를 기울길 必要가 있는 것이
다. 하물며 神宮이란 御名은 在鮮內地人에 대하여 더할 나위 없는 기쁨
을 줌과 더불어 鮮人에게는 보다 더한 崇敬의 念을 喚起하여 新領土의
開發에 관하여 勇往邁進케 할 수 있다."[11]

11   朝鮮總督府 編(1927)「理由書」『朝鮮神宮造營誌』朝鮮總督府、pp.12-13 (孫禎睦
(1987)「朝鮮總督府의 神社普及・神社參拜强要政策 研究」『韓國史硏九』제58집
한국사연구회, p.114 재인용)

이 같은 내용의 「理由書」가 별다른 이견 없이 통과(〈內閣告示〉제6
호, 1925.6.27)됨에 따라 사호는 '朝鮮神宮'(이하 '朝鮮神宮'으로 표기
함)으로 개칭 공표되었다.(官報 제3862호, 1925.7.1) 총127,900여 평의
땅에 1,564,852圓의 경비를 들인 '朝鮮神宮' 조영공사는 1925년 9월말
을 기하여 완공되었고, 1925년 10월 15일 정오 준공식(鎭座祭)이 거
행12됨으로써 조선통치상 가장 시급하다고 여겼던 한반도를 총진수
(總鎭守)할 '朝鮮神宮'의 조영이 마무리되게 되었다.

'朝鮮神宮'은 실로 조선총독부와 더불어 일제의 지배이데올로기를
상징하고 있었다. 경복궁 전면에 조선총독부를 배치하여 그들의 정치
적 지배이데올로기를 시각적으로 과시하였듯이, 경성 중심부에 우뚝
솟아 경성 시가지를 한눈에 내려다 볼 수 있는 남산 중턱에 위치한 '朝
鮮神宮'은 지배이데올로기의 시각적 의미에 더하여 상징적 의미까지
부과하고 있었다. 총독부 건물이 평면적 차원에서 이루어진 시각적 지
배전략이었다면, '朝鮮神宮'은 남산의 높이를 활용한 입체적 차원의
시각적이자 상징적 지배전략이었던 것이다.

'朝鮮神宮'을 그 상징성과 결부하여 식민지배 이데올로기의 정점에
둔 하나의 기호로서, 그리고 각 지역에 소재한 신사를 그 지역을 천황
의 가시권 안에 집결시키는 매개적 기호로 볼 수 있는 것은 '朝鮮神宮'
이 한반도의 중심부인 京城府에서, 그 京城府 전체를 한눈에 조망할 수

---

12 朝鮮神宮의 鎭座祭(준공식)에는 사이토(齋藤)총독, 李王 代理 이강(李堈)公을 비
    롯한 다수의 관민이 대례복(大禮服) 차림으로 참례하였다. 이 날은 조선 내 전 관
    공서 및 학교의 특별휴가일로 하사(10월 1일자 〈內閣告示〉제10호)된 날이었기
    에 전국적으로 이를 기념한 행사가 강제되기도 하였다. 축사는 "…이에 尊嚴無窮
    한 社殿은 南山의 磐根에 宮柱를 굵게 세워 靑空에 千木이 높이 솟아 半島 無比의
    神域을 形成하기에 이른 것이다. 〈중략〉 天照大神・明治天皇의 二座…… 勅使參
    席下에 御鎭座祭를 집행하고 이에 前記한 二神은 永久히 半島의 守護로서 鎭座케
    된 것이다."는 내용으로 이어졌다.

있는 곳에 자리한 까닭일 것이다. 한반도 전역을 천황가의 가시권에 포함시키고, 조선인은 그들이 신격화 한 천황·천황가의 응시대상으로서 존재하는 구도를 취하였기에, 훗날 강도 높은 황민화정책으로 나아갈 수 있지 않았나 싶은 것이다.

3.2 內鮮一體의 상징 - 扶餘神宮과 神都建設

천황·천황가를 구심점으로 한 식민지배 이데올로기, 즉 식민지 신도정책이 〈중일전쟁〉을 앞둔 1930년대 중후반 내선일체·황민화정책의 강행의 근간이 되었을 것이다. 당시 식민지배의 통치목표였던 內鮮一體는 합병이후 지속되어 온 조선지배의 기본방침이었던 동화정책의 궁극적인 본질 구현의 상징이었던 것이다. 따라서 제7대 총독 미나미 지로(南次郎)가 주창한 내선일체는 강점초기의 키워드였던 '동화(同化)'나 1920년대의 키워드였던 '융합(融合)'을 훨씬 상회하는 강력한 것이었다.

> 나는 內鮮一體라는 것이 아주 어려운 것이라고는 생각하고 있지 않다. 왜냐하면 我國과 같이 정의에 입각한 통치는 세계 각국에 유례가 없는 숭고한 道義的 統治이기 때문이다. 〈중략〉 내가 항상 역설하는 것은 內鮮一體는 상호간에 손을 잡는다던가 形이 융합된다던가 하는 그런 미지근한 것이 아니다.…… 形도 心도 血도 肉도 모두가 일체가 되지 않으면 안된다.[13]

이는 말할 것도 없이 차후 있을 전쟁에 대비하여 물적·인적자원 확

---

13 朝鮮總督府(1940)「國民精神總動員朝鮮聯盟役員總會席上總督挨拶(1939.5.30)」『朝鮮國民精神總動員』、p.101

보를 염두에 둔 강력한 정책의 일환이었으며, 그 근간을 國家神道의
확충에 두었던 것이다. 그런 까닭에 이에 대한 상징물로서 대규모 神
社의 건립이 요구되었고, 그 유일한 후보지로 백제의 왕도였던 부여
(夫餘)가 거론되게 되었다.

> 歷史를 考慮하건대 上古時代의 我國과 三韓諸國과의 관계는 대단히 깊
> 고 그중에서도 특히 百濟와는 彼此의 往來가 빈번하여 政治, 經濟 乃至
> 文化面에서도 相互間의 교섭은 실로 骨肉間보다도 더한 것이 있었으니
> 그간 6代王 120여년의 王都인 夫餘 땅은 실로 아름다운 內鮮一體가 具
> 顯되고 結實된 一大 由緣의 땅이다. 星霜은 흘러 1,300년, 이렇게 뜻깊
> 은 內鮮一體의 王都도 세월의 흐름에 따라 거의가 황폐해져버렸다. 그
> 러나 그럴지라도 아직은 옛 風色이 依然한 바 있고 당시의 遺跡이 여러
> 곳에 散在하여 그로써 先人의 遺業을 그릴 수 있으며, 더욱이 그 터전
> 은 山紫水明, 神韻이 아른거려 神祗를 奉齊하기에 最適의 땅이다. 이에
> 총독부에서는 紀元 2,600년을 맞이함에 있어 昭和14년부터 5개년간 繼
> 續事業으로 당시의 日本과 百濟・新羅・高麗와의 관계에 있어 특히 교
> 섭이 깊었던 應神天皇 齊明天皇 天智天皇 神功皇后 등 4位의 神을 勸請
> 하여 夫餘땅에 官幣社의 創立을 仰出하여 報本反始의 齊場으로 하고,
> 또 한편으로는 內鮮一體 強化와 徹底의 精神的 殿堂으로 삼으려는 것
> 이다.[14]

약 678년간 존재했던(BC.18~660) 백제의 역사에 비해 王都로서의
기간도 123년 정도[15]밖에 되지 않았던 부여를 최적지로 선정하였던

---

14 總督府文書科(1939) 「夫餘に官幣社創立」 『朝鮮』 1939. 5、pp.12-17 참조.
15 부여는 백제왕조 제26대 聖王16년(538) 봄부터 제31대 의자왕 20년(66))7월까지

것은, "실로 骨肉間보다도 더한 친밀감"을 이끌어낼 수 있는 가장 적임지였던 까닭이다. 그러나 당시의 부여는 2,500여 가구 정도밖에 되지 않는 소읍에 불과한데다, 사회적 인프라도 전혀 구축되어 있지 않은 상태였기에 시작부터 많은 문제점을 안고 있었다.

'扶餘神宮' 조영공사는 인근의 '신도건설계획(神都建設計劃)'과 동시에 추진되었다. 시작부터 난제를 안고 있었던 이 공사를 위해 유례 없는 특례가 적용되는 등 총독부의 관심과 노력은 대단했다. '神都'라는 용어를 사용하였다는 점16과 이례적으로 방대한 계획구역을 설정하였다는 점17만해도 그렇다. '神都'란 神宮의 '神'과 都市計劃의 '都'를 합쳐 생긴 용어로, 일본 내에서 神宮이라고 할 때는 '伊勢神宮'만을 지칭하는 개념이었으므로 神都計劃이라면 오직 '伊勢神都計劃' 1개소만을 지칭하였기에, '神都' 또는 '神都計劃'이라는 용어는 거의 고유명

123년간 王都였던 곳으로, 당시의 지명은 사비(泗沘) 혹은 사비성(泗沘城)이었다. 백제왕조는 한강유역에 있던 왕도를 雄津(공주)으로 옮기고 다시 60여년 만에 사비(부여)로 옮긴 것이다. 세종실록지리지에 의하면, 라당연합군에 의하여 백제가 멸망한 후 이곳은 일시 唐의 웅진도독부 밑에 있다가 신라 문무왕 12년(672)에 摠管을 두었는데 경덕왕이 부여로 개칭하면서 郡으로 칭하게 된 것이다. 조선왕조 태종때는 현감을 두었으며 고종 32년(1895)의 지방제도 개혁 때 郡이 되었다. 옛 도성 일대는 조선왕조 때는 縣內面이었고 夫餘面으로 된 것은 일제치하 1914년 4월 1일부터의 일이다. (孫禎睦(1987)「日帝下 扶餘神宮 造營과 소위 扶餘神道建設」『韓國學報』, p.137 참조)

16 일본 내에서도 '神都'라는 용어가 공식화 된 것은 1940년 4월 1일자 법률 제75호로 발포된 〈神宮關係特別都市計劃法〉 이후부터였다. (日本建築學會 編(1972)「戰時中都市計劃」『近代日本建築學發達史』丸善、pp.1086-1090 참조)

17 부여 神都計劃은〈朝鮮市街地計劃令〉(1934)의 분체로, 부여 神都計劃이 고시되기 이전부터 이 법령에 의해 도청소재지급 도시와 나진(羅津)과 성진(城津)에서 도시계획이 시행되거나 계획 중에 있었다. 부여의 경우는 1939년 10월 31일 청주(清州), 광주(光州), 해주(海州), 함흥(咸興)과 함께 시행되기로 되어 있었는데 당시 최대의 공업도시로 부상하던 함흥의 계획구역 면적이 1,713만 4천m2, 전주가 1,975만 6천m2, 춘천이 973만 4천m2, 대전 3,442만 6천m2, 청주 1,829만 2천m2로 책정되었음을 고려한다면, 인구수 15,000명도 안 되는 소읍 夫餘에 시가지 계획구역 면적 4,424만m2의 광역이 책정되었다는 사실은 대단한 특례였음을 말해준다. (孫禎睦(1987) 앞의 논문, p.143 참조)

사처럼 인식되고 있었기 때문이다.

이의 진입을 위한 인프라 시설공사도 그렇다. 논산↔부여간 국도보수공사 및 부여시가지내 도로공사에 이어 논산·강경→부여간 도로, 조치원·공주→부여간 도로의 폭을 각각 8미터로 확장하고, 굴곡과 경사에 대한 공사가 추진되었고, 호남선 논산에서 분기하여 부여를 거쳐 장항에 이르는 철도노선과, 대전에서 분기하여 부여까지 가는 사설철도 및 조치원에서 분기하여 부여를 거쳐 장항에 도달하는 사설철도부설案 등 철도부설을 위한 방안도 논의되었다.

그러나 '扶餘神宮' 조영공사는 도시적 기반이 갖추어진 상황에서 진행되었던 '朝鮮神宮' 공사와는 달리 총체적 어려움을 안고 있었던 데다가 태평양전쟁기에 접어들면서부터 심각한 자재부족과 인력부족으로 공사의 진척 또한 순조롭지 못했다.

조영기간 5년(1939~1943)을 예정하고 조영기지 매수를 완료[18] 후 기공식(地鎭祭, 1940.7.31)을 함으로써 본격화되었던 '扶餘神宮' 조영공사는 1945년 전반 까지 겨우 기초공사(礎臺石工事)만을 마무리 한 단계에서 종전을 맞게 되었다. '神都建設' 역시 태평양전쟁의 와중에서 제대로 진척을 보지 못하고 있다가 1945년 1월부터 수차례에 걸친 미 공군의 공습을 받아 중심부 대부분이 파괴[19]되었다.

'夫餘神宮'과 '神都建設'이 비록 완공을 보지 못하고 종결되긴 하였

18　부여신궁 조영지는 총독부 주관 하에 부여의 진산(鎭山)인 부소산 중턱에 保管替 國有地 149,954평, 夫餘事蹟顯彰會 寄附地 908평, 國費 買收地 63,460평 등 도합 214,322평의 매수를 완료하였다. 이 외에도 扶餘神宮奉讚會에서 2만여평, 扶餘神宮 忠南奉讚會에서 약 41,250평의 접속지를 매수할 예정이었으며, 또 각 관서에서 사용 중에 있는 공용지 3,600평을 장차 社地로, 夫餘市街地計劃 土地區劃整理地區 제1구의 減步 39,952평을 일부 神域 및 外苑地로 하기로 하여 총 319,074평이 될 예정이었다.(孫禎睦(1987) 앞의 논문, p.139 참조)

19　日本建築學會 編(1972)「戰時中都市計劃」『近代日本建築學發達史』丸善. pp.1086-1090

지만 당시 조선의 신사체제 확립에 주도적 역할을 하였음은 상기해 볼 필요가 있다. 이로써 두 神宮 '伊勢神宮'과 '皇大神宮'을 식민지를 포함한 일본 전역의 정점에 두고 이에 직접 봉사하는 두 관폐대사(管幣大社)체제, 즉 '朝鮮神宮'과 이를 보좌하는 '夫餘神宮' 체제를 보았고, 내선일체 황민화를 부르짖던 시점에서 그 산하에 각 도별로 1개씩의 국폐사(國幣社)를 두고, 또 그 아래 사격(社格)이 없는 '神社', 그리고 그 저변에서 민중과 부단히 접촉하는 '神祠'라는 식민지 신도체제의 구심점을 삼고자 한 까닭이다.

3.3 지배기호의 네트워크 형성과 그 전망

한반도를 강점한 일본이 원활한 식민지경영을 위하여 당초 역점을 두고 강행했던 정책이 총칼을 앞세운 무단정치에서, 문명을 앞세운 문명정치로 동화정책이 변용되었음은 주지의 사실이다. 그러다가 점차 정신적 동화에 더 비중을 두게 되었던 까닭은 과거를 돌이켜볼 때 대단히 미개한 조선민족은 아니라는 점과, 타 식민지에 비해 쉽게 동화시키기 힘든 전통적 문화와 민족의식이 있다는 점이다. 이러한 점에서 神社·神道政策를 통해 종교에 의한 정신지배를 도모하였으며, 그 일환으로 각종 법령을 마련하여 신사제도를 변용해갔다. 이에 따라 새로이 건립되거나 총독부에 포섭된 신사는 조선지배구축을 위한 기호로서 연결되어 점차 네트워크화 되어갔다.

간과할 수 없는 것은 그 확대과정이 철도와 연계되어 있다는 점이다. 이는 지역지배 구축 네트워크정책과 관련하여 인구가 유입되는 신도시에 신사건립의 필요성이 대두되었던 것과 일치한다. 일제강점이전의 신사가 재조일본거류민이 모여 사는 개항장이나 청일·러일전쟁의 점령지를 중심으로 건립되고 있었던데 비해, 일제강점 이후의 신

사는 철도노선이 통과하는 도시에 건립되었으며, 철도 연선을 따라 점
차 내륙의 대도시나 신흥도시들로 확대되어가고 있었다. 그 진행상황
을 〈표 3〉으로 정리하였다.

〈표 3〉 주요 철도노선과 신사 건립지역[20]

철도명	구간	개통년도	신사건립지역
경인선	경성↔인천	1900	경성, 인천
경부선	경성↔부산	1905	부산, 대구, 대전, 조치원, 천안, 성환, 수원
마산선	마산↔삼랑진	1906	마산, 삼랑진
경의선	경성↔신의주	1906	개성, 해주, 신의주, 의주, 용천
호남선	대전↔목포	1914	서수, 이리, 김제, 정읍, 장성, 광주, 나주, 목포
경원선	경성↔원산	1914	원산
	원산↔회령	1926	청진, 라남, 회령
전라선	이리↔전주	1914	이리, 대장, 조촌, 전주
	전주↔남원	1931	남원
	남원↔순천	1936	순천
충북선	조치원↔청주	1920	조치원, 청주
	청주↔충주	1928	충주
진주선	진주↔마산	1923	진주
경춘선	경성↔춘천	1939	춘천

경부선 개통(1905) 이후 대전과 대구에, 경의선 연선에 개성, 해주,
의주, 신의주 등지에, 호남선 연선에 이리, 태인, 정읍, 광주 등지에, 그
리고 전라선 연선에 대장, 삼례, 조촌 등지에 신사가 건립되었던 것이
나, 충북선이 부설되면서 청주와 충주 등지에, 기존의 경원선이 연장
되면서 그 연선을 따라 청진, 라남, 회령 등지에 신사가 건립되었다는
사실에서 쉽게 파악되는 부분이다. 아래의 〈그림 3〉은 이러한 상황을
구체적으로 제시하는 자료이다.

20 〈표 3〉은 최진성(2006) 앞의 논문, p.50을 참고하여 재정리 한 것임.

이러한 현상은 합병이후 대규모로 이주한 일본인 대다수가 효율적인 식민지경영을 위해 부설한 철도의 연선을 따라 조성된 신도시 거주하였다는 것과, 또 그 신도시를 중심으로 갖가지 국책사업이 시도됨에 따라 조선인 노동력을 필요로 하였기에, 사람이 모여드는 곳에 신사건립의 당위성 역시 대두되었던 까닭이다.

〈그림 3〉 1934(S9)의 철도노선과 신사
(출전; 小山文雄 『神社と朝鮮』, 1934)

이처럼 식민지 조선 소재의 신사는 전략적 지배기호로서 내륙의 주요도시로 연결되어 있는 철도노선을 따라 해안에서 내륙 곳곳에 이르기까지 전국의 모든 도시를 공략하면서 확장되어갔다. 그리하여 1920년 말 神社 36개소에 神祠 46개소였던 것이, 1925년 말에는 朝鮮神宮을 포함한 神社 42개소에 神祠 108개소, 1934년 말에는 神社 51개소에 神祀 231개소에 달할 정도로 증가하여 神社神道政策 시행의 근간을 확장시켜 나아갔다. 그럼에도 1930년대 초까지는 정책적 측면에서 비교적 관대했던 것21으로 보인다.

---

21 이는 조선신궁 초대 宮司였던 다카마쓰 시로(高松四郞)가 1929년 1월 21일자로 야마나시(山梨) 총독에게 장문의 항의서한에 "조선신궁 진좌 후 만 3년이 지난 오늘날까지 매년 봄가을의 新年祭, 神嘗祭, 기타 칙령에서 정한 제사까지 합쳐서 그 수가 20회가 넘었는데, "總督, 總監, 兩閣下께서 參列하신 일이 한 번도 없었고, 勅任宮의 參列 또한 손으로 꼽을 정도"였다는 문건과, 조선신궁 준공에 앞선 1925년 7월 총독부 학무국장 명의로 각도지사에게 발송한 通牒 「生徒・兒童の神社參拜に關する件」의 내용 중 학생들의 신사참배에 관하여 "이해를 못하는 자들에게 이를 강요해도 교육상의 효과를 거두기 어려우니… 不理解에 기인하는 紛糾 등이 발생하지 않게끔 신중하게 고려하라"는 문건으로 보아 당시 神道政策이 비교적 느슨하였음을 말해준다.

총독부의 신사정책이 강화된 면을 드러내기 시작한 것은 1930년대 중반부터이다. 정국이 군국주의로 치닫게 되는 1935년 4월 '道知事會議'에서 발언하였던 이마이다 기요노리(今井田淸德) 정무총감의 訓示[22]에 이어 1936년 8월 미나미 지로(南次郎)가 제7대 조선총독으로 부임하자마자 강행하였던 '내선일체' '황민화' 정책에 기인한다. 이즈음 신사정책에 관한 전반적인 개혁 및 보완조치[23]가 내려지면서 제도의 강화를 예고하였다.

조선총독부의 이같은 정책에 의하여 神社 및 神祠 설립도 이전에 비해 현격한 증가세를 보여 1940년 말에는 급기야 神社 61개소에 神祀 602개소에 달하게 되었다. 이의 지역별 증가상황을 총독부의 神道政策 강화 이전과 대비하여〈표 4〉로 정리하였다.

〈표 4〉 지역별 **神社 · 神祠**의 증가 상황

지역	1934년 말			1940년 말			
	神社	神祠	계	神社	神祠	계	증가율(%)
경기	4	26	30	5	67	72	71.4
충북	2	13	15	2	16	18	20.0
충남	6	20	26	7	30	37	42.3

22 今井田 政務總監은 1935년 4월 19일 道知事會議에서 "敬神崇祖가 我國 立國의 要道이며, 또한 國民道德의 淵源임에 鑑하여 이를 明徵하고 宣揚함으로써 더욱더 國民精神의 振作 更張을 도모해 달라" "神社에 參詣하여 敬虔한 느낌을 가지고 感謝하는 것은 不知不識間에 品性陶冶에 甚大한 영향을 미친다는 것은 부인할 수 없는 사실이다" "神社에 敎師 學生을 모두 인솔해가서 參詣하는 일, 神社의 祭典을 성대하고 엄숙하게 함으로써 民心을 이에 집중케 하는 것이 매우 중요하다"는 내용의 훈시를 하였다.(관보 제2479호, 1935.4.20)

23 8월 1일자 勅令 제250-254호에 의한 5개의 勅令과 동일자 府令 제67-73호 및 8월 11일자 제 75-81호 등 13개의 總督府令, 8월 1일자 제15-18호 등 4개의 總督府訓令, 8월 1일자 제434호 및 동 11일지 제440호 등 2개의 總督府 告示를 일제히 발포하였다. 당시 총독부가 발간한 「施政三十年史」는 이 점에 관하여 "朝鮮에 있어서의 神社制度 改正의 議는 多年의 懸案으로서 銳意 調査研究를 거듭해온 바이나…… 조속히 神社制度를 確立하여 그로서 時運에 대처할 필요가 있음을 인정하고…… 1936년에 이르러 成案을 보아 동년 8월 關係法 一切의 公布를 시행하고 이에 劃期的 神社制度의 改正을 보기에 이르렀다."고 기록하고 있다.

전북	9	14	23	10	20	30	30.4
전남	4	17	21	8	226	234	1,014.2
경북	4	34	38	5	47	52	36.8
경남	7	28	35	7	37	44	25.7
황해	2	12	14	2	27	29	107.1
평남	2	7	9	2	21	23	155.6
평북	4	23	27	4	37	41	51.9
강원	1	20	21	2	35	37	76.2
함남	2	8	10	2	20	22	120.0
함북	4	9	13	5	19	24	84.6
계	51	231	282	61	602	663	135.1

〈표 4〉에서 두드러진 현상은 神祠의 급증세이다. 이는 '1面 1神祠 설치'의 실현으로 볼 수 있겠지만, 특히 〈중일전쟁〉 이후 공식적인 '神社'를 새로이 설립하거나 유지하는데 드는 비용이 부담이 되어 민간의 사당(祠堂)을 '神祠'로 허가 수용한 것으로도 볼 수 있겠다. 특히 전남지역이 타 지역을 압도하는 현저한 증가세를 드러낸 것은 수많은 섬을 포괄하는 지역특성상 작은 행정단위가 많은데다, 또 인구의 유입도 만만치 않았던 까닭으로 보인다.

〈태평양전쟁〉 시기로 접어드는 1940년대 초반 더욱 강력히 추진하였던 '1面 1神祠 설치방침'은 한반도 구석구석에 神社 혹은 神祀가 설치되지 않은 곳이 없을 정도로 촘촘한 네트워크를 형성하였다. 그 결과는 1945년 6월까지 총독부 인가를 얻어 증설된 神社만도 총 79개소(〈그림 4〉 참조)이며, 神祀의 경우도 1,062개소로 집계되어

〈그림 4〉 일제말(1945.8) 신사 분포도
(출전; 『植民地神社と帝國日本』, p.56)

나타났다. 그러나 이같은 통계 역시 총독부가 공식적으로 인정하는 神社 및 神祠에 대한 것이므로 당시 비공식 신사[24]외에도 일반사당이 적지 않았음을 감안한다면 실제로 이보다 훨씬 더 많았을 것임은 쉽게 짐작할 수 있겠다. 이로써 황민화 정책의 근간이자 이를 상징하는 건축물인 神社·神祀가 한반도 전역에 거의 미치지 않은 곳이 없는 공간적 네트워크가 형성되기에 이르렀다.

한반도 내륙 곳곳에 부설된 철도가 조선을 효과적으로 장악하기 위하여 해안과 내륙의 교두보를 연계하는 시각적 네트워크였다면, 신사는 이 교두보가 안전하게 확보되었음을 기념하는 일종의 상징물을 연계하는 시각적이고도 상징적인 네트워크라 할 수 있겠다. 이러한 견지에서 〈그림 5〉[25]으로 제시한 철도노선도를 보면 동북아 신사네트워크까지도 충분히 예측할 수 있을 것이다. 그리고 보면 일본신사의 재현으로서 조선의 모든 신사는 식민지 지배 전략에 따라 재구성된 전략적 기호로서 한반도는 물론이려니와 만주와 중국으로 이어지는 동북아 신사네트워크, 나아가 대만, 동남아,

〈그림 5〉 일제말(1945.8) 철도노선도

---

24 조선의 경우 비공식신사들은 대체로 공식신사의 경내 또는 이에 바로 이웃해서 병설되는 것이 상례였으므로 攝末寺 또는 境內外社로 호칭되면서 열외로 취급되기도 하였다. 예컨대 경성신사의 경내에 天滿宮, 八幡宮, 稻荷社, 乃木神社 등이, 仁川神社의 경우 고토히라샤(金刀比羅社), 이나리샤(稻荷社), 스가와라샤(菅原社) 등이 그것이다. (岩下傳四郎 編(1941)『大陸神社大觀』大陸神道聯盟、pp.191-193 참조)
25 〈그림 5〉는 정재정(999)『일제침략과 한국철도』서울대출판부, p.144에서 참조하였다.

남양군도에까지 연계된 대동아 신사네트워크로의 확장을 위한 장치였음을 알 수 있다.

일제가 식민통치기간 이처럼 한반도 모든 지역에 신사를 설치한 가장 큰 이유는 천황의 직접적인 통치가 미치기 어려운 지역적 한계성에 기인한다 할 것이다. 그 지리적 한계성을 극복하고자 한반도 전역에 신사를 설치하였는데, 특히 지리학적 차원에서 주목되는 사항은 대다수가 시가지와 인접한 장소에서도 특히 조망권이 탁월한 구릉(丘陵)에 자리 잡고 있었다는 점이다. 이는 '國家神道' 체제하에서 성역화 된 일본의 신사들이 신성성 확보를 위해 대부분 숲으로 차단되어 있었던 것과 크게 비교되는 점으로, 식민지 조선의 신사는 신성성 이외의 또 다른 장치, 즉 전 조선을 천황의 가시권 안에 두고자 함이었을 것으로 여겨진다. 이는 신사의 정면을 대부분 시가지 쪽을 향하도록 배치26하였다는 점에서도 입증할 수 있을 것이다. 이로써 그 지역은 물론 전 조선이 신사에 안치된 神, 즉 만세일계 천황의 응시의 대상이 되었던 것인데, 이야말로 감시시설에 상응하는 장치였다고도 할 수 있을 것이다.

---

26 예를 들면, 남산에 소재한 朝鮮神宮의 경우 그 정면을 북향으로 배치하여 시가지 어느 방향이라도 잘 조망할 수 있게 하였고, 전주 다가산공원에 위치한 전주신사의 경우도 당시 전주읍성이 서문 밖에 있었기에 신사의 정면을 동향으로 배치하였으며, 군산 월명공원에 건립한 군산신사의 경우도 군산 시가지가 잘 보일 수 있도록 그 정면을 남향으로 배치하여 神社에 안치된 神의 가시권에 두고자 하였다. (최진성(2006) 앞의 논문, p.54 참조)

4. 맺음말

한국을 합병한 이후 일제의 신사정책은 새로이 官·國幣社를 창설하는 방향과 기존의 신사를 제도권 안으로 포섭하여 관공립화 하려는 두 가지 방향에서 추진되었다. 이에 새로이 건립할 신사에 대해서는 공간적으로는 도시를 위압하고 정신적으로는 도시민을 감시하기에 좋은 입지를 찾아 시각적 경관으로 재현함으로써 그들이 장악한 새로운 국토에 특별한 의미를 부여하는가 하면, 기존 신사는 '國家神道'에 맞게 외관을 변형시키거나 민간의 사당(祠堂)에도 '神祠'라는 이름으로 공히 천황가의 조상신인 아마테라스 오미카미와 조선침략을 감행한 메이지천황을 祭神으로 안치하는 방식으로, '朝鮮神宮'을 정점으로 하는 전략적 지배기호를 조성하여갔다. 그리고 1930년대 후반부터는 '내선일체'의 상징물로서의 '扶餘神宮' 조영과 이를 중심으로 하는 '神都建設'을 계획하는 것을 계기로 보다 강화된 神社神道政策을 강행하였다. 그리하여 한반도 구석구석에 神社 혹은 神祠가 설치되지 않은 곳이 없을 정도로 촘촘한 지배네트워크를 조성하게 되었다.

이러한 신사설립의 공간적 확대 과정이 철도노선과 연계된 일제의 공간적 지배전략과도 일치하고 있다는 점도 주목을 끄는 부분이다. 곧 한반도의 효과적인 장악을 위해 부설한 철도가 해안과 내륙의 교두보를 연결하는 시각적 네트워크였다면, 신사는 이 교두보가 안전하게 확보되었음을 기념하는 즉, 식민지경영 전략에 따라 재구성된 전략적 지배기호로서의 상징물을 연계하는 시각적이고도 상징적인 네트워크를 형성하고 있었던 것이다.

신사의 경관 또한 주목되는 부분이다. 일본의 신사들이 신성성 확보를 위해 대부분 숲으로 차단되어 있었던 것에 비해, 식민지 신사는 대부분 구릉지에 위치한데다, 신사의 정면을 시가지 쪽을 향하도록 하였다. 이는 신성성 이외에도 神의 가시권, 즉 神의 응시에 의한 감시를 고려한 정신적 지배시설이라고도 할 수 있을 것이다.

〈태평양전쟁〉이 일본의 패전으로 종결되자 신사는 식민지시대의 잔재를 청산해야 한다는 담론 하에 가장 먼저 해체의 대상이 되었다. 이는 그토록 초강력 정책을 시행하였음에도 일본이 만들어낸 '國家神道'가 끝내 한국인의 정신세계를 지배하지 못한 타자(他者)였음을 말해준다. 오늘날 그때의 건축물이나 경관은 거의 찾아볼 수 없지만, 곳곳에 남아있는 신사의 터와 흔적에서 온고이지신(溫故而知新)의 지혜를 찾는 기제장치로 삼아야 할 것이다.

Ⅲ. 朝鮮과 日本지역 삽화 변화[*]

■ 사희영 · 김순전

1. 序論

우리가 흔히 접하는 서적을 살펴보면 문자로 기술된 본문 외에 삽화가 병행되어 게재되어 있음을 잘 살펴볼 수 있는데, 이는 시각에 의해 인식한 연상 작용으로 본문 내용의 이해를 심화시키고 오래도록 기억할 수 있게 하기 때문이다. 특히 교과서에 수록된 삽화는 교과서 본문에서 가르치고자 하는 본문의 학습내용을 보충 설명해줄 뿐만 아니라,

* 이 글은 2016년 3월 한국외국어대학교 일본연구소 『日本研究』(ISSN : 1225-6277) 제67호, pp.177-199에 실렸던 논문 「일제강점기 (地理)교과서 삽화 활용에 대한 考察」을 수정 보완한 것임.

학습자의 흥미나 관심을 유발시켜 학습동기를 자극시키거나 학습목표를 효과적으로 달성할 수 있도록 해주는 매우 유효한 자료이기 때문이다.

예를 들면 〈地理〉교과서의 삽화는 실생활과 동떨어져 거리감을 느낄 수 있는 자연지리적 측면을 학습자로 하여금 보다 쉽게 학습에 접근하여 흥미를 가질 수 있도록 해주며, 또 정치·경제·사회·문화 등 다양한 분야와 연관된 인문지리적 측면도 이해를 용이하게 하여 공간의 다양성을 인식할 수 있게 해준다. 또한 삶터를 중심으로 한 지역 경관과 같은 향토지리적 측면에서는 삽화를 통해 경험을 토대로 한 지리교육이 가능할 수 있도록 도와준다.

그러나 현재까지 이뤄진 지리교육에 관한 연구를 살펴보면, 〈地理〉교과서의 삽화에 관한 연구는 현행 교과서의 삽화분석만이 주로 이루어지고 있다.[2] 더욱이 일제강점기 〈地理〉교과서에 관한 연구는 이병담의「일제강점기 초등학교『지리』교과서에 나타난 일본주의와 식민성」[3]과 신수경의「일제강점기 지리 교과서 삽화 연구 : 내재된 이데올로기와 표현방식의 변형」[4]만이 있다. 이병담의 연구는 다른 교과목과의 연계성을 토대로 식민지적 인간육성 교육이었음을 밝히고 있으며, 신수경의 연구는 1932년 출판된 지리교과서에 국한되어 있어 전반적인 지리교과서의 삽화연구로는 미흡하다고 인지된다.

일제강점기 지리교육의 목적과 변화를 보다 명확히 파악하기 위해

2　김혜욱(2006)「한·일 중학교 사회교과서 삽화분석」연세대학교 교육대학원 석사논문과 최영은(2006)「제7차 교육과정 고등학교 세계지리 교과서 시각 자료 분석」상명대학교 교육대학원 석사논문, 이외에도 박인옥(2010)『중학교「사회1」교과서 삽화의 기능 분석 한국사진지리학회지 제20권 제2호 등 사회교과서의 삽화분석연구가 대다수이고 지리교과서가 소수를 차지하고 있다.

3　이병담(2010)「일제강점기 초등학교『지리』교과서에 나타난 일본주의와 식민성」『日本語文學』제47집, 한국일본어문학회

4　辛秀暻(2009)「일제강점기 지리 교과서 삽화 연구 : 내재된 이데올로기와 표현방식의 변형」『美術史論壇』제29호, 한국미술연구소

서는 일제강점기 전반에 걸쳐 사용된 〈地理〉교과서의 삽화자료를 살펴볼 필요가 있다고 여겨진다. 왜냐하면 아직 문장 이해능력이 충분하게 발달하지 않은 어린 아동에게 있어 삽화는 문장이상의 영향력을 행사하게 되기 때문이다. 따라서 본 발표에서는 일제강점기 초등학생 교육 자료로 출판된 조선총독부 편찬 〈地理〉교과서5 13권에 사용된 삽화에 초점을 맞추어 본문과 함께 살펴봄으로써 일제강점기 지리교육의 숨은 의도를 찾아내고자 한다. 특히 조선지리 및 일본지리 관련 단원의 삽화를 중점적으로 파악하여 당시 지리교육에서 식민국과 식민지의 공간이 어떻게 형상화되었는지 추출하여 비교 분석 고찰하고자 한다.

2. 〈地理〉교과서의 삽화현황 및 유형별 분석

일반적으로 삽화란 사진·도표·그림 등 문자를 제외한 자료를 서적·잡지·신문 등에 끼워 넣어, 본문 내용이나 기사 등의 바른 이해를 돕는 보충적인 설명기능의 시각적 효과 자료를 의미하는 것으로 비문자적 시각자료6를 말한다. 특히 지표위에서 인간과 환경간의 상호작용에 대해 이해하는 지리교육7 교재인 〈地理〉교과서에는 다양한 삽

---

5 『尋常小學地理書補充敎材』(1920), 『普通學校地理書補充敎材』(1923), 『初等地理書』卷一·二(1932, 1933), 『初等地理』卷一·二(1937), 『初等地理』卷一·二(1940,1941), 『初等地理』卷一·二(1942), 『初等地理』卷二(1943), 『初等地理』第五學年·六學年(1944) 등 조선총독부 편찬 지리교과서 13권을 텍스트로 한다.

6 중앙일보(1981) 『현대 미술 용어 사전』 계간미술, p.147

7 남상준은 지리교육의 목적을 "지표위에서의 인간과 환경간의 상호작용 곧 삶에 대해 지리적 관점에서 이해하고 설명하며 참여하는 지리적 문해력(geographical literacy)을 갖추게 하여 다른 교과 교육의 목적들과 통합적으로 작용하여 인간의 자율성을 형성하게 하는데 있다"고 밝히고 있다. (남상준(2005) 『地理敎育의 探究』 교육과학사, p.44)

화들이 제시되어 있다. 그 이유는 삽화자료가 가진 다양한 기능들을
통해 정보력의 신장과 사고력의 확장을 도와주기 때문에 이러한 자료
활용이 타교과서에서보다 큰 역할을 담당하고 있다고 할 수 있다.

　일제강점기에 초등학교 아동을 대상으로 한 지리 학습에서도 지도
학습 및 공간의 이해를 돕고 추론적 내용을 보다 명확하게 시각적으로
이해시키기 위한 전달매체로 사진, 그림, 지도, 도표 등의 자료를 〈地
理〉교과서에 많이 삽입하여 사용하고 있는 것을 잘 볼 수 있다. 당시 게
재된 삽화 자료를 추출하여 분류하고 각 종류별로 통계를 내어 도표화
한 것이 〈표 1〉이다.

〈표 1〉 일제강점기 초등학교 〈地理〉교과서 삽화 유형별 분포

차수	교 과 서 명	그림사진	지도	도표	분포도	삽화합계	총page	삽화비율
I	尋常小學校地理補充敎材 (1920)	6	–	–	–	6	44	13.6
II	普通学校地理補充敎材 (1923)	14	4	–	–	18	36	50.0
III	初等地理書 卷一(1932)	88	13	17	16	134	134	100.0
III	初等地理書 卷二 (1933)	105	13	31	15	164	190	86.3
IV	初等地理 卷一 (1937)	90	14	17	21	142	143	99.3
IV	初等地理 卷二 (1937)	101	15	31	19	166	196	84.6
V	初等地理 卷一 (1940)	93	21	22	22	158	151	104.6
V	初等地理 卷二 (1941)	125	19	24	16	184	219	84.0
VI	初等地理 卷一 (1942)	87	22	22	23	154	151	101.9
VI	初等地理 卷二 (1942)	122	19	24	16	181	219	82.6
VI	初等地理 卷二 (1943)	80	14	7	9	110	152	72.3
VII	初等地理 第五學年 (1944)	79	13	5	9	106	158	67.0
VII	初等地理 第六學年 (1944)	77	21	7	14	119	159	74.8
	합　계	1,067	188	207	180	1,642	1,952	84.1

　삽화는 각 종류별로 그 내용에 따라 크기가 다르지만 통상 한 페이
지에 하나의 삽화를 기준으로 삼아 통계를 내어보면, 위의 표에서 알

수 있듯이 Ⅰ차부터 Ⅶ차까지 사용한 삽화는 전체 약 1,952페이지 중 1,642회로 평균 약 84.1%를 차지하고 있다. Ⅰ차에 44페이지에서 13.6% 출현하였던 삽화가 Ⅱ차에서는 50%로 증가 되었고, Ⅲ차에서 부터는 더 높은 비중으로 게재되어 있다. 가장 많은 삽화가 게재된 것은 1940년에 출판된 Ⅴ차 『初等地理』 卷一로 거의 한 페이지 당 하나의 삽화가 게재되어 다른 시기보다 높은 약 104.6%를 나타내고 있는 것을 잘 볼 수 있다. 그러나 1943년에는 『初等地理』 卷二의 삽화를 72.3%의 게재율로 하향 조정하여 출판하고 있다. 이는 전시체제하의 용지부족 사태와 연관해 교과서 페이지가 축소됨에 따라 삽화의 양도 조정된 것으로 추정된다.

삽화를 유형별로 분류했을 때 가장 많이 게재된 순으로 살펴보면 그림·사진류, 도표, 지도, 분포도의 순으로 나타났다.

다음 장에서는 조선과 일본지역의 삽화를 중심으로 각 삽화에서 나타나는 지리적 특성을 구체적으로 살펴보자.

3. 조선과 일본지역의 삽화 유형 비교

일제강점기 조선총독부 편찬 〈地理〉교과서에서 가장 중점을 둔 것은 식민국인 일본과 식민지 조선인데, 이를 삽화 중심으로 정리한 것이 〈표 2〉이다.

〈표 2〉 조선과 일본 지역의 삽화 유형 비교

나라	차수	서명	그림사진	지도	도표	분포도	삽화합계	총page	삽화비율
조선	Ⅰ	尋常小學校地理補充敎材(1920)	6	-	-	-	6	44	13.6
	Ⅱ	普通学校地理補充教材(1923)	14	4	-	-	18	32	56.2
	Ⅲ	初等地理書 卷一 (1932)	22	2	7	7	38	38	100.0

	IV	初等地理 卷一 (1937)	24	3	9	11	47	45	104.4
	V	初等地理 卷一 (1940)	21	3	9	12	45	45	100.0
	VI	初等地理 卷一 (1942)	22	3	9	12	46	45	102.2
	VII	初等地理 第五學年 (1944)	17	3	5	-	25	31	80.6
		계	126	18	39	42	225	280	80.35
일본	I	尋常小學校地理補充教材(1920)	-	-	-	-	-	5	0.0
	II	普通学校地理補充教材 (1923)	-	-	-	-	-	-	0.0
	III	初等地理書 卷一 (1932)	58	11	13	1	83	89	93.2
		初等地理書 卷二 (1933)	22	7	22	12	63	63	100.0
	IV	初等地理 卷一 (1937)	59	11	12	6	88	87	101.1
		初等地理 卷二 (1937)	21	9	23	10	63	66	95.4
	V	初等地理 卷一 (1940)	65	18	20	5	108	100	108.0
		初等地理 卷二 (1941)	12	5	14	11	42	53	79.2
	VI	初等地理 卷一 (1942)	58	20	19	5	102	98	104.0
		初等地理 卷二 (1942)	11	5	14	10	40	53	75.4
	VII	初等地理 第五學年 (1944)	38	5	1	1	45	89	50.5
		初等地理 第六學年 (1944)	6	-	1	-	7	17	41.1
		계	350	91	139	61	641	720	89.0

일본관련 지역의 서술은 720/1800페이지 40%를 차지하고 있다. 한편 조선은 일본서술보다 적은 280/1800페이지인 15.5%가 기술되어 있다. 특히 삽화를 살펴보면 일본지역과 관련된 삽화는 641회/720페이지가 게재되어 있고, 조선지역과 관련된 삽화는 225회/280페이지가 게재되어 있다.

삽화는 그림과 사진·지도·도표·분포도 등으로 나누어 그 중 일본과 조선지역에 관련된 삽화만을 도출하였다. 그리고 이를 크게 자연지리와 인문지리[8] 범주로 분류하고, 인문지리 분야에서 두드러진 경제지리와 정치지리로 세분하였다. 또 당대에 지리학자들이 중시했던 향토지리 항목을 추가한 네 가지로 구분하여 분류하였다.

8 일반적 지리분야로 자연지리·인문지리로 나누고 인문지리에는 민속이나 종교 혹은 언어 등의 지역적 분포나 특성을 주로 연구하는 문화지리를 비롯해 다양한 분야로 나누어진다. 그러나 본 논문에서는 그 특성이 두드러진 분야만을 구분하였다.

3.1 식민지와 제국의 기후를 나타내는 자연지리

일반적으로 자연지리9는 지형학·기후학·환경지리학 등을 포함하고 있으며, 지구와 지표 가까이의 자연 현상에 주목하여 지구의 형상이나 지형 및 기후 등을 다룬 것이다. 이러한 자연지리 분야에 해당하는 삽화만을 추출하여 정리한 것이 〈표 3〉이다.

〈표 3〉 자연지리 기수별 삽화목록

나라	차수	교과서명	그림사진	지도	도표	분포도	삽화합계	총page	삽화비율
조선	Ⅰ	尋常小學校地理補充教材(1920)	-	-	-	-	-	44	0.0
	Ⅱ	普通学校地理補充教材 (1923)	-	-	-	-	-	32	0.0
	Ⅲ	初等地理書 卷一 (1932)	-	-	1	-	1	38	2.6
	Ⅳ	初等地理 卷一 (1937)	-	-	2	-	2	45	4.4
	Ⅴ	初等地理 卷一 (1940)	-	-	2	-	2	45	4.4
	Ⅵ	初等地理 卷一 (1942)	-	-	2	-	2	45	4.4
	Ⅶ	初等地理 第五學年 (1944)	-	1	1	-	2	31	6.4
		계	-	1	8	-	9	280	3.2
일본	Ⅰ	尋常小學校地理補充教材(1920)	-	-	-	-	-	5	0.0
	Ⅱ	普通学校地理補充教材 (1923)	-	-	-	-	-	-	0.0
	Ⅲ	初等地理書 卷一 (1932)	-	-	-	-	-	89	0.0
		初等地理書 卷二 (1933)	-	1	4	1	6	63	9.5
	Ⅳ	初等地理 卷一 (1937)	-	-	-	-	-	87	0.0
		初等地理 卷二 (1937)	-	1	4	1	6	66	9.0
	Ⅴ	初等地理 卷一 (1940)	-	1	4	-	5	100	5.0
		初等地理 卷二 (1941)	-	-	-	-	-	53	0.0
	Ⅵ	初等地理 卷一 (1942)	-	1	4	-	5	98	5.1
		初等地理 卷二 (1942)	-	-	-	-	-	53	0.0
	Ⅶ	初等地理 第五學年 (1944)	2	-	1	1	4	89	4.4
		初等地理 第六學年 (1944)	-	-	-	-	-	17	0.0
		계	2	4	17	3	26	720	3.6

Ⅰ차에서 Ⅶ차까지 조선은 9회/280페이지 3.2%에 해당되고 일본은 26회/720페이지 3.6%를 차지하고 있어 조선과 일본 모두 삽화에서 자

---

9 임덕순(1996)『地理教育原理:理論과 適用』법문사, p.17 참조.

연지리는 그다지 큰 비중을 차지하지 않음을 알 수 있다.

조선 단원에서 자연지리를 설명할 때 그림과 분포도는 전혀 사용하지 않고 있는 것으로 나타났으며, 지도는 1회, 도표는 8회를 사용한 것으로 나타났다. Ⅲ차에서는 「경성의 기후도(京城の氣候圖)」가 제시되었고, Ⅳ·Ⅴ·Ⅵ차에서는 「중강진의 기후도(中江鎭の氣候圖)」와 「경성·평양·대구의 기후도(京城·平壤·大邱の氣候圖)」가 삽입되었다. Ⅶ차에서는 「도쿄·경성·신징의 기후도(東京·京城·新京の氣候圖)」가 도표로 게재되었고, 「기온우량도(氣溫雨糧圖)」가 지도로 삽입되었다. 그중 차수별로 달라지는 기후도표를 제시해보면 아래와 같다.

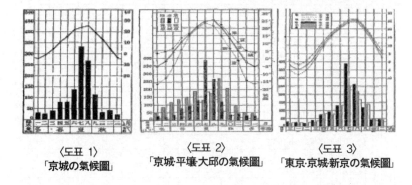

〈도표 1〉
「京城の氣候圖」

〈도표 2〉
「京城·平壤·大邱の氣候圖」

〈도표 3〉
「東京·京城·新京の氣候圖」

위의 도표에서 알 수 있듯이 자연지리와 연관한 대표적 삽화의 예는 기후도표이다. 〈도표 1〉은 Ⅲ차에 제시된 기후도로 경성의 기후를 사계절 12달로 구분하여 해당 월의 강수량을 막대그래프로 나타내고, 왼쪽에 온도 눈금을 표시하고 꺽은 선 그래프로 해당 월의 평균기온을 나타내고 있다. 〈도표 2〉는 Ⅳ차에 제시된 도표로 경성 뿐만아니라 평양과 대구를 함께 제시하여 특정한 한 지역에 국한하지 않고 조선내의 다른 지역을 서로 비교할 수 있도록 같은 도표에서 다루고 있다. 〈도표 3〉은 Ⅶ차 5학년에 제시된 것으로, 앞선 도표가 같은 조선내의 지역들을 비교하고 있다면, 이 도표는 도쿄와 경성 그리고 신징(新京) 지역을 함께 제시하고 있다. 일본열도의 중심인 도쿄를 기준으로 1932년부터 1945년까지 만주국의 수도였던 신징을 함께 제시함으로써 동아시아의 구심점으로서의 일본을 부각시키고 있다. 이러한 도표 변화는 차수에 따라 일본제국에 소속된 식민지 조선의 이미지를 구축하며 일제 중심의 지리교육을 시행한 단면을 잘 보여주는 예라고 할 수 있다.

한편 일본의 경우는 지도와 분포도는 없으며, 그림 2회와 도표 17회가 사용된 것으로 나타났다. 일본 단원에서도 자연지리를 설명할 때 가장 많이 사용된 삽화는 도표였다. Ⅲ차에서 Ⅵ차까지 지형도로 「세토나이카이(瀬戸内海)」가 제시되었고, 「고치(高知)」를 비롯한 각 지역의 월별 강수량과 기온이 막대와 선그래프로 반복되어 게재되어 있다. Ⅶ차 제5학년에서는 「강(川)」과 「해안(海岸)」이 사진으로 게재되어있고, 선그래프로는 「도쿄・타이페이・오도마리의 기온표(東京・臺北・大泊の気温表)」가 제시되어 있다.

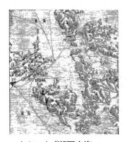
〈지도 1〉「瀬戸内海」

〈사진 1〉「海岸」

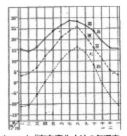
〈도표 4〉「東京臺北大泊の気温表」

위의 〈지도 1〉은 Ⅲ차에 제시된 모형지도로 혼슈와 시코쿠 그리고 규슈에 둘러싸인 세토나이카이의 모습을 나타낸 것이다. 이러한 모형도는 항공사진을 촬영하여 화가의 손에 의해 다시 제작되어 지역의 지형을 나타내는데 사용되었는데 여기에서도 해안의 복잡한 돌출부분을 나타내고 있다. Ⅶ차에서 나온 〈사진 1〉은 일본의 해안선을 설명하는 부분에 제시된 것으로 〈지도 1〉의 모형지도가 교체된 것이다. 사진과 연관된 서술을 살펴보면 아래와 같다.

> 해안선의 출입과 섬이 많은 것은 세계에서도 유명한데, 그중에서도 기타큐슈·세토나이카이연안 및 조선의 서남부 해안 등은 섬이나 만이 가장 많은 곳이다.[10]

기존에 특정지역을 서술하였던 것이, 이 시기에는 일본제국 중심의 세계관을 바탕으로 각 식민지와 연계된 서술을 시도하고 있으며, 이를 위해 특정 지역 삽화를 삽입하기보다 일반적 사진으로 대체하고 있는 것을 잘 볼 수 있다.

〈도표 4〉도 Ⅶ차에 제시된 것인데 기후와 기온에 관련된 서술에 삽입된 것이다. 그러나 이전 「고치(高知)」와 같이 월별 강수량을 막대그래프로 표시했던 것은 삭제되고, 꺾은 선 그래프를 사용하여 기온만을 나타내고 있다. 도쿄와 식민지인 타이완의 수도 타이페이 그리고 사할린 남부의 항만도시인 코르사코프(Korsakov)로 당시 사할린청(樺太庁)이 설치되었던 오도마리를 같은 자료에서 다루고 있다. 그러나 당시 일본의 총력전체제아래 자료 수합이 충분하게 이루어지지 못한 탓에 강수량은 생략한 채 기온만을 나타내고 있다고 보여진다. 그럼에도 불구하고 「아름다운 국토(美しい国土)」의 기후 관련 서술에서 도쿄와 함께 제시한 것은 확대되어가는 일본제국의 모습을 표출하기 위해서

10　海岸線の出入と島の多いことは、世界でも有名で、中でも北九州・瀬戸内海沿岸及び朝鮮の南西部の海岸などは、島や湾のいちばん多いところです。(Ⅶ차『初等地理』(1944)第五学年 p.13)

라고 하겠다.

자연지리와 관련한 삽화는 전체 삽화량에 비해 소수에 그치고 있고, 주로 막대그래프와 선그래프를 넣은 도표를 이용하여 조선이나 일본 지역의 기후나 기온 등을 설명하고 있는 것으로 나타났다. 그러나 차 수가 더해갈수록 일본제국을 중심으로 한 식민지 지역을 병기해 표시 함으로써 확대되는 일본제국의 이미지 부각과 함께 그에 복속되어 있 는 식민지와의 정치적 역학관계를 인지시키는 구성을 취하고 있음을 확인할 수 있었다.

3.2 수탈 식민지와 부국 제국의 경제지리

지리학적 구분에 있어 크게는 인문지리에 속하는 경제지리는 경제 현상과 지리적 조건과의 관계를 연구하는 인문 지리학의 한 분야로 지 리와 연관한 인구나 도시 그리고 그와 연관된 각종 농·공·상업 그리 고 무역이나 교통 등의 현상을 나타낸 분야를 말한다. 이러한 경제지 리 분야에 해당하는 삽화만을 추출하여 정리한 것이 〈표 4〉이다.

〈표 4〉 경제지리 기수별 삽화목록

나라	차수	서명	그림사진	지도	도표	분포도	삽화합계	총page	삽화비율
조선	Ⅰ	尋常小學校地理補充教材(1920)	6	-	-	-	6	44	13.6
	Ⅱ	普通学校地理補充教材 (1923)	7	-	-	-	7	32	21.8
	Ⅲ	初等地理書 卷一 (1932)	10	-	6	7	23	38	60.5
	Ⅳ	初等地理 卷一 (1937)	14	-	7	11	32	45	71.1
	Ⅴ	初等地理 卷一 (1940)	14	-	7	12	33	45	73.3
	Ⅵ	初等地理 卷一 (1942)	16	-	7	12	35	45	77.7
	Ⅶ	初等地理 第五學年 (1944)	13	-	3	-	16	31	51.6
		계	80	0	30	42	152	280	54.2
일본	Ⅰ	尋常小學校地理補充教材(1920)	-	-	-	-	-	5	0
	Ⅱ	普通学校地理補充教材 (1923)	-	-	-	-	-	-	0
	Ⅲ	初等地理書 卷一 (1932)	31	4	12	1	48	89	53.9

	初等地理書 卷二 (1933)	15	1	16	10	42	63	66.6
IV	初等地理 卷一 (1937)	31	4	11	6	52	87	59.7
	初等地理 卷二 (1937)	14	1	17	8	40	66	60.6
V	初等地理 卷一 (1940)	33	4	15	5	57	100	57
	初等地理 卷二 (1941)	6	1	14	10	31	53	58.4
VI	初等地理 卷一 (1942)	32	6	14	5	57	98	58.1
	初等地理 卷二 (1942)	6	1	14	9	30	53	56.6
VII	初等地理 第五學年 (1944)	11	2	-	-	13	89	14.6
	初等地理 第六學年 (1944)	3	-	-	-	3	17	17.6
	계	182	24	113	54	373	720	52.6

〈표 4〉를 살펴보면 조선의 경제지리에 사용된 삽화는 그림·사진 80
회, 분포도 42회, 도표 30회 등 총 152회/280페이지 54.2%이다. 일본에
서의 경우 경제지리 분야를 설명하는데 가장 많이 사용된 삽화는 그
림·사진으로 182회이다. 또 도표 113회, 분포도 54회, 지도 24회가 차
지하여 경제지리에 사용된 삽화는 총373회/720페이지 52.6%를 차지
하고 있는 것으로 나타났다.

조선의 경제지리에 사용된 삽화를 살펴보면 제일 처음 등장하는 삽
화 그림은 I차의 「세포목양장(洗捕牧羊場)」이다. 「중부조선(中部朝
鮮)」의 산업단원에서 현재는 북한의 행정구역이 된 강원도 세포에 있
는 목장 풍경을 제시하며 권업모범장과 함께 목축업과 임업 등에 대해
기술하고 있으나, 이후에는 삭제되어 없어졌다. I차에 등장하여 VI차
까지 반복 출현한 삽화는 「광량만염전(廣梁灣鹽田)」, 「목포 면화시장
(木浦の棉花市場)」, 「압록강 삼림과 유벌(鴨綠江の森林と流筏)」 등 아
래의 그림들이다.

〈그림 1〉「廣梁灣鹽田」　　〈그림 2〉「木浦の棉花市場」　　〈그림 3〉「鴨綠江の森林と流筏」

Ⅰ차에 등장하여 Ⅵ차까지 같은 제목으로 출현한 삽화는 「광양만염전(廣梁灣鹽田)」인데 Ⅲ차에서 그림이 교체되었다. 또 Ⅲ차까지 출현한 「목포의 면시장(木浦の棉花市場)」은 Ⅳ차에서 「목포항의 면 출하(木浦港の綿の積出)」란 제목으로 그림이 교체되었으며, Ⅲ차까지 출현한 「압록강 임업과 유벌(鴨綠江の森林と流筏)」은 Ⅳ차 때 그림이 교체된 후 Ⅴ차 때 삭제되었다가 Ⅵ차에 다시 게재되었다. 변경된 삽화를 제시해 보면 아래와 같다.

〈그림 4〉「廣梁灣鹽田」　　〈그림 5〉「木浦港の綿の積出」　　〈그림 6〉「鴨綠江の森林と流筏」

〈그림 4〉는 조금 원거리에서 본 염전의 일하는 모습을 그린 것이다. 〈그림 5〉는 조선인이 북적이던 목포 면화시장 모습이 항구를 배경으로 하여 일본으로 면을 수출하기 위해 적재해 놓은 그림으로 교체되었다. 특히 〈그림 5〉 앞에 「군산항의 쌀 출하(群山港の米の積出)」란 그

림을 함께 제시하며 일본으로 쌀과 면이 반출되고 있는 장면을 담고
있다. 〈그림 6〉은 원시적인 벌채가 좀 더 효율적으로 이루어지는 과정
과 이동을 알기 쉽도록 그린 그림으로 교체된 것이다.

　이외에도 조선에서의 경제지리 관련 삽화는 쌀과 콩을 비롯한 인삼
과 면의 재배와 같은 농업, 도미와 조기 어획 및 말린 명태 작업과 같은
수산업, 소금 생산의 염전사업, 임업 등 주로 1차 산업과 연관된 그림
이나 도표 및 분포도가 제시되어 있다. Ⅳ차에 제시된 조선의 산업을
살펴보면 「우리나라 보리 생산액 비교(我が国の麦の産額の比較)」, 「육
지면의 생산분포도(陸地棉の生産分布圖)」, 「무역액의 증감표(貿易額
の増減表)」 등이 있다.

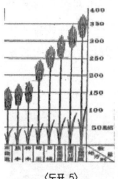
〈도표 5〉
「我が国の麦の産額の比較」

〈분포도 1〉
「陸地棉の生産分布圖」

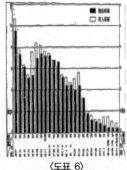
〈도표 6〉
「貿易額の増減表」

　〈도표 5〉는 도표에 막대그래프보다는 보리그림을 삽입하여 보리와
관련된 도표임을 알기 쉽게 나타내고 있을 뿐 아니라 다소 어렵고 딱
딱한 지리교육에 아동들의 흥미를 이끌어내고 있는 부분이라고 할 수
있다. 또 〈분포도 1〉은 1904년 목포 고하도(高下島)에서 실시된 이후,
면화 재배지역이 증가된 것을 나타낸 것이다. 〈도표 6〉은 「조선지방 총
설(朝鮮地方總說)」의 상업에서 제시된 도표이다. 조선 상업의 미발달
로 인해 시장을 통해 매매가 형성되고 있음을 거론하며, 수출품은 쌀ㆍ

광산물·수산물·생사·솜·비료 등이고, 수입품은 면직물·철·비료·여러 기계·인조견직물·좁쌀 등임을 텍스트 내용으로 기술하고 있다. 그러나 도표를 살펴보면 수출 품목은 생사나 솜 혹은 광산물과 같은 원료인 반면, 수입은 이를 가공한 면직물이나 인조견직물이 수입된 것을 볼 수 있으며, 조선 무역은 수출보다 수입이 높은 수치를 점유하고 있는 것을 잘 볼 수 있다. 또 산미증식계획으로 이뤄진 쌀 수확이 일본으로 대량 유출되면서 조선내의 식량부족분은 만주의 좁쌀을 수입하여 충당하고 있는 일면[11]도 잘 보여주고 있다. 수출과 수입을 비교한 이 도표는 제국과 식민지사이에서 이뤄진 무역으로 종속적인 경제 구조를 보여주는 예라고 할 수 있을 것이다.

한편 Ⅳ차에서는 광·공업과 관련한 삽화들이 처음 나타나기 시작하는데, 「진남포제련소(鎭南浦製鍊所)」, 「겸이포제련소(兼二浦の製鐵所)」, 「흥남질소회사(興南窒素會社)」, 「영등포피혁공장(永登浦の皮革工場)」 등이다.

〈그림 7〉「兼二浦の製鐵所」　〈그림 8〉「興南窒素會社」　〈그림 9〉「永登浦の皮革工場」

11 1930년 쌀 총 생산량은 13,511(천석)이었으나 이중 5,426(천석)이 일본으로 이출된 것으로 자료를 제시하고 있다. (역사학연구소(2004), 『함께 보는 한국근현대사』, 서해문집 p.146 참조) 또 강만길은 1935년까지의 산미증식계획에 의해 생산량이 1.4배 증가하였으나 이출량은 5배 정도 늘어난 것을 지적하고 있다. (강만길(2000)『한국 자본주의의 역사』 역사비평사, p.110 참조)

1915년에 공포된 〈조선광업령〉과 1918년까지 이뤄진 지질조사를 바탕으로 광업이 육성되게 되면서 진남포제련소와 겸이포제철소가 건설되었다. 그리고 금을 비롯한 철, 석탄, 동, 흑연 및 무연탄에 이르기까지 막대한 양이 채취되게 되는데 이를 반영한 것이 〈그림 7〉이라고 할 수 있다. 그러나 이것은 식민지를 위한 광업 육성이 아닌 식민지의 자본 착출이라고 할 수 있는데, 그 이유는 당시 일본인이 소유한 광산이 80%를 차지하고 있었으며, 당시 채취한 총 산금량은 60톤[12]이나 되었다고 한다.

또 〈그림 8〉의 흥남질소회사는 일본 질소비료 주식회사가 1926년 흥남에 세운 〈조선질소비료주식회사〉를, 1930년 일제가 회사명을 바꾸어 공장을 준공하고 황산암모늄 등을 매년 약 48만톤을 생산한 곳이다. 이때 생산된 비료가 일본으로 수출되기도 하였다.

〈그림 9〉의 영등포 피혁공장은 서울 교외의 유일한 공장지대였던 영등포 일대를 나타낸 것으로, 일제의 수혜에 의해 근대화 되어가는 식민지를 홍보하기 위한 배치라고 할 수 있다. 그러나 실상은 대부분이 일본인 소유인 방직공장 등이 건설되어 조선인 노동력을 착취하였고, 식민지 말기에는 일제의 군수공업 확장이 이뤄진 곳이다.

일본의 경제지리 관련 삽화는 다양한 분야의 산업과 연관된 것들이 등장한다. 농업의 경우도 쌀·보리부터 감자와 사과에 이르기 까지 다양할 뿐만 아니라 수산업과 임업 그리고 목축업 등 여러 분야의 산업과 작물들이 다양한 삽화들을 매개체로 소개되고 있다. 그러나 조선의 경제지리와 비교해 볼 때 2차 산업에 해당되는 삽화들이 훨씬 많이 제시된 것을 확인할 수 있다.

---

12   이용선(2002) 『조선최강상인 3 불세출』 동서문화사, p.192

일본의 경제지리 서술분야에 가장 많이 사용된 삽화는 그림·사진류인데 그중 Ⅲ차에서 Ⅶ차까지 출현한 것은 「니가타현의 유전(新潟県の油田)」이고, Ⅴ차에서 출현하여 Ⅶ차까지 남아있던 것은 「도마코마이의 제지공장(苫小牧の製紙工場)」 등이다.

⟨그림 10⟩ 「新潟県の油田」   ⟨그림 11⟩ 「苫小牧の製紙工場」

⟨그림 10⟩은 니가타의 유전관련 사진이다. 국내 유전의 본격적인 이용은 메이지 시대 이후 증대하였는데, 당시 미국이 주요수입국이었으나 미국의 수출금지로 인해 태평양전쟁이 발발하면서 석유의 중요성에 의해 Ⅶ차까지 게재되었다고 할 수 있다. ⟨그림 11⟩이 남아있었던 것은 제지공장이 설립된 후 일본 내에서 사용하는 신문용지 공급이 도마코마이에서 대부분 충당되었기 때문으로 목재 원료를 얻기 쉬운 홋카이도 개발의 필요성을 강조하기 위함이라고 여겨진다.

이외에도 2차 산업과 관련한 그림들을 제시해 보면 아래와 같다.

〈그림 12〉
「製麻工場」
    〈그림 13〉
「大阪北東部の工場地帯」
    〈그림 14〉
「大阪にある紡績工場の内部」

〈그림 12〉는 Ⅴ차 「홋카이도지방(北海島地方)」의 공업을 소개하는 과정에서 제시된 그림으로 삿포로에 있는 제마공장 내부를 그린 것이다. 또 〈그림 13〉은 「긴키지방(近畿地方)」의 공업에 나온 그림으로 오사카 북동부에 위치한 공장지대를 원거리에서 본 모습이고, 〈그림 14〉는 교토 부근에 있는 견직물 공장의 내부 모습이다. 다양한 2차 산업의 제시는 물론 원거리에서의 공장의 모습과 기계화된 공장내부의 모습 등을 통해 발달한 일본제국의 산업을 투영시키고 있다. 발전된 일본제국의 모습은 이것뿐만이 아닌 교통을 나타내는 부분이나 물을 이용한 수력발전소의 서술에서도 알 수 있다.

〈그림 15〉「碓氷峠の鉄道」   〈그림 16〉「疏水運河のインクライン」   〈그림 17〉「猪苗代發電所」

Ⅳ차 「간토지방(關東地方)」에 실린 〈그림 15〉의 「우스히고개의 철도

(碓氷峠の鉄道)」는 급경사로 인해 기차가 다니기 어려운 지역에 아프트식 철도[13]를 설치한 것을 나타낸 그림이고, 〈그림 16〉은 「긴키지방(近畿地方)」단원에 제시된 「소수운하의 인클라인(疏水運河のインクライン)」으로 비와(琵琶)호수의 물을 끌어와 교토시로 흐르게 하는 수로를 건설하여 배를 운반할 수 있는 경사철도의 모습을 그린 것이다. 또 〈그림 17〉「오우지방(奥羽地方)」단원의 「이나와시로발전소(猪苗代發電所)」는 분지보다 300미터 높은 이나와시로 호수의 떨어진 물을 이용한 수력발전소의 모습을 그려놓고 있다. 이러한 그림들은 일본의 근대 기술문명을 과시한 삽화라고 할 수 있다. 이 외에도 도표나 분포도의 경우도 비슷한 양상을 보인다.

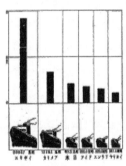 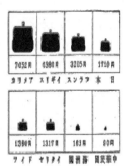 

〈도표 7〉「主要国の汽船の隻数と噸数」　〈도표 8〉「主要国の一人當りの国富」　〈분포도 2〉「自動車の分布圖」

Ⅳ차 「일본과 세계(日本と世界)」에 제시된 〈도표 7〉「주요 나라의 기선 척수와 톤수(主要国の汽船の隻数と噸数)」와 〈도표 8〉「주요 나라의 일인당 국부(主要国の一人當りの国富)」에서는 세계열강들과의 비교를

13　아프트식 철도(Abt system railroad) : 2개의 레일 중앙에 톱니궤도를 부설하는 아프트식으로 건설된 철도로 이 톱니궤도에 동력차의 기아가 맞물리게 하여 가파른 경사면에서 기관차나 전차 등이 미끄러지는 것을 막는다. 급한 경사면에서도 동력차가 운행될 수 있어 보통 산악철도로 개설된다.

통해 일제의 경제력을 나타내고 있다. 특히 이들 도표에서는 배와 지갑의 그림을 삽입한 시각자료를 활용하여 교과내용을 쉽게 전달함으로써 학습효과를 높이고 있다. 또 Ⅴ차에 제시된〈분포도 2〉「자동차의 분포도(自動車の分布圖)」도 일본과 한국을 하나의 지도안에 배치하고 자동차 분포를 표시함으로써 문명화된 일본의 이미지를 어필함과 동시에 조선은 일본의 지방임을 각인시키는 중첩적인 의미를 담고 있다고 볼 수 있다.

경제지리 분야에서의 삽화는 조선의 경우 대부분 영세하고 낙후된 기초적인 1차 산업에 편중되어 있음을 확인할 수 있었다. 광업이나 2차 산업인 공업과 제조업 등도 소수 나타나기는 하지만 이는 소모성 천연자원을 생산하게 함으로써 식민지에서의 수탈을 극대화하기 위한 성장과 개발에 불과하다는 것을 파악할 수 있었다. 반면 일본의 경우는 1차 산업은 물론 공급되는 원료를 가공하여 소비재나 생산재를 만드는 2차 산업까지 고르게 배분되어 있었으며, 수력발전을 비롯한 제철 및 제강업에 이르기까지 다양한 산업을 제시하면서 일본제국의 경제력과 근대 기술문명 등을 선전하는 삽화들이 제시되어 있음을 확인할 수 있었다.

3.3 복속된 식민지와 발전하는 제국의 정치지리

정치 지리는 국가와 지방의 정치를 비롯해 행정 구역을 연구 대상으로 하는 인문 지리학의 한 분야로 영토와 영해, 국경 문제, 민족, 자원 등을 관심 대상으로 하고 있다. 이와 관련한 삽화들을 추출해 본 것이〈표 5〉이다.

〈표 5〉 정치지리 기수별 삽화목록

나라	차수	교과서 명	그림사진	지도	도표	분포도	삽화합계	총page	삽화비율
조선	Ⅰ	尋常小學校地理補充敎材(1920)	-	-	-	-	0	44	0.0
	Ⅱ	普通学校地理補充教材 (1923)	-	4	-	-	4	32	12.5
	Ⅲ	初等地理書 卷一 (1932)	-	1	-	-	1	38	2
	Ⅳ	初等地理 卷一 (1937)	1	1	-	-	2	45	4.4
	Ⅴ	初等地理 卷一 (1940)	1	2	-	-	3	45	6.6
	Ⅵ	初等地理 卷一 (1942)	-	2	-	-	2	45	4.4
	Ⅶ	初等地理 第五學年 (1944)	1	1	1	-	3	31	9.6
		계	3	11	1	0	15	280	5.3
일본	Ⅰ	尋常小學校地理補充敎材(1920)	-	-	-	-	-	5	0.0
	Ⅱ	普通学校地理補充教材 (1923)	-	-	-	-	-	-	0.0
	Ⅲ	初等地理書 卷一 (1932)	-	5	1	-	6	89	6.7
		初等地理書 卷二 (1933)	-	3	2	1	6	63	9.5
	Ⅳ	初等地理 卷一 (1937)	-	5	1	-	6	87	6.8
		初等地理 卷二 (1937)	-	3	2	1	6	66	9.0
	Ⅴ	初等地理 卷一 (1940)	-	12	1	-	13	100	13.0
		初等地理 卷二 (1941)	-	4	-	1	5	53	9.4
	Ⅵ	初等地理 卷一 (1942)	-	12	1	-	13	98	13.2
		初等地理 卷二 (1942)	-	4	-	1	5	53	9.4
	Ⅶ	初等地理 第五學年 (1944)	1	2	-	-	3	89	3.3
		初等地理 第六學年 (1944)	2	-	1	-	3	17	17.6
		계	3	50	9	4	66	720	9.1

〈표 5〉에서 알 수 있듯이 경제지리 만큼 많은 부분을 차지한 것은 아니지만 자연지리보다는 많은 범위인 15회/280페이지 약 5.3%를 나타내고 있다. 정치지리에 사용된 삽화중 가장 높은 수치를 나타낸 것은 지도이다. 이는 국토의 경계선이나 행정구역을 지도로 표현하고 있었기 때문이다. 조선의 경우는 삽화분량이 일본에 비해 많지 않았기 때문인지 정치지리에 관련된 항목은 분포도에서는 나타나지 않았다.

일본의 경우 지도 50회, 도표 9회, 그림 3회, 분포도 4회 등 총 66회/720페이지로 자연지리보다 높은 약 9.1%로 고른 분포를 보이고 있다.

조선에서 정치지리가 가장 먼저 나타난 것은 부록으로 곁들여진 지도에서이다.

〈지도 2〉
「朝鮮地方」

〈지도 3〉
「朝鮮地方の地形の略圖と斷面圖」

〈지도 4〉
「朝鮮の位置」

〈지도 2〉는 Ⅱ차 지리교재의 부록에 첨부된 조선전도로 처음 게재된 지도이다. Ⅲ차의 〈지도 3〉은 Ⅱ차의 행정지도를 지형지도로 바꾼 것으로, 각 지역의 특징을 그림으로 표현해 한 눈에 파악하기 용이하도록 제작한 지형지도로 제시되어 있다. 〈지도 4〉는 Ⅴ차부터 〈지도 3〉과 함께 제시된 지도로 조선 지형을 소개하기 전에 조선의 위치를 확인시키고 있다. 이것은 Ⅴ차〈地理〉교과서의 특징으로, 각 지형의 단면도를 제시하기 전에 일본을 중심으로 한 각 지역의 위치를 제시함으로써 일본에 예속된 식민지임을 명확히 하고 있다고 볼 수 있다. 왜냐하면 조선뿐만 아니라 대만 등의 지역 위치를 설명할 때도 같은 지도를 사용하여 위의 지도처럼 해당영역을 검게 표시하고 있기 때문이다. 더욱이 만주국이라는 표기와 함께 중국대륙까지 제시함으로써 일본열도 중심의 대동아공영권을 부각시키고 있다고 할 수 있다.

이외에도 Ⅴ차『初等地理』卷一에서는 「중부조선(中部朝鮮)」의 주민·도읍 항목에서 「조선총독부 앞 거리(朝鮮總督府前通り)」가 제시되어 있는데, Ⅲ차까지 경성의 시가지를 나타내던 그림이 삭제되고 조선

총독부 앞 거리 그림으로 교체된 것이다. 분지를 중심으로 발달한 도
시 경성에 대한 짧은 소개와 함께 아래와 같이 서술되어 있다.

> 인구는 대체로 75만이며 우리나라 굴지의 대도시로, 남산 중턱에는 조
> 선신궁이 있다. 또한 조선총독부, 조선군사령부, 고등법원, 조선은행 등
> 정치·경제상 조선의 중앙기관은 모두 여기에 모여 있다.[14]

다른 건물들 중에서 조선총독부가 선택되었고 특히 조선총독부 건
물에서 내려다보이는 원경을 취함으로써 조선 통치의 중심은 조선총
독부임을 강조한 것이라 할 수 있다.

〈그림 18〉「朝鮮總督府前通り」 　　〈사진 2〉「朝鮮神宮」 　　〈도표 9〉「職業別のわりあい」

그러나 Ⅵ차에서는 「경성의 시가(京城の市街)」라는 제목으로 원경
에서 조선총독부 건물을 마주보는 그림으로 교체되어있다. 한편 Ⅶ차
에서는 비슷한 지문에 「조선신궁(朝鮮神宮)」 사진을 게재하고 있다.
태평양전쟁이 막바지에 이르게 되면서 정치적 한계를 뛰어넘는 정신
적 통합이 필요하게 됨에 따라 조선신궁을 강조하게 된 것이라 여겨진

14　人口はおよそ七十五萬、我が國屈指の大都会で、市の中央にある南山の中腹には朝鮮
　　神宮がある。また朝鮮総督府・朝鮮軍司令部・高等法院・朝鮮銀行等、政治上・経
　　済上、朝鮮に於ける中央機関は皆こゝに集ってゐる。(Ⅴ차『初等地理』卷一 pp.25-26)

다. 특히 천황을 모시는 신궁의 사진을 제시한 것은 천황을 신격화하여 자국 국민의 정신적 지배는 물론 군국주의적 침략정책 및 식민지지배에도 이용하였던 실 예를 잘 보여주고 있는 부분이다. 한편 Ⅶ차『初等地理』第五學年에 게재된〈도표 9〉「직업별 비율(職業別のわりあひ)」은 조선인의 직업 분포도를 나타낸 것인데, 이는 대다수의 조선인이 농업에 종사하는 것을 통해 군량미 조달을 위한〈조선증미계획(朝鮮増米計劃)〉에 참여하고 있었음을 반증하는 예라고 할 수 있다. 1940년에 새로 수립된〈조선증미계획〉에 의해 쌀 증산을 위한 단체가 결성되고 토지개량 등 각종 사업들이 이루어졌고, 이후 3차례에 걸쳐 계획이 수정되면서 실시되었기 때문이다. 일본은 자국 내 부족한 쌀을 일본과 거리가 가까운 조선에서 수탈하여 충당하고 있었던 것이다.

앞에서 살펴본 조선과 같이 일본의 정치지리 분야도 지도가 많이 사용되었는데, 지역의 지형을 나타내는 약도와 단면도가 대부분이다. 여기에 추가된 것이 일본 산맥과 구획을 나타내는 지도, 화산이나 온천 분포를 나타내는 분포도와 국토면적과 인구 분포를 나타내는 도표 등이다. 이중 특색 있는 몇 가지를 제시해보겠다.

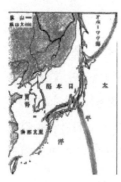  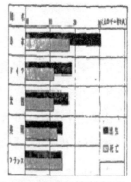

〈지도 5〉「日本の山系の圖」   〈지도 6〉「日本區劃圖」   〈도표 10〉「列国人口増加率比較」

위의 〈지도 5〉는 Ⅲ차『初等地理』卷二「일본총설(日本總說)」의「지형(地形)」항목에 제시된「일본 산맥 지도(日本の山系の圖)」이다. 〈지도 5〉는 일본의 오우(奧羽), 미쿠니(三國), 홋카이도의 에조(蝦夷)산맥을 시작으로 남서로 향한 다른 산맥들을 서술한 부분에서 일본구획도로 제시하고 있다. 그런데 일본의 산맥들뿐만 아니라 사할린산맥과 조선의 태백산맥을 함께 서술함으로써 일본의 영토 내에 속해 있음을 표명하고 있다. 더 나아가〈지도 6〉의 경우는 보다 축척이 큰 지도를 사용했을 뿐만 아니라 남양군도까지 포함시켜 일본제국의 통치권 하에 있는 전 지역들을 표시하고 있다. 이처럼 지속적으로 일본열도와 식민지 혹은 통치권 하에 있는 지역을 연관지어 서술함으로써 일본제국의 확장을 가시화하며 각인시켜나갔다고 볼 수 있다. 한편〈도표 10〉은「황국일본(皇國日本)」에 제시된「열강 인구 증가율 비교(列国人口增加率比較)」이다. 이전 차수까지 일본과 조선이 표시된 축척지도를 사용하여 분포도로 인구를 표시했던 것을, 서구 열강제국과 비교한 막대그래프를 사용하고 있으며, 인구수가 아닌 출생과 사망으로 증가율을 나타냄으로써 팽창 확대되어 가는 제국일본을 강조하고 있다.

또 Ⅶ차『初等地理』第六學年의 마지막 단원인「황국일본(皇國日本)」에서는 전시상황과 연관된 정치적 색채를 담은 사진「적진상륙(敵前上陸)」이 추가되었다. 황군이 육지와 바다에서 그 기세를 떨칠 수 있는 것은 일본이라는 국토에 뿌리내리고 있기 때문이라는 서술을 덧붙임으로써, 국민의 단결력과 애국정신을 비롯해 일본문화의 우수성을 칭찬하며 황국신민으로서의 자부심을 심어주고 있는 부분이다.

정치지리 분야에서는 조선과 일본 모두 각 지역의 지형을 소개하는데 지도가 많이 사용된 것을 확인할 수 있었다. 그러나 조선의 경우는 일본의 영토내에 있음을 각인시키는 삽화나 조선총독부나 신궁과 같은 삽화들을 통해 일본제국에 귀속된 식민지로서의 위치를 각인시키는데 사용되고 있었다. 제국일본의 경우는 아시아를 넘어서 점점 그 위세를 떨쳐나가 세계의 중심으로 급부상하는 제국의 면모를 담은 삽화를 게재하여 부국강병의 황국이미지를 구축하는데 사용되고 있음도 파악할 수 있었다.

3.4 조선 명소와 일본신사의 향토지리

향토지리는 지연적인 공동 사회가 성립하는 최소의 거주 단위 지역 또는 기초 단위 지역에 관한 종합적인 조사 연구를 실시해, 그 향토에 대한 특수성과 다른 향토에도 공통되는 일반성을 밝혀가는 연구로 지리적 요건은 물론 사회적 배경과 문화적 요소가 포함된 분야라고 할 수 있다.

1910년대 일본에서는 민속학자 야나기타 구니오(柳田國男)가 만든 〈향토회(鄕土會)〉 활동과 더불어 지리학자 오다우치 미치토시(小田內通敏)의 향토연구로 인해 각종 향토관련 잡지가 등장하면서 향토지리에 대한 관심이 집중되었다. 이러한 배경 때문인지 〈地理〉교과서에도 지역 명소와 관련된 삽화가 포함되어 있다. 이를 분류해 본 것이 아래 〈표 6〉이다.

〈표 6〉 향토지리 기수별 삽화목록

나라	차수	교 과 서 명	그림 사진	지도	도표	분포 도	삽화 합계	총 page	삽화 비율
조선	I	尋常小學校地理補充教材(1920)	-	-	-	-	-	44	0.0
	II	普通学校地理補充教材 (1923)	7	-	-	-	7	32	21.8
	III	初等地理書 卷一 (1932)	12	1	-	-	13	38	34.2
	IV	初等地理 卷一 (1937)	9	2	-	-	11	45	24.4
	V	初等地理 卷一 (1940)	6	1	-	-	7	45	15.5
	VI	初等地理 卷一 (1942)	6	1	-	-	7	45	15.5
	VII	初等地理 第五學年 (1944)	3	1	-	-	4	31	12.9
		계	43	6	0	0	49	280	16.8

일본	Ⅰ	尋常小學校地理補充敎材(1920)	-	-	-	-	-	5	0.0
	Ⅱ	普通学校地理補充敎材 (1923)	-	-	-	-	-	-	0.0
	Ⅲ	初等地理書 卷一 (1932)	27	2	-	-	29	89	32.5
		初等地理書 卷二 (1933)	7	2	-	-	9	63	14.2
	Ⅳ	初等地理 卷一 (1937)	28	2	-	-	30	87	34.4
		初等地理 卷二 (1937)	7	4	-	-	11	66	16.6
	Ⅴ	初等地理 卷一 (1940)	32	1	-	-	33	100	33.0
		初等地理 卷二 (1941)	6	-	-	-	6	53	11.3
	Ⅵ	初等地理 卷一 (1942)	26	1	-	-	27	98	27.5
		初等地理 卷二 (1942)	5	-	-	-	5	53	9.4
	Ⅶ	初等地理 第五學年 (1944)	24	1	-	-	25	89	28.0
		初等地理 第六學年 (1944)	1	-	-	-	1	17	5.8
		계	163	13	0	0	176	720	24.4

위의 도표에서 알 수 있듯이 조선의 향토지리는 49회/280페이지 약 16.8%를 나타내고 있다. 조선의 향토지리에서 가장 많이 사용된 삽화는 그림·사진 43회와 지도 6회로 나타났다. 일본의 향토지리는 176회/720페이지 24.4%로 그림·사진 163회, 지도 13회의 삽화가 사용된 것을 알 수 있다. 향토지리에서는 그림·사진과 지도만을 사용하고 있었다. 조선과 일본의 향토지리에서 사용된 지도는 각 지역을 대표하는 대도시의 축척지도이다.

먼저 조선의 향토지리를 살펴보면, 가장 먼저 게재된 Ⅱ차〈그림 19〉의 「금강산의 명승지(金剛山の一勝地)」를 비롯해 조선의 명소들이 소개되어 있다.

〈그림 19〉「金剛山の一勝地」　〈그림 20〉「白頭山頂の湖」　〈그림 21〉「平壤の牡丹臺と大同江」

〈그림 19〉는「중부조선(中部朝鮮)」에 제시된 삽화로 금강산의 만물상을 나타낸 그림인데, Ⅲ차에서는「만물상(萬物相)」으로 제목이 바뀌어 제시되었다. 〈그림 20〉은 백두산 천지연을 그린「백두산 정상의 연못(白頭山頂の湖)」이고, 〈그림 21〉은 옛고구려 수도 평양에 대한 지리적 설명과 함께 제시된「평양의 모란대와 대동강(平壤の牡丹臺と大同江)」이다. 이처럼 초기 교과서에서는 조선의 향토지리로서 교재본문과 상관없이 명소를 제시하고 있다. 이외에도 금강산의 구룡연, 금강산 등의 명소도 차수를 달리하여 게재되었다. 그러나 Ⅶ차에서는 백두산의 천지연 사진을 빼고는 모두 삭제되었다.

또 향토지리에서는 경성과 평양 등 대도시에 대한 삽화도 첨부되어 있다.

〈그림 22〉「京城の市街」   〈그림 23〉「平壤の市街」   〈그림 24〉「仁川築港圖」

위의 그림들은 Ⅱ차에 게재된 것들로 〈그림 22〉는「중부조선」에 제시된「경성의 시가지(京城の市街)」이다. Ⅲ차에서는 좀더 근경의 시가지 풍경을 선명하게 담아내고 있으며, Ⅵ차에서는 조선총독부가 전면에 배치된 확대된 거리의 모습이 표현되어 있다. Ⅲ차에 제시된 〈그림 23〉의「평양의 시가지(平壤の市街)」는 일본인과 조선인 몇 명이 활보

하는 근거리의 평양거리 풍경인데, Ⅲ차와 Ⅳ차에서 항공에서 촬영한 원거리의 풍경으로 대체되었고, Ⅴ차부터는 삭제되었다. 인천항 구축을 위해 작업하는 모습을 담은 Ⅲ차의 〈그림 24〉「인천항 축도(仁川築港圖)」는 조수간만의 차이를 없애기 위해 갑문을 설치하여 배의 출입을 가능하게 한 것을 서술하며 변화된 인천항 모습과 지도를 제시하고 있다. 이후 Ⅳ·Ⅴ차에서는 「인천갑문(仁川の閘門)」[15]이라는 제목으로 교체되었고 그림도 갑문이 설치된 모습과 배가 정박해 있는 풍경을 담아내고 있다. 인천의 갑문은 내적으로는 식민지 수탈을 위한 토대 확립의 건설이었지만, 외적으로는 일제에 의해 근대화되어 가는 조선의 발전된 모습을 홍보하는 좋은 소재였다고 할 수 있다.

Ⅱ차에서는 경성, 원산, 평양 거리의 모습 및 대구와 부산항을 담은 그림이 게재되어 있었고, Ⅲ차에서는 원산의 시가지 모습이 삭제되고 원산항의 풍경으로 교체되었으며, 신의주와 인천항 그리고 목포항의 풍경이 추가되었다. Ⅶ차에서는 대도시의 시가지 모습은 전부 삭제되고 대신에 각 지역과 연관된 산업들을 연상하게 하는 그림들로 대체되었다.

일본의 향토지리도 각 도시의 풍경들을 담아내고 있는데 조선의 향토지리와 다른 점은 신궁을 비롯한 많은 신사들을 제시하고 있는 것이다.

---

15 1899년 설립된 곡물 거래소(米豆取引所)는 하루 평균 40만석을 거래하면서 동양 3
   국의 쌀값을 좌우했다. (임종국(2004)『밤의 일제 침략사』한빛문화사 p.260) 이
   후 인천항 갑문 축조공사가 1911년 6월에 시작해 1918년 10월에 준공되면서 유
   람선은 물론 대형상선이나 일본 구축함도 정박하였다.

〈그림 25〉「日光の東照宮」 〈그림 26〉「平安神宮」 〈그림 27〉「靖國神社」

Ⅲ차 「初等地理」 卷一에 제시된 도쿠가와 이에야스를 모시는 신사 「닛코의 도쇼구(日光の東照宮)」를 시작으로, 헤이안 천도를 한 50대 간무(桓武)천황을 모시는 신사로 창설된 〈그림 26〉「헤이안진구(平安神宮)」, 그리고 해의 신과 항해의 신인 무나카타산조진(宗像三女神)을 모시는 「이쓰쿠시마진자(嚴島神社)」와 가스가(春日) 신을 모시는 「가스가진자(春日神社) 등이 게재되어 있다. 〈그림 27〉은 도쿄의 건물들을 소개하는 부분에서 궁성과 함께 가장 먼저 서술된 부분에 게재된 삽화로 Ⅴ차부터 출현한 「야스쿠니신사(靖國神社)」이다. 신사와 관련된 삽화는 Ⅲ차 4회, Ⅳ차 4회, Ⅴ차 8회, Ⅵ차 10회, Ⅶ차 6회 등 총 32회 출현한다. 특히 Ⅶ차에서는 메이지천황과 쇼켄(昭憲)황태후를 제사 지내는 곳으로 1920년 완성된 「메이지진구(明治神宮)」와 아마테라스 오미카미(天照大神)를 모시는 이세진구(伊勢神宮)의 내궁(內宮)인 「고타이진구(皇大神宮)」 등의 그림이 추가되어있다. 이 차수에는 삽화가 줄었음에도 불구하고 오히려 신사 그림이 더 증가한 것이다. 1868년 메이지유신(明治維新)부터 제2차 세계대전까지 내무성에 의해 관장된 신사는 정부기금의 보조를 받으며 국가신도를 통해 천황의 신격화를 조장했는데, 이러한 당시 사회적 배경이 지리교과서에서도 그대

로 나타나고 있는 부분이다.

조선의 향토지리는 초기에 조선명소를 소개하던 것이 점차 차수가 더해감에 따라 그 양이 감소되었고, 일제의 통치아래에서 변화 발전되어 가는 지역의 모습들을 부각시킴으로써, 고유의 향토지리 교육이라기 보다는 통치의 정당화를 위한 지리교육에 치중하고 있음을 삽화를 통해 잘 알 수 있었다. 한편 일본의 향토지리는 각 지역의 신사의 모습을 집중적으로 게재해 국가신도와 연결함으로써 천황을 구심점으로 한 천황제이데올로기를 지리교육에 포함시키고 있었던 것이다.

4. 結論

일제강점기 조선총독부 편찬 초등학교 〈地理〉교과서 삽화는 1,952 페이지 중 1,642회로 평균 84.1%가 게재되어 있었다. 본격적인 지리교과서로 자리잡은 Ⅲ차에서는 공중에서 찍은 원거리 풍경 사진을 화가가 복제하는 방식으로 제작되었다. Ⅳ차에서는 관련 소재의 그림이 추가된 도표로 바뀌었으며, 그림도 지역 전경에서 지역상징물을 중심으로 나타내고 있었다. Ⅴ차의 지도에서는 융기부분을 없앴으며 일본이 포함된 소축척지도를 도입하였고, 그림에서는 일부는 전경을 취하고 일부는 확대한 그림을 병용하여 사용하고 있었다. Ⅵ차는 대만총독부 명령항로와 같이 통치하에 있는 지역과의 정치적 연관성을 삽화를 이용해 나타내고 있었으며, 그 외 유럽과 같은 지역은 각 나라를 간단히 소개하고 삽화량도 감소되었다. Ⅶ차에서는 기존 차수의 그림들이 사진으로 다량 교체되었고, 삽화제목도 왼쪽에서 오른쪽 읽기로 변화되었다. 또 이시기에는 지리 정보에 전시 상황을 덧붙인 군국주의 색채가 두드러지게 나타나 있다.

일제강점기 초등학교 〈地理〉 교과서의 삽화를 살펴보았더니, 조선 지역 관련 삽화는 225회/280페이지, 일본 지역 관련 삽화는641회/720 페이지 등장하고 있었다. 이를 자연지리, 경제지리, 정치지리, 향토지리로 분류한 결과 자연지리는 조선이 9회/280페이지, 일본이 26회/720페이지인 것으로 나타났다. 자연지리는 양국 모두 기온과 기후를 나타내는데 도표를 가장 많이 사용한 것으로 나타났다.

경제지리는 조선이 152회/280페이지, 일본이 373회/720페이지로 타 분야에 비해 월등하게 높은 수치를 점하고 있었으며, 그림사진이 가장 많이 이용되었고 다음으로 도표가 사용되었다. 조선 지역에 사용된 삽화는 1차산업 위주였고, 일본 지역에 사용된 삽화는 1차는 물론 2차 산업까지 골고루 분포되어 있는 것을 알 수 있었다.

정치지리는 조선이 15회/280페이지, 일본이 66회/720페이지를 차지하였으며, 지도가 가장 많이 사용되었다. 정치지리는 국가의 경계선이나 각 지역들의 지형을 나타내기 쉬운 지도를 많이 사용하고 있음을 알 수 있었다. 조선 지역에 사용된 삽화는 조선총독부 건물 그림과 같이 일본의 식민지로서의 조선을 나타내는 삽화가 많이 사용된 반면 일본지역에 사용된 삽화는 세계로 확대되어 가는 이민자의 수를 비롯해 세계 중심에 우뚝 선 제국일본을 표출하는 삽화가 많이 담겨있음을 파악할 수 있었다.

마지막으로 향토지리는 조선이 49회/280페이지, 일본이 176회/720페이지로 나타났으며, 삽화는 그림사진이 가장 많이 사용되었고, 지도도 소량 사용되고 있었다. 초기에 조선의 명소가 소수 제시되었던 것이 점차 사라졌으며, 후기로 갈수록 지역과 산업을 연상시키는 자료들이 삽입되어 있었다. 일본의 경우는 신궁을 비롯한 신사가 총 32회나 출현하는 등 천황제 이데올로기를 부각시키는 삽화를 게재하고 있음이 확인되었다.

일제강점기 초등학교 (地理)교과서는 그림·사진과 지도 및 도표 그리고 분포도 등을 결합함으로써 학습자의 정보 분석능력을 키워 나가고 있었다. 그러나 조선지리교육 부분에서는 학습자의 지적수준은 무시한 채, 내선일체를 강조하기 위해 일본과 조선이 함께 표기된 지도를 많이 사용하여 지리교육을 식민지를 정당화하는 논거로 이용하고 있거나, 식민국인 일제가 식민지 조선에서의 자원수탈을 위한 농업이나 광업과 같은 산업을 나타내는 도표를 사용하고 있음을 파악할 수 있었다.

한편 일본 지리교육 부분은 다양한 분야에 여러 가지 삽화를 사용하고 있었으며, 특히 외국의 지리적 요건을 같이 비교하는 자료를 제시함으로써 일본 국세(國勢)를 홍보하기위한 부가적 자료로 사용하고 있었음도 확인할 수 있었다.

제국의 식민지 역사 지리 연구

Ⅳ. 쇼와초기 주력산업의 전략적 의미[*]

Ⅳ. 쇼와초기 주력산업의 전략적 의미[*]

▌박경수

1. 서론

　본 연구는 제국주의 지리학의 물산지리(物産地理)적 접근을 통하여, 쇼와(昭和)초기 국가적 주력산업에 대한 전략적 의미를, 당시 식민지 '초등학교 교과서'를 통해 고찰함에 있다.

　주지하다시피 쇼와초기는 메이지(明治)기에 〈청일전쟁〉과 〈러일전쟁〉을 치렀던 일본이 또다시 대륙침탈을 획책하며 〈중일전쟁〉을, 뒤이

* 이 글은 2015년 8월 중앙대학교 일본연구소 『日本研究』(ISSN : 1229-6309) 제39집, pp.259-277에 실렸던 논문 「쇼와초기 주력산업의 전략적 의미 고찰 – 조선총독부 편찬 〈地理〉교과서를 중심으로–」를 수정 보완한 것임.

어 세계질서 주도권쟁취를 위하여 〈태평양전쟁〉을 일으켜 모든 국민
의 총동원을 요구하던 시기였다. 그런 까닭에 1930년대 후반부터 식민
지 조선의 정치, 경제, 사회, 교육 등 제반 상황은 제국주의 전쟁수행을
위한 체제로 바뀌어갔으며, 특히 교육부문은 이러한 정치 군사적 목적
에 의한 물적·인적자원의 확보위주로 재편되어갔다. 이러한 시기의
국가적 주력산업과, 특히 한반도에서 진행되었던 산업에 대한 의미를
살펴보는 일은 매우 중요 할 것이다. 이는 단지 경제순환의 구조적 차
원만이 아니라, 이의 수출입 교역을 통하여 일본의 세계적 입지를 구
축하고, 또 이로써 축적한 부(富)로 막대한 전쟁비용의 기반을 삼았던
정치 전략적 의미까지 내포하고 있었던 까닭이다. 그럼에도 지금까지
의 연구는, 그나마 미미하게 선행되고 있던 〈地理〉교과서에 대한 연구
에서도 물산지리에 대한 접근은 전무한 실정이다.

이에 본고는 쇼와초기의 제반 사회상 및 식민지교육에 대한 전략과
비전을 각종 자료를 통하여 사실적이고 실증적으로 제시함으로써 설
득력을 배가한 『初等地理書』卷一·二(1932~33)와 『初等地理』卷一·
二(1940~41)를 텍스트[1]로 하여 당시 국가적 주력산업과 그에 대한 전
략적 의미를 심층적으로 고찰해보려고 한다. 전쟁수행에 진력했던 당
시의 정책방향과 밀접하게 결부된 교과서 연구야말로 또다시 과거로
회기하려는 현 일본의 정치적 행보에 대한 대응논리를 모색해 볼 수
있는 단초가 될 수 있기 때문이다.

---

1   쇼와초기 시기별 지리교육의 특징이 가장 잘 드러나 있는 〈地理〉교과서 『初等地
理書』卷一·二(1932-33)와 『初等地理』卷一·二(1940-41) 4冊을 본고의 텍스트
로 함에 있어, 이의 서지사항을 표기할 때 『初等地理書』는 A, 『初等地理』는 B로
약칭하고, 卷一은 5학년용, 卷二는 6학년용이므로 (5)나 (6)으로 표기한다. 이에
따라 『初等地理』 卷一의 10과 내용 일부를 인용할 때는 '(A-(5)-10) 「단원명」,
쪽수'로 표기하기로 한다.

2. 쇼와초기 주요산업과 인프라

2.1 쇼와초기의 주요산업

　오늘날의 산업은 크게 자연을 상대로 원재료를 생산 혹은 채취하는 1차 산업, 원자재를 가공 정제하는 제조업, 광업, 건설업 등 2차 산업, 판매 운수 통신 금융 등 서비스를 주로 하는 3차 산업, 정보, 교육, 의료 등 지식집약형 산업인 4차 산업, 그리고 3차 산업에서 분류된 취미 오락 패션 등을 5차 산업으로 분류하는 것이 보편적이지만, 쇼와초기를 배경으로 하는 본 텍스트에서 거론할 수 있는 산업은 1, 2차 산업과 이의 유통과 교역을 위한 인프라를 다룬 3차 산업 정도까지 분류가능하다. 텍스트에 소개된 이시기 주요생산품을 산업유형별로 구분하여 간략하게 〈표〉로 정리해 보았다.

〈표〉 쇼와초기의 산업과 주요생산품[2]

구분	업종		주 요 생 산 품
1차 산업	농업		쌀, 보리, 콩, 감자. 사탕수수, 차, 담배, 채소, 과일 등
	양잠업		생사(生絲)
	목축·축산업		소, 말, 돼지 닭 등 가축류, 우유
	임업		노송나무, 삼나무, 적송, 낙엽송, 가문비나무, 분비나무 등
	수산업		정어리, 가다랑어, 참치, 도미, 청어, 게 등
2차 산업	공업	수산가공업	가쓰오부시, 생선깻묵, 건어물, 자반, 각종 통조림 등
		제염업	저장용 소금, 공업용 소금
		섬유가공업	면사, 면직물, 생사, 견직물, 인조견직물, 혼방직물, 염색 및 가공
		제재업	건축용 목재, 산업용 목재, 펄프, 제지
		기타경공업	술, 담배, 모직물, 인조비료, 사탕, 종이(洋紙), 맥분, 술, 공업용 약품, 장유, 도자기, 메리야스 등
	광업		석탄, 무연탄, 철, 동, 금, 석유 등
	토목, 건설업		도로, 항만, 공장 및 주택 등
3차 산업	상업, 무역업, 금융업, 물류유통업, 교통, 통신 등		

2 〈표〉는 텍스트를 참고하여 필자가 정리한 것임.

먼저 1차 산업의 농업부문을 살펴보자. 대표 생산품은 말할 것도 없이 쌀이며, 보리, 콩, 감자. 사탕수수, 차, 담배, 채소, 과일 등도 기후와 토질에 따라 전국 각지에서 생산되는데, 이들 농산물은 대부분 식용으로 공급되지만, 일부는 공업용으로도 사용되고 있음을 밝히고 있다.

양잠업은 나가노(長野), 군마(群馬), 아이치(愛知), 사이타마(埼玉) 등지에서 성행하며, 이들 지역에서는 제사업도 번창하여 세계적인 품질을 자랑하는 생사를 생산해내기도 한다. 반면 목축업은 기후나 토질 관계상 모방직 원자재인 양털을 얻을 수 있는 양의 사육은 거의 불가능하여 수입에 의존하고 있다. 임업은 크게 번성하여 특히 기소다니(木曾谷)와 아리산(阿里山) 지역의 노송나무, 요네시로가와(米代川)와 기가와(紀川) 유역의 삼나무, 압록강 유역의 적송과 낙엽송, 홋카이도(北海道)와 가라후토(樺太) 지역의 가문비나무와 분비나무 등을 꼽고 있다. 수산업의 발달은 말할 나위도 없다. 사면이 온통 바다로 둘러싸인 섬나라인데다가 근해에 난류와 한류의 교차지점인 조경수역(潮境水域)이어서 다양한 어종이 많이 잡히기 때문이다. 가다랑어, 참치, 도미, 청어, 게(蟹), 정어리 등이 그것인데, 이들 대부분은 시모노세키(下關)와 하코다테(函館)에서 집산되어 전국 각지로 보급되기도 하지만, 가공제품으로 만들어 수출까지 한다는 점을 교과서는 강조한다.

2차 산업은 공업이 으뜸이다. 근대화의 기반을 공업발전에서 찾았던 일본이 1930년대 초 급기야 세계굴지의 공업국으로 부상한 것은 국가의 정책적 장려가 크게 작용한 까닭으로 볼 수 있다. 공업제품으로 가장 큰 비중을 차지한 품목은 단연 방직공업이다. 그 뒤를 화학공업, 금속공업, 식료품가공업, 기계기구류공업이 잇고 있다.

〈図 1〉(출처 : 〈B-(6)-14〉, p.56)은 공업 부문에서 섬유방직공업은 단연 으뜸이다. 그 중에서도 면직물이 차지하는 비중이 전체 방직

공업제품의 절반을 차지하고 있음을 〈図 2〉(〈B-(6)-14〉, p.56)는 보여주고 있다.

〈図 1〉 공업제품 생산액 비교(1934)

〈図 2〉 직물류 생산액 비교(1934)

원면을 전량 수입하여 생산한 면직물 생산액이 원료 자체수급이 가능한 견직물 생산액을 압도하고 있다는 사실은 당시까지도 일본의 자본구조가 상당부분 면방직공업에 편중되어 있음을 말해준다. 전량 수입한 양모로 제조한 모직물과 새로 개발된 인조견사로 교직한 혼방직물의 추격이 예사롭지 않은 부분인데, 당시 직물염색 및 합성섬유 개발과, 또 이를 천연섬유와 교직 및 혼방직한 제품의 국내외 시장성성까지 확보하였던 것은 일본의 섬유가공업에 기울인 노력과 정책적 배려를 짐작케 한다. 이들 제품은 당시 대표적 공업생산품이자, 일본의 자본경제를 주도하는 매우 중요한 품목이라 할 수 있겠다.

수산가공업의 주된 품목은 가쓰오부시를 비롯 생선깻묵, 건어물, 자반, 통조림 등이며, 특히 게 통조림, 말린 오징어, 다시마 등은 주요 수출품목으로 인기가 높다. 이의 저장 가공에 소요되는 필수적인 소금은 제염업을 촉진시켰다. 소금은 세토나이카이(瀬戸内海) 연안, 조선과 대만, 관동주 등지에서도 다량 생산되지만, 수요급증으로 중국으로부

터 수입하여 보충한다. 이같은 사실은 수산물 가공보다는 또 다른 공
업분야에서 수요가 급증하고 있음을 말해준다. 제지·제재업도 매우
활성화되어 있다. 각종 삼림이 울창한 까닭에 펄프제조업 및 제지업도
활성화되어 있다.

기타 경공업 생산품으로는 술, 담배, 모직물, 인조비료, 사탕, 종이
(洋紙), 맥분, 술, 공업용 약품, 장유, 도자기, 메리야스 등을 들 수 있는
데, 이들 제품은 품질이 우수한 까닭에 내수(內需)는 물론 인근국가로
수출하고 있음을 강조하고 있다.

이러한 공업의 눈부신 발전에 힘입어 그 원동력으로서 반드시 동반
성장하여야 하는 것이 광업일 것이다. 일본 광산물의 생산액은 석탄,
금, 동, 철, 석유의 순으로 이어지는데,
그 중 석탄은 〈図 3〉(〈B-(6)-14〉, p.50)
에서 보듯 광산물 전체 생산액의 절반
이상을 차지한다. 석탄의 주산지는 기
타규슈와 홋카이도 지역에서 채굴 적
출되며, 무연탄의 경우 대부분 평양부
근의 탄광에서 생산된 것으로 대체하

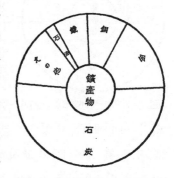

고 있어 내지의 생산량이 그리 많지 않   〈図 3〉광산물 생산액 비교(1934)
음을 암시하고 있다. 그런가 하면 금(金)은 이바라기(茨木), 가고시마
(鹿児島), 홋카이도 동북부, 조선의 북서부 등지에서 생산되며, 동(銅)
의 경우 벳시(別子), 아시오(足尾), 고사카(小坂) 등 세계적인 산지에
서, 철광은 가마이시(釜石)와 조선의 황해도에서 생산된다. 그러나 대
부분의 광산물은 수요급증으로 인하여 수입하여 충당하는 실정이다.
공업발전의 원동력으로서 매우 중요한 광산물인 석유도 다를 바 없다.

석유는 주로 아키타(秋田), 니가타(新潟) 두 현에서 생산되는데, 근래 석유의 수요가 급증하여 국내산만으로는 그 수요의 1/10도 충당하지 못하기 때문에 미국이나 프랑스령 인도 및 소련에서 다량 수입하고 있다. 석유는 원만한 국방을 위해 대단히 중요하기 때문에 우리나라에서는 북 사할린 유전의 채굴에 진력함과 동시에 인조석유나 대용연료를 제조하여 그 부족분의 일부를 보충하고 있다.3

(〈B-(6)-14〉「日本總説」, pp.51-52, 밑줄 필자, 이하 동)

이 때문에 새로운 유전 채굴과 인조석유 및 대용연료 개발에 진력하는 한편, 다량의 원유와 석유제품에 대한 수입국와의 관계개선에도 힘쓰는 면을 드러내고 있다. 그러나 이같이 대부분의 광산물이 부족한 현상을 텍스트는 공업의 급진적인 성장과 가공무역으로 인한 수요의 급증으로만 기술하고 있어 식민지 (地理)교과서의 편향된 측면을 보여준다. 다만 위 인용문의 "원만한 국방을 위해 대단히 중요하기 때문"이라는 우회적인 서술에서 당시의 석유 및 광산물의 수요급증이 일반산업보다는 방위산업의 급진적 성장과 전쟁준비를 위한 동력이었음을 유추할 수 있다.

이어서 유통과 판매 및 수출입 교역을 위한 인프라를 살펴보겠다. 교통에서는 섬나라인 까닭에 해상교통 및 해운업 발전이 현저하다. 요코하마, 고베, 오사카를 기점으로 하는 해상항로의 구축으로 국내외 각지는 물론, 여러 외국의 항과도 연락함으로써 세계적인 해운국으로

---

3 石油は主として秋田・新潟の二縣で産するが、近年石油の需要が急に増加して、國産だけではその需要の十分の一にも足らないから、アメリカ合衆國や蘭領印度及びソビエト聯邦から多量に輸入してゐる。石油は國防の充實上極めて大切であるから、我が國では北樺太の油田の採掘に力を入れると共に人造石油や代用燃料を造つてその不足の一部を補つてゐる。

서의 입지를 다져나갔으며, 육상교통도 자동차의 증가에 따라 도로의
확장과 연장은 물론, 철도의 연장도 날로 그 길이를 더하고 있음을 표
명하고 있다. 생산지 곳곳으로 연결된 철도를 본토의 주요 항과 연계
함으로써 대량수송의 시대를 열어가는 한편, 동아시아권 항공로 구축
으로 비행시간 단축과 함께 제공권까지 확보해 나아갔다.

통신에서는 해저전선의 구축에 의한 무선전신 등의 비약적인 발전
과 전신서비스의 새로운 시대를 열어갔음은 1920년대 초 조선에 자동
교환전화 도입, 1924년에는 만주에까지 장거리전화 서비스를 실시[4]한
바 있었는데, 이후로도 통신능력이 비상한 속도로 성장하였음은 텍스
트의 "우편, 전신, 전화는 국내 각처로 통해 있으며, 통신편은 거의 완
비되어 있다."[5]는 내용에서 충분히 짐작할 수 있다. 무선전파기술의
급속한 발전은 또 다른 통신의 시대를 도래하게 하여 제국의 산업과
경제발전은 물론이려니와, 식민지 및 위임통치지에서의 원료조달 및
정치력 확장, 수출입 물산의 원활한 교역에도 크게 기여하는 국가적
인프라가 되었다. 이 모든 인프라가 모든 산업의 성장과 수출입교역은
물론 일본의 세계적 입지 구축에까지 상당한 영향력을 발휘하였음은
말할 나위도 없다 하겠다.

2.2 수출입과 교역의 실태

〈1차 세계대전〉(1914.4~1918.11)은 명실공히 일본을 세계적인 공업
국, 굴지의 자본국의 반열에 오르게 한 전쟁이었다. 이 전쟁으로 일본
은 유럽과 교역이 끊긴 중국, 동남아 시장에 면사, 면직물, 일용잡화 등

---

4 신기욱 마이클 로빈슨 엮음·도면희 옮김(2006)『한국의 식민지 근대성』삼인,
   p.250
5 郵便·電信·電話は國內いたる所に通じてゐて、通信便はほとんど完備してゐる。
   (〈B-(6)-14〉「日本總説」, p.65)

경공업제품 수출은 물론, 조선업을 비롯한 중화학공업의 신장도 두드
러져 유례없는 특수를 누리게 되었다. 이의 판매와 원료조달을 위한
수출입 거래처의 확장으로 일본은 세계적인 무역국 반열에 오르게 되
었다.

쇼와초기 수출입 무역 양상은 이의 연장선에서 파악되고 있다. 1928
년 당시 일본의 총 무역액은 약 44억 엔, 1934년에는 약 45억 엔에 달
하였다. 그 현상과 주요 수출입 품목은 아래 통계자료에서 파악할 수
있다.

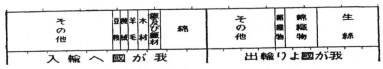

〈圖 4〉 1928년 총 무역액 기준 주요 수출입 품목의 비교

〈圖 5〉 1934년 총 무역액 기준 주요 수출입 품목의 비교

〈圖 4〉(〈A-(6)-14〉, p.77)의 수입을 살펴보면, 수입의 상당부분을 면
이 차지하는 가운데, 철과 철재, 목재, 양모, 기계, 콩깻묵 순으로 이어
지고 있으며, 수출부는 생사, 면직물, 견직물 등 섬유관련제품이 수출
을 주도하고 있다. 다음은 그로부터 6년 후의 자료인 〈圖 5〉(〈B-(6)-14〉,
p.66)를 보면, 수입부에서 원면이 차지하는 비중이 현격히 증가한 가운
데 양모, 철, 석유, 기타품목(기계류, 고무, 콩 등)의 순으로 이어진다.
원면과 양모의 수입이 두드러진 것은 말할 것도 없이 섬유가공업의 발
전일 것이며, 석유의 경우 국가적 산업을 위한 동력 수요급증 및 교통

량 증가에 따른 연료수급에 기인한다 할 것이다.

수출에 있어서는 여전히 면직물, 생사, 인조견 등 섬유공업제품이 막강한 위치를 차지하고 있다. 원면의 대부분을 수입에 의존하고 있음에도 면직물 수출의 약진과 생사와 견직물 및 인조견직물이 수출품목의 수위를 차지하고 있는데, 이는 당시 일본의 공업구조나 무역구조가 섬유공업에 편중되어 있음을 말해준다. 사탕, 술, 종이, 비료, 맥분, 메리야스, 맥주 등 기타 경공업제품의 경우도 상당량을 수출하고 있는데, 텍스트는 이러한 현상을 "우리나라의 공업제품은 품질이 좋은데다 가격이 저렴하기 때문에 최근 세계 각국으로 판로를 현저하게 확장하기에 이르렀다."[6]하여 이후의 비약적 성장과 호전적 수출전망을 표명하였다.

주요 교역국과의 수출입 현황도 주목된다. 쇼와초기 주요 교역국 중 거래량이 가장 많은 나라는 단연 미국이며, 중국, 만주, 인도, 영국, 말레이제도, 독일, 호주 등의 순으로 이어지고 있다.

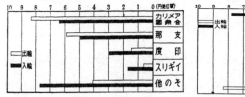 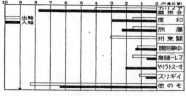

〈図 6〉 주요 거래국과의 무역액 비교(1928)　〈図 7〉 주요 거래국과의 무역액 비교(1934)

위의 〈図 6〉(〈A-(6)-14〉, p.77)과 〈図 7〉(〈B-(6)-14〉, p.76)을 대비해 볼 때, 특히 두드러진 현상은 가장 큰 교역국 미국과의 수출입에 대한 반전현상이다. 1920년대에 수출이 수입을 상회하던 것이 1930년대에

6　我が國の工業品は、質がよい上に價が安いから近來世界の各地へ著しく販路を擴める に至つた。(〈B-(6)-14〉「日本總說」、p.60)

는 오히려 수입이 수출을 크게 상회하는 역전현상을 보인 것이다. 이
는 수출에 비해 원면 수입의 급증과 목재 및 철재 등의 수입 증가에 따
른 것으로, 일본의 공업발전에 미국의 영향력이 크게 작용하고 있음을
엿볼 수 있는 부분이라 하겠다. 중국이 인도나 호주의 뒤로 밀려나 있
는 것도, 만주와 관동주, 호주와 말레이제도의 부상도 주목되는 부분
인데, 만주 관동주의 경우는 곡류의 수입과 섬유제품 및 경공업제품의
수출이 주류를 이루지만, 말레이제도와 호주의 경우는 천연고무 및 양
모 등 원자재수입이 두드러진 까닭으로 여겨진다. 중국의 국명이 '支
那'에서 1930년대 '中華民國'으로 바뀌어 있는 점도 급변해가는 세계
정세를 반영한 대목이라 하겠다.

　간과할 수 없는 것은 세계적 공업국이라는 입지와 가공무역으로 엄
청난 부를 축적해가는 일본의 무역적자가 갈수록 증가하는 현상이다.
실로 가공무역을 위한 원자재의 수입증가는 수출과정에서 더 큰 이익
을 창출하기 때문에 큰 변수가 없는 한 이러한 현상과는 별개의 문제
일 것이다. 이 같은 현상은 정치적으로 촉진하였던 전시대비용 방위산
업과 전쟁을 위한 물자확보에 기인한다는 점에서 당연한 결과가 아닌
가 싶다.

　일본의 교통정황상 수출입 물산의 운송을 대부분 해상운송이 담당
하였음을 고려할 때, 이를 감당할 선박의 보유상황과 무역항의 현황을
파악하는 것도 중요하다 할 것이다. 당시 세계 기선의 총수량은 32,654
척이었으며, 총 톤수는 6,580만 톤에 달했다.[7] 그 가운데 일본이 2,500
여 척 401.5만 톤에 달하는 선박을 보유하여 영국, 미국에 이어 세계 3
위를 차지하는 선박 강국의 면모를 〈図 8〉(〈B-(6)-21〉, p.207)은 보여준다.

7　朝鮮總督府(1941)「日本と世界」『初等地理』卷二、p.207

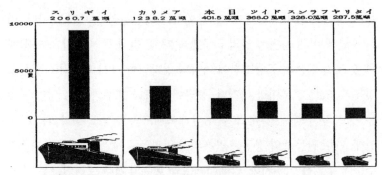

〈図 8〉 주요 무역국가의 기선 보유 현황 (1934, 단위 : 1만 톤)

　흥미로운 점은 당시 세계강국의 순차를 대형선박 보유현황으로 매기고 있다는 점이다. 이는 선박의 보유 톤수가 단지 교역을 위한 운송수단이기보다는 당시 전쟁과 연동한 식민지 초등교육정책의 취지에 따라 국력, 국세(國勢)의 홍보에 치중한 때문일 것이다.

　어쨌든 이러한 대형 선박이 드나들 수 있는 항만시설은 원활한 수출입 교역을 위해서도 필수적 인프라일 것이다. 수출입 교역을 위한 항만 인프라의 척도는 수출입액을 나타낸 다음 도표에서 확인할 수 있다.

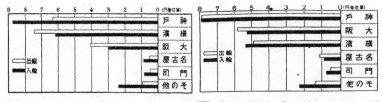

〈図 9〉 주요 항의 수출입액 (1928, 단위 ;억엔)　〈図 10〉 주요 항의 수출입액 (1934, 단위 ;억엔)

　〈図 9〉(〈A-(6)-14〉, p.78)는 1920년대까지 수출입 교역이 주로 고베(神戸), 요코하마(橫濱)에 집중되고 있었음을 보여준다. 그것이 1930년대에 고베, 오사카(大阪), 요코하마 3대 항으로 집중되는 면을 보이고 있음은 〈図 10〉 (〈B-(6)-21〉, p.207)에서 파악할 수 있다. 특히 오사카의 급성장은 상업과 무역을 아우르는 멀티도시로서의 약진을 보여준다.

텍스트는 이처럼 쇼와초기의 수출입 교역 상황을 각종 그래프와 도표, 분포도, 삽화 등 갖가지 시각적 이미지를 적절히 활용하여 한눈에 비교와 대비[8] 할 수 있게 한데서 효과를 더하고 있었다. 수많은 정보와 복잡한 논리를 제한된 공간속에서 일목요연하게 시각화할 수 있는 이러한 이미지의 활용이야말로 〈地理〉교과서의 강점일 것이며, 그것으로 식민지교육 목적을 보다 효과적으로 전달하는 장치로 삼지 않았나 싶은 것이다.

3. 〈地理〉교육의 전략적 의미

3.1 국가주력산업의 의미

고대로부터 크건 작건 국가형성을 위한 기본적 요소는 '백성'과 이들 백성이 거주할 '땅', 그리고 이들을 다스릴 '군주'라고 할 수 있을 것이다. 그 중 군주의 역할이 백성의 안위임을 감안할 때, 그들의 삶에 가장 기초가 되는 의식주(衣食住)에 대한 정책은 무엇보다 중요하다 하겠다.

앞서 살핀 대로 쇼와초기 일제가 가장 주력했던 산업은 면화재배와 함께 이를 원자재로 한 면방직공업이었다. 산업혁명 이래 세계자본주의 발전을 주도하였던 면방직공업은 근대일본의 자본주의 성장에 크

---

8 辛秀暻(2009)「일제강점기 지리교과서 삽화연구 -내재된 이데올로기와 표현방식의 변형-」『美術史論壇』제29호, 한국미술연구소, p.262 참조.

게 기여한데다, 쇼와기 들어 내수는 물론 수출효자상품으로 국가경제에 막강한 힘을 실어주는 대단히 중요한 산업이었던 까닭이다. 그 때문에 당시 일본이 면화재배 및 이의 가공에 기울인 노력은 실로 주식인 쌀 생산에 버금갈 정도였다. 그러나 일본의 기후나 풍토에서는 이 불솜용 재래면 재배만 가능했을 뿐 방적용 고급면화 재배는 불가능했다. 그런 까닭에 1900년대 초부터 식민지 대만과 한반도 남부지역에서 수차례 육지면 시험재배를 시도하였으나 대만에서는 기후 조건이 맞지 않아 번번이 실패하였고, 한반도 남부지역에서 재배가능성이 확인되었다.[9] 이를 바탕으로 한반도에 방적용 면화재배가 시작되었고, 1912년 '제1기 면작재배 6개년 계획', 1919년 '제2기 10개년 계획'으로 육지면 생산을 가속화 하였다.

당시 일본 면방직공업의 성패는 전 세계 원면 생산액의 60~70%를 차지하는 미국의 원료공급에 달려 있었다. 이런 상황에서 1930년대 중반 일본의 정치력 확장을 우려한 미국이 대일수출 금지조치를 취한데다, 인도산 원면의 수입까지 차단되는 바람에 원면확보에 비상이 걸리게 되었다. 이에 따라 일제는 1933년부터 20년 동안 작부면적 50만 정보, 실면 6억 근 생산을 목표로 하는 '제3기 원면증산계획'에 착수하였고, 그 재배지를 한반도내 전남 이외의 지역으로 확장시켜 나아갔다. 〈図 11〉과 〈図 12〉[10]는 이의 분포도와 지역별 면화 재배면적의 변화상

---

9   일제는 1900년대 초부터 식민지 대만에서 육지면 시험재배를 시도하였으나 번번이 실패하였다. 이후 한국 재래면의 품질이 미국산 육지면과 비슷한데다 기후조건도 유사하였던 점에 착안하여 방적원면의 새로운 공급지가 될 수 있다는 전망을 가지고 재차 한국에서 시험재배를 시도한 결과, 목포인근 고하도에서 일본인 와카마쓰(若松)에 의해 면적당 수확량이나 품질이 비교적 우수한 육지면의 재배가능성이 확인되었다.
10   〈図 11〉과 〈図 12〉는 金基赫(1994)「日帝時代 韓半島 農業의 地域構造 研究」『부산지리』 제3호, pp.13-14에서 참조한 것임.

황이다.

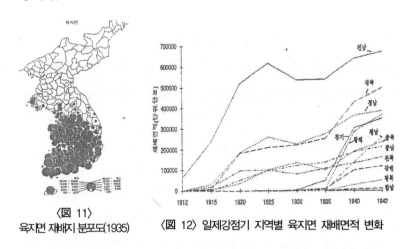

〈図 11〉
육지면 재배지 분포도(1935)

〈図 12〉 일제강점기 지역별 육지면 재배면적 변화

〈図 11〉은 한반도에서의 육지면 재배기원지를 중심으로 한 전남지역 일대에서 조선시대부터 면화재배기술이 축적된 경북 서부지역, 그리고 충청지역에 이어 경기지역까지 확장 분포되어가고 있음을 보여주고 있다. 재배면적은 전남지역이 타 지역에 비해 월등한 수치를 나타내고 있다. 그 가운데 1935년을 기점으로 특히 경북내륙과 경남지역, 충북지역, 경기지역, 황해지역에 이르기까지 가파른 상승세를 보이고 있는데, 이는 '제3기 원면증산계획'의 점진적인 성과가 드러난 것이라 할 수 있겠다. 이들 면화재배지역이 대부분 인천, 부산, 군산항 등 미곡 반출항을 배후지로 한 대표적인 미작평야지역의 인근이었다는 점도 주목해 볼 필요가 있다. 이는 당시 일제가 정책적 차원에서 미작(米作)지역을 제1지대로, 그 외곽지역을 면화재배를 위한 제2지대로 설정한 것과도 연관이 있기 때문이다. 무역적자의 시기였음에도 수출의 독보적 위치를 차지한 방직공업의 약진은, 원면확보에서부터 양질의 면사와 면직물 생산으로 가공무역의 기틀을 세우고, 원자재의 자체수급이 가능했던 생사와 견직물의 생산과 이의 가공을 위한 염색공업의 발전에 이르기까지 정책적인 힘을 쏟아가면서까지 노력을 아끼지 않았던데 있었을 것이다.

이렇게 획득한 자본을 기반으로 해외진출과 침략전쟁을 염두에 둔 각종 인프라 구축, 방위산업 및 전시물자 생산 또한 1930년대 중반 국가적인 주력산업이었다. 물론 텍스트에는 방위산업의 발전에 관한 언급은 전혀 없지만, 물자수송을 위한 식민지철도의 지속적인 연장이나 도로의 확장, 통신의 정비, 군함의 항로 및 항공로 구축을 통하여 방위산업의 급성장 측면을 엿볼 수 있다. 한반도를 종관하는 철도는 동북부로는 경원선 함경선을 통하여 블라디보스토크를 거쳐 시베리아철도로 연결되고, 서북부는 경의선과 남만주철도를 통하여 하얼빈으로, 하얼빈에서 시베리아철도와 접속할 수 있게 [11]되어 있었으며, 아시아, 남태평양 각국과의 정기항로의 구축으로 대동아공영권역의 거리를 더욱 축지[12]하였다. 전신(電信)의 발전은 전화 통신과 라디오방송 등 대중을 향한 통신을 일거에 가능케 하였다. 이 모든 인프라 구축이 쇼와초기 산업 경제 유통을 염두에 두었겠지만, 당시의 정황상 정치적 군사적 요구의 충족에 훨씬 비중을 두었으리라는 것은 쉽게 짐작할 수 있을 것이다.

근대산업을 통틀어 일본이 식량공급원으로서의 쌀농사(米作)와 함께 의생활의 원천인 면화재배(棉作)에 주력하였던 것은 지극히 당연

---

11 박경수·김순전(2013)「일제의 식민지구도와 鐵道唱歌의 연계성」『日本語文學』제62집 일본어문학회, p.405 참조.
12 이로써 도쿄↔경성간 약 5시간, 경성↔신징간 약 4시간, 도쿄↔후쿠오카간 약 3시간, 후쿠오카↔베이징간 약 6시간, 후쿠오카↔난징간 약 5시간, 후쿠오카↔타이페이간 약 6시간, 타이페이↔반곡(盤谷, 강원도 원주시에 인접한 지역)간 약 7시간, 도쿄↔파라오간을 약 10시간에 도달할 수 있게 되었다.

한 일일 것이다. 그 중 면방직공업에 특히 주력하였던 것은 원자재 자체수급이 불가능한 악조건 속에서도 일본의 산업과 자본주의 발전에 막강한 힘을 발휘하였던 까닭인데, 그것이 쇼와초기 전쟁을 위한 막대한 자본축적이 필요한 시점에서 또다시 가공무역을 주도하면서 전쟁을 위한 자본형성에 기여하였다는 점에서 그 중요성이 더욱 부각된 듯하다. 간과할 수 없는 것은 텍스트에서 국가주력산업으로 가장 강조하던 방직공업이 대표적인 노동집약적 산업이었었다는 점에서 쇼와초기 식민지 착취와 직결된다. 이러한 노동집약적 산업은 노동력착취에 더하여 자본착취의 전형을 드러내고 있다 하겠다. 쇼와기 들어 식민지 조선을 발판으로 침략전쟁을 획책하며, 거국적 차원에서 진력하였던 방위산업과 이를 위한 인프라 구축을 감당해 냈던 것도 이러한 방직공업을 위시한 국가 주력산업의 가공무역으로 벌어들인 자본이 있었기에 가능하지 않았을까 여겨지는 것이다.

3.2 세계적 입지 확증과 각성 촉구

쇼와초기 일본은 국방과 외교는 물론 각 나라와의 물산교역을 통하여 세계에서 일본의 입지를 다져나가고자 하였다. 이는 두 텍스트에 공히 수록되어 있는 단원 「일본과 세계(日本と世界)」에 기술된 내용에서 찾아볼 수 있는데, 무엇보다도 주목되는 것은 '태평양시대'의 예측과 일본이 그 '태평양시대'의 중심무대가 될 것임을 확신하고 있는 지리적 위치이다.

태평양은 세계에서 교통과 군사적으로 한층 중요성을 더하여 이윽고 세계의 중심무대가 되려하고 있다. 우리나라는 아시아주의 동부에 위치하여 동으로는 넓은 태평양에 임하고, 서쪽으로는 세계 총인구의 약

8할이나 되는 유라시아대륙을 끼고, 세계의 교통과 무역에 있어 천혜의 위치를 차지하고 있다.13　　　(《B-(6)-21》「日本と世界」, pp.207-208)

태평양의 중요성을 언급하는 것과 그 연안의 북서부에 위치한 일본의 입지조건을 강조하는 것은, 그간 대서양을 무대로 활동하였던 선진열강의 시대에서 점차 태평양을 무대로 한 일본중심의 시대가 도래하고 있다는 것을 암시한다. 이같은 천혜의 입지조건을 토대로 인근 각국의 산업과 교역상황을 크게 동북아와 동남아로 구분하여 각국의 대도시와 특산물을 중심으로 간략히 기술하고 있다. 그 중 동남아에 대한 기술은 태평양연안의 섬, 대양주, 아프리카와 더불어 강대국의 식민지였다거나, 혹은 풍부한 천연자원을 거론하며 일본 산업발전을 위한 원료 수급지로 인식시키는 한편, 이들 나라에 진출하여 생산경제를 잠식해가는 것으로, 일본의 국위가 서양열강의 식민지에까지 미치고 있음을 과시한다. 이는 각종 산업의 생산성 및 수출입 교역에 있어서도 서구를 능가하는 세계 최강국으로 우뚝 설 것임을 예측하는 부분이라 하겠다. 이런 의미에서 주요 선진교역국은 대사관급 외교로서, 그 밖의 나라는 공사관급 외교로서 대응하고 있다.

① 우리나라는 세계 30여 개국과 조약을 맺어, 영국, 프랑스, 이탈리아, 독일, 미국 등을 비롯하여 주요한 나라에는 대사관을 두고, 그 밖의 나라에는 대개 공사관을 두고 있다.14 (《A-(6)-21》「日本と世界」, p.180)

13　太平洋は世界に於て交通上・軍事一層重要性を加へ、將に世界の中心舞臺にならうとしてゐる。わが国はアジヤ州の東部に位置し、東は広い太平洋に臨み、西は世界總人口の約八割にも当るアジヤ=ヨーロッパ大陸をひかえ、世界の交通・貿易上よくめぐまれた位置を占めてゐる。
14　我が國は世界の三十餘國と條約を結び、イギリス・フランス・イタリヤ・ドイツ・アメリカ合

② 우리나라는 세계 40여 개국과 조약을 맺어, 영국, 프랑스, 독일, 이탈리아, 벨기에, 소련, 터키, 미국, 브라질, 만주, 중화민국에는 대사관을 두고, 그 밖의 나라에는 대개 공사관을 두고 있다.[15]

《〈B-(6)-21〉「日本と世界」, p.208》

위에서 보듯 일본과 외교조약을 맺은 나라는 1920년대에 30여 개국에서 1930년대에는 40여 개국으로 증가하였다. 벨기에, 터키, 소련, 중화민국, 브라질 등이 대사관급으로 격상된 것도 눈길을 끄는데, 이들 국가들과의 외교가 세계질서 안에서 자국의 입지 확증은 물론, 정치 경제적 면으로도 이익선과 결부되어 있음은 지극히 당연한 이치일 것이다.

본 텍스트에서 목적하는 큰 관건은 말할 것도 없이 갈수록 심화되는 무역수지적자 현상에 대한 해법을 찾는 일일 것이다. 이에 대한 해법을 두 텍스트에서 찾아보자.

① 이제 우리나라는 세계의 해운과 무역에 적잖은 세력을 차지하고, 국세가 매우 왕성해지고 있다. 무역이 있어서는 수입액이 수출액을 초과하고 있다. 그러므로 국민은 더욱더 노력해야 한다.[16]

《〈A-(6)-21〉「日本と世界」, pp.180-181》

② 바야흐로 우리나라는 세계의 해운과 무역에서 대단히 우세한 지위를 차지하고, 국력은 날로 번창하게 되었다. 그러나 세계적 상

衆國をはじめ、主な國には大使館を置き、その他の國には大てい公使館を置いてゐる。
15 我が國は、世界の四十餘國と條約を結び、イギリス・フランス・ドイツ・イタリヤ・ベルギー・ソビエト聯邦・トルコ・アメリカ合衆國・ブラジル・滿洲・中華民國には大使館を置き、その他の國には、大てい公使館を置いてゐる。
16 今や我が國は世界の海運上及び貿易上に於て頗る勢力を占め、國勢が甚だ盛になつて來た。貿易に於ては收入額は輸出額を超過してゐる。それ故國民は更に一層の努力を要する。

황에서 보면 우리나라가 아시아의 리더로서 만주, 중화민국을 이
끌고 동아의 참된 평화와 올바른 질서를 건설하고, 나아가 세계열
강을 통솔하여 천황의 위광아래 영원한 세계평화를 건설하는 일
은 결코 쉽지 않다. 우리들은 이 가을에 임하여, 우리 선조들이 오
로지 천황을 위해 진력해 온 일편단심을 이어받아 더욱더 훌륭한
황국신민이 되어 일치협력하여 산업개발과 해외발전에 힘을 다
하여, 천황의 위광을 세계에 빛내고 우리의 자손이 더욱 천황의
위광에 은혜받으면서, 세계의 지도자로서 세계문화발전의 향상
을 도모하고, 그로써 전 인류와 함께 행복한 생활을 영위할 수 있
도록 진력하지 않으면 안 된다.[17]

《〈B-(6)-21〉「日本と世界」, pp.209-210)

두 텍스트 공히 피교육자의 각성과 분발을 촉구하고 있는데, 인용문
①이 무역수지적자의 심각성만을 언급한데 비해, ②는 황국신민이 지
녀야 할 마음가짐에 비중을 두고 있어 일제말기의 전형을 보여주고
있다.

식민지 초등교육에 있어 1940년대의 비전은 인용문 ②에 함축되어
있다 할 것이다. 〈중일전쟁〉을 거쳐 〈태평양전쟁〉을 준비하는 시점에
서 "영원한 세계평화 건설"을 위한 실천사항으로 먼저 '진정한 황국신

17 今や我が國は世界の海運上及び貿易上に於て頗る優勢な地位を占め、國勢はいよいよ
盛になつて來た。しかし世界の現狀よりすれば、我が國がアジアの指導者として、滿
洲・中華民國を導いて東亞の眞の平和と正しい秩序を建設し、更に世界の列强を率
ゐて、御稜威のもとに世界永遠の平和を建設せんすることは、決して容易ではない。
我等は此の秋に際し、我等の祖先が專ら大君のために盡くして來た赤心を受けつづい
て、益益立派な皇國臣民となり、一致協力して、産業の開發や海外の發展に力を盡く
し、御稜威を世界に宣揚し、我等の子孫が更に御稜威の輝きに惠まれながら、世界
の指導者として、世界の文化發展の向上を図り、以つて全人類と共に幸福な生活をお
くれるやうに全力を盡くさなければならない。

민이 되어야 할 것'과 '일치협력하여 산업개발과 해외발전에 힘을 다하는 것'을 제시하고 있음이 그것이다. 오직 천황을 중심으로 일치단결해야 하는 국민의 각성과 실천을 촉구하고 있다는 점에서 〈地理〉교과서의 특성보다는 황국신민으로의 교화를 우선하고 있음을 보여주는 부분이라 하겠다.

4. 결론

지금까지 식민지 〈地理〉교과서를 통하여 쇼와초기 국가적 주력산업의 전략적 의미를 도출해본 바, 일본의 세계 중심국으로서의 위치 정립과 세계와의 전쟁에 대비한 식민지아동의 각성 촉구에 있었음이 파악되었다.

일본이 근대 산업을 통틀어 식량공급원으로서의 쌀농사(米作)와 함께 자국민 의생활의 원천인 면화재배(棉作)에 주력하였던 것은 지극히 당연한 일일 것이다. 공업부분에서도 특히 면방직공업에 주력하였던 것은 일본의 가공무역을 주도하며 국익에 막강한 힘을 부여하였던 까닭이다. 그것이 식민지 조선을 발판으로 대륙침략을 도모하던 시기 식민지착취의 전형으로 드러나기도 하였지만, 이를 전략적 차원에서 국가주력산업으로 육성하였기에 이로써 벌어들인 자본이 전쟁대비용 방위산업 및 이를 위한 인프라 구축에까지 이르게 되었으리라 생각된다.

이러한 전략을 기반으로 세계에서 일본의 입지를 확인하려는 의도는 특히 내용기술에서 두드러지는데, 서방 선진국에 대해서는 이들 선진국과의 무역양상을 대등하거나 월등하게 기술함으로써 일본의 세계적 입지를 확증하려 한 점이 역력한 반면, 아프리카나 동남아 등 미 개한 후진국에 대해서는 대부분 선진열강의 식민지 이력을 언급하면 서 자국 공업발전을 위한 원자재 조달처로 묘사하고 있어 이들 후진국 에 대한 경제적 잠식을 꾀하였던 면도 드러내고 있었다.

식민지 (地理)교육에 있어 가장 큰 비전은 역시 피교육자의 각성촉 구에 있었다고 보인다. 이는 세계와의 전쟁을 앞둔 시점에서 일등국민 에 대한 포부를 "일치협력하여 산업개발과 해외발전에 온 힘을 다할 것"의 촉구로 표명하고 있는데서 알 수 있는데, 그 '일치협력'의 정점 에 천황이 전제되어 있어 쇼비니즘의 극치를 드러내고 있다.

이러한 점에서 쇼와초기 세계와의 전쟁을 수행하기 위한 교육적 장 치에 대한 심층적이고 다각적인 연구는 지속되어야 한다고 본다. 이야 말로 한일관계에 걸림돌로 남아있는 미해결 난제에 대한 해법을 찾는 모색이 될 것이며, 또다시 국수주의로 회기하려는 현 일본의 정치적 행보에 대한 대응논리를 모색해 볼 수 있는 단초를 찾을 수 있을 것이 라 사료되는 까닭이다.

참 고 문 헌

① 텍스트

〈歷史〉교과서

朝鮮總督府(1920)『尋常小學國史補充敎材』卷一

_____(1920)『尋常小學國史補充敎材』卷二

_____(1922)『普通學校國史』兒童用 上

_____(1922)『普通學校國史』兒童用 下

_____(1932)『普通學校國史』卷一

_____(1933)『普通學校國史』卷二

_____(1937)『初等國史』卷一

_____(1938)『初等國史』卷二

_____(1940)『初等國史』第五學年

_____(1940)『初等國史』第六學年

_____(1944)『初等國史』第五學年

_____(1944)『初等國史』第六學年

〈地理〉교과서
朝鮮總督府(1920)『尋常小學地理補充敎材』卷一
_____(1920)『尋常小學地理補充敎材』卷二
_____(1932)『初等地理書』卷一
_____(1933)『初等地理書』卷二
_____(1937)『初等地理』卷一
_____(1938)『初等地理』卷二
_____(1940)『初等地理』卷一
_____(1941)『初等地理』卷二
_____(1942)『初等地理』卷一
_____(1943)『初等地理』卷二
_____(1944)『初等地理』第五學年
_____(1944)『初等地理』第六學年

② 컨텍스트
學部(1908)『日語讀本』卷一 ~ 卷八
學府(1909)『國語讀本』卷一 ~ 卷八
朝鮮總督府(1932)『初等地理書 卷一 編纂趣意書』
_____(1932)『初等地理書 揷畵取扱の實際』
_____(1932)『普通學校國史 卷一編纂趣意書』
_____(1938)『朝鮮總督府敎科書編輯彙報』
_____(1940)『初等國史 第五學年 編纂趣意書』
_____(1913)『普通學校修身書』
_____(1914)『普通學校國語讀本』
_____(1917)『普通學校朝鮮語及漢文讀本』

③ 한국논문 (가나다순)
강순돌(2008)「일제강점기 조선지지의 성격에 관한 고찰」『문화역사지리』제
        20권, 한국문화역사지리학회
구난희(2010)「일제하 천황인식 형성과 역사교과서의 천황서술 - 1930년대 이
        후 역사교과서를 중심으로-」『역사교육연구』, 한국역사교육학회
권오현·이전(2012)「일제강점기『국사지리』교과서의 지리내용에 동원된 국
        민의식 형성 논리에 대한 고찰」『문화역사지리』제24권, 한국문
        화역사지리학회
권종린(2006)「일제시대의 조선 교육과 정책에 관한 고찰」, 원광대 석사논문

金基赫(1994)「日帝時代 韓半島 農業의 地域構造 硏究」『부산지리』제3호, 부산대 사범대학 지리교육과

金 仁(1986)「地理學의 本質·方法論·패러다임爭點」『사회과학과 정책연구』제8권 제1호, 서울대 사회과학연구소

김봉석(2012)「『朝鮮の敎育硏究』를 통해 본 일제시대 초동 역사수업의 실태 고찰」『사회과교육연구』제19권, 한국사회과교육연구회

金承台(1987)「日本 神道의 침투와 1910·1920년대의「神社問題」『韓國史論』, 서울대 인문대 국사학과

김영주(2003)『고등학교 지리 교과서 시각 자료 분석』, 이화여대 석사논문

김혜욱(2006)「한·일 중학교 사회교과서 삽화분석」, 연세대 석사논문

김홍수(1999)「일본의 역사왜곡에 대한 고찰」, 동아대 석사논문

南相虎(1999)「日本 開國期의 開國論과 攘夷論 -大久保利通의 대외관을 중심으로-」『日本學報』제43집, 한국일본학회

박경수·김순전(2013)「일제의 식민지구도와 鐵道唱歌의 연계성」『일본어문학』제62집, 일본어문학회

박경수(2016)「일제의 식민지 지배전략과 神社 -특히 지리학적 관점에서-」『일본어문학』제72집, 일본어문학회

박인옥(2010)「중학교「사회1」교과서 삽화의 기능 분석」『한국사진지리학회지』제20권 제2호, 한국사진지리학회

박현욱(2007)「일제하 역사교과서와 식민지 지배 이데올로기 -『보통학교국사』와『초등국사』를 중심으로-」『中央史論』25집, 중앙대 중앙사학연구소

山口公一(1998)「戰時期(1937-45) 조선총독부의 神社政策」『韓日關係史研究』(8), 한일관계사학회

孫禎睦(1987)「日帝下 扶餘神宮 造營과 소위 扶餘神道建設」『韓國學報』, 일지사

_____(1987)「朝鮮總督府의 神社普及·神社參拜强要政策 硏究」『韓國史硏九』제58집, 한국사연구회

신동훈(1991)「國民學校 社會科(地理分野) 敎育課程 變遷과 發展方向에 關한 硏究」, 강원대 석사논문

辛秀暻(2009)「일제강점기 지리교과서 삽화연구 -내재된 이데올로기와 표현방식의 변형」『美術史論壇』제29호, 한국미술연구소

沈正輔(2005)「1930년대 일본의 지리교육계에서 이루어진 지리구 논쟁이 문부성과 조선총독부의 지리교육에 미친 영향」『사회과교육연구』12권 1호, 한국사회과교육연구회

嚴起貞(2001)「日本 近代化過程의 내셔널리즘에 관한 硏究」, 서강대 석사논문

유봉호(1983) 「일본식민지정책하의 초·중등학교 교육과정 변천에 관한 연구」, 중앙대 박사논문

유창진(1985) 『초등학교 교과과정에 나타난 성역활 및 아동, 학부모 교사가 인식하는 성역할 지각연구』, 세종대 석사논문

이승환(1999) 「지리교과서 그래픽자료의 비교연구 : 제 5·6차 교육과정을 중심으로」 이화여대 석사논문

이인철(2012) 「일제의 한국사 왜곡이 국사교과서에 미친 영향에 관한 연구 - 『조선사(1938)』의 역사지리 비정에 대한 몇 가지 사례를 중심으로」, 국제뇌교육종합대 박사논문

장미경 (2014) 「일제강점초기 초등학교 '朝鮮語'와 '日本語' 敎科書에 서사된 地誌 표상」, 『일본어문학』, 한국일본어문학회

장미경·김순전(2010) 「『日語讀本』과 『訂正普通學校學徒用國語讀本』에 나타난 공간 표현의 변화 고찰」, 『일본연구』 제 14집, 고려대 일본연구센터

장보웅(1971) 「일본통치시대의지리교육」, 『군산교대논문집』 제4집, 군산교육대학교

장인성(1998) 「토포스와 아이덴티티-개국기 한일 지식인의 국제정치적 사유」, 『國際政治論叢』, 한국국제정치학회

정상우(2011) 「조선총독부의 『朝鮮史』 편찬사업」, 서울대 박사논문

鄭惠瓊(2012) 「식민지 시기 조선 사회의 외지 인식」, 『한일민족문제연구』 제22호, 한일민족문제학회

조성윤(2010) 「제국 일본의 남양군도 지배와 연구동향『탐라문화』 제37집, 제주대 탐라문화연구소

조준범(2008) 「제7차 중등교육과정 지리영역 교과서의 시각자료 체계성에 관한 연구」, 상명대 석사논문

青野正明 著·尹英花 譯(2003) 「조선총독부의 神社政策과 「敬神崇祖」」『경제경영』, 계명대 산업경제연구소

최양호(1990) 「일제 통치하 한국에 있어서의 초등 국사교육과정연구」『역사교육』 48집, 역사교육연구회

최영은(2006) 「제7차 교육과정 고등학교 세계지리 교과서 시각 자료 분석」, 상명대 석사논문

최진성(2006) 「일제강점기 朝鮮神社의 場所와 權力 ; 全州神社를 事例로」『한국지역지리학회지』 제12집, 한국지역지리학회

한길로(2013) 「일제강점기 조선에 비친 식민지 대만의 허실, 그리고 조선」, 『人文論叢』 제70집, 서울대 인문학연구원

④ 일본논문 (アイウ순)

磯田一雄(1990)「第三次·第四次朝鮮教育令下の國史教科書の改訂狀況─」『成城
　　　　　文芸』3月號、成城大学文芸学部

岡田俊裕(2001)「地理區論爭」『地理』46(6)

香川幹一(1937)「地理區論」『地理學』5(12)

權五鉉(1999)「朝鮮總督府下における歴史教育内容史研究─国民意識形成の論理
　　　　　を中心に」、広島大学 博士論文

沈正輔(2004) 「文部省と朝鮮総督府の國民学校におけるPestalozziの教育思想と郷
　　　　　土地理教育」『広島大学大学院國際協力研究』第10巻第2号、國際
　　　　　協力研究誌

千葉正士(1970)「東亞支配イデオロギーとしての神社政策」『仁井田博士追悼論文集』
　　　　　第三巻、彙文堂

立岡裕士(2008)「新聞附録の地図」、『鳴門教育大学研究紀要』第23巻

夏井美奈子(2005)「戦後空間」の中の『平凡』−1950年代·人々の欲望と敗戦の傷−」
　　　　　『ヘスティアとクリオ』Vol.1

西龜正夫(1937)「再び地理區について−香川君に答え−」『地理學』5(8)

韓炫精(2014)「教科書における帝国の風景」『東京大学大学院教育学研究科基礎
　　　　　教育学研究室研究室紀要』第40号

葉倩瑋(2008)「同化主義の展開と地理教育：植民地台湾における愛国心」、『お茶
　　　　　の水地理』vol.48

白恩正(2011)「日本=統治下朝鮮における地理教育に関する研究」、創価大学 社
　　　　　會學 博士論文

平岡さつき(2011) 「日本における歴史教育の構造」、『共愛学園前橋國際大学論集』
　　　　　No.12

渡辺光(1968)「戦前および戦時中の地理教育」、『お茶の水地理』第10号

⑤ 한국참고서 (가나다순)

가토 기효우미 지음·안소영 옮김(2010)『대일본제국 붕괴』, 바오출판사

강경원 외(2001)『초등지리교육론』, 한문사

강경원(2007)『초등교사를 위한 지리학의 기초』, 학문사

강만길(2000)『한국 자본주의의 역사』, 역사비평사

강만길 외(2004)『일본과 서구의 식민통치 비교』, 선인

강진호 외(2011)『'朝鮮語讀本'과 국어문화』, 제이앤씨

京城府 編(1941)『京城府史』下, 경인문화사

고마코메 다케시 지음·오성철 외 옮김(2008)『식민지 제국 일본의 문화통합』,

역사비평사

김동노(1998)『창작과 비평』, 도서출판 봄

김순전 외 2인 譯(2013)『第Ⅱ期 普通學校國語讀本』(1)-(5), 제이앤씨

김순전 외 6인(2012)『식민지 조선 만들기』, 제이앤씨

_____(2013)『초등학교 唱歌 교과서 대조번역』(上)(中)(下), 제이앤씨

김연옥・이혜은(2006), 『사회과 지리교육 연구』, 교육과학사

김영우(1999)『한국초등교육사』, 도서출판 하우

김영작(1989)『한말 내셔널리즘 연구-사상과 현실』, 청계연구소출판국

남상준(2005)『地理敎育의 探究』, 교육과학사

박경식(1986)『일본제국주의의 조선지배』, 청이출판사

성광수 외(2003)『몸과 몸짓 문화의 리얼리티』, 소명출판사

신기욱, 마이클 로빈슨 엮음・도면희 옮김(2006)『한국의 식민지 근대성』, 삼인

신용하(1977)『한국 근대사론(1)』, 지식산업사

아서 제이, 클링 호퍼 지음・이용주 옮김(2007)『지도와 권력』, 알마

역사학연구소 편(2004)『함께 보는 한국근현대사』, 서해문집

워런 코헨 지음・이명화, 정일준 옮김(2009)「세계의 중심 동아시아의 역사」,
        일조각

이명화(1991)「일제총독부간행 국사교과서의 식민사관」,『역사비평』, 역사비평사

이승률(2007)『동북아시대와 조선족』, 박영사

이용선(2002)『조선최강상인 3 불세출』, 동서문화사

이혜영(1998)『한국 근대 학교교육 100년사 연구(Ⅱ) -일제시대의 학교교육-』,
        한국교육개발원

임덕순(1996)『地理敎育原理:理論과 適用』, 법문사

임종국(2004)『밤의 일제 침략사』, 한빛문화사

정재정(999)『일제침략과 한국철도』, 서울대출판부

정혜정(2003)『일제말기 조선인 강제연행의 역사』, 경인문화사

조동일(1999)『문명권의 동질성과 이질성』, 지식산업사

朝鮮總督府 編(1921)『朝鮮總督府施政年譜』, 朝鮮總督府

_____(1927)『朝鮮神宮造營誌』, 朝鮮總督府

_____(1935)『施政二十五年史』, 朝鮮總督府

_____(1940)『施政三十年史』, 朝鮮總督府

_____(1940)『朝鮮國民精神總動員』, 朝鮮總督府

朝鮮總督府(1932)『普通學校國史卷一纂趣意書』, 朝鮮總督府

_____(1940)『初等國史編纂趣意書第五學年』, 朝鮮書籍印刷株式會社

중앙일보사(1981)『현대미술용어사전』, 계간미술

천병희(1977)『詩學』, 문예출판사

최석영(2012)『일제의 조선연구와 식민지적 지식 생산』, 민속원

최양호(1990)『일제하 조선총독부 편찬 초등용 국정교과서 변천』, 교과서연구

최혜주(2010)『근대 재조선 일본인의 한국사 왜곡과 식민통치론』, 경인문화사

친일반민족행위 진상규명위원회 편(2008)『친일반민족행위관계사료집 Ⅴ-일제
　　　　　의 조선사 편찬사업-』, 도서출판 선인

한국교육개발원 편(1997)『한국근대교육100년사 연구』, 한국교육개발원

한국-타이완 비교문학연구회 편(2010)『전쟁이라는 문턱』, 그린비

한영우(2003)『역사학의 역사』, 지식산업사

호사카 유지(2002)『일본제국주의의 민족동화정책 분석』, 제이앤씨

⑥ 일본참고서 (アイウ순)

青井哲人(2005)『植民地神社と帝國日本』, 吉田弘文館

荒井秀夫(2005)『大陸神社大觀』, ゆまに書房

磯田一雄(1999)『「皇国の姿」を追って』, 皓星社

岩波書店 編(1976)「堀田正睦意見書」『幕末政治論集』(日本思想大系 56), 岩波書店

岩下傳四郎 編(1941)『大陸神社大觀』, 大陸神道聯盟

　　　　　　　(1944)『神社本義』, 神祇院

大石運平(1935)『初等地理書 挿畵取扱の實際』, 朝鮮公民教育會

　　　　(1938)『改正『初等地理書 卷一 解說』, 朝鮮公民教育會發行

小川英男(1934)『朝鮮総督府初等地理書「卷一」解說』, 東京古今書院

大野謙一(1936)『朝鮮教育問題管見』, 朝鮮教育會

小澤正夫 校主・譯(1989)『古今和歌集』, 小學館

小山文雄(1934)『神社と朝鮮』, 朝鮮佛敎社

海後宗臣(1969)『歷史教育の歷史』, 東京大學出版會

唐木順三(1970)『日本人の心の歷史(上)』, 筑摩書房

唐澤富太郎(1968)『敎科書の歷史』, 創文社

金泰勳(1996)『近代日韓敎育關係史硏究序說』, 雄山閣出版

佐野通夫(1993)『近代日本の教育と朝鮮』, 社会評論社

滋賀大学附属図書館 編(2006)『近代日本の教科書の歩み』, サンライズ出版

芝原拓自(1977)『開國』(日本の歷史 23), 小學館

高橋濱吉(1927)『朝鮮教育史考』, 帝國地方行政學會

中塚 明(2007)『現代日本の歷史認識』, 高文研

中濃教篤(1968)『近代日本の宗教と政治』, アポロン社

日本建築學會 編(1972)「戰時中都市計劃」『近代日本建築學發達史』, 丸善

原田種雄・德山正人編(1988)『小學校にみる戰前・戰後の敎科書比較』、ぎょうせい

Peattie(1996)『植民地』、讀賣新聞社

松下大三郎 編(1925)『續國歌大觀-歌集』、紀元社書店

丸山眞男(1949)『丸山眞男講義錄第』第二冊、東京大学出版会

_____(1992)『忠誠と反逆 : 轉形期日本の精神史的位相』、筑摩書房

宮地正人(1987)『國際政治下の近代日本』、自由出版社

文部省(1941)『小學校尋常科用上卷修正趣意書』、大阪書籍

弓削幸太郎(1923)『朝鮮の敎育』、自由討究社

渡辺官造 編(1906)『滿韓鐵道唱歌』、金港堂書籍

⑦ 잡지 및 신문(가나다순)

每日申報社(1917)「대만시찰의 소감」(《每日申報》1916.2.1) 2면

이선근(1939)「만주와 조선」『조광』 7월호

朝鮮總督府 文書科(1939)「夫餘に官幣社創立」『朝鮮』 1939.5

朝鮮總督府 編(1917)「官報」 제1387호(1917.3.22)

_____(1927)「朝鮮彙報」 第64號

佐伯彰一(1987)「日本人を支えるもの」『文藝春秋』 2월호

함대훈(1939)「남북만주편답기」『조광』 7월호

홍양명(1939)「대륙진출의 조선민중, 만주국에서 활약하는 그 현상」『삼천리』
            1월호

總督府文書科(1939)「夫餘に官幣社創立」『朝鮮』 1939.5

⑧ 기타자료 및 참고사이트

『朝鮮總督府敎科書編輯彙報』第一輯 1938.6

文部省(1945)9.20.「終戰ニ伴フ敎科用図書取扱方ニ関スル件」

http://www.yahoo.co.jp

찾아보기

저 자 약 력

김순전 金順槇
소속 : 전남대 일문과 교수, 한일비교문학·일본근현대문학 전공
대표업적 : ①저서 : 『일본의 사회와 문화』, 제이앤씨, 2006년 9월
②저서 : 한국인을 위한 『일본소설개설』, 제이앤씨, 2015년 8월
③저서 : 한국인을 위한 『일본문학개설』, 제이앤씨, 2016년 3월

박경수 朴京洙
소속 : 전남대 일문과 강사, 일본근현대문학 전공
대표업적 : ①논문 : 「演歌, 明治文學 대중화의 기폭제 -『金色夜叉』の歌」를 중심으로-」『일본어문학』 제65집, 2014.5
②논문 : 「박화성 초기소설의 '民族' 읽기」『比較日本學』 제32집, 2014.12
③저서 : 『정인택, 그 생존의 방정식』, 제이앤씨, 2011년 6월

사희영 史希英
소속 : 전남대 일문과 강사, 일본근현대문학 전공
대표업적 : ①논문 : 「일본문단에서 그려진 로컬칼라 조선」, 『日本文化學報』 제41집, 2009.5
②저서 : 『『國民文學』과 한일작가들』, 도서출판 문, 2011년 9월
③저서 : 『제국일본의 이동과 동아시아 식민지문학』1, 도서출판 문, 2011.11

박제홍 朴濟洪
소속 : 전남대 일문과 강사, 일본근현대문학 전공
대표업적 : ①논문 : 「메이지천황과 學校儀式教育-국정수신교과서를 중심으로」『일본어문학』 28집, 2006.3
②논문 : 「보통학교수신서」에 나타난 忠의 변용, 『일본문화학보』 34집, 2007.8
③저서 : 『제국의 식민지수신』-조선총독부 편찬〈修身書〉연구- 제이앤씨, 2008년 3월

장미경 張味京
소속 : 전남대 일문과 강사, 일본근현대문학 전공
대표업적 : ①논문 : 「韓·日·臺灣의 일본어교과서 〈讀本〉의 '童話에 표상된 兒童像 比較」『日本研究』 53호, 2012.9
②논문 : 「일제말 한일 대중가요에 표상된 공간 '中國'」, 『日本語文學』 66집, 2015.9
③저서 : 『제국의 식민지 창가』, 제이앤씨, 2014년 8월